全国100所
高职高专院校旅游类专业系列教材

（酒店管理专业）

饭店法规实务 （第2版）

Fandian Fagui Shiwu

主 编 杨朝晖

副主编 杨 华 谭杰倪 曹 勇

重庆大学出版社

内容简介

本书介绍了国内外饭店立法概况，针对饭店业的矛盾纠纷剖析法律关系的类型和基本原理，并且全面系统地介绍了我国饭店业的法律体系。内容既有通用性的法律法规，也有专门性的法律法规；既有实体法内容，也有程序法规定。

本书具有理论性、实用性和操作性，可作为高等职业院校旅游管理类专业的教学用书，也可作为饭店从业人员的培训教材和饭店经营管理人员的参考书。

图书在版编目(CIP)数据

饭店法规实务 / 杨朝晖主编.--2版.--重庆：
重庆大学出版社，2022.2（2024.1重印）
全国100所高职高专院校旅游类专业系列教材
ISBN 978-7-5624-7685-6

Ⅰ.①饭… Ⅱ.①杨… Ⅲ.①饭店—商业经营—法规
—中国—高等职业教育—教材　Ⅳ.①D922.294

中国版本图书馆CIP数据核字（2020）第200692号

全国100所高职高专院校旅游类专业系列教材
饭店法规实务(第2版)
主　编　杨朝晖
副主编　杨　华　谭杰倪　曹　勇
策划编辑：顾丽萍
责任编辑：曾　艳　顾丽萍　　版式设计：顾丽萍
责任校对：万清菊　　　　　　责任印制：张　策
*
重庆大学出版社出版发行
出版人：陈晓阳
社址：重庆市沙坪坝区大学城西路21号
邮编：401331
电话：（023）88617190　88617185（中小学）
传真：（023）88617186　88617166
网址：http://www.cqup.com.cn
邮箱：fxk@cqup.com.cn（营销中心）
全国新华书店经销
重庆新荟雅科技有限公司印刷
*
开本：787mm×1092mm　1/16　印张：18.25　字数：446千
2013年11月第1版　2022年2月第2版　2024年1月第6次印刷
印数：8 501—10 500
ISBN 978-7-5624-7685-6　定价：49.50元

第2版前言

改革开放以来，饭店业是我国最早与国际接轨的行业，经过40多年的发展，中国饭店业迅速崛起并已成为当今世界行业发展最快的国家。尤其是中国加入WTO之后，大量成熟的国际旅游消费者涌向中国。2009年12月1日《国务院关于加快发展旅游业的意见》对我国旅游市场发展的长期趋势进行了展望。

2013年《国民旅游休闲纲要（2013—2020年）》的发布和《中华人民共和国旅游法》的出台，预示着中国旅游业将有巨大的腾飞，以此为依托，饭店业也即将迈上一个新的台阶。

随着饭店业的产业规模不断扩张和饭店数量的不断增多，饭店经营中的法律纠纷也日益增多。这就急需饭店从业人员了解国家的基本方针政策，熟悉饭店业相关法律法规、国际准则和国际惯例，具备良好的法律素养，在经营管理中严格遵守市场经济活动的准则，依法办事，规范经营，学会妥善处理和解决各类法律纠纷，减少饭店损失，维护饭店声誉。

目前，酒店管理专业在高职院校虽有多年办学历程，但迄今为止专门的饭店法律法规方面的教材还很缺乏，难以满足教学的实际需要。许多院校一直沿用旅游法规教材作为酒店管理专业法规教学用书。此种做法虽然普及了旅游业的法律法规，然而由于旅游立法侧重点不同，旅游法律体系与饭店法律体系的结构大相径庭，再加上教材篇幅的限制，现行的旅游法规教材对于饭店业的综合性法律法规、行业规范和标准涉及不多，内容难成体系，从而导致学生对于饭店法律法规知之甚少，教学质量颇受影响。因此饭店法律法规教材的开发与建设势在必行。

在本书的编写过程中，我们力求贴近高等职业教育教学实践，更好地体现出高等职业教育学科性和职业性相结合的特色，以就业为指导，以"能力培养为中心"，按照先进、简明、适用、通俗的原则选择教材内容，在体例形式的安排上也作了许多新的尝试。在内容结构上，本书融合国家最新颁布的相关法规，系统地介绍了饭店业的法律体系和法律基础理论知识。本书既有通用性的法律法规，又有专门性的法律法规；既有实体法的内容，又有程序法的规定。在风格形式上，考虑到高职院校学生学习的特点和教师灵活组织教学的需要，针对法律实务的特点，设计和提供了多元化的教学情境，有本章导读、关键词汇、案例导入，章中穿插国际视域、以案说法、法规速递、行业广角、知识链接、法律小讲坛等学习栏目，章后有内容小结、自测题，文风活泼新颖，语言通俗简明。本书具有理论性、实用性和操作性，可以作为高等职业院校旅游和酒店管理类专业的教材，也可以作为各种考试培训教材或饭店经营管理人员的参考书。

　　本书由杨朝晖担任主编，杨华、谭杰倪、曹勇担任副主编，负责大纲制订和统稿定稿工作。内容编写分工如下：第1章、第2章、第6章由杨朝晖（武汉职业技术学院）编写，第3章由谭杰倪（重庆城市管理职业学院）、杨华（重庆工商职业学院）编写，第4章由张欣（昆明学院）、杨华编写，第5章由曹勇（重庆文理学院）、杨华编写，第7章、第8章由王丹（湖北职业技术学院）编写，第9章由张欣编写。本书作者都是在行业中取得一定资质的"双师型"骨干教师，并且是在高等职业院校旅游和酒店等政策法规教育领域中有一定建树，多年从事有关法律研究的专家。他们既具备扎实的法学理论功底，又拥有多年丰富的教学、科研、考试培训等方面的经验。各位专家严谨治学，精诚合作，在资料有限的前提下，通过自身多年在行业及教学过程中累积的经验，共同打造了这本高质量、强实训的法规类教材。

　　在本书的编辑和出版过程中，我们参考、借鉴了国内外许多著作和文献资料，并得到了重庆大学出版社的大力支持，在此谨向有关作者、出版社致以诚挚的谢意。另外，由于水平有限，书中疏漏之处在所难免，敬请业内专家和各位读者不吝赐教，以使该书不断得到完善。

编　者
2021 年 6 月

目 录
CONTENTS

第1章
饭店法概述

【本章导读】

　　饭店业是提供住宿、餐饮等多种综合服务的行业。由于饭店业与相关行业的合作日益密切，饭店业的社会关系十分复杂，法律关系类别呈现多样化。在饭店业产业规模不断扩张的过程中，饭店业经营管理中的矛盾和纠纷日益增多。本章主要介绍饭店法的基本概念、调整对象和国外饭店立法概况，剖析我国饭店业法律体系的基本格局，概括饭店业常见的法律纠纷，对于预防矛盾和纠纷将有一定的帮助。

【关键词汇】

　　饭店　饭店业　饭店法　立法

〖案例导入〗

免费酒水造成损害谁来买单

李某与女友元旦在某花园大酒店举行婚礼，宴请各方宾朋。肖某乘兴与同桌划拳斗酒，因拳技不佳，频频输酒，肖某只好将瓶中酒一饮而尽，他顿时觉得喉咙似有一硬物卡住，并不时有阵阵的刺痛。肖某马上到附近医院就诊，经过医生的仔细观察，诊断证明其喉咙被一细铁丝卡住。肖某于当天动了手术，并在医院躺了一个星期，前后共花去各项费用 3 200 元。原本乘兴而来却是心痛而回，肖某认为都是酒中铁丝惹的祸，于是就到酒店讨说法，要求赔偿损失。酒店以酒水免费为由拒绝赔偿。无奈，肖某只好诉至法院，请求法院判决酒店赔偿其损失 3 200 元。

〖案例分析〗

法院合议庭在审理本案时，对于肖某因免费酒水造成损害由谁承担责任存在两种不同意见。

第一种意见认为，酒店不承担赔偿责任。因为酒店虽然为肖某提供了服务，但酒水却是免费的，客户因此造成伤害，酒店不存在过错，理所当然也就不负赔偿责任。至于客户损害既成事实，是因为生产厂家提供的酒水存在瑕疵，厂家有过错，依据《中华人民共和国民法通则》所规定的过错责任，该损害应由酒水的生产厂家承担赔偿责任，而不是由无过错的酒店承担责任。

第二种意见认为，酒店应当承担赔偿责任。从本案来看，肖某接受新郎李某的宴请，到某花园大酒店去喝酒，事实上就与该酒店形成了一种服务合同关系。因此该酒店作为服务一方的经营者就应当保证其提供的各种服务(不管是有偿还是无偿)都有利于消费者，而不能危害消费者的人身或财产的安全，否则就得承担赔偿责任。另外酒水含有瑕疵(酒水中有铁丝)，从而造成本案肖某的损害，酒水的生产厂家有过错，同样也要承担损害赔偿责任。但作为消费者肖某来讲，他有权按照自己的意愿选择索赔对象，既然肖某选择酒店赔偿，酒店就得承担赔偿责任。当然，该酒店在对肖某作出赔偿后，依照过错责任原则可向酒水的生产厂家进行索赔，但这属于另一民事法律关系，酒店不能据此推卸责任。

本案是关于免费服务造成损害由谁承担赔偿责任的纠纷，根据《中华人民共和国消费者权益保护法》(以下简称《消费者权益保护法》)第十一条的规定："消费者因购买、使用商品或者接受服务受到人身、财产损害的，享有依法获得赔偿的权利。"第四十条第三款规定："消费者在接受服务时，其合法权益受到损害的，可以向服务者要求赔偿。"本案肖某在某花园大酒店参加李某的婚礼，并享受该大酒店酒水免费的服务，从而在他们之间就形成了事实上服务合同。肖某在接受酒店提供的服务时，因酒店提供的酒中藏有铁丝而遭到人身损害，尽管该酒店对酒水存在瑕疵没有过错，而且是免费使用，但这免费的酒水是属于酒店所提供服务的一部分，因此酒店作为服务的经营者就应当为此承担赔偿责任，而不能以免费提供服务为由拒绝赔偿。

案情结果：法院合议庭在经过认真的审理之后也采纳了第二种意见，即酒店应当承担赔偿责任。遂判决某花园大酒店在限期内赔偿肖某医疗费、护理费、误工费等各项损失共计人民币 2 860 元，并承担本案的诉讼费用。

(资料来源：找法网)

1.1 饭店法的概念及调整对象

1.1.1 饭店的概念及分类

1）饭店和饭店业的概念

"饭店"的定义有多种，一般说来，饭店是指为客人提供食、宿、行、娱、购等综合性服务，具有涉外性质的商业性的公共场所。

饭店一词在英文中为"Hotel"，源自法语，原意是指贵族在乡间招待贵宾的别墅。目前世界各国对于饭店的名称还没有统一的解释。

国外一些权威词典对饭店一词的解释有如下定义：

《大不列颠百科全书》的解释："饭店是在商业性的基础上，向公众提供住宿、膳食的建筑物。"

《美利坚百科全书》的解释："饭店是装备完好的公共住宿设施，它一般都提供膳食、酒类以及其他服务。"

现在中文里表示住宿设施的名词很多，如酒店、宾馆、饭店、旅馆、大厦、公寓、度假村、俱乐部、会所等，在中文里是通用的。我国和东南亚国家及世界上大多数国家普遍采用饭店的称谓。本书也采用饭店一词来诠释法律问题。

饭店业是指为客人提供住宿、餐饮及多种综合服务的行业，特别是现代化的大饭店是具有多种功能的综合服务场所，拥有客房、餐饮、会议厅、酒吧、舞厅、商店、车队、健身设施等，涵盖了旅游业吃、住、行、游、购、娱六大要素。饭店业的业态形式也呈现多样化并不断出现新型饭店。为此，明确界定饭店业的范围、饭店的含义及其分类，对于准确界定饭店立法的适用范围来说是十分必要的。

2）饭店的分类

依据不同的标准，饭店有不同的分类。

（1）按照饭店特色及客人特点来划分

有商务型饭店、度假型饭店、长住型饭店、公寓式饭店、汽车饭店、家庭式饭店。

（2）按照饭店的计价方式来划分

①欧式计价饭店。其价格仅包括房租，不含食品、饮料等其他费用。

②美式计价饭店。其价格包括房租以及一日早、午、晚三餐的费用。

③修正美式计价饭店。其客房价格包括房租和早餐以及一个正餐（午餐或晚餐）的费用。

④欧陆计价饭店。其房价包括房租及一份简单的欧陆式早餐，即咖啡、面包、果汁。

⑤百慕大计价饭店。其房价包括房租、美式早餐的费用。

（3）按照饭店的不同规模划分

①小型饭店：客房在 300 间以下的饭店。
②中型饭店：客房在 300~600 间的饭店。
③大型饭店：客房在 600 间以上的饭店。

（4）按照饭店所有制类型划分

有国有饭店、集体饭店、个体饭店、外商独资饭店、中外合资或合作饭店等。

1.1.2 饭店法的概念

饭店法有广义和狭义之分。广义的饭店法，是指调整饭店经营管理活动中各种社会关系的法律规范的总和。这些法律规范包括国家有关部门制定的法律法规及各省、自治区、直辖市制定的地方性法规。此外，还包括我国参加和承认的国际有关公约或规章。狭义的饭店法是指国家或地区所制定的饭店法律法规，主要规定饭店登记入住、服务接待、客人人身及财物安全、物品寄存与保管、纠纷解决等内容。

1.1.3 饭店法的调整对象

饭店法的调整对象是饭店业经营管理中存在的各种社会关系，包括饭店与客人之间的权利义务关系，饭店与其他经营主体之间的权利义务关系，饭店和管理机关之间的权利义务关系以及饭店与内部员工之间的权利义务关系。所以，饭店法的内容涉及民法、行政法、刑法等法律部门，这也必然导致各国对饭店的立法体系不甚统一。

1.2 我国饭店业立法及法律体系

1.2.1 立法的概念

立法又称法的制定，是指国家机关依照其职权范围，通过一定程序制定、修改、废止法律规范的活动。它既包括拥有专门立法权的国家机关的立法活动，又包括被授权的其他国家机关制定从属于法律的规范性法律文件的活动。

1.2.2 饭店立法的基本原则

饭店立法的基本原则是饭店立法精神的集中体现，也是饭店业的法律规范中最基本的一般性准则。它为具体法律条文的制定指明了方向，在没有具体细则规定时能够作为评判是非的基本标准。在饭店业的立法中应贯彻以下几个基本原则：

（1）平等原则

饭店与客人之间的法律关系是一种民事法律关系，双方都是平等的民事法律主体，一方不得将自己的意志强加给另一方。平等原则的含义是指饭店与客人无论何者，无论其具有何等身份，在饭店法律关系中双方的地位是平等的，都是独立平等的民事主体。

（2）自愿原则

在饭店经营中，客人有权根据自己的意愿选择住宿饭店以及选择接受饭店服务，饭店也有权拒绝接受恶意的客人。同样，饭店也不得强制客人接受其不愿选择的服务，饭店不得拒绝客人通常的合理的服务要求。

（3）公平原则

公平是法律最基本的价值取向，法律的基本目标就是在公平与正义的基础上建立社会秩序。饭店和客人应当根据公平的原则确定各方的权利和义务，双方都应当在不侵害他人合法权益的基础上实现自己的利益，不得滥用自己的权利。

（4）诚实信用原则

诚实信用原则被称为是民法原则中的"帝王"原则。在饭店业的经营活动中，饭店和客人在处理彼此的关系时，都应当讲诚信、守信用，以善意的方式行使自己的权利，忠实地履行自己的义务，不得以损害他人为目的来滥用权利。

（5）遵守法律和维护道德原则

饭店业立法应当确立饭店和客人在设立、变更和终止住宿合同法律关系中遵守法律法规，尊重社会公德，不得扰乱社会经济秩序，损害社会公共利益的原则。这一原则是对当事人自愿原则的限制和补充。

1.2.3 饭店立法的作用

①饭店法是约束饭店和客人双方行为的准则。它体现在明确了饭店和客人双方的权利义务准则和一般要求。它是衡量双方的合同、行为是否合法有效的标尺，可促进双方在法律允许的范围内经营和消费。

②饭店法是饭店和客人权益的保障。饭店法的作用体现在它通过明确饭店和客人的权利义务为双方提供法律保障，为饭店纠纷的解决提供评判的标准，是保证合同依法履行的坚强后盾。

③饭店法是饭店经营者进行管理的有力手段。饭店的员工聘用和管理；饭店餐饮服务质量的把握；消防设施的设置；饭店的治安管理等都应纳入法制化的轨道，使饭店各管理层的操作规范化，员工与管理者之间、管理者与管理者之间的法律关系处理有法规可循，减少矛盾出现的可能。

④饭店法是国家机关进行行政管理和宏观调控的依据。在我国饭店业发展的过程中，经济政策、行政手段都发挥着重大作用，如饭店星级的评定、饭店设立的申请与审批等，但局限性也日益显现。作为法制化建设的一部分，饭店的微观经营活动以及国家对饭店业的宏观调控政策都必须以法律为准绳。

1.2.4 我国饭店业立法概况

自1978年改革开放以来，我国旅游业迅猛发展，饭店业在经营管理理念、产业规模、设施设备、运营质量等诸多方面都取得了瞩目的成就。伴随着我国饭店业的迅速发展，饭店业在国民经济中的地位和作用不断显现和提升。饭店业在创汇、回笼货币、拉动内需、增加就业等方面的重要作用越来越为社会各界所认识和重视。中国饭店业是目前国内市场化程度较高，与国际接轨较为顺畅的行业，是我国旅游行业中最有生机和活力的产业之一。特别是1988年以来，我国旅游饭店实施了星级评定制度，星级评定标准为我国饭店管理和服务提供了统一的质量标准，为我国饭店整体上较快达到国际水准奠定了基础。

然而，在饭店业的产业规模不断扩张的过程中，也凸显了许多问题。饭店业是提供住宿、餐饮等多种综合服务的行业，各种新型饭店不断涌现，饭店业与相关行业的合作日益密切，社会关系十分复杂，法律关系类别多样化，饭店业经营管理中的矛盾和纠纷日益增多。我国对饭店业国际惯例又宣传得较少，许多约定俗成的行规不断受到质疑和挑战。如谢绝客人自带酒水、退房和加收房费的规定等。一旦饭店与客人之间出现纠纷，当事人往往各执一词，无据可依，客人的合法权益得不到保护，一定程度上饭店经营也受影响。这些法律纠纷严重地妨碍了饭店业正常经营和交易的秩序。因此迫切需要加快饭店业立法，建立健全饭店业的法律体系，促进饭店业的健康、稳定、持续发展。

从我国饭店业立法的现状来看，迄今为止，我国已经制定并颁布了一些有关饭店业的法规。这些法规在调整饭店业结构、规范饭店业市场、解决旅游纠纷、保护法律关系主体各方的权利和义务方面起到了一定的作用。

目前，我国饭店业立法主要散见于通用性法规中，还没有形成统一的饭店基本法。通用性法规主要有《中华人民共和国民法典》（以下简称《民法典》）、《中华人民共和国公司法》（以下简称《公司法》）、《中华人民共和国劳动法》（以下简称《劳动法》）、《消费者权益保护法》、《中华人民共和国食品安全法》（以下简称《食品安全法》）等。但饭店业行业的特殊性和综合性，使饭店中的法律关系具有复杂性和专业性，普通的现行法律法规难以准确全面地规范。

专门性法规大多是国务院、原国家旅游局（现更名为文化和旅游部）以及各部委发布的行政法规，以及地方人大和政府制定的地方性法规。例如，由国务院批准公安部发布的《旅馆业治安管理办法》；原国家旅游局制定的《中华人民共和国评定旅游涉外饭店星级的规定》。这些法规多头规定，层次级别和效力低，大多数是"条例""暂行条例""通知""方法"之类。2013年4月25日，第十二届全国人大常委会第二次会议通过了《中华人民共和国旅游法》（以下简称《旅游法》），自2013年10月1日起施行，2018年10月26日修正。其内容有10章112条，包括总则、旅游者、旅游规划和促进、旅游经营、旅游服务合同、旅游安全、旅游监督管理、旅游纠纷处理、法律责任、附则等。旅游法的颁布在饭店业和旅游业的立法进程中具有划时代的意义。

此外，我国饭店业的法规大多反映垂直的行业管理，通过制定各级行政法规来调整纵向的法律关系，即各级政府管理部门和饭店企业之间的关系。然而，饭店业务中大量存在的是横向的法律关系，如饭店与客人的关系、饭店与其他经营者之间的关系，属于民事法律范畴。然而，由于缺乏专门性规定，实践中只能适用民法典的一般性规定。可是在归责原则、饭店的责任范围和责任限额方面，在实际处理案件时仍然存在一定的困难。同时，在我国饭店业的法律环境中，仍有相当部分单项法规在援用其他部门法，这些法规中很多已不能适用于饭店业。

从我国饭店业的法律法规来看，其总体特点是级别低、年代久，多头规定，规定事务杂，就事论事的各项通知繁多。这种状况对于我国目前迅猛发展的饭店业现状而言，是远不能适应的，显现出饭店业立法的严重滞后性。因此，要加快我国饭店业的发展，就必须加强我国饭店业的法律体系建设。

1.2.5　我国饭店业的法律体系

饭店业立法的总体框架和系统结构问题，实际上就是饭店业的法律体系问题。饭店业的法律体系是指饭店业的法律规范的构成形态及其内在联系。

我国饭店业的法律体系具有两类多层次的特点。中国目前有两类法律法规调整着饭店业的社会关系。第一类是通用性的法律法规。例如 2020 年 5 月 28 日，第十三届全国人大第三次会议通过了《民法典》，该法自 2021 年 1 月 1 日起施行。民法典分别由总则编、物权编、合同编、人格权编、婚姻家庭编、继承编、侵权责任编以及附则组成，共 1 260 条。民法典被称为"社会生活百科全书"，是民事权利的宣言书和保障书，几乎所有的民事活动都能在民法典中找到依据。尽管这些法律从立法意图上不是专门针对饭店业社会关系制定的，但事实上它所提供的法律原则和规定也适用于饭店业经营管理中的各种社会关系。第二类则是专门性的法律法规。仅用通用性法律法规的一般原则和规定，不足以调整饭店业的各种特殊的社会关系。所以需要针对饭店业领域特定的社会关系制定法律法规，从而对饭店业进行规范和调整。

从我国饭店业目前的立法格局来看，其法律体系根据立法体制的不同和法律法规层级效力的不同，分为以下层次：

1）全国人民代表大会及其常务委员会制定的法律

根据宪法的规定，全国人民代表大会及其常务委员会行使国家立法权，是专门的国家立法机关。只有全国人大及其常委会才有权制定法律。

对于我国饭店业而言，全国人大及其常务委员会制定的一些法规也适用于饭店业的经营与管理，属于通用性法律法规，主要有《民法典》、《公司法》、《中华人民共和国价格法》（以下简称《价格法》）、《中华人民共和国著作权法》（以下简称《著作权法》）、《中华人民共和国商标法》（以下简称《商标法》）、《专利法》、《消费者权益保护法》、《劳动法》、《中华人民共和国食品卫生法》（以下简称《食品卫生法》）、《食品安全法》、《中华人民共和国消防法》（以下简称《消防法》）、《中华人民共和国治安管理处罚法》（以下简称《治安处罚法》）、《中华人民共和国刑法》（以下简称《刑法》）等。在专门性的法律法规方面，目前我国尚未出台统一性的饭店基本法。

2）国务院及各个部委制定的行政法规和部门规章

国务院有权根据宪法和法律制定行政法规，发布有关决定和命令。国务院发布的决定和命令属于规范性文件的，同样具有行政法规的效力。国务院所属的部、委、局可以在本部门的权限内，发布命令、指示和规章。

此类行政法规和部门规章是目前我国饭店业法律体系的主体内容。主要是由国务院、文化和旅游部、公安部、财政部、物价局、税务局等部门发布，内容涉及治安管理、消防安全管理、娱乐场所管理、餐饮管理、食品卫生与安全、饭店收费、工程项目建设、价格与财务、人事、质量与投诉等方面。具体有以下法规的出台：

国务院发布的《关于进一步加快旅游业发展的通知》《娱乐场所管理条例》《公共场所卫生管理条例》等。

原国家旅游局或原国家旅游局与其他部委联合制定的行政法规有：《旅游涉外人员守则》《关于旅游涉外饭店加收服务费的若干规定》《旅游行业内部审计工作暂行规定》《关于旅游企业实行审计验证制度的通知》《关于严格禁止在旅游业务中私自收受回扣和收取小费的规定》《国营旅游企业财务管理若干问题的暂行规定》《关于重申严格执行中外合资、合作建设旅游饭店审批程序的通知》《饭店管理公司管理暂行办法》《旅游安全管理暂行办法实施细则》《重大旅游安全事故报告制度试行办法》《重大旅游安全事故处理程序试行办法》《关于加强旅游涉外饭店安全管理，严防恶性案件发生的通知》《公共场所卫生管理条例实施细则》《旅游基本建设管理暂行办法》《关于进一步做好打击嫖娼卖淫工作的通知》《旅游投诉暂行规定》等。

公安部发布的行政法规有：《旅馆业治安管理办法》《机关、团体、企业、事业单位安全消防管理规定》《关于加强宾馆、饭店等旅游设施消防安全工作的通知》《公共娱乐场所消防安全管理规定》等。

文化部发布的行政法规有：《营业性时装表演管理暂行规定》《营业性歌舞娱乐场所管理办法》。

卫生部发布的行政法规有：《饭馆（餐馆）卫生标准》。

3）地方国家机关、民族自治地方的国家权力机关制定的地方性法规

省、自治区、直辖市以及省级人民政府所在地的市和经国务院批准的较大市的人民代表大会及其常务委员会，在不与宪法、法律、行政法规相抵触的情况下，有权制定地方性法规，在本地区实施。地方国家权力机关及其常设机关和地方国家行政机关还有权分别发布决议、决定和命令，其中属于规范性文件的，同样具有地方性法规的效力。民族自治地方的人民代表大会有权依照当地民族的政治、经济和文化特点，制定自治条例和单行条例，但必须报请上一级人民代表大会批准后方能生效。

20世纪90年代以后，各地方人大、政府对旅游立法工作高度重视，纷纷出台了旅游管理条例，如《湖北省旅游管理条例》《江苏省旅游管理条例》等。除了旅游管理条例，也有一些地方的专门性法律文件出台，如《北京市旅游涉外饭店管理试行办法》《常州市旅游住宿业（饭店）管理暂行办法》等。这类法规也由地方立法机关公布，仅限于辖区内适用。

除了以上各个层次具有法律效力的法律法规之外，在我国饭店业的经营管理实践中，行业规范和标准也发挥了重大的作用。

为了规范行业管理，保障旅客和旅游饭店的合法权益，维护旅游饭店业经营管理的正常秩序，促进中国旅游饭店业的健康发展，中国旅游饭店业协会制定了《中国旅游饭店行业规范》，标志着我国饭店业发展开始走向行业自律。中国旅游饭店业协会是中国饭店行业的专业性协会，是非营利性的社会组织，它的主管单位是原国家旅游局。旅游饭店协会是政府与会员的桥梁和纽带，为促进我国旅游饭店业的健康发展作出了积极贡献。虽然中国旅游饭店业协会不属于官方机构，其制定的行业规范从性质上说不具备法

律效力，没有强制执行力，但《中国旅游饭店行业规范》作为饭店行业协会对业内企业的约束性文件对于行业的管理和发展具有指导意义。它可以通过约束协会的会员饭店，从而在行业管理中发挥重要的作用。

另外，为了规范饭店业的服务，适应行业管理的需要，原国家旅游局和国家技术监督局出台了一系列技术标准与规定，如《中华人民共和国评定涉外饭店星级的规定》《中华人民共和国评定涉外饭店星级标准》《旅游饭店星级的划分与评定》《旅游饭店用公共信息图形符号》《星级饭店客房客用品质量与配备要求》等。对旅游饭店业按一定的标准和程序进行分级，并用某种标志表示出来，在旅游饭店业的显著位置公之于众是国际上通行的做法。通过建立星级评定制度，一方面为我国饭店的建设、更新、改造、管理、服务提供了整套的标准，大大加速了中国饭店业步入国际标准的步伐；另一方面，在我国饭店业越来越市场化的过程中为行业管理提供了宏观调控的基础。当然，此类标准的强制性有限，饭店可自由选择是否进入该标准系统。评定标准只对参评的饭店具有强制性。

以上介绍的法律法规属于饭店业国内法的表现形式和内容。

中国饭店业的法律体系还包括国际法的表现形式和内容。为了保护饭店业经营者的利益，也为了促进国际饭店业的健康发展，有关国家的政府、相关国际组织尤其是国际旅馆协会、统一私法国际协会做了大量的工作，制定了若干旅游饭店业方面的国际公约和国际协定来调整有关旅游饭店业的各种关系。主要表现形式有：

①国际公约。如《国际饭店协会和世界旅行社协会联合会公约》《关于旅行契约的国际公约》《关于旅馆经营者对旅客携带物品之责任的公约》等。

②国际协定。包括双边协定和多边协定。如《国际旅馆法规》《关于饭店合同的国际协定》《国际旅馆业新规程》《旅馆与旅行社合同的协议》等。

③国际饭店惯例。在国际饭店业中已有一些为各国普遍接受的习惯做法，如在饭店客房预订方面的规则。

1.3 国际饭店业立法

关于饭店法的最早记载是古巴比伦的《汉谟拉比法典》。该法典中规定在啤酒中掺水可处以死刑。近代意义上的饭店法源于中世纪的英国，英国的普通法宣布饭店负有保证客人生命健康的社会责任。

在英、美、法、比等国的法律百科全书中，都有"饭店法"这一条目，详细论述了客人同饭店、餐厅之间有关接待、服务、人身以及财产安全等方面的权利义务关系。

在国际上，1978年国际私法协会起草了《关于旅馆合同的国际协定草案》，该协定由26国代表组成的专家委员会起草，经参加国政府外交会议通过后，待签字国达到规定数目即可生效。该协定目前虽尚未生效，但可作为各国的立法范本和仲裁基础。

另外，国际饭店协会执行委员会1981年在尼泊尔的加德满都批准了《国际饭店法》，此法现仍生效，并获得了国际饭店业的普遍承认。《国际饭店法》是关于饭店和旅客契约关系的法规，该法在宗旨中写明，"这个法规可作为各国有关饭店住宿契约立法的辅助性条款"，如有关国家立法中无具体关系饭店住宿契约方面的条款，应履行《国际饭店法》中的规定。可见，《国际饭店法》是国内饭店法的辅助性条款，如果该法律的规定与参加国的国内法发生冲突，则应当适用各国国内法的规定。

英美等普通法系的国家还有大量关于饭店法的判例和单行法规。我国香港制定了《旅馆业条例》和《酒店东主条例》。英国1956年颁布了《旅馆业主法案》，1969年颁布了《旅游发展法案》。英国对饭店的行业管理也比较成熟，规定了注册旅馆的最低标准和皇冠级标准，要求所有饭店都要遵守有关防火、标价和责任保险的法令，饭店的建筑、装置、家具的装潢必须整洁、完好和专用。

美国属于普通法国家，同时又是一个联邦制国家。在饭店业高度发达的美国，至今没有关于饭店业务方面的全国统一规定，但是关于饭店和汽车旅店的法规却很多，包括从早期英国判例和社会习惯演变而来的普通法的许多规则。这些法规包括饭店经营者的法律权利与责任有关的立法条例、规则和法院判决，具体规定了饭店接待客人的责任和拒绝客人的权利、客人的隐私权、饭店对客人财务所负的责任、客人死亡的处理、饭店与其雇员的工资和工时的规定、反就业歧视，以及劳工关系、饭店一般业务（如顾客登记册、公共卫生和安全、饭店执照的发放、饭店内使用的音乐和电视版权、防火等事项）、税收、反托拉斯、特许经营、会议合同和团体合同等内容。此外，美国各州都有经州法院系统在涉及州法的问题上发表的案例法和司法判例。

在大陆法系中，德国在其《民法典》的债务关系法中明确了饭店对旅客财产的责任。从大陆法系的立法上看，对饭店业的专门性的立法并不多，在确认饭店和旅客之间的权利义务关系的问题上，侧重适用民法的规定。

在日本，早在1948年就出台了《旅馆业法》，对旅馆业的行业范围、经营活动、行为准则等作出严格具体的规定。其中规定凡是建造设施接待人们住宿并收取相应费用的行业统称为"旅馆业"，经营旅馆都要经过当地政府批准，并且根据各旅馆的设施设备情况分类。日本的旅馆业由厚生劳动省负责统一管理。

随着旅游业的发展和日本政府对外汇收入的迫切需要，日本政府进一步对旅馆业进行整顿。1949年，日本制定发布《国际观光饭店整备法》，主要目的是推进专供外国旅游者食宿的高级饭店的建设活动。达到此法案规定标准的饭店或旅馆，主要条件是客房数不少于30间，每间客房面积在13 m^2 以上，可以享有如下特权：第一，可以使用"政府登录国际观光饭店"或"政府登录国际观光旅馆"（简称登录饭店或登录旅馆）的名称招徕宾客；第二，可以减收地方固定资产税；第三，在征收法人税时使用年限可以按最短年限从优计算；第四，可以从日本开发银行获得长期低息贷款。以上所说登录饭店或登录旅馆必须先按《旅馆业法》取得营业执照，再申请政府登记，由国土交通省统一管理。

从各国立法上看，西方国家由于经济比较发达，所以法制也比较健全，与饭店的生产经营相关的法律相对比较完善。

〔国际视域〕

由于各国法律的具体规定不同，导致客人在不同国家住宿权利受到侵害时是否得到赔偿以及赔偿标准均有较大差异，事故发生地的偶然性、各国法律的差异均可能使同一性质甚至同一情节的纠纷得到完全不同的处理结果。

如对客人安全问题，不同国家对不同的致伤原因执行不同的法律。在德国和埃塞俄比亚，饭店对由于房屋缺点造成的客人受伤负有不可推卸的责任。而在英国和意大利，饭店只要证明房屋缺点并非主观疏忽所致即可免除责任。对于起诉，有的国家允许客人按合同纠纷起诉，有的国家要求按侵权行为起诉，部分国家允许客人自选。因此，有关国家政府、国际组织尤其是国际饭店协会、统一私法国际协会制定了几个饭店业务方面的国际法规或公约来调整饭店业务中各种关系，以期待各国饭店能对国际客人按相对统一的标准处理损害赔偿问题，客人因此在所到各处都能够得到同样的合理保护。

（资料来源：刘敢生，胡夏冰.饭店经营法律问题解析——守法与盈利［M］.北京：旅游教育出版社，2006.）

1.4　我国饭店业常见的法律纠纷

饭店业是为人们在旅行活动中提供住宿、餐饮和多种综合服务的行业，与旅行社业、交通业并称为旅游业的三大支柱，在旅游业的食、住、行、游、购、娱六大要素中占有非常重要的地位。随着旅游业的迅猛发展，我国饭店业在产业规模和质量设施以及经营管理观念等诸多方面都取得了令人瞩目的成就。饭店餐饮业已成为拉动消费、实现增长、扩大就业的重要行业之一。随着饭店业产业规模的不断扩张和饭店数量的不断增多，饭店经营中的法律纠纷也日益增多，因此，了解和防范饭店经营法律纠纷十分必要。

在饭店业的经营中，发生的法律关系复杂多样。由于法律关系及其主体的多样化，饭店经营中发生的法律纠纷也是多样化的。常见的法律纠纷主要有以下几个方面：

1.4.1　饭店与客人之间的纠纷

饭店与客人之间的法律纠纷主要是民事纠纷，包括合同纠纷和侵权纠纷。饭店作为民事主体，要和社会各方面建立合同关系，其中最主要的是与客人之间的服务合同关系，涉及从预订到结账离店的各个环节。饭店的违约行为往往也构成侵权，造成客人的财产或者人身权利受到侵害。饭店业可以说是最早对外开放的一个行业，饭店提供的服务范围非常广，涉及很多消费领域，也吸收了很多国际惯例，形成了一些行规，其中有些被消费者指责为霸王条款，从而引起民事纠纷。综合起来主要表现在以下几个方面：

1）收费问题

收费问题主要表现为加收开瓶费、服务费，收费不找零，包间包台最低消费，物品损坏照价赔偿（实为高价赔偿），一次性餐具由消费者买单，洗衣造成破损按洗衣费的若干倍赔偿，行李丢失赔偿限额的规定，房费结算等。如房费结算，退房时间为次日12时前，18时以前退房的，加收半天的房费，18时以后退房的，加收一天的房费的规定。这些是消费者反映较强烈的"霸王条款"。

〖以案说法〗

张某经朋友介绍在一家有较高知名度的大酒店定了婚宴喜酒。张某的喜宴制订了一份每桌2 888元的菜单,但并未列出主料和配料,只对主菜用料作了口头商定。张某认为该酒店名气大且又是朋友介绍,对此也没有在意,就在双方定好的菜单上签字并付了定金。然而,在婚宴开始上菜的过程中,张某发现许多事前商定好的菜被调了包,婚宴档次明显下降了。事后,他找到酒店负责人反映,要求赔偿,却被告之菜单是双方签字认可的,张某事先也没提出异议,酒店方面不承担赔偿责任,并要张某付清喜宴剩余费用。

〖案例分析〗

对于较大规模的餐饮消费,双方对菜单内容的约定实际上就是一份消费合同,作为消费者一定要对菜单内容做到具体明细,对菜肴的名称、用料、成分、重量都应当作严格约定,并在双方确认的情况下签字认定。如果单纯作口头的约定,或者对于主要内容没有作文字上的明确约定,在纠纷发生后就会被商家钻空子,消费者也会缺乏有利证据,不能很好地维护自己的权利。

（资料来源：百度文库）

2）谢绝客人自带酒水引起的纠纷

中国饭店行业协会认为饭店业对自带酒水和食品的消费者适当收取服务费是合理的,饭店企业可以自主决定服务费的收取与否和收取多少。但许多消协组织认为,依据我国有关法律对格式合同和格式条款的相关规定,饭店企业拒绝消费者自带酒水并收取开瓶费是典型的霸王条款,侵犯了消费者的知情权、自由选择权,应予叫停。由于饭店业行业协会与消费者协会对此的看法不一致,饭店对顾客自带酒水额外收取服务费时,常常引起纠纷。

3）物品失窃引起的纠纷

常见的有入店客人物品的保管问题,包括一般物品和贵重物品的保管。另外,现在停在酒店的公车私车越来越多,车辆管理问题也带来了不少纠纷,如车辆收费、车辆失窃、毁损、灭失等引起的纠纷。这类纠纷的处理要综合考虑客人的车停放是否收费,是否停在饭店提供的停车场内,车主是否是饭店的客人,饭店是否有安全警示等因素。

4）客人人身安全问题引起的纠纷

客人在饭店可能受到人身损害的原因很多,如行凶抢劫、火灾、设备故障、食物中毒引起的安全问题;使用游泳场、健身房、桑拿浴等引起的安全问题;服务人员疏忽大意、第三方侵权等,造成客人的人身损害甚至伤亡的问题等。

在解决人身损害法律纠纷时,应当明确客人从在饭店办理入住手续开始,就与饭店形成住宿和服务为主要内容的住宿合同关系。饭店和客人双方当事人都享有一定的权利,同时承担相应的义务。对于饭店来说,其主要权利是按照规定向客人收取合理的住宿费用和其他费用,其主要义务是应该保护客人的人身安全,为入住的每一位客人提供安全舒适的住宿条件。保障客人的人身安全,是饭店在住宿合同中的一项重要职责。客人入住饭店后,如果在饭店管辖的范围内人身受到伤害,说明饭店提供的服务不符合合同的约定,有违约行为,应当承担违约责任;同时,根据《消费者权益保护法》的规定,消费者在接受服务时,饭店在其经营管理过程中有过错,导致客人人身受到损害的,也应承担侵权责任。根据最高人民法院《关于审理人身损害赔偿案件若干问题的解释》的规定，从事住宿、餐饮、娱乐等经营活动或者其他社会活动的自然人、法人、其他组织，未尽合理限度范围内的安全保障义务致使他人遭受人身损害，赔偿权利人请求其承担相应赔偿责任的，人民法院应予以支持。作为从事经营活动场所的饭店，对于客人必须承担保障安全的义务。如果疏于安全保障义务的行为导致了受害人的损害发生，其主观上具有过错，就必须承担损害赔偿责任。对于一些难以确认是饭店责任的客人人身损害事件，只要饭店有充分证据证明为防止事件发生已采取了一切可能的措施，或者证明损害的发生不是或不全是由于饭店的过失，则可以免除或减轻饭店的责任。

5）侵犯消费者人格权所引起的纠纷

早期有些饭店挂出"衣冠不整请勿入内"的牌子，告知和明示影响饭店形象者不得入内。还有饭店侵犯客人隐私权带来的纠纷。如酒店在电梯等公共区域安装摄像头不违法，但是对掌握的客人隐私进行传播就涉嫌侵权了。

1.4.2　饭店与其他经营者之间的纠纷

由于外资较早进入我国酒店业，中外合作合资酒店比例较高，在合作合资经营中也会经常发生纠纷。

在酒店经营中大量出现的是债务纠纷，主要是银行贷款和企业欠款。对于债务纠纷要特别注意诉讼时效的问题。

承包经营在酒店经营中也很普遍，一种是整体承包，一种是部分承包。比如承包出去一个餐厅，在承包对象的选择、承包合同的签订和执行过程中都要提高警惕，杜绝暗箱操作，防患于未然。

1.4.3　知识产权领域的纠纷

饭店作为服务业，为了营造良好的消费环境，常常会播放音乐、MTV，在大堂、走廊、客房悬挂书画作品等；为了提升饭店的企业形象，还经常在宣传画册、网站上使用摄影作品；为了突出饭店的知名度，饭店还常常要对商标进行宣传。但由于饭店经营者对知识产权法律制度不甚了解，故引起了不少纠纷。

如酒店的背景音乐。2004年，多家中外知名唱片公司委托律师事务所，向国内上万家卡拉OK厅发出律师函，要求经营者缴纳使用音乐电视、卡拉OK作品的版权费，法院也已审理多起唱片公司提起的"MTV侵权案"。同年，上海在国内率先启动大规模背景音乐的收费，第一批对象就是多家高级酒店，看来酒店免费播放背景音乐的做法将要成为历史。

著作权侵权方面的案例也较多。如国内某知名画家擅长画中国古代服饰，上海曾有多家五星级饭店以每幅4 000元的价格，邀请这位画家绘制多幅中国古代服饰绘画，饭店拟将这些画挂在大厅供客人观赏。但画家发现其绘画作品不仅被这些饭店复制成多份，还被加工成刺绣工艺品以5 000元的价格对外出售。上述行为实际侵犯了他人著作权。

另外侵犯商标专用权、商号专用权纠纷案件也时有发生。有的酒店擅自使用其他酒店的驰名商标或注册商标，未获得国际酒店连锁集团授权而使用与其相同或相似的字号、标志等都涉嫌侵权或不正当竞争。

1.4.4　饭店与员工之间的劳动纠纷

饭店人力资源管理与法律息息相关。在饭店人力资源管理过程的各个环节，从招聘开始，面试、录用、试用、签订劳动合同、员工的待遇问题直至员工离职等一系列流程中，都可能产生劳动纠纷。饭店在经营管理中任何不遵守法律的行为都有可能给饭店带来劳动纠纷。此类纠纷常常表现为劳动合同纠纷。劳动合同具有较强的强制性，即劳动合同内容等主要以劳动法律、法规为依据，且均有强制性规定，法律虽允许当事人协商签订劳动合同，但协商的内容不得违反或排斥强制性规范，否则无效。但有些饭店，特别是一些小饭店往往不按照法律法规签订劳动合同，甚至根本不签合同，因而常常发生纠纷。

随着饭店业规模的不断扩张和数量的增多，饭店业面临的矛盾纠纷和法律问题越来越繁杂。饭店业经营管理中出现纠纷的原因有很多，主要是饭店经营者和消费者法律意识淡薄，饭店业立法严重滞后和不完善导致的。目前饭店业主要是一些部门规章和行规在发挥作用。例如《旅馆业治安管理办法》《中国旅游饭店行业规范》等，但都没有上升到法律的层面。对于饭店业发生的法律纠纷大多数依据其他相关通用性法律来解决，由于法律的缺位导致处理纠纷时难以操作。

如何预防法律纠纷，这是饭店业经营管理中的重要问题。可以从以下几方面入手：

1）加强法制教育，增长法律意识

对员工，要集中开展法制教育，进行有针对性的定期培训。规模较大的饭店，还应当在领导班子中配备一名熟悉法律的人，招聘懂法的人参与管理并聘请法律顾问对一些法律问题把关。

对于饭店经营者而言，首先，要增强依法办企业的意识，在我国尚未出台统一饭店基本法的前提下，要根据《公司法》等法律规范参照国际相近经验执行。其次，要增强按合同办事的意识。由于合同是有法律效力的协议，依合同办事，使双方都明确自己的权利义务，从而保证必备的交易条件和秩序，使交易得以顺利进行。再次，增强公平、合法竞争意识，遵循市场交易中的基本原则。最后，增强按涉外法律和国际惯例办事的法律意识。饭店企业特别是旅游饭店是对外交往最为频繁的企业，大量业务涉及对外经济关系，因此必须有相关的意识。

2）理顺法律关系，完善饭店立法

在饭店的经营活动中，主要存在着几种法律关系：一是饭店经营者与消费者之间的法律关系；二是饭店经营者与有关行政管理部门之间的法律关系，如与旅游、工商、税务、公安等部门；三是饭店经营者与其他企业经营者之间的法律关系，如与旅行社、水、电等相关企业和部门。当然，还存在诸如饭店与其员工之间的合同关系，饭店各部门之间的关系等。但是，前三种法律关系是饭店经营活动中最主要的，涉及民事法律关系、行政法律关系和刑事法律关系等。理顺这些法律关系可以明确从何处预防法律纠纷。

从国家的宏观调控来说，预防饭店业的法律纠纷需要从根本上加快饭店业立法工作的进程，完善饭店业的法律体系。饭店业立法是国家立法机关通过制定法律、法规调整

和规范饭店业经营活动中所发生的各种法律关系的活动。饭店业立法应贯彻统一行业管理的原则，以法律的形式确定行业管理部门的职责权限。从中国目前饭店业管理现状看，饭店业的管理主要是由旅游管理部门和商业管理部门分别管理的，即旅游星级饭店是由旅游行政管理部门管理，社会旅馆业由商业部门管理，招待所等其他住宿设施由各自的主管部门管理。在现实中，饭店业处于多头管理，政出多门的状态。这种管理局面不利于我国饭店业的良性发展。

饭店业立法还应对住宿场所的市场准入条件、经营范围、接待设施、服务项目等，以法律的形式作出明确规定。

3）加强安全管理，防范安全风险

安全是饭店开展各项经营活动的基础。饭店应建立安全保卫的职能机构，配备专职的安全人员，建立涵盖全饭店安全保卫的工作网络，健全各种有关饭店安全的制度，装备各种安全措施，饭店客房房门应当装置防盗链、门镜、应急疏散图，卫生间内应当采取有效的防滑措施，客房内应当放置服务指南、住宿须知和防火指南，有条件的饭店应当安装客房电子门锁和公共区域安全监控系统。对可能损害客人人身和财产安全的场所，饭店应当采取防护、警示措施，警示牌应当中外文对照。安全保卫人员要了解和熟悉饭店周围的环境、建筑布局、建筑结构、电器设备、火源、火种和经营运转管理等情况，建立健全检查和巡视制度，加强要害部位的安全保卫措施。饭店管理者应当做好安全工作的检查监督，以确保客人的财产安全和人身安全。

要贯彻预防为主、确保重点、依靠群众、综合治理的方针，实行各级主要领导负责、专门工作和群防群治相结合的原则，落实以防火、防盗、防破坏、防治安灾害事故、防食物中毒为主要内容的安全管理责任制。要把安全工作作为检查、评价、奖惩部门经理和员工工作的一个重要条件。

本章小结

本章主要介绍饭店法的基本概念、调整对象，要求学生了解我国饭店立法的进程，掌握我国饭店法律体系的两类多层次特点和立法格局，了解国外立法的基本情况，明确饭店业经营管理过程中各种矛盾和纠纷的表现形式、产生原因和预防措施。

自测题

一、选择题

1.按照饭店特色及客人特点来划分，饭店有（   ）等类型。

    A.商务型饭店　　　　　　　　　B.度假型饭店

    C.公寓式饭店　　　　　　　　　D.中外合资饭店

2. 行政法规可以由（　）制定。
　　A. 全国人民代表大会　　　　　B. 全国人民代表大会常务委员会
　　C. 国务院　　　　　　　　　　D. 文化和旅游部
3. 关于饭店法的最早记载是（　）的《汉谟拉比法典》。
　　A. 古巴比伦　　B. 美国　　　C. 英国　　　　D. 德国
4. 我国饭店业常见的纠纷有（　）。
　　A. 饭店和客人的纠纷　　　　　B. 饭店与其他经营者之间的纠纷
　　C. 知识产权领域的纠纷　　　　D. 饭店与员工之间的劳动纠纷
5. 客人在饭店受到人身损害的原因可能是（　）。
　　A. 火灾　　　　　　　　　　　B. 食物中毒
　　C. 设备故障　　　　　　　　　D. 服务人员疏忽大意

二、判断题

1. 饭店法的调整对象就是饭店和客人。　　　　　　　　　　　　　（　）
2. 我国饭店业的法律体系是一个两类多层次的法律体系。　　　　　（　）
3. 立法是指国家机关依照其职权范围，通过一定程序制定法律规范的活动。（　）
4.《中国旅游饭店行业规范》可以通过约束协会的会员饭店而发挥法律效力和强制力。　　　　　　　　　　　　　　　　　　　　　　　　　　　　　（　）

三、简答题

1. 简述我国饭店法的调整对象。
2. 简述饭店立法的原则和作用。
3. 简述我国饭店业的法律体系。
4. 简述国外饭店业的立法概况。
5. 简述我国饭店业常见的法律纠纷类型。

四、实训题

请同学们收集国内外的关于饭店法的立法资料，讨论饭店业常见的纠纷及解决的途径。

第2章

饭店法律关系

【本章导读】

德国的著名法学家梅里库斯曾说："法律关系是私法的工具。"可见，法律关系是法学的重要概念和理论，也是研究法学的"主线"。法律关系的分析方法是法学最基本的分析方法和分析框架，不仅适用于法律体系的建构，而且适用于案例的分析。本章主要介绍法律关系的基本原理，剖析饭店业经营管理中存在的各种法律关系以及饭店与客人之间的权利和义务，使学生能认清法律关系保护措施以及如何追究法律责任，正确处理饭店经营管理中的矛盾与纠纷。

【关键词汇】

法律关系　饭店　客人　权利义务　法律责任

〖案例导入〗

2018 年 1 月 5 日，A 女士和 B 先生相约在上海某五星级酒店喝下午茶，具体目的为相亲。当日下午三点，二人驱车来到该五星级酒店，由于二人是第一次来到该酒店喝下午茶，不知酒店有供客人免费使用的停车场，便把车停在了离酒店步行约 3 分钟的商场停车场中，收费为人民币 60 元每小时。二人在酒店喝下午茶共用了 3 小时，消费下午茶套餐人民币 300 元，并加收 15% 的服务费，总共消费人民币 345 元。在用餐即将结束时，B 先生从隔壁桌无意间听说他们在消费时被服务人员告知该五星级酒店有可供客人停车的停车场，并且可免费停车 4 小时。

此时 B 先生的内心是崩溃的，居然还有这种操作？我付了服务费，居然没有享受到应有的服务？并且 180 元的停车费，够再相一次亲了。作为法律服务工作者的 A 女士找到酒店，提出他们在消费时酒店并未告知他们有免费 4 小时停车的情况，并且他们付了餐价 15% 的服务费，应该享受到相应的服务，因此要求他们进行相应的赔偿。经过一番讨论，酒店同意提供给二人同等价位的下午茶一次，任何时候都可使用。B 先生对 A 女士刮目相看，于是他向 A 女士发出了下一次下午茶的邀请。

〖案例分析〗

在本案中，A 女士和 B 先生来到该五星级酒店喝下午茶，酒店提供下午茶，A 女士和 B 先生支付下午茶的餐费以及酒店服务费，此时该五星酒店与 A 女士和 B 先生之间便成立了买卖合同。根据 A 女士和 B 先生来酒店喝下午茶的合同目的以及停车服务作为餐饮服务的习惯和需求，酒店既然有为消费者提供的免费停车 4 小时的服务，那么此项服务包含在服务费中，并作为下午茶买卖合同的附随义务。基于诚实信用原则，酒店作为卖方，应在 A 女士和 B 先生消费时向其履行通知义务。而本案中，酒店并没有履行此项通知义务，致使 A 女士和 B 先生在其他收费停车场花费了人民币 180 元的停车费。酒店违反了附随义务中的通知义务，应对 A 女士和 B 先生进行违约赔偿。

《合同法》第六十条规定："当事人应当按照约定全面履行自己的义务。当事人应当遵循诚实信用原则，根据合同的性质、目的和交易习惯履行通知、协助、保密等义务。"本案中酒店违反了附随义务中的通知义务。附随义务是指合同履行过程中，为协助实现主给付义务，遵循诚实信用原则，根据合同的性质、目的和交易习惯而履行的通知、协助、保密等义务。

《合同法》第一百零七条规定："当事人一方不履行合同义务或者履行合同义务不符合约定的，应当承担继续履行、采取补救措施或者赔偿损失等违约责任。"本案中，酒店未通知 A 女士和 B 先生二人可将车免费停在酒店停车场 4 小时，致使 A 女士和 B 先生花费了不必要的人民币 180 元停车费，应承担违约责任。双方在协商后，酒店承诺赔偿 A 女士和 B 先生获得与当日下午价格相同的下午茶一次，随时使用。

《消费者权益保护法》第十六条第三款规定："经营者向消费者提供商品或者服务，应当恪守社会公德，诚信经营，保障消费者的合法权益……"附随义务以诚实信用原则为基础，建立在买卖双方的交易目的和交易习惯之上。酒店在提供服务的同时，应当要求员工向消费者告知其应享有的与消费相关的权利和利益，保护消费者的合法权益。停车服务是酒店所提供的一项常见的服务，而消费者大多有停放私家车的需求。所以告知免费停车的服务并不超过附随义务的范围，是合情合理的。

这个案例告诉我们，酒店未履行附随义务，是要赔偿消费者的。而消费者在自己权益受到损害时，一定要维权。现在人们的生活中，开车出行已是常态，大多星级酒店和普通酒店以及商场都会提供一段时间的免费停车服务。酒店应该履行好附随义务，加之星级酒店的消费者支付了服务费，更应该享受到应有的服务。而消费者也应该在为实现交易目的、维护自身合法权益的情况下，向酒店多"提问"，并在权利受到侵害时拿起法律的武器，维护自身利益。

2.1 饭店法律关系的概念和构成

2.1.1 法律关系的概念与特征

1）法律关系的概念

法律关系是法律规范在调整人们行为的过程中形成的权利、义务关系。

2）法律关系的特征

法律关系是社会关系的一种特殊形态，与一般的社会关系相比，有 3 个最重要的特征。

（1）法律关系是以法律为前提而产生的社会关系

在社会生活中，人们之间不可避免地要发生多方面的联系，产生各种社会关系。如果没有法律规定，那么人们之间的关系，就不具有法律关系的性质。如经济关系、政治关系、道德关系、家庭关系、友谊关系等，就不具备法律上的权利义务的性质。因此，法律关系是法律调整社会关系而出现的一种状态。法律规定是法律关系产生的基础。没有法律的存在，就不可能形成与之相应的法律关系。

（2）法律关系是以法律上的权利、义务为内容而形成的社会关系

法律关系是法律在调整人们行为过程中所形成的一种权利义务关系，是法律在实际生活中的具体体现。也就是说，只有在人们按照（或违反）法律规定进行活动，形成具体的权利义务关系时，才构成某种特定的法律关系。一般来说，法律规范本身并不产生具体的法律关系。法律关系与其他社会关系的重要区别，就在于它是法律化的社会关系，当事人之间按照法律或约定分别享有一定的权利或承担一定的义务，以权利和义务为内容连接人们之间的关系。法律调整社会关系的基本方式是设置一定的行为模式，从而把人们的行为纳入法制的轨道上来。

（3）法律关系是以国家强制力作为保障手段的社会关系

在法律规范中，一个人可以做什么、不得做什么和必须做什么的行为模式反映的是国家意志，体现了国家对各种行为的态度。某种社会关系一旦被纳入法律调整的范围之

内，即成为法律关系，就意味着它要受到国家的保障，不得任意违反或破坏。如合同关系一旦依法成立，任何一方不得自行变更或解除。如果当事人一方不经对方同意，擅自变更或解除，对方就有权请求合同主管机关或人民法院责令其履行合同并赔偿损失。

2.1.2 饭店法律关系的概念与构成

1）饭店法律关系的概念

饭店法律关系，是指由饭店法所确认和调整的、当事人之间在饭店经营管理活动中形成的权利义务关系。

2）饭店法律关系的构成

饭店法律关系的构成要素，是组成饭店法律关系不可缺少的部分，包括主体、客体和内容 三个要素，缺少其中一个要素，都不能构成饭店法律关系。

（1）饭店法律关系的主体

饭店法律关系的主体，是指在饭店活动中依照国家有关法律法规享受权利和承担义务的人。在我国饭店法律关系中，能够作为主体的主要有两类：

一类是饭店法律关系的管理、监督主体。包括：①各级国家行政管理机关，它们在同级人民政府领导下，负责管理全国和地方的饭店工作；②根据法律的规定，在饭店法律关系中行使监督权的各级行政、物价、审计、税务等机构。另一类是饭店法律关系的实施主体。包括饭店、客人、公司、企业以及国内外旅游组织等。由于许多饭店直接同外国旅行社等组织发生业务联系，因此外国旅游组织同我国饭店发生经济交往时，也会成为我国饭店法律关系的一方当事人。

（2）饭店法律关系的客体

饭店法律关系的客体，是指饭店法律关系主体之间权利和义务所共同指向的对象。通常主体都是围绕一定事物设定权利、义务的，没有客体，主体的权利、义务就会失去目标，权利义务是否实现也无法衡量。能够作为饭店法律关系的客体的有物、行为、智力成果和人身权益。

①物。物包括一切可以称为财产权利对象的自然之物和人造之物。作为饭店法律关系客体的物，存在于人身之外，但能够被主体支配并能产生一定的物质利益。这些物品或物质能为人们所控制，并且具有经济价值。作为饭店法律关系中客体的物，可以是商品、物品、客房、货币、有价证券等。

②行为。行为指的是权利和义务所指向的作为和不作为。作为饭店法律关系中客体的行为，主要有饭店服务行为和饭店管理行为两种。饭店服务行为，是把客人迎进来、送出去，以及做好客人在住店期间食、住、行、娱、购等各个环节的服务工作。饭店管理行为，是一种直接或间接地为客人提供服务的活动，包括饭店管理部门和管理人员进行的管理活动。

③智力成果。客体的智力成果指的是人们在智力活动中所创造的精神财富，其表现

形式有科学发明、工业设计、专利、商标和服务标记、专有技术等。在饭店业经营管理中存在不少有关著作权、商标权、服务标记等知识产权的矛盾与纠纷。

④人身权益。人身权益指和人身不可分离、不直接具有财产内容但和财产有着密切联系的权益。包括人格权益和身份权益，是人格权和身份权的客体。

（3）饭店法律关系的内容

饭店法律关系的内容，是指饭店法律关系主体间的权利和义务。在饭店经营管理活动中，主要存在几种法律关系，即饭店与客人之间的关系、饭店与其他经营者之间的关系、饭店与行政管理部门之间的关系、饭店与员工之间的关系。不同的饭店法律关系有不同的权利和义务的内容。

例如，饭店与客人之间的关系主要是一种服务合同法律关系。饭店向客人提供住宿、餐饮、购物、文化娱乐及其他有关服务，收取相应的价款，客人接受饭店服务并支付相应的价款。于是饭店和客人即消费者之间形成了提供服务和接受服务的合同关系。这种合同关系在实际生活中的表现形式主要有饭店住宿合同、饭店餐饮合同、饭店会议合同、饭店代理合同、饭店房间长期包租合同等。在不同的合同关系中，双方在一定范围内具有不同的权利义务。同时，饭店与客人的关系也是经营者和消费者之间的关系，双方基于《消费者权益保护法》而拥有一定的权利义务关系。

〖法律小讲坛〗

如何研读一个案例

法官的裁决都是用固定格式写成的，然后存入档案供以后查阅。这些记录下来的裁决被称为案例，记录这些案例并出版的书称为案例册。这些案例是习惯法的一部分。在学习饭店和餐厅法律时你会阅读到很多案例，尽管最初你可能觉得这些案例难以理解，但很快你就能掌握阅读和理解这些案例的方法了。要理解一个案例你要首先找出案例的四个要素：

1. 事实
2. 争议焦点
3. 法官的裁决
4. 支持这个裁决的理由

事实是指引起诉讼的情况，争议焦点是指诉讼各方要求法官裁决的法律问题，裁决是法官对争议焦点所给出的答复，理由是做出裁决的法律依据。在读完一个案例后考虑一下作为一个可遵循的先例，这个案子有什么意义。判决虽然是针对陌生的各方的，但饭店经理要从判决中分析它对自己企业的现状有什么影响和意义。研读案例有助于饭店和餐厅经理了解有关的法律解释，从而避免同类纠纷的出现。了解案例的意义后，经理们要相应地根据法律调整自己企业的政策。

（资料来源：Cournoyer N C，等.旅游业法律与案例：饭店、餐厅、旅行社法律实务 [M].6 版.张凌云，译.北京：旅游教育出版社，2006.）

〖以案说法〗

原告玛丽·李·伊莫尔米诺称自己被被告麦当劳连锁快餐厅泼洒出的热饮烫伤……事情发生在 1993 年 9 月 24 日，俄亥俄切斯特兰德。原告和她的丈夫驾车在麦当劳汽车餐厅购买了一些食品，其中包括原告自己需要的热茶。原告坐在车的前排座位上搅动自己的茶，当她把盖子盖回到茶杯上时茶水泼洒了出来，烫伤了她的大腿。原告认为被告没有警告消费者茶水的温度……根据无可辩驳的事实，茶杯上以大写字母印有以下字样："当心——里面的饮料可能是烫的"，杯子上两处印有这样的警告……

法庭认为本案中警告是适当的，杯子上用大写字母警告顾客杯子里面是热饮。消费者买的是热茶，根据《牛津大百科英语字典》，"茶"的定义是"一种用开水沏泡茶叶而成的饮品"。法庭认为从法律角度讲，消费者自己购买的产品和杯子上的警告已足以提醒原告茶可能是很烫的，热茶可能造成身体其他部位受伤，而且消费者应该知道热饮泼洒出来可能会造成烫伤……

根据法律被告无过失。

问题：请你运用前面介绍的案例研读方法，写下案例的四要素，然后将你写的结果与后面的分析进行对照。

〖案例分析〗

本案中的重要事实是伊莫尔米诺从麦当劳汽车餐厅购买了热茶，她把热饮泼洒到了腿上而致伤，杯子上印有警告说明杯中的饮品是热的。争议焦点是关于茶的温度，餐厅是否给了消费者足够的警告。裁决是肯定的，餐厅给出了足够的警告。得出这个结论的理由有两点：首先，杯子上清楚地印有警告语提醒原告茶可能是危险的；其次，原告应该知道茶是热的，因为这种饮品的定义就说明这种饮料要用开水或接近开水的温度沏泡。这个裁决的意义在于如果餐厅要出售外卖的热饮时应在杯子上印有警告，并应以顾客意料中的温度供应，这样餐厅对由此造成的伤害就没有责任了。

（资料来源：Cournoyer N C，等.旅游业法律与案例：饭店、餐厅、旅行社法律实务 [M].6 版.张凌云，译.北京：旅游教育出版社，2006.）

2.2 饭店与客人之间的权利义务关系

饭店和客人之间的权利义务关系是饭店的重要调整对象。饭店和客人在饭店服务的提供和享受过程中，依据《民法典》《消费者权益保护法》《中国旅游饭店行业规范》的规定，应当尽到各自相应的义务。

2.2.1 饭店的权利

1）向客人收取费用的权利

饭店依合同向客人提供了住宿和其他服务后，有权向客人收取约定的费用。当客人拖延付费、无力支付或拒绝支付超过一定期限时，饭店有权终止住宿合同，拒绝向客人提供服务，有权要求其支付应当支付的款项，并得到法律的保护。饭店可以行使留置权，依法扣留其财物，促使其履行债务，或按法律程序变卖其财物，用以抵付其所欠的费用。但被留置的客人财物价值只能相当于客人所欠缴的实际费用。饭店的留置权在客人付清所欠费用时终止。

2）一定的拒绝接待客人的权利

饭店在接待客人的过程中，不得因客人的种族、国籍、肤色、宗教信仰等原因对客人加以歧视，甚至拒绝接待。但在有正当理由的前提下，饭店可以合理地拒绝接待客人，即不与客人签订合同或者终止与客人的住宿合同。

《中国旅游饭店行业规范》规定："以下情况饭店可以不予接待：①携带危害饭店安全的物品入店者；②从事违法活动者；③影响饭店形象者；④无支付能力或曾有过逃账记录者；⑤饭店客满；⑥法律、法规规定的其他情况。"饭店企业可以按照实际情况，来决定是否接待客人。

饭店在拒绝接待客人的过程中，应当注意行为的方式，即在适用驱逐权时要使用足够谨慎、合理的方式，尽量不使客人受到不必要的强制或不适当的屈辱，在必要时饭店应向公安机关报告。如果客人认为自己的人身权遭受了饭店的侵害，则会对饭店提起诉讼。

〖 国际视域 〗

在美国，尽管普通法和成文法规定了饭店接待客人的一般义务，但有些情况下，饭店可以拒绝客人。在有些司法管辖区，法院已表明，如有下列情况，饭店可以拒绝接待客人：

①此人醉酒或有妨害治安行为，以及妨害公众。

②此人患有传染病。

③此人带入饭店通常不接受的物品，例如动物；或此人携带的财物可能对他人有害，例如武器或爆炸物。

④此人不愿或不能支付饭店服务费。

⑤饭店无食宿向此人提供（但如果此人的预订有效，饭店负有不能提供食宿的合同责任）。

饭店不能仅因客人在不寻常的时刻，譬如，午夜到达而拒不提供食宿，饭店理应随时开门接待客人。

（资料来源：Jack P.Jefferies，Banks Brown. 饭店法通论［M］. 刘敢生，译 . 北京：中国旅游出版社，2003.）

3）向客人索赔的权利

如果客人不履行合同的约定，造成了饭店的损失，饭店有权索赔。客人应当向饭店支付住宿费用，这是客人应履行的最重要的合同义务。客人通过预订的方式和饭店订立住宿合同，而客人并未入住或提前退房的，则客人要因其违约行为给饭店造成损失，而向饭店承担违约责任。

《中国旅游饭店行业规范》规定：在饭店已经向客人尽了提示义务之后，客人私留他人住宿或者擅自将客房转让给他人使用及改变使用用途，或未经饭店同意对客房进行改造、装饰，客人损坏饭店的财物以及客人醉酒后在饭店内肇事造成损失的，饭店可以要求客人承担相应的赔偿责任。这些规定都集中表明，客人有履行合同，遵守饭店有关规章的义务。对于造成饭店损失的客人，饭店可以通过协商、调解以及诉讼等方式来主张自己的权利。

4）有权按照法律规定对客人在饭店内的不良行为进行制止，对违法行为进行举报及进行相关处理

对于客人在饭店内违背公序良俗但未构成犯罪的行为，以及给其他大多数人带来不良感受的言语行为，饭店有权加以制止，但不宜粗暴，以使客人不受到不必要的强制或屈辱。对于客人在饭店里进行的违法犯罪活动，如卖淫、嫖娼、赌博、吸毒、传播淫秽物品等行为，饭店经营者和工作人员有权利和义务加以举报，并配合公安机关执法。

2.2.2 饭店的义务

1）向客人提供与合同约定等级标准相符的服务的义务

饭店和客人的住宿合同一旦成立，饭店就必须按照其明示标准或双方约定提供服务，否则要承担违约责任。这也是饭店住宿合同订立的最重要的目的。如果接受客人的预订却不能按时提供预订房间；降低服务等级；不按标准收取费用等行为，均要承担相应的责任。饭店提供的硬件设施及服务都必须与其等级及收费标准相符合，否则客人可以向有关部门投诉。

2）维护客人财产安全的义务

客人在饭店住宿，随身携带有一定财物。饭店在保障旅客人身安全的同时，有保护客人财产安全的义务。

一般认为，一旦客人进入饭店，在客人登记处完成住宿登记手续之后，客人与饭店之间的服务合同即告成立，饭店对客人的财产安全即负有责任，从而产生合同之债的法律关系。因此，客人依合同在饭店住宿，要求饭店保护其财产安全都属于合同的主权利。

当然，饭店并不是对发生在其范围内所有客人的财物灭失都负有责任。因为客人也会由于自己违反规定或其他自身的原因而导致其财物受损，如没有按规定将贵重物品寄存而导致丢失，那么客人也应负一定责任。同时，由于不可抗力等造成客人财物的毁损、灭失，饭店可以减轻或免除责任。

从我国目前的立法、司法现状看，如果客人的财物在饭店灭失，饭店承担责任的依据、范围、标准在法律上没有明确的规定，这给实际处理纠纷造成困难。

〖法规速递〗

《法国民法典》第1953规定："客人的物品被盗或被损时，不论其被饭店人员或出入饭店之人员所盗或所损，饭店应当负赔偿的责任。"

国际统一私法协会的《关于饭店合同的协定草案》第十二条规定："饭店应对旅客

带进饭店的财物或虽在饭店以外而已由饭店负责的财物的灭失、毁损负赔偿责任，其负责期限为旅客有权在饭店住宿期间以及住宿前后的一段适当的时间内。"

《中国旅游饭店行业规范》中有关客人财物保管的规定："饭店应当采取措施，防止客人放置在客房内的财物灭失、毁损。由于饭店的原因造成客人的财物灭失、毁损的，饭店应当承担责任。由于客人自己的行为造成损害的，饭店不承担责任。双方均有过错的，应当各自承担相应的责任。"

3）维护客人人身安全的义务

维护客人的人身安全是饭店的重要功能，饭店法从它产生时就规定饭店有保护客人安全的责任。客人在饭店可能受到人身伤害的原因很多，例如，火灾、食物中毒、建筑设施故障、服务人员疏忽大意、第三人的侵权行为等，客人由此受到的人身伤害，可以根据不同的法律规定向饭店提起索赔要求，而以违约为由要求赔偿，也是成立的。

4）尊重客人隐私权的义务

客人租用的虽然是饭店的客房，但客人在饭店的客房里有独处和安宁地占有客房的权利，这就是客人所享有的隐私权。在西方国家的法律里，十分强调对旅客隐私权的尊重。

当饭店在向客人提供住宿服务时，应考虑提供服务的行为方式是否符合对客人隐私权的尊重。饭店工作人员提供服务时应注意以下几个方面：

①除非火灾等紧急情况下，饭店的工作人员未经允许，不得进入客人的房间，通常情况，打扫客房应当在客人不在房间时进行。

②饭店的服务人员未经客人同意，不能将客人的房号告知他人，也不得向他人交付客人的房间钥匙。

③国家机关的工作人员出于执行公务的需要，可以对客人的房间进行搜查，但是要出示身份证件，依照合法的程序进行。

〖法规速递〗

《民法典》关于隐私权的相关规定：

第一百零九条　自然人的人身自由、人格尊严受法律保护。

第一百一十条　自然人享有生命权、身体权、健康权、姓名权、肖像权、名誉权、荣誉权、隐私权、婚姻自主权等权利。

第一千零三十二条　自然人享有隐私权。任何组织或者个人不得以刺探、侵扰、泄露、公开等方式侵害他人的隐私权。隐私是自然人的私人生活安宁和不愿为他人知晓的私密空间、私密活动、私密信息。

第一千零三十三条　除法律另有规定或者权利人明确同意外，任何组织或者个人不得实施下列行为：

（一）以电话、短信、即时通信工具、电子邮件、传单等方式侵扰他人的私人生活安宁；

（二）进入、拍摄、窥视他人的住宅、宾馆房间等私密空间；

（三）拍摄、窥视、窃听、公开他人的私密生活；

（四）拍摄、窥视他人身体的私密部位；

（五）处理他人的私密信息；

（六）以其他方式侵害他人的隐私权。

5）明示或告知客人注意安全的义务

饭店应当用恰当的方式告诉客人有关安全事宜，对一些可能危及客人人身安全的项目和服务应当作出明确的警示和说明。如，饭店康乐健身设施安全使用规定、消防安全示意图、饭店周边环境治安情况等。明确的警示应当在显著的位置以醒目的字样或图形表明其危险性。这些警示和说明的文字应当简明易懂，不致使人产生误解，旅游饭店的警示牌应当用中、英文对照。

6）提供真实信息的义务

饭店对自己的产品和服务，应当向客人提供真实的信息，不得作引人误解的推销。在饭店竞争越来越激烈的情况下，有些饭店采取不正当的手法欺骗客人，这不但是一种短期行为，也是一种不法行为。

2.2.3 客人的权利

客人是享受饭店服务的消费者。从消费者在饭店享受的服务内容来看，饭店的客人大体上可以包括几类：一是住店客人，即在饭店以自己的名义登记住宿的客人，我们通常称为旅客；二是房客，他们也是住店客人，但是长期在饭店住宿的客人，他们与饭店之间更多体现的是一种房屋租赁关系，当然也有饭店服务关系的内容；三是顾客，他们是在饭店消费而不住宿的客人，如只在饭店享受就餐、购物、娱乐、休闲、健身等服务的客人；四是访客，他们是临时来饭店探亲访友而不在饭店住宿的客人。上述的旅客、房客、顾客、访客，我们都统称为饭店的消费者即客人。

客人的权利主要有：

①有权要求饭店提供安全舒适的环境，使其心理有安全感，并要求饭店对其人身、财产安全负责。

②有权要求在享受饭店服务过程中得到应有的尊重，并要求饭店提供相应标准的优质服务。

③有权自主选择饭店服务的种类和内容。

④有权知悉饭店服务的真实情况。

⑤有权与饭店进行公正交易。

⑥有权对饭店服务进行适度的监督。

⑦在人身或财产遭受损失时，有权要求饭店进行合理赔偿。

2.2.4 客人的义务

①客人应遵守国家法律法规和饭店各种合理的规章制度，并尊重饭店及其工作人员。

②消费者应按饭店的合理要求，按时、足额支付住宿费及其他费用。

③客人预订后不使用客房或提前退房时，应对饭店因此而受的损失予以赔偿。

④客人损坏饭店设施，或因侵权行为而使饭店或其工作人员受到损害时，应赔偿

相应损失。

2.3 饭店法律关系剖析

饭店业是一个提供综合服务的行业，对其经营活动中产生的各种不同性质的法律关系，需要由不同的法律规范进行调整。正确认识和界定饭店在经营管理过程中发生的法律关系，不仅有助于区分饭店和其他主体的权利和义务，而且也有利于进一步健全我国饭店立法，完善我国饭店法律体系。从总体上看，饭店在经营中主要存在着民事法律关系、行政法律关系、刑事法律关系、知识产权法律关系、竞争与垄断关系。以下重点剖析饭店经营活动中的民事、行政、刑事法律关系。

2.3.1 民事法律关系

1）民事法律关系概述

民法是调整平等主体的自然人、法人和非法人组织之间的人身关系和财产关系的法律规范的总称。

民事法律关系是平等主体之间发生的、符合民事法律规范的、以权利义务为内容的社会关系，是民法对平等主体之间的人身关系和财产关系加以调整的结果。

在民事法律关系中，当事人的法律地位是平等的，权利义务也是对等的，民事主体遵循平等互利、等价有偿和诚实信用的原则。因而这种关系在性质上是一种横向的平权型法律关系。

民事法律关系的特征有：

①民事法律关系的主体地位平等。

②民事法律关系主要根据当事人的意志发生。

③民事法律关系的保障措施具有补偿性。

2）民事法律关系在饭店经营管理中的表现

民事法律关系是饭店经营中最基本的法律关系。在饭店业经营管理中，民事法律关系的范围十分广泛，大体上有这样几个方面：

①饭店与客人即消费者之间的有偿服务合同关系（如住宿合同、餐饮合同）、财物保管合同关系、房间或场地租赁合同关系等。此类关系主要适用《民法典》来规范和调整。

②饭店与客人之间的财产、人身侵权损害赔偿关系。此类关系主要是适用《民法典》以及《最高人民法院关于审理人身损害赔偿案件适用法律若干问题的解释》来规范和调整。

③饭店经营者与其他销售供应商和服务商的法律关系，如饭店经营者与货物、水电供应商之间的货物买卖、能源供应之间的法律关系。此类关系适用《民法典》来规范和调整。

④饭店经营者与饭店管理人员以及其他员工之间的劳动合同关系。此类关系适用

《民法典》《劳动法》来规范和调整。

〖以案说法〗

一只苍蝇引发的官司

某年12月20日中午，几名消费者在江苏高淳县大富豪酒店用餐时，发现所饮用的"珍窖"酒内竟然有一只苍蝇，便拒付餐费。随后大富豪酒店与向其供应"珍窖"酒的南京金海利食品有限公司交涉，声称酒中有苍蝇这件事使顾客拒付餐费，并导致酒店声誉急剧下降，遭受了巨大的经济损失，但金海利公司拒绝赔偿。因此，大富豪酒店便拒付其拖欠金海利公司的4 440元货款。

随后，原告南京金海利公司起诉被告高淳县大富豪酒店拖欠其货款4 440元。这起案件于次年2月6日开庭审理，而有趣的是被告当庭反诉金海利公司供其销售的"珍窖"酒瓶内发现苍蝇，要其赔偿其经济损失和精神损失共计5 000元，并且要求在此事处理完之前拒付货款。

法院将两起案件合并审理，经对证人证言的分析判断，推定引起纠纷的那只苍蝇原来就在酒瓶中，金海利公司应对这瓶存在质量问题的"珍窖"酒承担责任，而金海利公司没有推翻证人证言的有效证据以免除责任，金海利公司必须因销售不合格商品而承担责任。而大富豪酒店未能就全部反诉请求提供相应证据，法院认定其直接经济损失为231元的餐费，其余损失不作认定。因此法院判决大富豪酒店还清欠金海利公司的货款4 440元，从中扣减餐费损失231元，案件受理费由双方各承担一部分。

（资料来源：找法网）

2.3.2 行政法律关系

1）行政法律关系概述

行政法是调整行政关系的法律规范的总称，或者说是有关行政权配置、运行以及对行政权进行监督的法律规范系统。

行政法律关系是指经行政法规范调整的，因实现国家行政职能、实施行政权而发生的行政主体之间、行政主体与行政相对人之间以及行政主体与其他国家机关、社会组织和公民之间的权利与义务关系。

在行政法律关系中，双方地位不平等，权利义务不对等，一方更多地表现为权利，而另一方更多地表现为义务。双方是一种管理与被管理、监督与被监督的关系。这种关系在性质上是一种纵向的隶属型法律关系。

行政法律关系的特征有：

①行政法律关系主体身份的多样性和行政主体的恒定性。

②行政法律关系类型的丰富性和专业性。

③行政法律关系主体权利义务的对应性和不对等性。

④行政法律关系中国家权力的不可处分性和个体权力运行的有限性。

⑤行政法律关系设定的灵活性与及时性。

2）行政法律关系在饭店经营管理中的表现

当前，我国大量的饭店法律法规的表现形式为行政法规和部门规章。饭店经营中存在的行政法律关系主要表现为饭店经营者在饭店经营过程中与国家有关行政管理部门之间的法律关系，如饭店经营者与旅游、工商、税务、公安等管理部门之间的法律关系。

饭店行政法律关系集中体现了国家对饭店业进行管理的国家意志。饭店行政法律关系的主体中，一方是国家行政机关或者是法定的授权组织，另一方是饭店经营者。饭店行政法律关系主体双方的法律地位不能互换。行政主体以国家的名义在其法定职权或者授权的范围内行使行政管理权力，对饭店业进行经常性的指导、监督和管理。

饭店行政法律关系具有不对等性。饭店行政管理的主体处于主导地位，可以依法增设或限制行政相对人的某项权利，可以依法增加或减免其义务，可以依法采取强制措施纠正行政相对人不履行法定义务的行为。行政管理机关依据行政职权作出决定之后，如果相对人不履行法定的义务，行政管理机关有权依法强制其履行义务或追究其行政责任。行政法律关系的产生通常只需行政管理机关或者授权组织单方面意思表示即可成立，而无须征得对方当事人的同意。

饭店无权选择或转让自己的权利和义务。饭店行政法律关系的主体、权利和义务是由行政法律规范预先明确规定的，当事人（行政管理机关和饭店经营者）无权就各自的或者相互间的权利和义务进行协商，不能随意选择或转让自己的权利和义务。如对饭店违反某种行政法律规范的处罚种类和标准都由法律确定，当事人必须依据法律规范实施该处罚，而不得自行协商或变通处理。

饭店行政法律关系具有可诉性。当行政管理主体的行政管理发生违法或不当，饭店经营者依法有权提出异议，申请行政复议或提起行政诉讼，与此同时要求行政赔偿等。因此，行政管理主体及其工作人员在对饭店进行行政管理过程中，应当严格做到依法管理，依法行政。

2.3.3 刑事法律关系

1）刑事法律关系概述

刑法是规定犯罪、刑事责任和刑罚的法律，是掌握政权的统治阶级为了维护本阶级政治上的统治和经济上的利益，根据其阶级意志，规定哪些行为是犯罪并应当负何种刑事责任，给予犯罪人何种刑事处罚的法律。刑法有广义与狭义之分。广义的刑法是一切刑事法律规范的总称，狭义的刑法仅指刑法典，即《中华人民共和国刑法》。

刑事法律关系是由刑事法律规范加以调整的国家与犯罪人之间的受制约的刑罚权与有限度的刑事责任的关系。

2）刑事法律关系在饭店经营管理中的表现

饭店经营中的刑事法律关系，是指行为人因在饭店发生犯罪行为、追究行为人刑事责任而产生的法律关系。

饭店经营中的犯罪行为，从犯罪主体上看主要有饭店经营者在饭店经营活动中从事的犯罪活动，以及饭店经营者以外的其他单位和个人利用饭店这个特定的场所从事犯罪活动这两种情形。在以单位为主体的犯罪方面，有的饭店经营者盲目追求商业利益，置国家法律于不顾，实施犯罪行为，也可能秘密或公开地为犯罪分子进行犯罪活动提供各种场所和保护措施，这些活动将会触及刑法的雷区，导致犯罪。如洗钱罪、偷税罪、侵犯商业秘密罪、生产或销售不符合卫生标准的食品罪等。在以个人为主体的犯罪方面，有的犯罪分子利用"住店客人"的身份，从事犯罪活动，或潜入饭店伺机作案，其行为后果直接影响到饭店客人的人身、财产的安全和饭店的声誉。这些犯罪行为可能触及的罪名有故意杀人罪、故意伤害罪、强奸罪、抢劫罪、盗窃罪、诈骗罪、聚众斗殴罪、寻衅滋事罪、赌博罪、放火罪、爆炸罪等。因此要规范饭店的经营管理，加强饭店安全管理，对犯罪行为要严加防范。

饭店经营中的刑事法律关系的确定，最主要的是根据犯罪行为发生地或者结果发生地是否在饭店。只要犯罪行为或者结果发生在饭店，就会产生和形成饭店刑事法律关系。饭店刑事法律关系中，最直接的法律后果是对行为人追究刑事责任。行为人的刑事责任是指因其犯罪行为所必须承受的，由司法机关代表国家所确定的否定性的法律后果。

除了以上 3 种主要的法律关系之外，饭店业经营中也存在饭店业经营者与其他经营者之间的知识产权法律关系、竞争与垄断关系。

知识产权的范围主要包括著作权和邻接权、专利权、商标权、商号权等。饭店经营中的知识产权纠纷主要表现为，饭店经营者侵犯他人知识产权和他人侵犯饭店知识产权两种情形。前者如：饭店未经权利人批准"免费"播放背景音乐；或者未经权利人同意，在房间使用他人的录音录像制品；或者销售商标侵权的商品等。后者如：媒体上炒得沸沸扬扬的内蒙古华程科贸有限责任公司侵犯内蒙古小肥羊餐饮连锁有限公司"小肥羊"商标权一案。

饭店经营者在竞争过程中，往往会发生各种不正当竞争（如价格联盟或恶意降价）行为；有时行政管理部门利用自己的特权，为饭店业的市场准入设置一定的障碍，限制饭店业的自由竞争。根据我国反不正当竞争法的规定，饭店业中的不正当竞争行为主要有：擅自使用他人的企业名称，引人误以为是他人的商品；伪造各种质量标志的行为；为争取交易机会，暗中给予交易对方有关人员和能够影响交易的其他相关人员以财物或者其他好处的商业贿赂行为；利用广告或者其他方法，对饭店产品作引人误解的虚假宣传行为；以不正当手段获取、披露、使用他人商业秘密的侵犯商业秘密行为；以排挤竞争对手为目的，以低于成本的价格销售商品的低价倾销行为；不正当有奖销售行为；搭售或者附加其他不合理条件的行为；行政机关或者其他依法具有独占地位的饭店经营者限制竞争的行为等。

2.4 饭店法律关系的保护与法律责任

2.4.1 饭店法律关系的保护

法律关系的保护是指国家机关监督法律关系的主体正确行使权利、切实履行义务，对侵犯法律关系主体合法权利或不履行法定义务的行为追究法律责任的活动。

1）饭店法律关系的保护机构

①行政管理机关。国家各级饭店行政管理机关是管理的政府职能部门，它有权依据法律法规，在其职责范围内，运用奖励或处罚的方法保护饭店法律关系。还有一些相关的国家行政管理机关，如工商、公安、税务、卫生等管理部门可以依法对饭店业活动主体作出行政决定。

②仲裁机关。它一般以第三者的身份，对特定的饭店纠纷或争议进行处理，在饭店经营者之间或饭店经营者与客人之间发生纠纷时，仲裁机关可依据合同的约定或事后达成的协议进行仲裁，以保护饭店经营者与客人的合法权益。

③司法机关。包括各级人民法院和人民检察院。人民法院行使审判权，人民检察院行使检察权。人民法院根据法律的规定，对在饭店经营活动中违反法律法规的饭店法律关系主体作出裁决。人民检察院对在饭店经营活动中实施犯罪行为的单位或个人，可以依法对其提起公诉，并由人民法院依法裁决。

2）饭店法律关系的保护措施

国家机关主要通过立法活动、行政管理活动、仲裁和司法活动，采取行政措施、民事措施和刑事措施，监督饭店法律关系主体正确行使权利、切实履行义务，并对侵犯饭店法律关系主体合法权利或不履行法定义务的行为追究法律责任。

①行政措施。行政措施主要包括奖励的方法和处罚的方法。对于模范遵守国家法律法规，对饭店业作出显著贡献的，由行政管理机关予以奖励；对于违反国家法律法规的，可以给予处罚。

②民事措施。民事措施是指判令实施违约行为或侵权行为，造成他人财产权益或人身权益损害的民事法律关系主体承担相应的民事责任。在饭店法律关系的保护中，判令当事人支付违约金和赔偿金是经常采取的措施。

③刑事措施。刑事措施是指对于实施违法行为，情节恶劣，后果严重，触犯刑法从而构成犯罪的法律关系主体依法追究刑事责任。

2.4.2 饭店经营管理中的法律责任

1）法律责任的概念和特征

法律责任是指因违反了法定义务或契约义务，或不当行使法律权利、权力所产生的，由行为人承担的不利后果。

法律责任是社会责任的一种，它与其他社会责任既有密切联系，又有原则性区别。法律责任的特点在于：

①法律责任首先表示为一种因违反法律上的义务（包括违约等）关系而形成的责任关系，它是以法律义务的存在为前提。

②法律责任还表示为一种责任方式，即承担不利后果。法律责任方式是由法律规定的，它通常有两种，即补偿与制裁。

③法律责任具有内在逻辑性，法律责任是由违法行为引起的，两者之间存在着因果关系。

④法律责任的追究是由国家强制力实施或潜在保证。

2）承担法律责任的前提条件

承担法律责任，其前提条件是必须有违法行为。在不同的法律关系和具体案例中，违法行为的构成应该综合考虑以下几个方面的条件：

①主体是指违法主体或者承担法律责任的主体。法律责任构成要件中的主体是指具有法定责任能力的自然人、法人或其他社会组织。并不是实施了违法行为就要承担法律责任，就自然人来说，只有到了法定年龄，具有理解、辨认和控制自己行为能力的人，才能成为责任承担的主体。没有达到法定年龄或不能理解、辨认和控制自己行为的精神病患者，即使其行为造成了对社会的危害，也不能承担法律责任。对他们行为造成的损害，由其监护人承担相应的责任。同样，依法成立的法人和社会组织，其承担法律责任的能力，自成立时开始。

②过错是指行为人决定其行为并承担法律责任的主观心理状态，包括故意或过失。故意或过失在不同的法律领域中具有不同的意义。在刑事法律领域，行为人故意或过失的心理状态是判定其主观恶性的重要依据，也是区别罪与非罪、此罪与彼罪、罪轻罪重的重要依据。在民事法律领域，故意或过失是构成一般侵权行为的要素。在行政法律领域，实行过错推定的方法。一般而言，只要行为人实施了违法行为就视其为主观有过错，不必再深究其主观因素了，法律另有规定的除外。这是承担法律责任的主观要件。

③违法行为是指违反法律所规定的义务、超越权利的界限行使权利以及侵权行为的总称。一般认为违法行为包括犯罪行为和一般违法行为。通常情况下，违法行为是法律责任产生的前提，没有违法行为就没有法律责任。违法行为可以分为作为和不作为两种。

④损害事实是指受到的损失和伤害的事实，包括对人身的、财产的、精神的损害或伤害。损害应当具有确定性，而且必须根据社会的一般观念和公众意识予以认定。这是承担法律责任的客观要件。

⑤因果关系是指违法行为与损害事实之间的因果关系。违法行为是损害事实出现的原因，损害事实是违法行为引起的必然结果。法律归责原则上要求证明违法行为与损害事实之间存在着内在的因果联系。

3）法律责任的分类

根据违法行为所违反的法律的性质，法律责任主要可以分为行政责任、民事责任和刑事责任3种。

（1）行政责任

行政责任是指行为人实施了违法行为，尚未构成犯罪，由饭店行政管理部门或其他行政管理部门追究其应承担的法律责任。按照执行机关的不同，行政性的强制措施可以分为行政处罚和行政处分两种。这两种行政强制措施可以适用于追究单位违法的行政责任，也可以适用于追究个人违法的行政责任。

行政处罚是指国家行政机关及其他依法可以实施行政处罚权的组织对违反法律法规，尚不构成犯罪的公民、法人及其他组织实施的一种制裁行为。行政处罚是追究行政责任的主要方式和适用最广的一种责任形式。按照我国饭店和其他行政管理的规定，行政处罚主要可以分为以下几种：违反饭店管理的处罚和违反治安管理的处罚，违反工商、财政、金融等管理的处罚等。从饭店业的法律法规和其他的相关法律法规看，行政处罚的形式主要有：警告；通报批评；责令限期改正；停业整顿；吊销饭店经营许可证；降低等级，取消星级；暂停或取消涉外经营定点资格；建议或会同工商行政管理部门吊销营业执照等。

行政处分是根据饭店法律法规和其他相关的法律法规，由饭店行政主管机关、饭店企业事业单位根据行政隶属关系，对犯有轻微违法失职行为尚不构成刑事处分的工作人员的法律制裁。行政处分的形式有以下几种：警告、记过、记大过、降级、降职、撤职、留用察看、开除。

（2）民事责任

民事责任是指在饭店经营活动中，行为人因违反法律法规，从事不法行为或者不履行合同义务，从而侵犯了对方的民事权利或者使对方的民事权利得不到实现，依法应承担的法律责任。

民事责任具有自身的特点：

①民事责任是违反民事法律规范所应承担的法律责任。

②它是违约或违法行为人对受害人承担的一种法律责任。

③它主要是一种财产责任。

④它的责任范围与所造成的损失或损害的大小相适应，一般具有补偿与恢复原状的性质。

根据《民法典》第一百七十九条的规定，承担民事责任的方式主要有：停止侵害；排除妨碍；消除危险；返还财产；恢复原状；修理、重作、更换；继续履行；赔偿损失；支付违约金；消除影响、恢复名誉；赔礼道歉。法律规定惩罚性赔偿的，依照其规定。本条规定的承担民事责任的方式，可以单独适用，也可以合并适用。

（3）刑事责任

刑事责任是指行为人实施了违反法律法规的行为，情节严重构成犯罪，必须承担刑法规定的法律责任。与其他法律责任相比，刑事责任具有严厉性的特点。由于刑事违法行为的性质和其所造成的严重危害性，决定了刑事责任在各种法律责任中是最严重的责任。例如《中华人民共和国评定旅游涉外饭店星级的规定》中规定："对违反本规定条款，情节严重，构成犯罪的，依法追究法律责任。"

按照我国刑法的规定，刑罚分为主刑和附加刑。主刑有管制、拘役、有期徒刑、无期徒刑、死刑5种。附加刑有罚金、剥夺政治权利和没收财产3种。主刑独立适用。附加刑可在判处主刑时附加适用，也可独立适用。如，对于饭店经营者利用业务上的便利进行投机倒把、走私贩私、行贿受贿等犯罪行为，可以使用主刑和附加刑中的罚金刑罚。

我国刑法规定刑事责任还可以分为财产刑和非财产刑两类。财产刑是指罚金和没收财产包括剥夺犯罪人的部分和全部财产。非财产刑包括自由刑、生命刑和政治权利刑。自由刑包括管制、拘役、有期徒刑和无期徒刑，是剥夺犯罪行为人的人身自由，强迫其改造，使之不再危害社会的刑罚。生命刑即死刑，是剥夺犯罪人的生命。政治权利刑是剥夺犯罪人一定时间或终身的政治权利。此外，对于外国人在我国的犯罪行为，我国刑罚还规定了驱逐出境的刑罚。

2.4.3　饭店合同责任和侵权责任

1）饭店侵权行为

饭店在其业务活动中，因为违约或者侵权造成他人财产权益和人身权益受到损害，就应该承担相应的法律责任，即违约责任或侵权责任。

违约行为，是指当事人一方不履行合同义务或者履行合同义务不符合约定条件的行为。违约责任是指合同当事人不履行或不完全履行合同所规定的义务，依据法律规定或合同约定所应承担的法律责任。

侵权行为是不法侵害他人非合同权利或者受法律保护的利益，因而行为人须就该损害承担责任的行为。侵权行为分为一般侵权行为和特殊侵权行为。常见的饭店一般侵权行为主要是饭店及其工作人员因故意或过失，造成客人的人身伤害或财产损失的行为。侵权责任是饭店在运行过程中侵害自然人、法人或其他非法人组织的合法的财产权利和人身权利时应承担的法律责任。饭店侵害了客人的人身权益和财产权益，应当向客人承担赔偿责任。

饭店承担一般侵权责任需要具备以下构成要件：

（1）客人遭受了实际损害

"无损害即无责任。"因为饭店的行为，致使客人的人身、财产权益受到损害，是饭店承担侵权责任的前提。

（2）饭店的行为具有违法性

饭店实施违法行为，既包括积极的作为，如饭店的工作人员盗窃了客人的财物，积极地实施法律禁止的行为；也包括消极的不作为，如饭店对客人没有履行必要的告知义务，不实施法律、行业规范要求饭店必须实施的行为。

（3）饭店的侵害行为和客人所遭受的损害之间有因果联系

因果关系是辩证法的基本范畴，指现象之间引起和被引起的联系。因果联系包括直接的因果联系和间接的因果联系。这里所说的因果联系必须是直接的因果联系。它是指饭店的侵害行为直接导致了客人遭受损害的后果。

（4）饭店在主观上存在过错

饭店实施侵权行为，要承担侵权责任，这必然要求饭店在主观上有过错，包括故意和过失。故意是行为人明知行为的危害后果，但追求或放纵该结果发生的心理状态。饭店在故意状态下实施了侵害行为，必须承担赔偿责任。如果饭店应当预见自己行为的危害结果，但是饭店出于疏忽而没有预见或者是轻信可以避免的，这种主观状态即为过失。《民法典》第一千一百六十五条规定："行为人因过错侵害他人民事权益造成损害的，应当承担侵权责任。依照法律规定推定行为人有过错，其不能证明自己没有过错的，应当承担侵权责任。"

2）侵权责任和违约责任的竞合

客人的人身、财产权益在饭店受到侵害，如果客人既可以依照合同提起违约之诉，又可以提起侵权之诉时，我们就称之为违约责任和侵权责任的竞合。如果客人依合同向饭店提起诉讼，那么应当注意：合同之诉是基于当事人违反了合同的约定，一般是向合同当事人提起；合同可以约定双方的责任范围；合同责任不以违约方在主观上有过错为要件。如果客人向饭店提起侵权行为之诉，客人则可以向饭店以及饭店之外的其他主体提起赔偿要求；侵害人的责任以客人的实际损失来确定，而且必须是饭店对客人所遭受的损害在主观上有过错。《民法典》第一百八十六条规定："因当事人一方的违约行为，侵害对方人身、财产权益的，受损害方有权选择依照本法要求其承担违约责任或者依照其他法律要求其承担侵权责任。"所以，法律将选择权充分赋予当事人，受损害的旅客可以选择对自己更有利的方式，向饭店提出权利要求。

〖以案说法〗

疏忽大意酿事故，饭店有责先赔偿

南京市某旅游饭店为增加客房数量，对一幢四层楼房进行续接扩建，在未停止营业的情况下，开始组织施工。因楼梯设在该楼的两端，续接时必须拆除一段楼梯。为了防止楼梯拆除后旅客继续从原处下楼造成跌伤事故，该饭店特意在被拆除一端的每层楼道口装上上锁，使旅客只能从另一端下楼。不料有一天，施工单位为搭建脚手架，将二楼楼道门的门锁打开，下班时又忘记将门锁上。夜晚，二楼一旅客急于赶火车，不知楼梯已被拆除，遂推门下楼，踏空跌落，摔成重伤。事后，该旅客向饭店索赔，该饭店声称为防止事故发生已采取了有效的措施，而这次事故的发生是由施工单位造成的，与自己无关，所以不承担赔偿责任。

问题：饭店有无赔偿责任？可否向施工单位进行追偿？

〖案例分析〗

此案例存在侵权责任和违约责任的竞合。旅客可以依据《民法典》第一百八十六条规定选择性提起违约之诉或侵权之诉。

如果提起违约之诉，可以不要求证明饭店有过错，基于住宿合同法律关系，饭店有保障旅客人身安全的义务，因此可以判定饭店违约并承担赔偿责任。但不能要求饭店以外的其他主体，如施工单位承担法律责任。

如果提起侵权之诉，要求证明被告有过错。本案例中，饭店有过错，没有尽到提示义务，也没有及时锁门。施工单位的防范措施也有缺陷，故可以将饭店和施工单位作为共同被告提起诉讼，要求其承担连带责任。责任主体双方根据过错程度承担不同比例的责任。可由责任主体中任何一方先赔，然后由其再向另一方索赔。

（资料来源：杨朝晖.旅游法规教程［M］.大连：东北财经大学出版社，2007.）

本章小结

　　本章主要介绍法律关系的基本原理，要求学生掌握法律关系的概念、特征和构成要素，了解饭店和与客人之间的权利义务，能够理解和辨析饭店经营管理中主要的法律关系，包括民事法律关系、行政法律关系、刑事法律关系，明确认识法律关系的保护措施和法律责任的类型，学会正确处理各种矛盾和纠纷。

自测题

一、选择题

　　1. 法律关系的构成要素包括（　　）。

　　　　A. 主体　　　　　　　　　　B. 客体

　　　　C. 事实　　　　　　　　　　D. 内容

　　2. 根据违法行为所违反的法律的性质，法律责任可以分为（　　）。

　　　　A. 行政责任　　　　　　　　B. 民事责任

　　　　C. 刑事责任　　　　　　　　D. 道德责任

　　3. 饭店法律关系的客体有（　　）。

　　　　A. 物　　　　　　　　　　　B. 行为

　　　　C. 智力成果　　　　　　　　D. 人身权益

　　4. 民事法律关系是一种（　　）法律关系。

　　　　A. 横向法律关系　　　　　　B. 纵向法律关系

　　　　C. 平权型法律关系　　　　　D. 隶属型法律关系

　　5. 行政法律关系是一种（　　）法律关系。

　　　　A. 横向法律关系　　　　　　B. 纵向法律关系

　　　　C. 平权型法律关系　　　　　D. 隶属型法律关系

　　6. 根据违法行为所违反的法律的性质，法律责任主要可以分（　　）。

　　　　A. 行政责任　　　　　　　　B. 民事责任

　　　　C. 刑事责任　　　　　　　　D. 道德责任

二、判断题

　　1. 法律关系客体中的行为是指权利和义务所指向的作为。　　　　　　（　　）

　　2. 旅客、房客、顾客和访客都是饭店的客人。　　　　　　　　　　　（　　）

　　3. 客人在饭店遭受人身或财产损失时，有权要求饭店进行合理赔偿。饭店在一定情

况下也有向客人索赔的权利。　　　　　　　　　　　　　　　　　　（　）

　　4.附加刑可在判处主刑时附加适用，也可独立适用。　　　　　　（　）

三、简答题

　　1.简述法律关系的概念和特征。
　　2.简述饭店的权利和义务。
　　3.简述客人的权利和义务。
　　4.比较行政法律关系和民事法律关系的区别。
　　5.简述在不同的法律关系和具体案例中，违法行为的构成应该综合考虑哪些条件？

四、实训题

　　组织学生到酒店参观或实习，了解客人投诉的主要情况，分析饭店和客人的纠纷属于何种类型的法律关系。

第3章
公司法律制度

【本章导读】

本章主要结合《中华人民共和国公司法》（以下简称《公司法》）来介绍公司的概念、特征，熟悉股份发行、转让的主要内容，掌握有限责任公司、股份有限公司的概念、特征、设立条件以及违反《公司法》应承担的法律责任。

【关键词汇】

公司　股份有限公司　有限责任公司　法律责任

〖案例导入〗

2014 年 8 月 12 日,中铁建业物流有限公司(以下简称"中铁物流公司")设立,股东为中铁建业集团有限公司(以下简称"中铁集团公司"),设立时注册资本为 2 亿元,实缴资本为零,认缴期限为 2044 年 5 月 28 日之前。2017 年 2 月 23 日,中铁集团公司将其在中铁物流公司中的 100% 股权(计贰亿元)零对价转让给江阴市远大燃料有限公司(以下简称"远大公司"),并进行了股权变更。中铁集团公司与远大公司均未向中铁物流公司缴纳注册资本。

另查明,在案涉股权转让之前,中铁物流公司另涉三个票据请求权纠纷案件,法院分别判决中铁物流公司应向鹏翔公司、谷阔公司支付票据款 50 万元及利息,判决中铁物流公司应向张店经营部支付票据款 100 万元及利息。

判决生效后,中铁物流公司未能按判决履行付款义务。进入执行后,该三起执行案件皆因未发现中铁物流公司有可供执行的财产、中铁物流公司不能清偿到期债务且明显无清偿能力而由申请执行人申请终结本次执行。其中,谷阔公司向一审法院申请中铁物流公司破产,一审法院经审查后于 2017 年 9 月 5 日作出受理裁定。上述债务截至破产受理时合计 2 160 164.5 元。

中铁物流公司向法院起诉,请求判令中铁集团公司立即补缴注册资本 2 160 164.5 元,判令远大公司对中铁集团公司的上述债务承担连带责任,判令中铁集团公司、远大公司承担本案诉讼费用。

江苏省江阴市人民法院经审理认为,中铁物流公司在未履行出资义务的情况下即向远大公司转让股权,远大公司对此知情且未支付对价。现江阴法院已裁定受理对中铁物流公司的破产清算申请,故中铁物流公司有权要求中铁集团公司履行出资义务,远大公司对此应当承担连带责任。遂判决:中铁集团公司应于本判决发生法律效力之日起 10 日内向中铁物流公司缴纳出资款 2 160 164.5 元;远大公司对中铁集团公司的上述债务承担连带清偿责任。

〖案例分析〗

1. 公司的责任财产包含未届出资期限的注册资本。公司法第三条规定,公司是企业法人,有独立的法人财产,享有法人财产权。公司以其全部财产对公司的债务承担责任。有限责任公司的股东以其认缴的出资额为限对公司承担责任。公司注册资本是公司获得法人地位的最基本法律要素之一,注册资本来自股东出资,只不过在认缴制下,财产从股东转移至公司存在时间差,但并没有改变注册资本的基本含义。因此,无论是认缴制还是实缴制,公司以其独立的全部财产对公司债务承担责任,也包括认缴制下未届出资期限的注册资本。

2. 认缴制下股东出资期限利益不得影响公司正常经营。在公司登记事项上,股东出资期限以及公司注册资本是对外公示的,结合公司注册资本制度的基本含义,该出资期限实际隐含了股东对公司债权人的承诺,即股东的出资期限利益不影响公司正常经营,一旦公司陷入支付不能,则股东出资期限利益丧失。破产法第三十五条则充分反映了这一点,公司进入破产程序后,管理人应向未尽出资义务的股东催缴出资,无论出资期限是否届至。

3. 股东出资义务加速到期并非破产程序一种途径。

①个别诉讼实现加速到期并不一定损害其他债权人利益。因为如果只是单笔债务，当债权人申请债务人企业破产，法院作出裁定受理破产申请前，股东如自愿提前履行出资义务以解公司燃眉之急，则这种清偿是有效的。这种在破产申请受理后正式进入破产清算前的缓冲期内股东提前出资，与通过个别诉讼实现加速到期并无本质区别。如果公司存在多笔债务，但仅一个债权人申请破产，且在法院裁定受理前达成和解了，这样的个别清偿也是有效的，并不会被认定损害其他债权人利益。可以说，非破产情况下的债权人之间的诉讼竞赛是常态，这本身也是正常的商业风险。

②个别诉讼实现加速到期符合程序经济。为了可能清偿的债务去启动破产程序，本身并不符合程序经济；另一方面，通过个别诉讼中可将公司与未出资股东同时作为被告，直接请求股东在未出资范围内承担补充责任，实际上将债权人对公司、公司向未出资股东催缴出资两个程序进行合并处理。这就类似在保险合同纠纷中，受害方将侵权人、保险公司一并作为被告，由保险公司在保险范围内直接向受害方支付，从而将两个诉合并为一个诉。

因此，在公司陷入支付不能时，未届出资期限的股东出资义务触发。故根据《最高人民法院关于适用〈中华人民共和国公司法〉若干问题的规定（三）》第十八条的规定，有限责任公司股东未履行或者未全面履行出资义务即转让股权，受让人知道或者应当知道，公司请求该股东履行出资义务、受让人对此承担连带责任的，人民法院应予支持；公司债权人依照本规定第十三条第二款向股东提起诉讼，同时请求前述受让人对此承担连带责任的，人民法院应予支持。

（资料来源：中国法院网）

本章我们将介绍公司的概念、法律特征、设立条件，公司合并、分立、组织变更、解散、清算以及违反《公司法》应承担的法律后果等相关内容。学习、掌握并运用《公司法》的相关规定，对保护公司及相关人的合法权益、维护市场的正常秩序有着十分重要的作用。

3.1 公司法概述

3.1.1 公司的概念和特征

1）公司的概念

《公司法》中规定："本法所称公司指依照本法在中国境内设立的有限责任公司和股份有限公司。"公司是企业法人，具有独立法人财产，享有法人财产权，并以其全部财产对公司的债务承担责任。因此，公司指的是依法设立，遵守公司法律规定的以营利为目的的具有法人资格的经济组织。

2）公司的特征

（1）公司须依法成立

公司的设立及从事经营活动须遵守法律、行政法规，遵守社会公德、商业道德，诚实守信，接受政府和社会公众的监督，承担社会责任。只有符合法律规定的条件，履行了法定的程序，公司才能成立，其合法权益才能受法律保护，不受侵犯。如《公司法》中对有限责任公司及股份有限公司的设立等都有明确规定。

（2）以营利为目的的经济组织

公司进行经营活动是以获取经济利益为目的，以尽可能少的劳动和物质消耗，获得最大利润是公司的宗旨。公司作为企业的一种，但有别于事业单位、社会福利机构、社会团体等非营利性的社会组织，公司通过生产、流通等从事经济活动，从而获取利益并将所得利益分配于股东。

（3）公司是具有法人资格的企业

法人是具有民事权利能力和民事行为能力，依法独立享有民事权利和承担民事义务的组织。依据《民法典》第五十八条的规定，法人应当依法成立。法人应当有自己的名称、组织机构、住所、财产或者经费。法人成立的具体条件和程序，依照法律、行政法规的规定。设立法人、法律、行政法规规定须经有关机关批准的，依照其规定。

除此之外，公司还应当有健全的公司制度。公司具有独立的人格，其财产独立于股东个人财产，即股东一旦投资到公司，便无权直接行使对公司财产的占有、使用、收益、处分等权利，只能取得相应股权，公司享有法人所有权，对其财产享有法定权利；公司的责任独立于股东个人，能以自己的名义进行经营活动，并对其活动产生的后果承担法律责任。

〖法律小讲坛〗

公司股东应当遵守法律、行政法规和公司章程，依法行使股东权利，不得滥用股东权利损害公司或者其他股东的利益；不得滥用公司法人独立地位和股东有限责任损害公司债权人的利益。公司股东滥用股东权利给公司或者其他股东造成损失的，应当依法承担赔偿责任。公司股东滥用公司法人独立地位和股东有限责任，逃避债务，严重损害公司债权人利益的，应当对公司债务承担连带责任。

〖典型案例〗

福建省厦门市思明区白金汉英语培训学校（以下简称"白金汉学校"）是一家外语培训机构，该机构各办学点相继关停，老板潘某下落不明，拖欠数百万元的培训款未退。事发之后，吴某等176位家长"组团"维权，将该学校和股东告上法庭。福建省厦门市思明区人民法院审结了这起培训合同纠纷案，一审判决白金汉学校和肯思公司共同退还学费，股东潘某对肯思公司的债务承担连带责任。

吴某等176位家长诉称，自己替子女在白金汉学校报了英语培训班，谁知报名后，白金汉学校店面忽然关闭，至今未能恢复教学，剩余培训费也未退还，要求法院判令解除与白金汉学校之间的教育培训合同关系，并退还培训费用。

庭审中，法院对合同的主体进行了核对，发现合同中，主体不尽一致，有的盖白金汉学校的章，有的盖"肯思少儿英语"的章。

法院经审理查明，白金汉学校的创办者及出资人均为厦门白金汉教育咨询有限公司，校长为潘某。2013 年肯思公司登记设立，潘某也是公司股东，享有 95% 股权，同时潘某还是该公司的法定代表人。

法院经审理认为，吴某等人与白金汉学校签订的教育培训合同真实有效，并缴纳了足额费用，白金汉学校已实际停止经营，其以实际行为表明不履行合同主要义务，导致培训合同的目的无法实现，白金汉学校的行为已构成违约，吴某等人有权要求解除合同、退还剩余的培训费。而白金汉学校老板潘某同样系肯思公司的大股东兼法定代表人，其个人账户与肯思公司账户存在大量资金往来，且未到场说明合法性，法院认定肯思公司与潘某之间构成财产混同，根据《公司法》第二十条的规定，潘某也应对肯思公司的债务承担连带责任。最终，思明区法院作出上述判决。

（资料来源：中国法院网）

3.1.2 公司的分类

1）大陆法系国家的公司分类

在大陆法系国家的公司法中，通常将公司分为无限公司、两合公司、股份两合公司、有限责任公司、股份有限公司。根据《公司法》的规定，我国的公司分为有限责任公司和股份有限公司。

2）英美法系国家的公司分类

在英美法系国家的公司法中，通常将公司分为封闭型公司和开放型公司。封闭型公司称为私人公司，是不能公开募集公司股份及上市的公司。开放型公司和封闭型公司相对应，又称公开公司、公众公司，和大陆法系国家的股份有限公司相似。

3）其他分类

按照不同的分类标准，分类也不同。按公司国籍可分为本国公司和外国公司；按公司信用的标准可分为人合公司、资合公司、人合兼资合公司；按资金来源不同分为公营和民营公司；按管辖关系分为本公司和分公司；按公司内部管辖关系又分为母公司和子公司。

3.1.3 公司法的概念和特点

1）公司法的概念

公司法有广义和狭义之分，狭义的公司法是指《公司法》。1993 年 12 月 29 日，第八届全国人民代表大会常务委员会第五次会议通过《公司法》，1994 年 7 月 1 日施行，后经 1999 年、2004 年、2005 年、2013 年、2018 年多次修订，规定了公司的设立、组织机构、股权股份、管理人资质、财务、合并分立、增资减资、解散清算以及外国公司等内容。广义的公司法是指规定公司的设立、组织、活动、解散及其他对内对外关系的法律规范的总称。它除包括《公司法》外，还包括其他法律、行政法规中有关公司的规定。

2）公司法的特点

（1）公司法调整各种组织关系

公司法是调整与公司组织有关的各种社会关系的法律的总和，这些社会关系包括公司内部的组织关系、经营活动中产生的经济关系；公司和国家之间的管理关系。比如公司的设立、变更、终止，资本的转让、收购以及内部组织机构的权利分配，股东之间、公司内部之间、公司组织机构之间的关系。

（2）包含程序法内容的实体法

公司法是一部规定了具体权利义务内容以及职权和责任的实体法，如股东、董事会、监事会的权利与义务的规定等。公司法中也包含了以保证权利和职权得以实现或行使，义务和责任得以履行的有关程序的主要内容，如向公司登记机关申请设立登记的相关要求等。

（3）公司法是公法私法相结合

公司法具有公法和私法相结合的特点，这种特点体现在：公司法在市场经济行使国家的公法干预，保护市场经济，比如公司股权转让的限制、公司成立的审批、公司章程等方面的规定；而公司法中公司设立自由、营业自由、股权转让自由也体现出了意思自治的私法特点。公司法结合公法私法调和自由和安全。

〔法律小讲坛〕

公司向其他企业投资或者为他人提供担保，依照公司章程的规定，由董事会或者股东会、股东大会决议；公司章程对投资或者担保的总额及单项投资或者担保的数额有限额固定的，不得超过规定的限额。公司为公司股东或者实际控制人提供担保的，必须经股东会或者股东大会决议。

〔典型案例〕

案情简介：嘉茂公司股东登记为彭辉、陈云川及案外人孙长江、肖茂雄，陈云川为公司法定代表人。2015 年 7 月 20 日，彭辉、陈云川、孙长江、肖茂雄、嘉茂公司签订《股权转让协议书》，约定彭辉将其占嘉茂公司 42% 的股份以人民币 4 000 万元的价格全部转让给陈云川、孙长江、肖茂雄，并对具体转让事宜进行了约定。2017 年 4 月 19 日，彭辉与陈云川、嘉茂公司签订《补充协议书》，约定嘉茂公司自愿对陈云川所欠彭辉的全部股权转让款本息承担连带给付责任。后因陈云川未按约定支付股权转让款，彭辉向湖南省株洲市中级人民法院提起诉讼，请求判令陈云川支付股权转让款及利息暂合计 2 648.919 9 万元，嘉茂公司承担连带给付责任。湖南省高级人民法院二审认为，彭辉作为转让股东明知公司股权状况，未提供证据证明其有理由相信该行为已经公司股东会决议同意，其自身存在明显过错，不属于善意相对人，判决嘉茂公司不承担连带给付责任。

本案准确适用了公司法第十六条关于公司为他人提供担保的规定。根据公司法第十六条的规定，公司法定代表人不能单独决定公司担保行为事项，该事项必须以公司股东（大）会、董事会等公司机关的决议作为授权的基础。公司法定代表人未经授权擅自为他人提供担保的，构成越权代表，在判断越权代表行为的效力时，人民法院应当根据合同法第五十条关于法定代表人越权代表的规定，区分订立合同时债权人是否善意分别认定合同效力：债权人为善意的，则合同应当有效；反之则应当认定合同无效。而债权人善意的标准就是债权人是否对决议进行了形式审查。本案中，彭辉和陈云川都是嘉茂公司股东，同时该公司还有其他两位股东。彭辉要求嘉茂公司对陈云川应支付其的股权转让款进行担保，属于公司为股东担保，必须经公司股东会同意，然而公司并没有召开股东会，这显然违反了公司法第十六条第二款的规定。由于彭辉明知没有召开股东会，也明知陈云川是越权对公司进行担保，此种情形下，陈云川虽然形式上是公司的法定代表人，但该越权代表行为不应当对公司发生效力，公司也不应当对该行为承担法律责任。

（资料来源：中国法院网）

3.2 有限责任公司和股份有限公司

3.2.1 有限责任公司

1）有限责任公司的概念和法律特征

（1）有限责任公司的概念

有限责任公司指由五十个以下的股东出资设立，每个股东以其所认缴的出资额对公司承担有限责任，公司以其全部资产对其债务承担责任的经济组织。有限责任公司包括国有独资公司以及其他有限责任公司。

（2）有限责任公司的法律特征

我国有限责任公司具有以下法律特征：第一，出资方式多样化。股东可用货币出资，也可用实物、知识产权、土地使用权等可以用货币估价并可以依法转让的非货币财产作价出资，但法律法规规定不得作为出资财产的除外。第二，出资额不必等额。公司的全部资产不划分为等额股份，股东出资额可各不相等。股东缴纳其认缴的出资后，须经依法设立的验资机构验资并出具证明。第三，股东人数的法定限制。股东应符合法定人数，有限责任公司由 50 个以下股东出资设立。第四，股东按出资比例分配利润和承担风险。股东按实缴的出资比例分取红利，公司新增资本时，股东有权优先按实缴的出资比例认缴出资。但是，全体股东约定不按照出资比例分取红利或者不按照出资比例优先认缴出资的除外。

〖法律小讲坛〗

一人有限责任公司，指只有一个自然人股东或一个法人股东的有限责任公司。一个自然人只能投资设立一个一人有限责任公司，该一人有限责任公司不能投资设立新的一人有限责任公司。一人有限责任公司不设股东会，其章程由股东制订，股东作出决定公司的经营方针和投资计划时，应当采用书面形式，并由股东签名后置备于公司。一人有限责任公司的股东不能证明公司财产独立于股东自己的财产的，应当对公司债务承担连带责任。

〖法律小讲坛〗

国有独资公司，是指国家单独出资、由国务院或地方人民政府授权本级人民政府国有资产监督管理机构履行出资人职责的有限责任公司。国有独资公司不设股东会，由国有资产监督管理机构行使股东会职权。国有资产监督管理机构可以授权公司董事会行使股东会的部分职权，决定公司的重大事项，但公司的合并、分立、解散、增加或者减少注册资本和发行公司债券，必须由国有资产监督管理机构决定；其中，重要的国有独资公司合并、分立、解散、申请破产的，应当由国有资产监督管理机构审核后，报本级人民政府批准。国有独资公司的董事长、副董事长、董事、高级管理人员，未经国有资产监督管理机构同意，不得在其他有限责任公司、股份有限公司或其他经济组织兼职。

2）有限责任公司的设立条件

设立有限责任公司，应当具备下列条件：

①股东符合法定人数。有限责任公司由 50 个以下股东出资设立。

②有符合公司章程规定的全体股东认缴的出资额。有限责任公司的注册资本为在公司登记机关登记的全体股东认缴的出资额。法律、行政法规以及国务院决定对有限责任公司注册资本实缴、注册资本最低限额另有规定的，从其规定。

③股东共同制订公司章程。公司章程由全体股东订立，对公司、股东、董事、监事、经理都有约束力。有限责任公司章程应当载明下列事项：公司名称和住所；公司经营范围；公司注册资本；股东的姓名或名称；股东的出资方式、出资额和出资时间；公司的机构及其产生办法、职权、议事规则；公司法定代表人；股东会会议认为需规定的其他事项。股东应当在公司章程上签名、盖章。

④有公司名称，建立符合有限责任公司要求的组织机构。

⑤有公司住所。公司以其主要办事机构所在地为住所。

3）有限责任公司的组织机构

（1）股东会

有限责任公司股东会由全体股东组成，股东会是公司的权力机构，依照《公司法》行使下列职权：决定公司的经营方针和投资计划；选举和更换非由职工代表担任的董事、监事，决定有关董事、监事的报酬事项；审议批准董事会的报告；审议批准监事会或监事的报告；审议批准公司的年度财务预算方案、决算方案；审议批准公司的利润分配方案和弥补亏损方案；对公司增加或者减少注册资本作出决议；对发行公司债券作出决议；

对公司合并、分立、解散、清算或变更公司形式等事项作出决议；修改公司章程，以及公司章程规定的其他职权。

首次股东会会议由出资最多的股东召集和主持，行使以上规定的职权。召开股东会会议，除另有规定之外，应于会议召开 15 日前通知全体股东。股东会会议分为定期会议和临时会议，会议由股东按出资比例行使表决权，但另有规定的除外。股东会会议作出修改公司章程、增加或减少注册资本的决议，以及公司合并、分立、解散或者变更公司形式的决议，必须经代表 2/3 以上表决权的股东通过。股东会应对所议事项的决定作会议记录，出席会议的股东应当在会议记录上签名。

（2）董事会或执行董事

有限责任公司设董事会，其成员为 3~13 人，董事会设董事长 1 人，可以设副董事长。董事长、副董事长按公司章程规定产生。股东人数较少或规模较小的有限责任公司，可设 1 名执行董事，不设董事会，执行董事可兼任公司经理。董事任期由公司章程规定，但每届不得超过 3 年。董事任期届满，连选可连任。

董事会对股东会负责，行使下列职权：召集股东会会议，并向股东会报告工作；执行股东会的决议；决定公司的经营计划和投资方案；制订公司的年度财务预算方案、决算方案；制订公司的利润分配方案和弥补亏损方案；制订公司增加或减少注册资本以及发行公司债券的方案；制订公司合并、分立、解散或变更公司形式的方案；决定公司内部管理机构的设置；决定聘任或解聘公司经理及其报酬事项，并根据经理的提名决定聘任或解聘公司副经理、财务负责人及其报酬事项；制订公司的基本管理制度；公司章程规定的其他职权。

（3）经理

有限责任公司可设经理，由董事会决定聘任或解聘。经理对董事会负责，行使下列职权：主持公司的生产经营管理工作，组织实施董事会决议；组织实施公司年度经营计划和投资方案；拟订公司内部管理机构设置方案；拟订公司的基本管理制度；制订公司的具体规章；提请聘任或者解聘公司副经理、财务负责人；决定聘任或解聘除应由董事会决定聘任或者解聘以外的负责管理人员；董事会授予的其他职权。

（4）监事会或监事

有限责任公司设监事会，其成员不得少于 3 人。监事会应当包括股东代表和适当比例的公司职工代表，其中职工代表的比例不得低于 1/3，具体比例由公司章程规定。监事会中的职工代表由公司职工通过职工代表大会、职工大会或其他形式民主选举产生。股东人数较少或规模较小的有限责任公司，可不设监事会，设 1~2 名监事。董事、高级管理人员不得兼任监事，监事的任期每届为 3 年，任期届满，连选可连任。监事可列席董事会议，并对董事会决议事项提出质询或建议。

监事会、不设监事会的公司的监事行使下列职权：检查公司财务；对董事、高级管理人员执行公司职务的行为进行监督，对违反法律、行政法规、公司章程或股东会决议的董事、高级管理人员提出罢免的建议；当董事、高级管理人员的行为损害公司利益时，要求董事、高级管理人员予以纠正；提议召开临时股东会会议，在董事会不履行本法规定的召集和主持股东会会议职责时召集和主持股东会会议；向股东会会议提出提案；依照《公司法》第一百五十二条规定，对董事、高级管理人员提起诉讼；公司章程规定的其他职权。

〔以案说法〕

原告刘某系被告某停车服务有限公司的股东、监事。刘某自公司1999年成立以来，因出资比例及公司经营等事宜与其他股东纠纷不断并经历多次诉讼。刘某在2006年、2016年两次提起股东知情权诉讼并胜诉，在通过法院强制执行，复制了公司成立以来至2015年12月31日的股东会决议、会计账簿、会计凭证等文件资料后，自行以监事名义于2017年6月委托会计师事务所对公司经营期间的财务收支特别是股东实际出资情况进行审计，为此支付审计费3万余元。2018年4月，刘某诉请公司向其支付履行监事职责垫付的律师费、调查费、复印费、交通费、审计费共计7万余元。

〔案例分析〕

我国《公司法》第五十四条规定监事发现公司经营情况异常可以进行调查，必要时可以聘请会计师事务所等协助其工作，费用由公司承担。但是，监事行使财务检查权的前提必须是为了公司的利益，即不存在权利滥用的情形。本案原告刘某表面上看似履行监事职责，实则纯属为个人股东利益而为之，应自行承担相关费用。

公司监事享有财务检查费用请求权。有限责任公司的监事是依照法律规定和公司章程规定，代表公司股东和职工对董事会、执行董事和经理依法履行职务情况进行监督的机关，属于公司的内设机构，其行使财务检查权属于公司内部治理的范畴，应当按照公司的规定进行。司法实践认为公司监事不能诉诸于司法强制行使监事职权，即法律未赋予其相应的诉权。但是在监事发现公司经营情况异常时，自行以合理方式进行财务调查后，依据《公司法》第五十四条的规定诉请由公司承担相关费用的，人民法院应当依法予以支持。人民法院为监事积极履行职责和发挥监督作用提供司法保障，才能更好地实现公司法设立监事制度的目的。

公司监事不得滥用财务检查权。任何权利都有滥用的可能，监事监督权也不例外。监事行使监督职责的利益应归属于公司，与公司的利益一致。同时具备公司监事身份的股东，以监事名义委托审计公司财务状况除须具备履行监事职责的权利外观，还应当考察其主观目的即行为动机，如果纯为实现个人股东利益，则应当依法行使公司法赋予的股东权利。如公司法司法解释四第十条即规定股东根据人民法院生效判决查阅公司文件资料的，在该股东在场的情况下，可由会计师等负有保密义务的中介机构执业人员辅助进行。股东行使知情权聘请会计师等的费用显然应由股东个人承担。本案刘某将事实上维护自身股东权利的成本，以监事行使财务检查权的形式要求公司承担，有违目的正当性原则，构成滥用监事权利。

本案原告应当自行承担审计费用。原告刘某具有公司股东与监事双重身份，本案被告公司确实存在未履行财务报告制度的情形，故刘某具备履行监事职责的原因条件。然而，刘某以监事名义委托此次审计到底是为公司利益还是自身利益从表面上看无法判断，但从其先后提起股东知情权诉讼、股东出资比例确认诉讼，以及因股东知情权诉讼胜诉而在执行过程中复制到相应的股东会决议、会计账簿、会计凭证等文件资料后，随即聘请会计师事务所对公司财务特别是股东的出资情况进行审计的事实来看，结合其将多次诉讼的调查费、交通费、复印费、律师费纳入本案一并请求公司承担的行为判断，其系为实现个人股东利益而委托审计，并非为了公司和职工的利益，与法律规定的监事职责的本意相悖，所产生的费用应当由其自行承担。

（资料来源：中国法院网）

4）有限责任公司的股权转让

有限责任公司的股东之间可以相互转让其全部或部分股权。股东向股东以外的人转让股权，应当经其他股东过半数同意。其他股东半数以上不同意转让的，不同意的股东应当购买该转让的股权，不购买的，视为同意转让。经股东同意转让的股权，在同等条件下，其他股东有优先购买权。两个以上股东主张行使优先购买权的，协商确定各自的购买比例；协商不成的，按转让时各自的出资比例行使优先购买权。自然人股东死亡后，其合法继承人可继承股东资格，但公司章程另有规定的除外。依照公司法转让股权后，公司应当注销原股东的出资证明书，向新股东签发出资证明书，并相应修改公司章程和股东名册中有关股东及其出资额的记载。

〖法律小讲坛〗

对股东会该项决议投反对票的股东，可在以下情形下请求公司按合理的价格收购其股权：①公司连续5年不向股东分配利润，而公司该5年连续赢利，并且符合公司法规定的分配利润条件的；②公司合并、分立、转让主要财产的；③公司章程规定的营业期限届满或章程规定的其他解散事由出现，股东会会议通过决议修改章程使公司存续的。自股东会会议决议通过之日起六十日内，股东与公司不能达成股权收购协议的，股东可以自股东会会议决议通过之日起九十日内向人民法院提起诉讼。

〖以案说法〗

曹某是锡城某公司的一名股东。2015年5月26日，曹某向公司发出《会计账簿查阅函》，以全面了解公司运营及财务状况为由，要求查阅2007年11月28日至2015年5月26日的会计财务报告及会计账簿。公司确认收到上述函件后，回函要求曹某先将股金欠款15万元付清后，凭出资证明书才可以查阅。双方协商未果，曹某诉至法院，要求公司完整提供上述期间的财务会计报告、会计账簿供其及其委托的会计师事务所查阅。

〖案例分析〗

法院经审理认为：本案中，被告公司未能向法院举证证明曹某查账具有不正当目的，并可能损害公司的合法利益，故其无理由不应当拒绝曹某查阅账簿的请求。曹某作为公司的股东，有权要求公司提供财务会计报告和会计账簿，供其及其委托的会计师事务所查阅。

现曹某根据法律的规定，向公司书面提出了查阅请求，公司亦无法证明曹某查阅会计账簿与损害公司合法利益存在必然联系，无正当理由不应当拒绝曹某的查阅请求。公司要求曹某先返还借款15万元，因与本案不属于同一法律关系，可另案向曹某主张权利。据此法院判决公司于判决生效后5日内向原告曹某提供该公司自2007年11月28日至2015年5月26日的财务会计报告、会计账簿供曹某及其委托的会计师事务所查阅。股东知情权是股东对公司经营管理进行监督的重要权利，也是股东重大决策权、受益权等其他权利得以实现的基础。在股东知情权问题上，一方面股东行使权利应当遵守法律规定，不得影响公司正常经营，另一方面公司应当为股东合法行使知情权提供便利。
（资料来源：中国法院网）

〖法规速递〗

《公司法》第三十三条规定，股东有权查阅、复制公司章程、股东会会议记录、董事会会议决议、监事会会议决议和财务会计报告。股东可以要求查阅公司会计账簿。股东要求查阅公司会计账簿的，应当向公司提出书面请求，说明目的。公司有合理根据认为股东查阅会计账簿有不正当目的，可能损害公司合法利益的，可以拒绝提供查阅，并应当自股东提出书面请求之日起十五日内书面答复股东并说明理由。公司拒绝提供查阅的，股东可以请求人民法院要求公司提供查阅。

3.2.2　股份有限公司

1）股份有限公司的概念和特点

（1）股份有限公司的概念

股份有限公司是指将全部资本划分为等额股份，股东以其认购的股份为限对公司承担责任，公司以全部财产对公司债务承担责任的企业法人。

（2）股份有限公司的法律特征

我国股份有限公司具有以下法律特征：第一，出资方式多样化。股份有限公司和有限责任公司同样适用《公司法》中第二十七条规定：股东可用货币出资，也可用能依法转让的可用货币估价的非货币财产作价出资，但法律法规规定不得作为出资财产的除外。第二，股份等额。股份有限公司采取发起设立或募集设立的方式筹集资金，将资本划分为股份，每一股的金额相等。第三，股东人数的法定限制。设立股份有限公司规定股东人数不得少于法律规定的数目，其通过向社会公开发行的办法筹集资金，任何人在缴纳了股款之后，都可以成为公司股东。第四，股东均负有限责任。股东以其所持有股份为限对公司承担责任，公司以其全部资产对公司的债务承担责任。第五，招股集资公开。股份有限公司向社会公开募集股份，须公告招股说明书，无论是发起设立或是募集设立，其方式是开放性的。

2）股份有限公司的设立条件

股份有限公司可采取发起设立或募集设立的方式。发起设立指由发起人认购公司应发行的全部股份而设立公司；募集设立指发起人认购公司应发行股份的一部分，其余股份向社会公开募集或向特定对象募集而设立公司。

设立股份有限公司，应当具备下列条件：

①发起人符合法定人数。设立股份有限公司，应当有两人以上200人以下为发起人，其中须有半数以上的发起人在中国境内有住所。

②有符合公司章程规定的全体发起人认购的股本总额或募集的实收股本总额。

③股份发行、筹办事项符合法律规定。

④发起人制订公司章程，采用募集方式设立的经创立大会通过。股份有限公司章程应载明下列事项：公司名称和住所；公司经营范围；公司设立方式；公司股份总数、每股金额和注册资本；发起人的姓名或名称、认购股份数、出资方式和出资时间；董事会、监事会的组成、职权和议事规则；公司法定代表人；公司利润分配办法；公司解散事由与清算办法；公司的通知和公告办法及其他事项。

⑤有公司名称，建立符合股份有限公司要求的组织机构。

⑥有公司住所。

〖知识链接〗

股份有限公司采取发起设立方式设立的，注册资本为在公司登记机关登记的全体发起人认购的股本总额。在发起人认购的股份缴足前，不得向他人募集股份。股份有限公司采取募集方式设立的，注册资本为在公司登记机关登记的实收股本总额。法律、行政法规以及国务院决定对股份有限公司注册资本实缴、注册资本最低限额另有规定的，从其规定。

3）股份有限公司的组织机构

（1）股东大会

股份有限公司股东大会是公司的权力机构，由全体股东组成。有限责任公司股东会职权的规定，适用于股份有限公司股东大会。

股东大会应当每年召开一次年会，有法定特殊情况时，应当在两个月内召开临时股东大会。召开股东大会，应将会议召开时间、地点及事项于会议召开20日前通知各股东；临时股东大会应于会议召开15日前通知各股东；发行无记名股票的，应当于会议召开30日前公告会议召开的时间，地点和审议事项。单独或合计持有公司百分之三以上股份的股东，可以在股东大会召开10日前提出临时提案并书面提交董事会；董事会应当在收到提案后两日内通知其他股东，并将该临时提案提交股东大会审议。临时提案的内容应当属于股东大会职权范围，并有明确议题和具体决议事项。股东大会不得对前两款通知中未列明的事项作出决议。

股东大会会议由董事会召集，董事长主持；董事长不能履行职务或不履行职务的，由副董事长主持；副董事长不能履行职能或不履行职务的，由半数以上董事共同推举一名董事主持。股东出席股东大会会议，所持每一股份有一表决权。但是，公司持有的本公司股份没有表决权。股东大会作出决议，须经出席会议的股东所持表决权过半数通过。股东大会作出修改公司章程、增加或减少注册资本的决议，以及公司合并、分立、解散等决议，须经出席会议的股东所持表决权的2/3以上通过。公司法和公司章程规定公司转让、受让重大资产或对外提供担保等事项必须经股东大会做出决议的，董事会应当及时召集股东大会会议，由股东大会就上述事项进行表决。

〖知识链接〗

股东大会应每年召开一次年会，有下列情形之一的，应当在两个月内召开临时股东大会：①董事人数不足规定人数或公司章程所定人数的 2/3；②公司未弥补的亏损达实收股本总额 1/3 时；③单独或合计持有公司 10% 以上股份的股东请求时；④董事会认为必要时；⑤监事会提议召开时；⑥公司章程规定的其他情形。

（2）董事会

股份有限公司设立董事会，其成员为 5~19 人。董事会成员中可以有公司职工代表，职工代表由公司职工通过职工代表大会、职工大会或其他形式民主选举产生。董事会设董事长 1 人，可以设副董事长。董事长和副董事长由董事会以全体董事的过半数选举产生。股份有限公司董事任期由公司章程规定，但每届不得超过 3 年。董事任期届满，连选可连任。有限责任公司董事会职权的规定，适用于股份有限公司董事会。

董事会每年度至少召开两次会议，每次会议应当于会议召开 10 日前通知全体董事和监事。董事会会议应有过半数的董事出席方可举行。董事会作出决议，须经全体董事的过半数通过。董事会决议的表决，实行一人一票。董事会应当对会议所议事项的决定作会议记录，出席会议的董事应当在会议记录上签名。

（3）经理

股份有限公司设经理，由董事会决定聘任或解聘。公司董事会可以决定由董事会成员兼任经理。经理对董事会负责，行使职权适用有限责任公司经理职权的规定：主持公司的生产经营管理工作，组织实施董事会决议；组织实施公司年度经营计划和投资方案；拟订公司内部管理机构设置方案；拟订公司的基本管理制度；制订公司的具体规章；提请聘任或解聘公司副经理、财务负责人；决定聘任或解聘除应由董事会决定聘任或解聘以外的负责管理人员；董事会授予的其他职权。

（4）监事会

股份有限公司依照《公司法》及公司章程设立监事会，其成员不得少于 3 人。监事会设主席 1 人，可设副主席。监事会包括股东代表和适当比例的公司职工代表，其中职工代表不得低于 1/3，具体比例由公司章程规定；监事会中的职工代表由公司职工通过职工代表大会、职工大会或其他形式民主选举产生。董事、高级管理人员不得兼任监事。监事的任期每届为 3 年。任期届满，连选可连任。

监事会每 6 个月至少召开一次会议，监事可提议召开临时监事会会议。监事会决议应当经半数以上监事通过，并对所议事项的决定作会议记录，出席会议的监事应当在会议记录上签名。有限责任公司监事会职权的规定，适用于股份有限公司监事会。

〔知识链接〕

公司法所称上市公司，是指股票在证券交易所上市交易的股份有限公司。上市公司设独立董事，具体办法由国务院规定。设董事会秘书，负责公司股东大会和董事会会议的筹备、文件保管以及公司股东资料的管理，办理信息披露事务等事宜。上市公司在一年内购买、出售重大资产或担保金额超过公司资产总额百分之三十的，应当由股东大会作出决议，并经出席会议的股东所持表决权的三分之二以上通过。

4）股份有限公司的股份发行和转让

（1）股份发行

股份发行是指股份有限公司为筹集公司资本，依法对外发行股份的法律行为。股份的发行遵循公平、公正的原则，同种类的每一股份具有同等权利，即同股同权、同股同利。公司的股份采取股票形式，作为证明股东所持股份的凭证。同此发行的同种类股票，每股的发行条件和价格应当相同；任何单位或个人所认购的股份，每股应当支付相同价额。股票发行价格可以按票面金额，也可以超过票面金额，但不得低于票面金额。

公司发行的股票，可以为记名股票，也可以为无记名股票。公司向发起人、法人发行的股票，应当为记名股票，并应当记载该发起人、法人的名称或姓名，不得另立户名或以代表人姓名记名。发行无记名股票的，公司应当记载其股票数量、编号及发行日期。股份有限公司成立后，即向股东正式交付股票，公司成立前不得向股东交付股票。公司发行新股，股东大会应当对新股种类、数额、发行价格、发行的起止日期、向原有股东发行新股的种类及数额等事项作出决议。

（2）股份转让

股份转让指股份有限公司的股份持有人依法自愿转让其股份给他人，使他人获得股份，成为股东的法律行为。《公司法》中对股份有限公司股份转让作出以下限制：股东转让其股份，应当在依法设立的证券交易场所进行或按照国务院规定的其他方式进行；发起人持有的本公司股份，自公司成立之日起一年内不得转让；公司公开发行股份前已发行的股份，自公司股票在证券交易所上市交易之日起一年内不得转让；公司董事、监事、高级管理人员在任职期间每年转让的股份不得超过其所持有本公司股份总数的25％；上述职员离职后半年内，不得转让其所持有的本公司股份。

〖知识链接〗

公司不得收购本公司股份，但是有下列情形之一的除外：

（一）减少公司注册资本；

（二）与持有本公司股份的其他公司合并；

（三）将股份用于员工持股计划或者股权激励；

（四）股东因对股东大会作出的公司合并、分立决议持异议，要求公司收购其股份；

（五）将股份用于转换上市公司发行的可转换为股票的公司债券；

（六）上市公司为维护公司价值及股东权益所必需。

3.3 公司的合并分立与增资减资

3.3.1 公司的合并

1）公司合并的概念与特点

（1）公司合并的概念

公司合并是指两个或两个以上的公司依照公司法规定的条件和程序，通过订立合并协议，合并为一个公司或创立一个新的公司的法律行为。公司的合并，可以强化原公司的竞争能力，扩大生产经营规模，促进社会化大生产的发展。

（2）公司合并的特点

公司合并具有以下特点：第一，公司合并是公司之间的合同行为。公司合并，应当由合并各方签订合并协议，并编制资产负债表及财产清单。第二，公司合并是公司之间的法定合并。合并包括合并公司将其全部资产和负债转让给另外一家现存或新设公司，为其股东换取合并公司的股权或其他财产，实现两个或两个以上公司的依法合并。第三，公司合并导致公司一方或各方解散。一个公司吸收其他公司为吸收合并，被吸收的公司解散。两个以上公司合并设立一个新的公司为新设合并，合并各方解散。

2）公司合并的方式

公司的合并可分为吸收合并和新设合并两种形式。公司合并时，合并各方的债权、债务，应当由合并后存续的公司或新设的公司承继。

（1）吸收合并

吸收合并又称存续合并，它是指通过将一个或一个以上的公司并入另一个公司的方式而进行公司合并的一种法律行为。被吸收的公司解散，其法人资格消失，存续法人的主体资格依然存在。

（2）新设合并

新设合并是指两个或两个以上的公司以消灭各自的法人资格为前提而合并设立一个新的公司的法律行为。其合并结果，原有公司的法人资格均告消灭。新组建公司办理设立登记手续取得法人资格。

公司合并，至少有两个公司才能达成。但公司存在种类的差别，于是在公司法上就产生了对合并的公司在种类上是否加以限制的问题，对此有两种态度：一是公司种类非限制主义。即同类或不同类公司均可合并，如有限责任公司与有限责任公司之间可以合并，有限责任公司与股份有限公司之间也可以合并。二是公司种类限制主义，多数国家立法采取此态度，即有限责任公司或股份有限公司等同类之间相互合并，不同公司相互合并，但合并的公司，如果一方或双方为股份有限公司时，那么合并后存续的公司或因合并而新设的公司，必须是股份有限公司才行。我国《公司法》对公司合并是否有种类限制没有作出明确规定。

3）公司合并的程序

公司合并是一种法律行为，不仅涉及公司的变化，还关系到公司、股东和债权人等相关人的利益，应当依法进行。根据《公司法》的规定，公司合并的程序通常如下：

（1）签订合并协议

参加合并的各方基于平等协商的原则，就合并的有关事项达成合并协议，合并协议应包括：合并各方的名称、住所；合并后存续公司或新设公司的名称、住所；合并各方的资产状况及债权债务状况等内容。

（2）编制资产负债表及财产清单

在合并各方签订合并协议时，应编制资产负债表及财产清单。资产负债表明确公司资产的借贷情况；财产清单注明公司所有的债权债务等资产。

（3）股东会（大会）表决通过合并决议。

公司法规定合并要由合并各方股东会（大会）作出特别决议，必须经出席股东会议的股东所持表决权的 2/3 以上通过。

（4）通知或公告债权人

公司应当自作出合并决议之日起 10 日内通知债权人，并于 30 日内在报纸上公告。债权人自接到通知书之日起 30 日内，未接到通知书的自公告之日起 45 日内，可要求公司清偿债务或提供相应担保。

（5）办理合并登记

公司合并时，合并各方的债权、债务，应当由合并后存续的公司或新设的公司承继。公司合并后，登记事项发生变更，应当依法向公司登记机关办理变更登记；公司解散的，应当依法办理公司注销登记；设立新公司的，应当依法办理公司设立登记。

3.3.2 公司的分立

1）公司分立的概念

公司分立指一个公司依照公司法有关规定，通过股东会决议分成两个以上的公司。公司分立时，其财产应作相应的分割。

公司分立前的债务由分立后的公司承担连带责任。但是，公司在分立前与债权人就债务清偿达成的书面协议另有约定的除外。

2）公司分立的形式

公司分立主要采取以下两种方式进行：

（1）存续分立

存续分立是指一个公司分离成两个以上公司，本公司继续存在并设立一个以上新的公司。存续分立方式，本公司继续存在但注册资本减少。原股东在本公司、新公司的股权比例可以不变。

（2）解散分立

解散分立是指一个公司分散为两个以上公司，本公司解散并设立两个以上新的公司。

3）公司分立的程序

（1）公司董事会拟订公司分立方案

在公司分立方案中，除应当对分立原因、目的、分立后各公司的地位、分立后公司章程及其他相关问题作出安排外，特别应妥善处理财产及债务分割问题。

（2）公司股东会关于分立方案的决议

公司分立属于《公司法》上所称重大事项，应当由股东会以特别会议决议方式决定。股东会决议通过方案时，特别要通过公司债务的分担协议，即由未来两家或多家公司分担原公司债务的协议。为了保证分立方案的顺利执行，应当同时授权董事会具体实施分立方案。该授权包括向国家主管机关提出分立申请、编制其他相关文件等事项。

（3）编制资产负债表及财产清单

公司分立，其财产作相应分割，为妥善处理财产分割，应当编制资产负债表及财产清单。经股东会授权后，应当由董事会负责实施。

（4）通知或公告债权人

公司分立应以政府批准为前提。公司应当自作出分立决议之日起 10 日内通知债权人，并于 30 日内在报纸上公告。

（5）办理合并登记

公司分立后，登记事项发生变更，应当依法向公司登记机关办理变更登记；公司解散的，应当依法办理公司注销登记；设立新公司的，应当依法办理公司设立登记。

3.3.3 公司增资、减资

公司增加或减少注册资本，应当依法向公司登记机关办理变更登记。

1）公司增资

有限责任公司增加注册资本时，股东认缴新增资本的出资，依照公司法设立有限责任公司缴纳出资的有关规定执行。

股份有限公司为增加注册资本发行新股时，股东认购新股，依照公司法设立股份有限公司缴纳股款的有关规定执行。

2）公司减资

公司需要减少注册资本时，必须编制资产负债表及财产清单。公司应当自作出减少注册资本决议之日起十日内通知债权人，并于三十日内在报纸上公告。债权人自接到通知书之日起三十日内，未接到通知书的自公告之日起四十五日内，有权要求公司清偿债务或者提供相应的担保。

〔以案说法〕

新华公司因经营需要于 2017 年向某银行贷款 500 万元，后因经营不善，新华公司未还款。案件进入执行程序后，法院查明新华公司在 2018 年 1 月份将注册资金由 1 000 万元减少为 500 万元。申请人某银行向法院申请追加新华公司股东何某、张某等五人为被执行人。本案中法院查明，新华公司于 2018 年在工商行政管理部门进行了减资登记，且有所有股东同意的股东大会决议，编制了资产负债表，并于当月在当地省级报纸上刊载了减资公告，符合减少注册资本的法定要件，应认定其减少注册资本的行为合法有效。

〖案例分析〗

对于能否将何某、张某等人追加为被执行人，主要有两种不同观点：

第一种观点认为，新华公司将注册资金由 1 000 万元减少为 500 万元，存在抽逃出资的嫌疑，应依法将何某、张某等股东追加为本案被执行人。抽逃出资是指在公司验资注册后，股东将所缴出资暗中撤回，却仍保留股东身份和原有出资数额的一种违法行为。抽逃出资的主体为股东，股东抽逃出资主要是侵犯了公司的合法权益和我国的公司资本制度，损害债权人业已存在的信赖利益，从而间接损害到公司债权人的利益。

第二种观点认为，减少注册资本不等同于抽逃出资，不能简单的追加股东为被执行人。减少注册资本，俗称减资，系企业为弥补亏损，调整资本而减少企业资本的行为。依照《公司法》第一百七十七条的规定："公司需要减少注册资本时，必须编制资产负债表及财产清单。公司应当自作出减少注册资本决议之日起十日内通知债权人，并于三十日内在报纸上公告。债权人自接到通知书之日起三十日内，未接到通知书的自公告之日起四十五日内，有权要求公司清偿债务或者提供相应的担保。"可见，公司法规定的减资行为，是公司股东根据法定程序抽回公司资本的行为。公司减资后的财产与减资前的财产相比发生了实际减少，导致公司对外承担责任的财产的减少和偿债能力的下降，为维护债权人业已存在的信赖利益，减资必须履行严格的法定程序。

减少注册资本与抽逃出资无论从行为主体、表现、程序、法律后果等均有所不同。本案中新华公司的减资行为在工商行政管理部门履行了减资登记手续，对外产生减资公示的法律效果，在未被确认为违反法定程序之前该减资行为合法有效。

（资料来源：中国法院网）

3.4 公司的解散与清算

3.4.1 公司的解散

1）公司解散的概念及特征

（1）公司解散的概念

公司解散是指已成立的公司，基于法律、行政法规规定的解散事由而停止其积极的业务活动，使公司消失的法律行为。

（2）公司解散的特征

公司解散与公司破产、关闭等概念有区别，其特征分析如下：第一，公司解散是特殊的法律程序。公司可经过一定程序得以存续、恢复如前；也可能经过一定程序而被消灭。第二，公司解散是公司法人资格趋于消灭的特殊状态。公司解散，并不意味着公司法人资格已消失，而是表示公司尚存，但处于解散状态。解散中的公司具有特殊的权利义务。第三，公司完成解散到终止的过程，须履行公司清算程序。公司终止指公司法人资格被消灭的状态。除公司合并或分立需解散的情况外，在其他解散的情形下，公司均须进行清算，最终消灭其法人资格。

2）公司解散的原因

（1）任意解散

任意解散原因有以下情形：第一，公司章程规定的营业期限届满或公司章程规定的其他解散事由出现，公司即可解散。出现这种情形的，可以通过修改公司章程而存续。但修改公司章程，有限责任公司须经持有 2/3 以上表决权的股东通过，股份有限公司须经出席股东大会会议的股东所持表决权的 2/3 以上通过。第二，股东会或者股东大会决议解散。公司由发起人或股东决议成立，也应允许由股东或股东大会决议而解散，能引起股东或股东大会作出公司解散的事由。如，公司设立的宗旨已经实现或根本无法实现；公司资金严重匮乏等。第三，因公司合并或分立需要解散。当公司以吸收形式合并时，被吸收方解散，吸收方存续；当公司采取新设方式合并时，合并各方均归于解散。当公司新设分立时，若原公司因分立而不复存在时，则原公司解散。需特别指出，因公司合并或分立导致公司解散，不必履行清算程序。

（2）强制解散

强制解散的原因是指依法必然导致公司解散的事由。强制解散原因有以下情形：公司依法被吊销营业执照、责令关闭或被撤销。公司成立后，在进行经营活动中，公司若违反国家法律、行政法规，实施危害社会公共利益的行为，如从事违法经营活动；擅自改变登记事项等，主管机关有权命令其解散。公司经营管理发生严重困难，继续存续会使股东利益受到重大损失，通过其他途径不能解决的，持有公司全部股东表决权 10% 以上的股东，可以请求人民法院解散公司。

〖以案说法〗

2004 年，原告胡某、刘某与第三人进贤县某村委会注册成立了被告进贤县某有限公司，其中两原告合计出资 500 万元，持股比例为 50%、第三人进贤县某村委会出资 500 万元，持股比例为 50%。公司不设董事会，由公司法定代表人 ××× 担任执行董事；公司不设监事会，由原告胡某担任监事；股东会每年至少召开二次，代表四分之一以上表决权股东提议时或执行董事或监事认为必要时可召开股东临时会。公司经营期间第三人进贤县某村委会一直掌握着该公司的财务及经营权。自 2007 年以来，公司已连续数年未按公司章程召开股东会，公司管理已陷入僵局。2015 年 10 月 16 日，两原告作为持股合计 50% 的股东，原告胡某作为公司监事共同向公司执行董事 ××× 发出《关于提请召开进贤县某有限公司临时股东会的通知》，两原告还于同日向公司发出《查阅会计账簿请求函》，但被告均置之不理。2016 年 3 月 24 日，两原告再次向被告发出《再次请求查阅会计账簿的函》，原告胡某于同日以公司监事身份向公司全体股东发出《关于召开进贤县某有限公司临时股东会的通知》《关于提请罢免进贤县某有限公司执行董事 ××× 的通知》，但两原告未收到任何回复。

〖案例分析〗

一审法院认为：一、被告进贤县某公司的经营管理发生严重困难，已陷入僵局。首先，被告进贤县某有限公司股东会机制已失灵。该公司股权比例设置先天不足，两原告与第三人各持公司 50% 的股权，难以形成二分之一以上的表决权，造成第三人享有一票否决权，两原告无法正常行使股东职权。两原告向被告发出有关函件后，被告均置之不理，造成两原告无法依照公司法及公司章程的相关规定行使股东应当享有的权利。其次，执行董事不履行职责。执行董事×××在收到两原告的函件后不予理会，不按公司法及公司章程规定履行其董事职责，不召开临时股东会，致使公司执行机构无法正常运行。再次，监事胡某虽依照公司法及公司章程的有关规定行使监督职权，但未得到被告的支持，监事形同虚设。二、被告进贤县某有限公司继续存在会使股东的利益受到重大损失。两原告无法通过行使表决权参与公司决策、经营管理。原告胡某作为公司监事，无法有效地行使监督权，这无疑严重侵害了两原告的合法权益。三、被告进贤县某有限公司的僵局无法通过其他途径解决。两原告已经穷尽了调解、修改公司章程、更换执行董事与监事、股权收购等其他救济途径，但均无法打破公司僵局。

综上所述，由于两原告与第三人已彼此互不信任，股东之间的人合基础已经不复存在；两原告作为股东无法通过股东会决议方式管理公司，公司决策和管理机制均陷入瘫痪，经多种途径无法化解公司僵局的处境和股东之间的矛盾，公司的生产经营活动已彻底停止，继续存在势必使股东的利益受到巨大损失，因此被告进贤县某有限公司符合法律规定的强制解散的条件。据此，依据相关法律规定，遂作出如上判决。

（资料来源：中国法院网）

3.4.2 公司的清算

1）公司清算的概念

各国法律中对公司解散和公司清算的关系规定不同，有"先散后算"和"先算后散"之分。我国实行"先散后算"制度。

公司的清算，是指在公司解散时，为终结公司作为当事人的各种法律关系，使公司的法人资格归于消灭，而对公司未了结的业务、财产及债权债务关系等进行清理、处分的行为和程序。在我国，除因公司合并或分立导致公司解散的情形，均应履行清算程序。

2）清算组及其职权

（1）清算组

依照《公司法》规定，有限责任公司的清算组由股东组成，股份有限公司的清算组由董事或股东大会确定的人员组成。清算组成员应当依法履行清算义务，不得利用职权收受贿赂或其他非法收入，不得侵占公司财产；清算组成员因故意或重大过失给公司或债权人造成损失的，应当承担赔偿责任。

〖法规速递〗

《民法典》关于公司清算的规定：

第七十条　法人解散的，除合并或者分立的情形外，清算义务人应当及时组成清算组进行清算。

法人的董事、理事等执行机构或者决策机构的成员为清算义务人。法律、行政法规另有规定的，依照其规定。

清算义务人未及时履行清算义务,造成损害的,应当承担民事责任;主管机关或者利害关系人可以申请人民法院指定有关人员组成清算组进行清算。

第七十一条 法人的清算程序和清算组职权,依照有关法律的规定;没有规定的,参照适用公司法律的有关规定。

第七十二条 清算期间法人存续,但是不得从事与清算无关的活动。

法人清算后的剩余财产,按照法人章程的规定或者法人权力机构的决议处理。法律另有规定的,依照其规定。

清算结束并完成法人注销登记时,法人终止;依法不需要办理法人登记的,清算结束时,法人终止。

第七十三条 法人被宣告破产的,依法进行破产清算并完成法人注销登记时,法人终止。

〖以案说法〗

2009年9月,吴某夫妻二人在私募介绍下与其他35位股东一同投资设立了A公司。注册资本1 200万元,吴某实缴100万元,持股8.33%,公司成立后其不参与经营和管理。公司法定代表人、执行董事兼经理为舒某。到了2016年6月,吴某通过全国企业信用信息公示系统查询,并经当地工商局调取档案发现,A公司已于2011年6月注销。而档案中涉及成立清算组的股东会决议报告等文件上的"吴×"签名,统统是伪造的。

法院查明,2011年,舒某等人制作了A公司成立清算组以及出具清算报告的两次股东会决议,具体内容为:A公司因经营不善,股东会同意公司解散;公司成立清算组,舒某担任组长;全体股东一致同意清算结果,同意办理公司注销,清算报告主要内容为公司自开业以来未开展任何业务,公司库存资产1 196万元,公司剩余净资产1 196万元,其中货币1 196万元,对公司剩余净资产分配方式为按出资比例返还原股东。此后,A公司未继续将剩余资产返还原告吴某。

吴某认为,A公司注销未履行公司内部决策程序,舒某作为公司法定代表人、执行董事兼经理、清算组负责人未实际召集并主持公司股东会,擅自申请办理公司注销,并提交伪造原告签名股东会决议、清算报告等文件办理工商、税务注销手续,造成原告重大损失,应对原告承担损害赔偿责任,故诉至法院。被告舒某则辩称,本案应以清算组全体成员为被告,且自己并未实际占有使用该笔资金,没有法定的返还义务。

〖案例分析〗

擅自将公司非法清算的,"清算组"的行为人员对股东构成共同侵权,应当对权益受到损害的股东承担连带赔偿责任。本案中,吴某向A公司出资100万元,成为该公司股东,其股东权利他人非经法定程序不得处置。2011年,A公司在未向吴某告知的情况下,召开了股东会,作出解散公司和成立清算组的股东会决议。相关股东会决议和清算报告中"吴×"的签字均非本人所签,也没有证据证明吴某委托他人代签。

"清算组未经法律规定忠实履行清算义务,造成吴某未获得清算后所分配的净资产,给其造成了损失,应当予以赔偿。"但是,因清算组并非法律规定的诉讼主体,其成员侵犯吴某的合法权益应认定为共同侵权行为。舒某作为清算组组长,亲自将关于清算、注销A公司的申请提交给工商管理局。故吴某在本案中选择共同侵权人之一的舒某主张侵权赔偿,符合《公司法》和《中华人民共和国侵权责任法》的相关规定,法院予以支持。

舒某承担损害赔偿责任后，还可以向其他清算组成员进行追偿。公司清算本是一件严肃的事情，但是作为公司法定代表人，在未通知出资股东的前提下，伪造签名，擅自成立所谓的"清算组"，解散、终结公司，则需要承担相关的法律责任。因"清算组"的行为人员对股东构成共同侵权，应当对权益受到损害的股东承担连带赔偿责任。江苏省苏州市虎丘区人民法院遂判决被告暨"清算组"组长舒某赔偿原告暨出资股东吴某的损失100万元及利息。

（资料来源：中国法院网）

（2）清算组的职权

清算组在清算期间行使下列职权：清理公司财产，分别编制资产负债表和财产清单；通知、公告债权人；处理与清算有关的公司未了结的业务；清缴所欠税款以及清算过程中产生的税款；清理债权、债务；处理公司清偿债务后的剩余财产；代表公司参与民事诉讼活动。

3）清算程序

（1）制订清算方案

清算组在清理公司财产、编制财产负债表和财产清单后，应当制订清算方案，并报股东会、股东大会或人民法院确认。

（2）清算债权债务

清算组应当自成立之日起10内通知债权人，并于60日内在报纸上公告。

债权人应当自接到通知书之日起30日内，未接到通知书的自公告之日起45日内，向清算组申报其债权。债权人申报债权，应当说明债权的有关事项，并提供证明材料。清算组应当对债权进行登记。在申报债权期间，清算组不得对债权人进行清偿。公司财产分别支付清算费用、职工工资、社会保险费用和法定补偿金，缴纳所欠税款，清偿公司债务。清算组在清理公司财产、编制资产负债表和财产清单后，发现公司财产不足清偿债务的，应当依法向人民法院申请宣告破产。

（3）分配剩余财产

公司财产经过清算后还有剩余的，有限责任公司按照股东的出资比例分配，股份有限公司按股东持有的股份比例分配。公司财产在未按规定清偿前，不得分配给股东。

（4）公司清算结束

公司清算结束后，清算组应当制作清算报告，报股东会、股东大会或者人民法院确认，并报送公司登记机关，申请注销公司登记，公告公司终止。

〖典型案例〗

中国航空机载设备公司成立于1989年，为全民所有制企业，注册资本为1 466万元，股东为中国航空工业集团公司。公司经营范围包括机床设备、家用电器等产品的开发、销售，以及相关技术咨询和信息服务。据审查了解，公司设立后，因资金链断裂进入亏损运营状态，于2010年前后停止经营，目前无核心技术产品，无生产及竞争能力，经营模式严重滞后于市场发展需求。

经初步统计，该公司对外负债达 6 178 万元，被多家法院强制执行，处于严重资不抵债状态。债权人青云航空仪表公司在债权长期得不到清偿的情况下，向北京破产法庭申请对机载设备公司进行破产清算。

2020 年 2 月 15 日上午，北京破产法庭裁定受理北京青云航空仪表有限公司申请中国航空机载设备总公司破产清算一案，该案是北京破产法庭成立以来受理的第一起破产案件，也是北京破产法庭立足专业化审判新起点。北京破产法庭收到申请后组成五人合议庭，北京一中院副院长马立娜亲自担任审判长。在受理审查期间，合议庭对机载设备公司的破产原因、案件背景、企业现状、行业发展等进行了全面审查和了解，对国有企业历史遗留债务，尤其是金融债务及风险链条进行了重点研判，对职工安置等涉民生问题进行了详细了解。同时，结合企业运营价值、债务清偿能力、资产负债状况等因素进行综合判断，在认定机载设备公司具备破产原因的基础上，根据公司的债权债务和财产情况，拟订相应的快速审理方案。

（资料来源：中国法院网）

3.5 违反公司法的法律责任

3.5.1 法律责任的概念及特征

1）法律责任的概念

法律责任指当事人因违反法律规定的义务或不当行使法律权利而应承担的法律后果。违反公司法的法律责任主要包括民事责任、行政责任、刑事责任。

2）法律责任的特征

（1）以法律义务的存在为前提

法律责任因当事人违反了法定义务或契约义务而承担不利后果，表示一种因违反法律上的义务关系而形成的责任关系。

（2）以法律后果作为责任方式

法律责任具有内在逻辑性，法律关系主体须严格履行法律规定的义务，否则，将承担由违法行为造成的法律后果。

（3）以国家强制力为实施保障

国家强制力由国家授权机关行使，用以保证法律责任的实施，使合法权益得以实现和维护，以保护社会关系正常有序地发展。

3.5.2 公司法法律责任制度

根据我国《公司法》的规定，依据公司法律责任主体的不同，分别对不同主体的法律责任进行说明。

1）公司违反公司法的责任

（1）关于非法取得公司登记的法律责任

虚报注册资本、提交虚假材料或采取其他欺诈手段隐瞒重要事实取得公司登记的，由公司登记机关责令改正。对虚报注册资本的公司处以虚报注册资本金额 5%～15% 的罚款；对提交虚假材料或采取其他欺诈手段隐瞒重要事实的公司，处以 5 万～50 万元的罚款；情节严重者，撤销公司登记或吊销营业执照。

（2）违反关于财务会计规定的法律责任

公司违反《公司法》，在法定的会计账簿以外另立会计账簿的，由县级以上人民政府财政部门责令改正，处以 5 万～50 万元的罚款。

公司在依法向有关主管部门提供的财务会计报告等材料上作虚假记载或隐瞒重要事实的，由有关主管部门对直接负责的主管人员和其他直接责任人员处以 3 万～30 万元的罚款。

公司不依规定提取法定公积金的，由县级以上人民政府财政部门责令如数补足应当提取的金额，可以对公司处以 20 万元以下的罚款。

（3）违反关于合并、分立、减少注册资本或清算规定的法律责任

公司在合并、分立、减少注册资本或进行清算时，不依照本法规定通知或公告债权人的，由公司登记机关责令改正，对公司处以 1 万～10 万元的罚款。

公司在进行清算时，隐匿财产，对资产负债表或财产清单作虚假记载或在未清偿债务前分配公司财产的，由公司登记机关责令改正，对公司处以隐匿财产或未清偿债务前分配公司财产金额 5%～10% 的罚款；对直接负责的主管人员和其他直接责任员处以 1 万～10 万元的罚款。公司在清算期间开展与清算无关的经营活动，由公司登记机关予以警告，没收违法所得。

（4）违反关于依法开业和变更登记规定的法律责任

公司成立后无正当理由超过 6 个月未开业的，或开业后自行停业连续 6 个月以上的，可由公司登记机关吊销营业执照。

公司登记事项发生变更时，未依照本法规定办理有关变更登记的，由公司登记机关责令限期登记；逾期不登记的，处以 1 万～10 万元的罚款。

（5）外国公司违反公司法规定的法律责任

外国公司违反公司法规定，擅自在中国境内设立分支机构的，由公司登记机关责令改正或关闭，可以并处 5 万～20 万元的罚款。

2）发起人、股东违反公司法的责任

公司的发起人、股东虚假出资，未交付或未按期交付作为出资的货币或非货币财产的，由公司登记机关责令改正，处以虚假出资金额 5%～15% 的罚款。

公司的发起人、股东在公司成立后，抽逃其出资的，由公司登记机关责令改正，处以所抽逃出资金额 5%～15% 的罚款。

〖以案说法〗

顺鑫公司是一家房地产开发企业，拖欠顺东公司货款 100 万元，法院判决确认后，顺鑫公司未履行，在法院强制执行期间，顺鑫公司没有任何财产，且被注销，执行无果。顺东公司发现据以办理注销登记的清算报告属于虚假材料，于是将顺鑫公司的股东马明和东源公司起诉到法院，要求承担连带赔偿责任。

法院审理后认为，马明和东源公司各出资 500 万元成立了顺鑫公司，在法院执行期间，作为东源公司股东的马祥私刻了东源公司的印章，编造了虚假的清算报告，并用假印章在清算报告上盖章，该清算报告载明公司无财产，无债权和债务，马明和马祥以此虚假的清算报告骗取了工商机关的注销登记。虽然东源公司声称对此并不知情，但是作为公司的股东，对公司的注销事项不知情与常理不符，且属于怠于行使公司股东权的行为，应承担相应的责任。鉴于顺鑫公司的股东出具虚假的清算报告，导致公司违法注销，作为股东的马明和东源公司应承担责任，赔偿顺东公司 100 万元及利息等。

〖案例分析〗

根据《公司法》第二十条的规定，公司股东应当遵守法律、行政法规和公司章程，依法行使股东权利，不得滥用股东权利损害公司或者其他股东的利益；不得滥用公司法人独立地位和股东有限责任损害公司债权人的利益。公司股东滥用股东权利给公司或者其他股东造成损失的，应当依法承担赔偿责任。马明和东源公司的股东马祥作为公司的股东，在明知公司有执行案件，存在巨额赔偿的情况下，仍编造虚假的清算文件注销公司，滥用股东权益，极大的侵害了债权人的利益，应当承担赔偿责任。

最高人民法院关于适用《公司法》若干问题的规定（二）第十九条规定未经依法清算，以虚假的清算报告骗取公司登记机关办理法人注销登记，债权人主张其对公司债务承担相应赔偿责任的，人民法院应依法予以支持。本案中，虽然在工商登记中已经显示顺鑫公司被"合法"注销，但是该注销所依据的清算报告却是虚假的，是马祥和马明所伪造的，其实并未对公司采取任何清算行为，其目的就在于消灭公司，逃避债务。鉴于这种行为的危害性，法律明确禁止，并规定虚假清算后，股东要承担赔偿责任，因此法院判决顺鑫公司的股东马明和东源公司赔偿公司所欠顺东公司的债务。

合法清算的重要保障是在清算过程中提供的资料是真实的，即向工商行政管理部门提交的材料真实地记录了清算的过程，对公司的财产状况做了清理，对债权债务做了安置，如果编造虚假的清算材料，使清算过程流于形式，可能隐瞒公司的财产，使本可以清偿的债务得不到清偿，损害债权人的利益，必为法律所禁止，并且提供虚假的材料，尤其是私刻公章可能处罚刑法，也要承担相应的责任，因此编造虚假的清算报告要承担相应的责任。

（资料来源：中国法院网）

3）清算组违反公司法的责任

清算组不依照公司法规定，向公司登记机关报送清算报告，或报送清算报告隐瞒重要事实或有重大遗漏的，由公司登记机关责令改正。

清算组成员利用职权徇私舞弊、谋取非法收入或侵占公司财产的，由公司登记机关责令退还公司财产，没收违法所得，并可处以违法所得 1~5 倍的罚款。

4) 资产评估、验资或验证的机构违反公司法的责任

承担资产评估、验资或验证的机构提供虚假材料的，由公司登记机关没收违法所得，处以违法所得 1~5 倍的罚款，并可以由有关主管部门依法责令该机构停业、吊销直接责任人员的资格证书，吊销营业执照。

承担资产评估、验资或验证的机构因过失提供有重大遗漏的报告，由公司登记机关责令改正，情节较重的，处以所得收入 1~5 倍的罚款，并可以由有关主管部门依法责令该机构停业、吊销直接责任人员的资格证书，吊销营业执照。

承担资产评估、验资或验证的机构因其出具的评估结果、验资或验证证明不实，给公司债权人造成损失的，除能够证明自己没有过错的，在其评估或证明不实的金额范围内承担赔偿责任。

5) 公司登记机关违反公司法的责任

公司登记机关对不符合公司法规定条件的登记申请予以登记，或对符合规定条件的登记申请不予登记的，对直接负责的主管人员和其他直接责任人员，依法给予行政处分。

公司登记机关的上级部门强令公司登记机关对不符合公司法规定条件的登记申请予以登记，或对符合规定条件的登记申请不予登记，或对违法登记进行包庇的，对直接负责的主管人员和其他责任人员依法给予行政处分。

本章小结

本章介绍了公司的概念及其法律特征，阐明了公司法的调整对象及其基本原则，梳理了有限责任公司及股份有限公司的概念、特征、设立条件、组织机构，分析了公司合并、分立、增资、减资、解散、清算以及违反《公司法》应承担的法律后果。

自测题

一、选择题

1. 我国《公司法》对股份有限公司发起人的要求是（ ）。

   A. 发起人应为 1 人以上 50 人以下，其中须有半数以上的发起人在中国境内有住所

   B. 发起人应为 2 人以上 200 人以下，其中须有半数以上的发起人在中国境内有住所

C. 全体发起人都必须在中国境内有住所

D. 发起人是否在中国境内有住所由发起人自己决定

2. 根据《公司法》，下列关于股份有限公司监事会的表述中正确的是（　　）。

A. 董事、高级管理人员可兼任监事

B. 监事会成员中不必有公司职员代表

C. 监事会成员不得少于三人

D. 监事会行使职权所必需的费用，不得由公司承担

3. 下列有关一人有限责任公司的表述中，正确的是（　　）。

A. 法人不能设立一人有限责任公司

B. 一个自然人只能投资设立一个一人有限责任公司

C. 一人有限责任公司不需要指定公司章程

D. 一人有限责任公司必须设立股东会

4. 有限责任公司的股东会是公司的（　　）。

A. 代表机构　　　B. 执行业务机构　　　　C. 监督机构　　　　　D. 权力机构

5. 我国的国有独资公司，是指国家单独出资、有国务院或地方人民政府授权本级人民政府国有资产监督管理机构履行出资人职责的（　　）。

A. 有限责任公司　　　　　　　　B. 股份有限公司

C. 企业集团　　　　　　　　　　D. 母公司

6. 股份有限公司设监事会，其成员不得少于（　　）人。

A.2　　　　　　　B.3　　　　　　　C.4　　　　　　　D.5

二、判断题

1. 公司的目的在于股东利益的最大化，因此不需要考虑社会责任。

2. 股份有限公司发起人持有的本公司股份，自公司成立之日起一年内不得转让。

3. 有限责任公司的股东之间可以相互转让其全部或部分股权。

4. 有限责任公司的股东以其认缴的出资额为限为公司承担责任。

5. 股东只能用货币出资。

三、简答题

1. 设立有限责任公司，应当具备哪些条件？

2. 公司解散的原因有哪些？

3. 清算组的职权有哪些？

4. 发起人、股东违反公司法应承担哪些法律责任？

四、实训题

以某星级酒店为例，了解该公司的公司章程，讨论其组织机构的职能特点。

第4章

劳动法律制度

【本章导读】

　　旅游业的健康发展不仅需要依法确认旅行社之间、饭店之间、旅行社与旅游者之间、旅行社与饭店等相关旅游部门之间的旅游关系，特别针对旅游饭店而言，更要确认饭店与员工之间的劳动关系，规范饭店对员工的报酬、休息、劳动保护等权益，增强饭店行业健康发展的内在动力。确认和保护饭店与其员工之间劳动关系的法律是劳动法，维护服务员等广大劳动者合法权益的法律也是劳动法。

【关键词汇】

　　劳动法　劳动者的权益　劳动合同　社会保险　法律责任

〔案例导入〕

孙某华与杭州某酒店管理有限公司的劳动争议

原告：孙某华，男，1961年4月出生，汉族，住浙江省湖州市南浔区。

被告：杭州某酒店管理有限公司，住所地：浙江省杭州经济技术开发区。

法定代表人：胡某。

原告孙某华提出诉讼请求：判令被告补交2017年1月至2017年12月的社会保险费用共计2万元。

事实和理由：原告于2016年12月入职被告处，从事保安工作，一直到2019年1月30日。当时法定代表人胡某说，前面断交后不能再交了，其实是可以交的，原告被胡某骗了。自2018年1月开始，被告为原告缴纳社会保险至2018年12月。原告于2019年1月30日离职。原告为维护自身的合法权益，诉至法院请求依法处理。

被告酒店公司辩称：原告入职时被告的法定代表人不是胡某，胡某也没有跟原告说过断交社保后不能再交。原告于2019年3月申请仲裁时已经超过仲裁时效。

〔案例分析〕

法院认为，原告自2016年12月入职被告处从事保安工作，2019年1月30日双方解除劳动关系。被告自2018年1月开始为原告缴纳社会保险至2018年12月。

原告于2019年3月15日向杭州经济技术开发区劳动人事争议仲裁委员会申请劳动仲裁，要求被申请人酒店公司为其补缴2017年1月至2017年12月的社会保险费用。仲裁委于2019年3月21日出具《不予受理案件通知书》，认为申请人的仲裁请求超过仲裁申请时效。

以上事实认定，由原告提交的工号牌、仲裁申请书、《不予受理案件通知书》、送达回执，以及原、被告的当庭陈述加以证明。

法院认为，本案的争议焦点为原告要求被告为其补缴2017年1月至2017年12月的社会保险是否超过仲裁时效。原告自2016年12月进入被告处工作，被告当时未为原告缴纳社会保险。自2018年1月开始，被告为原告缴纳了社会保险。原告主张被告为其补缴2017年1月至2017年12月的社会保险，应当自2018年1月开始，在一年之内提出。原告于2019年3月15日申请劳动仲裁，超过了一年的仲裁时效，法院对原告的诉请不予支持。综上，依照《中华人民共和国劳动争议调解仲裁法》第二十七条的规定，判决如下：

驳回原告孙某华的诉讼请求。

（资料来源：中国裁判文书网，2019-12-28.）

4.1 我国劳动法概述

4.1.1 劳动法的含义、调整对象、效力范围

劳动法是调整劳动关系以及与劳动关系密切联系的社会关系的法律规范总称。我国的劳动法是《中华人民共和国劳动法》，于1995年1月1日起施行。2009年8月27

日第十一届全国人民代表大会常务委员会第十次会议上，通过《关于修改部分法律的决定》，对劳动法进行了第一次修正。2018年12月29日第十三届全国人民代表大会常务委员会第七次会议上，根据《关于修改〈中华人民共和国劳动法〉等七部法律的决定》，对劳动法进行了第二次修正，新修订的法律条款将更加侧重于劳动者权益维护的具体情形。

1）劳动法的含义

劳动法是调整劳动关系以及与劳动关系密切联系的社会关系的法律规范总称。劳动法的核心内容是调整劳动关系。作为调整劳动关系、维护人权、体现人本关怀的一项法律，西方国家甚至将其视为第二宪法。

我国的劳动法有狭义和广义之分。狭义的劳动法是指1994年7月5日八届人大通过，1995年1月1日起施行的《劳动法》，它是由全国人大常委会制定的，在劳动法律体系中法律效力最高，能系统、有效地调整劳动关系。而广义的劳动法是指调整劳动关系的法律法规，以及调整与劳动关系密切相随的其他社会关系的法律规范的总称，它除包括全国人大常委会制定的《劳动法》外，还包括《劳动合同法》《企业劳动争议处理条例》《工伤保险条例》《失业保险条例》《禁止使用童工规定》，劳动和社会保障部颁布施行的《最低工资规定》《集体合同规定》《工伤认定办法》《非法用工单位伤亡人员一次性赔偿办法》，原劳动部颁布施行的《企业经济性裁减人员规定》《违反和解除劳动合同的经济补偿办法》等法律法规。

2）劳动法的调整对象

我国劳动法的立法宗旨是保护劳动者的合法权益，因此，劳动法的调整对象是劳动关系以及与劳动关系密切联系的其他关系。在计划经济时期，劳动者与用人单位建立劳动关系的方式主要表现为统包统配式。这种劳动关系呈现出固定、单一、行政化的特点。随着市场经济体制的建立和《劳动法》的颁布，劳动者与用人单位主要通过自愿协商、运用劳动合同的法律形式来建立劳动关系。这种自主协商、灵活就业的方式，使得一个劳动者与多个用人单位建立多个劳动关系成为现实。同时，由于现时期劳动力供大于求、用人单位追求利益最大化等原因，出现了大量没有书面劳动合同的事实劳动关系。面对越来越多元化的劳动关系的产生，我们必须理论联系实际、与时俱进地分析劳动关系，将有助于正确适用劳动法。

（1）劳动关系

①作为劳动法调整对象的劳动关系，是指劳动力所有者（劳动者）与劳动力使用者（用人单位）之间，在劳动过程中发生的一方提供劳动力，另一方提供劳动报酬的社会关系。

②劳动关系的特点：a.人身性与财产性的兼容：形式上的财产性，实质上的人身属性。b.从属性与平等性的兼容：形式上的平等性，实质上的从属性。

③劳动关系包含了三个层次的关系：债权、债务关系，物权关系，人身权关系。

（2）与劳动关系密切相关的其他社会关系

①劳动行政关系是指劳动行政主管部门为履行行政职能而与劳动者、用人单位以及

其他劳动关系相关人发生的社会关系。

②社会保险关系一是基于劳动合同的约定，用人单位与劳动者之间就社会保险的办理和费用的缴纳而形成的权利义务关系。二是社会保险经办机构因为社会保险费的缴纳、社会保险待遇的给付等行为而与劳动者和用人单位发生的社会关系。

③劳动市场服务关系是指劳动市场服务机构与用人单位和劳动者之间由于为劳动关系的运行提供社会服务而发生的社会关系。

④劳动团体关系是指工会组织或雇主团体组织与其成员之间，以及相互之间由于协调劳动关系和维护各自所代表的劳动关系当事人的利益而发生的社会关系。

⑤劳动争议处理关系是指劳动争议处理机构与劳动争议参加人（包括当事人、代理人、代表人以及第三人）之间就劳动争议的调解、仲裁所发生的社会关系。

3）劳动法的效力范围

劳动法的效力范围即劳动法的适用范围。一般意义上的劳动法的效力范围，是指劳动法在空间、时间以及对人的效力范围。

①劳动法的空间适用范围即劳动法的地域适用范围，它直接与不同立法权限制定颁布的法律相关。在我国，全国人大及其常委会颁布的法律，国务院颁布的行政法规等统一适用于全国；地方性立法机关制定的法规适用于其管辖区内，但不得与全国性法规相冲突；民族自治地方人民代表大会制定的法规只适用于民族自治地方；香港、澳门特别行政区基本法只适用于特别行政区。

②劳动法的时间适用范围即时间上的效力。劳动法在时间上的生效和失效时间即劳动法的时间效力。在颁布时采取两种方式规定：一种是自公布之日起生效；另一种方式规定公布后并不立即生效，而是规定一个实施的时间，自实施之日起生效。《劳动法》1994 年 7 月 5 日公布，1995 年 1 月 1 日起施行。劳动法的失效时间也有两种情况：一种是法律本身规定终止生效或某些特定条件出现时自然生效；另一种情况是颁布新的法规后而原有法规失效。

③劳动法在对人的适用范围即劳动法对哪些人发生效力。各项劳动法规，是采取正面列举方式规定对哪些人发生效力，还是采取排除方式规定不适用哪些人，都明确规定了对人的适用范围。

根据《劳动法》第二条的规定："在中华人民共和国境内的企业、个体经济组织和与之形成劳动关系的劳动者，适用本法。国家机关、事业组织、社会团体和与之建立劳动合同关系的劳动者，依照本法执行。"《民法典》中第九十六条规定："本节规定的机关法人、农村集体经济组织法人、城镇农村的合作经济组织法人、基层群众性自治组织法人，为特别法人。"第一百零一条规定："居民委员会、村民委员会具有基层群众性自治组织法人资格，可以从事为履行职能所需要的民事活动。" 第一百零二条规定："非法人组织是不具有法人资格，但是能够依法以自己的名义从事民事活动的组织。"非法人组织包括个人独资企业、合伙企业、不具有法人资格的专业服务机构等。

可以知道《劳动法》调整的劳动关系的范围包括：①中华人民共和国境内的企业、个体经济组织与其劳动者之间的劳动关系；②国家机关、事业组织、社会团体和与之建立劳动合同关系的劳动者之间的劳动关系；③机关法人、农村集体经济组织法人、城镇农村的合作经济组织法人、基层群众性自治组织法人和与之建立劳动合同关系的劳动者之间的劳动关系；④非法人组织和与之建立劳动合同关系的劳动者之间的劳动关系。

4.1.2 劳动者的权利

劳动关系中有两个主体：劳动者和用人单位。一般从实力对比来看，劳动者往往处于弱势，用人单位则处于相对的强势。为了使法律规定的劳动者权利得到切实的实现，我国采取了工会和职工代表大会的组织形式，由其代表职工和组织职工参加国家和社会事务的管理，以及在企业中组织和代表职工参与企业的决策和管理。显然，工会和职工代表大会是代表和维护劳动者权益的主要组织，是劳动者实现劳动权利的主要途径之一。

《劳动合同法》第四条规定：用人单位应当依法建立和完善劳动规章制度，保障劳动者享有劳动权利、履行劳动义务。

用人单位在制定、修改或者决定有关劳动报酬、工作时间、休息休假、劳动安全卫生、保险福利、职工培训、劳动纪律以及劳动定额管理等直接涉及劳动者切身利益的规章制度或者重大事项时，应当经职工代表大会或者全体职工讨论，提出方案和意见，与工会或者职工代表平等协商确定。

在规章制度和重大事项决定实施过程中，工会或者职工认为不适当的，有权向用人单位提出，通过协商予以修改完善。

用人单位应当将直接涉及劳动者切身利益的规章制度和重大事项决定公示，或者告知劳动者。

我国劳动法中规定的劳动者的权利主要有以下几个方面：

①劳动者有平等就业的权利，是指具有劳动能力的公民，有获得职业的权利。劳动是人们生活的第一个基本条件，是创造物质财富和精神财富的源泉。劳动就业权是有劳动能力的公民获得参加社会劳动和切实保证按劳取酬的权利。公民的劳动就业权是公民享有其他各项权利的基础。如果公民的劳动就业权不能实现，其他一切权利也就失去了基础。

②劳动者有选择职业的权利，是指劳动者根据自己的意愿选择适合自己才能、爱好的职业。劳动者拥有自由选择职业的权利，有利于劳动者充分发挥自己的特长，促进社会生产力的发展。劳动者在劳动力市场上作为就业的主体，具有支配自身劳动力的权利，可根据自身的素质、能力、志趣和爱好，以及市场资讯，选择用人单位和工作岗位。选择职业的权利是劳动者劳动权利的体现，是社会进步的一个标志。

③劳动者有取得劳动报酬的权利。随着劳动制度的改革，劳动报酬成为劳动者与用人单位所签订的劳动合同的必备条款。劳动者付出劳动，依照合同及国家有关法律取得报酬，是劳动者的权利。而及时定额地向劳动者支付工资，则是用人单位的义务。用人单位违反这些应尽的义务，劳动者有权依法要求有关部门追究其责任。获取劳动报酬是劳动者持续地行使劳动权不可少的物质保证。

④劳动者有权获得劳动安全卫生保护的权利。这是对劳动者在劳动中生命安全和身体健康的保证，是对享受劳动权利的主体切身利益最直接的保护。这方面包括防止工伤

事故和职业病。如果企业单位劳动保护工作欠缺，其后果不仅是某些权益的丧失，而且是劳动者健康和生命直接受到伤害。

⑤劳动者享有休息的权利。我国宪法规定，劳动者有休息的权利，国家发展劳动者休息和休养的设施，规定职工的工作时间和休假制度。

⑥劳动者享有社会保险和福利的权利。疾病和年老是每一个劳动者都不可避免的。社会保险是劳动力再生产的一种客观需要。我国《劳动法》规定劳动保险包括：养老保险、医疗保险、工伤保险、失业保险、生育保险等。但目前我国的社会保险还存在一些问题，如社会保险基金制度不够健全，国家负担过重，社会保险的实施范围不广泛、发展不平衡，以及社会化程度低，影响劳动力合理流动等问题。

⑦劳动者有接受职业技能培训的权利。我国宪法规定，公民有受教育的权利和义务。所谓受教育既包括受普通教育，也包括受职业教育。公民要实现自己的劳动权，必须拥有一定的职业技能，而要获得这些职业技能，越来越依赖于专门的职业培训。因此，劳动者若没有职业培训权利，那么劳动就业权利也就成为一句空话。

⑧劳动者有提请劳动争议处理的权利。劳动争议是指劳动关系当事人，因执行《劳动法》或履行集体合同和劳动合同的规定引起的争议。劳动关系当事人，作为劳动关系的主体，各自存在着不同的利益，双方不可避免地会产生分歧。用人单位与劳动者发生劳动争议，劳动者可以依法申请调解、仲裁、提起诉讼。劳动争议调解委员会由用人单位、工会和职工代表组成。劳动仲裁委员会由劳动行政部门的代表、同级工会、用人单位代表组成。解决劳动争议应该贯彻合法、公正、及时处理的原则。

⑨法律规定的其他权利。法律规定的其他权利包括：依法参加和组织工会的权利，依法享有参与民主管理的权利，劳动者依法享有参加社会义务劳动的权利，从事科学研究、技术革新、发明创造的权利，依法解除劳动合同的权利，对用人单位管理人员违章指挥、强令冒险作业有拒绝执行的权利，对危害生命安全和身体健康的行为有权提出批评、举报和控告的权利，对违反劳动法的行为进行监督的权利等。

4.1.3　劳动者的义务

劳动者的义务是指劳动法规定的对劳动者必须作出一定行为或不得作出一定行为的约束。

①提高职业技能、执行劳动安全卫生规程，遵守劳动纪律和职业道德，既是劳动者的义务，也是劳动者完成劳动任务的保证。劳动者努力提高职业技能，提高技术业务知识和实际操作技能，使劳动者成为适应社会主义建设的熟练劳动者，有利于提高劳动生产率，加快社会主义建设的速度。劳动者对国家以及企业内部关于劳动安全卫生规程的规定，必须严格执行，以保障安全生产，从而保证劳动任务的完成。

②劳动者有完成劳动任务的义务。劳动者有劳动就业的权利，而劳动者一旦与用人单位发生劳动关系，就必须履行其应尽的义务，其中最主要的义务就是完成劳动生产任务。这是劳动关系范围内的法定的义务，同时也是强制性义务。劳动者不能完成劳动义务，就意味着劳动者违反劳动合同的约定，用人单位可以解除劳动合同。

③遵守劳动纪律和职业道德是作为劳动者的起码条件。宪法规定遵守劳动纪律是公

民的基本义务，其意义是重大的。劳动纪律是劳动者在共同劳动中所必须遵守的劳动规则和秩序。它要求每个劳动者按照规定的时间、质量、程序和方法完成自己应承担的工作。劳动者应当履行规定的义务，不断增强国家主人翁责任感，兢兢业业、勤勤恳恳地劳动，保质保量地完成规定的生产任务，自觉地遵守劳动纪律，维护工作制度和生产秩序。职业道德是从业人员在职业活动中应当遵循的道德。职业道德是在职业生活中形成和发展的，用以调节职业活动中的特殊道德关系和利益矛盾，它是一般社会道德在职业活动中的体现，其基本要求是忠于职守，并对社会负责。遵守劳动纪律和职业道德，是保证生产正常进行和提高劳动生产率的需要。现代社会化的大生产，客观上要求每个劳动者严格遵守劳动纪律，以保证集体劳动的协调一致，从而提高劳动生产率，保证产品质量。劳动者在维护企业和自身利益的同时，还要就自己提供的产品和服务向社会负责，这是现代社会法律要求劳动者必须履行的义务。

〔法规速递〕

（一）《劳动法》司法解释相关文件：

1）劳动部《关于贯彻执行〈中华人民共和国劳动法〉若干问题的意见》

（劳部发〔1995〕309 号）1995 年 8 月 4 日

2）劳动部《违反和解除劳动合同的经济补偿办法》

（劳部发〔1994〕481 号）（1994 年 12 月 3 日）

3）劳动部《违反〈劳动法〉有关劳动合同规定的赔偿办法》（劳部发〔1995〕223 号）(1995 年 5 月 10 日)

4）《最高人民法院关于审理劳动争议案件适用法律若干问题的解释》

（2001 年 3 月 22 日通过，2001 年 4 月 30 日起施行，法释〔2001〕14 号）

5）《最高人民法院关于审理劳动争议案件适用法律若干问题的解释（二）》

（法释〔2006〕6 号）

6）《最高人民法院关于人民法院审理事业单位人事争议案件若干问题的规定》

（2003 年 6 月 17 日通过，2003 年 9 月 5 日起施行，法释〔2003〕13 号）

7）劳动和社会保障部《关于确立劳动关系有关事项的通知》

劳社部发〔2005〕12 号

8）《最高人民法院关于审理劳动争议案件适用法律若干问题的解释（三）》

（2010 年 7 月 12 日通过，2010 年 9 月 14 日起施行，法释〔2010〕12 [7] 9）《非法用工单位伤亡人员一次性赔偿办法》

（人力资源和社会保障部令第 9 号）2010 年 12 月 31 日通过 2011 年 1 月 1 日起施行

（二）劳动法的相关法规包括：

1）《中华人民共和国劳动争议调解仲裁法》

2）《中华人民共和国劳动合同法》（以下简称《劳动合同法》）

3）《中华人民共和国就业促进法》

4）《工伤保险条例》

5）《国务院关于职工工作时间的规定》

6）《工资支付暂行条例》

7）《中华人民共和国妇女权益保障法》

8）《民法典》

4.2　劳动合同

《劳动合同法》是在 2007 年 6 月 29 日第十届全国人民代表大会常务委员会第二十八次会议通过并由中华人民共和国主席令发布的关于劳动合同的法律条文。《劳动合同法》自 2008 年 1 月 1 日起施行。修改方案于 2012 年 12 月 28 日通过并公布，该方案自 2013 年 7 月 1 日起施行。劳动合同法共分八章九十八条，包括：总则、劳动合同的订立、劳动合同的履行和变更、劳动合同的解除和终止、特别规定、监督检查、法律责任和附则。劳动合同法是规范劳动关系的一部重要法律，在中国特色社会主义法律体系中属于社会法。

就《劳动法》与《劳动合同法》两者的关系来看，劳动合同法是劳动法的重要组成部分。劳动法除了包括劳动合同法以外，还包括劳动就业法、劳动争议处理法、劳动监察法等。就两者的关系来看，劳动法和劳动合同法属于普通法和特别法的关系。所谓普通法，是指在一般范围内适用的法律，其效力具有普遍性；特别法，是指在特定范围内适用的法律，其效力仅仅基于特定身份的人或者事。一般而言，在法律的适用上面，特别法优于普通法，即对于《劳动法》和《劳动合同法》都有规定的，适用《劳动合同法》的规定，《劳动合同法》没有规定而《劳动法》有规定的，则适用《劳动法》的相关规定。

《劳动合同法》明确规定劳动者和用人单位之间必须签订劳动合同。不按照法律规定签订劳动合同的，用人单位须按月向劳动者支付双薪。

4.2.1　劳动合同的概念及结构

1）劳动合同的概念

劳动合同是劳动者与用工单位之间确立劳动关系，明确双方权利和义务的协议。劳动合同按合同的内容分为劳动合同制范围以内的劳动合同和劳动合同制范围以外的劳动合同；按合同的形式分为要式劳动合同和非要式劳动合同。

除以上分类之外，根据《中华人民共和国劳动合同法实施条例》第十八条、第十九条的规定，劳动合同也可以分为：固定期限劳动合同、无固定期限劳动合同以及单项劳动合同。

①固定期限劳动合同是指用人单位与劳动者约定合同终止时间的劳动合同。用人单位与劳动者协商一致，可以订立固定期限劳动合同。

②无固定期限劳动合同是指用人单位与劳动者约定无确定终止时间的劳动合同，类似于原劳动法规定的长期合同。

③单项劳动合同即没有固定期限，以完成一定工作任务为期限的劳动合同，是指用人单位与劳动者约定以某项工作的完成为合同期限的劳动合同。

《劳动合同法》中，第十二、十三、十四、十五条中除列举了以上三种类型劳动合同的法定签订情形之外，同时规定了对于连续订立二次固定期限劳动合同等其他特殊情形，以及劳动者提出续订劳动合同的情形：

《劳动合同法》第十四条规定，用人单位与劳动者协商一致，可以订立无固定期限劳动合同。有下列情形之一，劳动者提出或者同意续订、订立劳动合同的，除劳动者提出订立固定期限劳动合同外，应当订立无固定期限劳动合同：

①劳动者在该用人单位连续工作满十年的；

②用人单位初次实行劳动合同制度或者国有企业改制重新订立劳动合同时，劳动者在该用人单位连续工作满十年且距法定退休年龄不足十年的；

③连续订立二次固定期限劳动合同，且劳动者没有本法第三十九条和第四十条的第一项、第二项规定的情形（即用人单位可以依法解除劳动合同的几种情形），续订劳动合同的。

因此，当以上几种情形出现时，如果劳动者提出要求签订无固定期劳动合同，那么用人单位必须同意，除非存在法定事由。这里需要特别注意的一点是，用人单位自用工之日起满一年不与劳动者订立书面劳动合同的，视为用人单位与劳动者已订立无固定期限劳动合同。

另外，《劳动合同法》中也有一些关于劳动合同的特别规定，如：《劳动合同法》第五十一、五十四条规定，企业职工一方与用人单位通过平等协商，可以就劳动报酬、工作时间、休息休假、劳动安全卫生、保险福利等事项订立集体合同。集体合同草案应当提交职工代表大会或者全体职工讨论通过。集体合同由工会代表企业职工一方与用人单位订立；尚未建立工会的用人单位，由上级工会指导劳动者推举的代表与用人单位订立。

集体合同订立后，应当报送劳动行政部门；劳动行政部门自收到集体合同文本之日起十五日内未提出异议的，集体合同即行生效。

2）劳动合同的结构

《劳动合同法》第十七条规定，劳动者与用工单位建立劳动合同必须具备以下内容：

①用人单位的名称、住所和法定代表人或者主要负责人。

②劳动者的姓名、住址和居民身份证或者其他有效身份证件号码。

③劳动合同期限和试用期限。劳动合同期限分为有固定期限、无固定期限以及以完成一定工作为期限。所以用人单位与劳动者在签订劳动合同时要根据双方的需求来协商确定劳动合同的期限。同时，如果有约定试用期，试用期是包含在劳动合同期限内的，若劳动合同仅约定试用期的，试用期不成立，该期限为劳动合同期限。并且以完成一定的工作为期限的劳动合同或者劳动合同期限不满 3 个月的，依照劳动合同法规定该情形不得约定试用期。

《劳动合同法》第十九条规定：

a.同一用人单位与同一劳动者只能约定一次试用期。

b.以完成一定工作任务为期限的劳动合同或者劳动合同期限不满三个月的，不得约定试用期。

c.劳动合同期限三个月以上不满一年的，试用期不得超过一个月；劳动合同期限一年以上不满三年的，试用期不得超过两个月；三年以上固定期限和无固定期限的劳动合同，试用期不得超过六个月。

④工作内容和工作地点。在工作内容和地点中，双方可以约定工作数量、质量，劳动者的工作岗位、工作主要所在地等内容。在约定工作岗位时可以约定较宽泛的岗位和地点概念，也可以另外签一个短期的岗位协议作为劳动合同的附件，还可以约定在何种条件下可以变更岗位和地点的条款等。尽量在劳动合同中工作内容和工作地点的订立上灵活有效，这样可以避免约定过死，因变更岗位和工作地点条款协商不一致而发生的争议。

⑤工作时间和休息休假。《劳动法》第三十六条规定，国家实行劳动者每日工作时间不超过 8 小时、平均每周工作时间不超过 44 小时的工时制度。第三十八条规定，用人单位应当保证劳动者每周至少休息一日。

⑥劳动报酬。在此条款中可以约定劳动者的标准工资、加班加点工资、奖金、津贴、补贴的数额及支付时间、支付方式等。

⑦社会保险。社会保险是一种为丧失劳动能力、暂时失去劳动岗位或因健康原因造成损失的人口提供收入或补偿的一种社会和经济制度。社会保险计划由政府举办，强制某一群体将其收入的一部分作为社会保险税（费）形成社会保险基金，在满足一定条件的情况下，被保险人可从基金获得固定的收入或损失的补偿，它是一种再分配制度，它的目标是保证物质及劳动力的再生产和社会的稳定。社会保险的主要项目包括养老社会保险、医疗社会保险、失业保险、工伤保险、生育保险等。

⑧劳动保护、劳动条件和职业危害防护。劳动保护是劳动安全保护，它是用人单位为防止劳动过程中的事故，减少职业危害，保障劳动者生命安全和健康，遵守劳动安全和卫生的法律法规，为劳动者提供各项劳动安全和卫生方面的保护措施及基本设施；劳动条件是用人单位为劳动者提供完成工作任务的必要物质条件和技术条件，如提供生产工具，进行技术培训等。

⑨法律、法规规定应当纳入劳动合同的其他事项。

4.2.2 劳动合同的形式

根据《劳动法》第十九条以及《劳动合同法》第十条的规定：劳动合同应当以书面形式订立。所以，劳动合同的形式为书面形式，必须是合同书，而不能是口头形式，即不能是口头合同。现实中的劳动合同必须是法定内容和约定内容结合的合同书形式。《中华人民共和国民法典》第四百六十九条规定："当事人订立合同，可以采用书面形式、口头形式或者其他形式。书面形式是合同书、信件、电报、电传、传真等可以有形地表现所载内容的形式。以电子数据交换、电子邮件等方式能够有形地表现所载内容，并可以随时调取查用的数据电文，视为书面形式。" 所以，电子方式签订劳动合同视为书面形式。

4.2.3 无效劳动合同

无效劳动合同是指当事人违反法律规定订立的不具有法律效力的劳动合同。无效劳动合同从订立时起就没有法律约束力。按合同内容来划分，分为违反法律、行政法规的劳动合同和采取欺诈、威胁等手段订立的劳动合同以及用人单位免除自己的法定责任、排除劳动者权利的劳动合同。按合同无效程度来划分，分为全部无效和部分无效两类。

1）按合同内容来看无效劳动合同

①违反法律、行政法规的劳动合同。劳动合同主体、内容必须符合法律的规定，否则不能产生法律效力。劳动合同主体必须合法，即签订劳动合同的双方必须符合法律规定的用人单位资格和劳动者资格。劳动合同内容必须合法，我国在《劳动法》以及相关的法律规定中，有很多强制性的规定，用人单位必须遵守，这里不仅指违反劳动法、劳动合同法、劳动行政法规，还包括违反民法、行政法、刑法、婚姻法等法律、行政法规的行为。例如，用人单位与员工签订合同时，要求员工3年内不准结婚或者不准生育等内容的合同，都是违反法律的劳动合同，违反了法律的强制性规定，则该合同或条款无效。此外，签订劳动合同的程序也必须合法。

②以欺诈、胁迫的手段或者乘人之危，使对方在违背真实意思的情况下订立或者变更劳动合同的无效。欺诈、胁迫手段或者乘人之危使劳动关系的一方违背了他们的真实意愿。双方应当在订立劳动合同、拟订劳动合同条款时出于自愿，要遵守诚实信用原则。如果订立劳动合同时，当事人一方故意隐瞒真实情况或有意制造假象欺骗对方，致使另一方上当受骗，造成与实际情况不符的认识和判断，从而同意订立的劳动合同，则属于采取欺诈手段订立的合同。威胁手段，指当事人一方用可能实现的危害对方人身或财产安全的行为相要挟，迫使对方违背意愿而与其订立劳动合同。无论是采取欺诈手段还是威胁手段，所订立的劳动合同都违背了劳动合同订立的原则；它的后果是侵犯了一方当事人的权益，因而这种劳动合同不具有法律效力。

③用人单位免除自己的法定责任、排除劳动者权利的无效。劳动合同订立应遵循公平原则，核心含义就是要求劳动合同当事人的权利与义务相一致。为了保障劳动者的合法权益，用人单位免除己方法定责任如"一律不支付经济补偿金""生死病老都与企业无关"等条款无效。

2）按无效程度来看无效劳动合同

①无效劳动合同。根据《劳动法》第十八条的规定，无效劳动合同的表现形式为：a.违反法律、行政法规的劳动合同。b.采取欺诈、威胁等手段订立的劳动合同。

无效的劳动合同，从订立的时候起，就没有法律约束力。

②部分无效劳动合同。部分无效劳动合同是指，其部分条款无效的合同。根据《劳动法》第十八条的规定："确认劳动合同部分无效，如果不影响其余部分的效力，其余部分仍然有效。"

另外，根据《劳动法》第十八条的规定，劳动合同的无效，由劳动争议仲裁委员会或者人民法院确认。也就是说，劳动合同的无效不能由合同双方当事人决定。

《民法典》第一百五十七条规定："民事法律行为无效、被撤销或者确定不发生效力后，行为人因该行为取得的财产，应当予以返还；不能返还或者没有必要返还的，应当折价补偿。有过错的一方应当赔偿对方由此所受到的损失；各方都有过错的，应当各自承担相应的责任。法律另有规定的，依照其规定。"该条款也明确了劳动合同无效后法律责任的承担。

4.2.4 劳动合同的解除

劳动合同的解除，是指当事人双方提前终止劳动合同的法律效力，解除双方的权利义务关系。劳动合同的解除可以是双方协商解除，也可以是单方解除。双方协商解除因协商一致而有效，单方解除的劳动合同是否有效视解除情形决定。

1）双方协商解除劳动合同

用人单位与劳动者协商一致，可以解除劳动合同。协商解除劳动合同没有规定实体、程序上的限定条件，只要双方达成一致，内容、形式、程序不违反法律禁止性、强制性规定即可。

若是用人单位提出解除劳动合同的，用人单位应向劳动者支付解除劳动合同的经济补偿金。

2）劳动者单方解除劳动合同

在具备法律规定的条件时，劳动者享有单方解除权，无须双方协商达成一致意见，也无须征得用人单位的同意。具体又可以分为预告解除和即时解除。

（1）预告解除

即劳动者履行预告程序后单方解除劳动合同。预告解除存在两种情形：
①劳动者提前30日以书面形式通知用人单位，可以解除劳动合同。
②劳动者在试用期内提前3日通知用人单位，可以解除劳动合同。

（2）即时解除

即《劳动合同法》第三十八条规定的情形，用人单位有下列情形之一的，劳动者可以解除劳动合同：
①未按照劳动合同约定提供劳动保护或者劳动条件的。
②未及时足额支付劳动报酬的。
③未依法为劳动者缴纳社会保险费的。
④用人单位的规章制度违反法律、法规的规定，损害劳动者权益的。
⑤因《劳动合同法》第二十六条第一款规定的情形致使劳动合同无效的（《劳动合同法》第二十六条第一款：以欺诈、胁迫的手段或者乘人之危，使对方在违背真实意思的情况下订立或者变更劳动合同的）。
⑥法律、行政法规规定劳动者可以解除劳动合同的其他情形。

此外，用人单位以暴力、威胁或者非法限制人身自由的手段强迫劳动者劳动的，或者用人单位违章指挥、强令冒险作业危及劳动者人身安全的，劳动者可以立即解除劳动合同，不需事先告知用人单位。这种属于即时解除中可以立即解除且不用事先告知用人单位的情形。

对于劳动者可即时解除劳动合同的上述情形，劳动者无须支付违约金，用人单位应当支付经济补偿。

3）用人单位单方解除劳动合同

在具备法律规定的条件时，用人单位享有单方解除权，无须双方协商达成一致意见。主要包括过错性辞退、非过错性辞退、经济性裁员 3 种情形。

（1）过错性辞退

即在劳动者有过错性情形时，用人单位有权单方解除劳动合同。过错性解除劳动合同在程序上没有严格限制，而且用人单位无须支付劳动者解除劳动合同的经济补偿金，且若规定了符合法律规定的违约金条款的，劳动者须支付违约金。

过错性辞退的适用情形有：

①在试用期间被证明不符合录用条件的。

②严重违反用人单位的规章制度的。

③严重失职，营私舞弊，给用人单位造成重大损害的。

④劳动者同时与其他用人单位建立劳动关系，对完成本单位的工作任务造成严重影响，或者经用人单位提出，拒不改正的。

⑤因劳动者以欺诈、胁迫的手段或者乘人之危，使对方在违背真实意思的情况下订立或者变更劳动合同致使劳动合同无效的。

⑥被依法追究刑事责任的。

（2）非过错性辞退

即劳动者本人无过错，但由于主客观原因致使劳动合同无法履行，用人单位在符合法律规定的情形下，履行法律规定的程序后有权单方解除劳动合同。非过错性解除劳动合同在程序上具有严格的限制，要求用人单位应提前 30 日以书面形式通知劳动者本人或者额外支付劳动者 1 个月工资后，才可以解除劳动合同，如果用人单位选择额外支付劳动者 1 个月工资解除劳动合同的，其额外支付的工资应当按照该劳动者上 1 个月的工资标准确定。除此之外，用人单位应当支付劳动者经济补偿。

非过错性辞退的适用情形有：

①劳动者患病或者非因工负伤，在规定的医疗期满后不能从事原工作，也不能从事由用人单位另行安排的工作的。

②劳动者不能胜任工作，经过培训或者调整工作岗位，仍不能胜任工作的。

③劳动合同订立时所依据的客观情况发生重大变化，致使劳动合同无法履行，经用人单位与劳动者协商，未能就变更劳动合同内容达成协议的。

（3）经济性裁员

经济性裁员是指用人单位为降低劳动成本，改善经营管理，因经济或技术等原因一次裁减 20 人以上或者不足 20 人以上但占企业职工总数 10% 以上的劳动者。经济性裁员具有严格的条件和程序限制，用人单位裁员时必须遵守规定，并应当支付劳动者经济补偿金。

经济性裁员的适用情形有：

①依照企业破产法规定进行重整的。

②生产经营发生严重困难的。

③企业转产、重大技术革新或者经营方式调整，经变更劳动合同后，仍需裁减人员的。

④其他因劳动合同订立时所依据的客观经济情况发生重大变化，致使劳动合同无法履行的。

在发生经济性裁员时，用人单位应优先留用与本单位订立较长期限的固定期限劳动合同的人员；与本单位订立无固定期限劳动合同的人员；家庭无其他就业人员，有需要扶养的老人或者未成年人的人员。

用人单位若在裁员后 6 个月内重新招用人员的话，应当首先通知被裁减的人员，并在同等条件下优先招用被裁减的人员。

（4）用人单位有以下情形之一的，不得依据第四十条非过错性辞退和第四十一条经济性裁员的规定单方解除劳动合同

①从事接触职业病危害作业的劳动者未进行离岗前职业健康检查，或者疑似职业病病人在诊断或者医学观察期间的。

②在本单位患职业病或者因工负伤并被确认丧失或者部分丧失劳动能力的。

③患病或者非因工负伤，在规定的医疗期内的。

④女职工在孕期、产期、哺乳期的。

⑤在本单位连续工作满 15 年，且距法定退休年龄不足 5 年的。

⑥法律、行政法规规定的其他情形。

《劳动合同法》第四十三条规定，用人单位在解除劳动合同的程序上需要格外注意的是：用人单位单方解除劳动合同，应当事先将理由通知工会。用人单位违反法律、行政法规规定或者劳动合同约定的，工会有权要求用人单位纠正。用人单位应当研究工会的意见，并将处理结果书面通知工会。

除此之外，《民法典》第一百三十六条的规定：“民事法律行为自成立时生效，但是法律另有规定或者当事人另有约定的除外。行为人非依法律规定或者未经对方同意，不得擅自变更或者解除民事法律行为。”因此，劳动合同的变更或解除要符合法律规定。第一百四十条规定：“行为人可以明示或者默示作出意思表示。沉默只有在有法律规定、当事人约定或者符合当事人之间的交易习惯时，才可以视为意思表示。”据此变更劳动合同未采用书面形式，但已经实际履行了口头变更的劳动合同超过一个月，且变更后的劳动合同内容不违反法律、行政法规、国家政策以及公序良俗，当事人以未采用书面形式为由主张劳动合同变更无效的，人民法院不予支持。

〔以案说法〕

总培训师下班私带茶包被炒鱿鱼

2011 年 1 月 7 日，在上海某五星级酒店工作 16 年的总培训师华颖（化名）下班时被保安发现，手提包内有 4 包牛奶和十余袋立顿牌茶包。华颖在安保部陈述称：“牛奶是早餐时发的，1 包是自己的，另 3 包是同事给的准备路上吃。茶包是 VD 房（客人已退房尚未清扫的房间）内客人遗留下的，我违反了规章，没有交到客房部办公室。”酒店员工手册有明确规定，私自带客人或酒店的任何物品离开属特别严重违纪。

1月14日，酒店以华颖违反员工手册的规定，作出决定开除和解除劳动合同，还向酒店工会发出了告工会通知书。同日，工会主席在该通知书上签署属实意见。在酒店出具职位变动表中，华颖离职的事由为开除，最后工作日为2011年1月14日。当天华颖在该表上作了签收。4月7日，华颖不服酒店处罚向劳动仲裁委申请仲裁，后起诉到法院。8月8日，上海市静安区人民法院判决对华颖之诉不予支持。

【争议焦点】如何理解单位规章制度制订与严重违纪认定的关系？

【法律解析】按照《劳动合同法》第三十九条第（二）项的规定，劳动者严重违反用人单位规章制度的，用人单位可以解除劳动合同。法律对何谓"严重"未作明确规定，一般来说，用人单位以严重违纪解除劳动合同，必须符合三个条件：其一，劳动者的行为违反了用人单位的规章制度；其二，劳动者的违纪行为在劳动合同或规章制度中被列为应当解除劳动合同的行为；其三，规章制度合法有效并告知劳动者。

以上案例中华颖私带客人物品无疑属于违纪行为，至于酒店对于她解除劳动合同是否处罚过重，关键在于她到底是一般违纪（轻微违纪）还是"严重违纪"。

对于酒店服务员来说，如果没有依法制订的规章制度明文规定，对于偶尔拿几包顾客弃用的茶包是否属于严重违纪，老实说甲法官和乙法官的判断未必完全一致。对此《企业职工奖惩条例》等尽管已被废止，但是仍然可以作为参照依据之一。《企业职工奖惩条例》第十一条规定对于违反劳动纪律行为的职工，经批评教育不改的，应当分别情况给予行政处分或者经济处罚。据此酒店对于华颖私带客人物品未经批评教育就解除劳动合同似乎处罚过严。

但是《劳动法》实施后，用人单位有权对于何为严重违纪作出合理界定，这也是单位用工自主权的体现。用人单位制订的规章制度，内容不违反法律、行政法规及政策规定，经过《劳动合同法》第四条第二款规定的民主程序，并已向劳动者公示或者告知的，可以作为人民法院审理劳动争议案件的依据。

实践中主流意见认为，《劳动合同法》施行后，用人单位制定、修改或者决定直接涉及劳动者切身利益的规章制度或者重大事项时，未经过《劳动合同法》第四条规定的民主程序，一般不能作为人民法院审理劳动争议案件的依据。但是如果该规章制度或者重大事项的内容不违反法律、行政法规的规定，且不存在明显不合理的情形，并已向劳动者公示或者告知的，可以作为人民法院审理劳动争议案件的依据。

由于华颖的工作场所是五星级酒店，企业的形象和服务品质要求员工的行为，必须符合该酒店的行业标准。酒店的员工手册中规定私带客人物品属于重大违纪行为，酒店有权立即解除合同，并不违反法律、行政法规的规定，且不存在明显不合理的情形。华颖在该酒店服务时间已达16年之久，作为总培训师对酒店员工手册的规定理应熟知。

但华颖明知将茶包带出酒店，会严重影响酒店形象，却私欲作怪，仍将茶包私下携带出酒店，属故意程度非常严重。由于酒店规章制度中明确将华颖的这种行为列为应当解除劳动合同的严重违纪行为，故法院认定华颖行为构成严重违纪行为成立，酒店对其解除劳动合同是行使对员工管理的用工权。当然这并不意味着其他用人单位对犯类似错误的员工解除劳动合同都会得到法律的支持。

另外从解雇程序上看，以"严重违纪"为由解除劳动合同虽然可以不必提前通知，但做出解除时仍要通知劳动者本人，并办理相应的签收手续。《劳动合同法》第四十三条还规定："用人单位单方解除劳动合同，应当事先将理由通知工会。用人单位违反法律、行政法规规定或者劳动合同约定的，工会有权要求用人单位纠正。用人单位应当研究工会的意见，并将处理结果书面通知工会。"以上案例中酒店在解雇程序上做得比较完善，也是最终获得法律支持的一个重要因素。

（资料来源：上海劳动法律网）

4.2.5 违反劳动合同的法律责任

已经生效的劳动合同是具有法律效力的，它对双方当事人都具有约束力，当事人一方或双方不履行或不适当履行劳动合同，给对方造成经济损失的，应当承担相应的法律责任。

1）用人单位违反劳动合同的法律责任

《劳动法》中规定用人单位违反劳动合同的法律责任如下：

①第九十七条规定：由于用人单位的原因订立的无效合同，对劳动者造成损害的，应当承担赔偿责任。

②第九十八条规定：用人单位违反本法规定的条件解除劳动合同或者故意拖延不订立劳动合同的，由劳动行政部门责令改正；对劳动者造成损害的，应当承担赔偿责任。

《劳动合同法》更是明确设立了"赔偿金"的相关规定，大幅增加用人单位的违法成本，以保护劳动者的合法权益。如：

①第八十七条规定：用人单位违反本法规定解除或者终止劳动合同的，应当依照本法第四十七条规定的经济补偿标准的二倍向劳动者支付赔偿金。

②第四十八条规定：用人单位违反本法规定解除或者终止劳动合同，劳动者要求继续履行劳动合同的，用人单位应当继续履行；劳动者不要求继续履行劳动合同或者劳动合同已经不能继续履行的，用人单位应当依照本法第八十七条规定支付赔偿金。

③第八十五条规定：用人单位有下列情形之一的，由劳动行政部门责令限期支付劳动报酬、加班费或者经济补偿；劳动报酬低于当地最低工资标准的，应当支付其差额部分；逾期不支付的，责令用人单位按应付金额百分之五十以上百分之一百以下的标准向劳动者加付赔偿金：第一，未按照劳动合同的约定或者国家规定及时足额支付劳动者劳动报酬的；第二，低于当地最低工资标准支付劳动者工资的；第三，安排加班不支付加班费的；第四，解除或者终止劳动合同，未依照本法规定向劳动者支付经济补偿的。

为了保护劳动者的合法权益，《劳动法》及《劳动合同法》均在经济补偿金的适用范围上作出了明确的规定。如：

①除了劳动者因自身原因而提出辞职，或者用人单位依照《劳动合同法》第三十九条（因劳动者责任或用人单位因欺诈、胁迫的手段或者乘人之危，使对方在违背真实意思的情况下订立或者变更劳动合同的而导致劳动合同解除的情形）规定的用人单位解除劳动合同的6种法定情形解除劳动合同不需要支付经济补偿金之外，所有因用人单位单方解除、双方协商一致解除、劳动合同到期终止不再续签等情况，用人单位均需要向劳动者支付经济补偿金。

②经济补偿金的上限：劳动者月工资高于用人单位所在直辖市、设区的市级人民政

府公布的本地区上年度职工月平均工资三倍的，向其支付经济补偿的标准按职工月平均工资三倍的数额支付，向其支付经济补偿的年限最高不超过十二年。

③注意根据《劳动合同法》第九十七条的规定：2008 年 1 月 1 日起，因固定期限劳动合同到期终止的，用人单位应支付经济补偿金，但补偿金计算所需的工作年限起算日期为 2008 年 1 月 1 日。因用人单位提前解除劳动合同的，经济补偿金的计算不受影响。

一般情况下，劳动者主动离职的，是不可以主张经济赔偿金的，但是如果是以下非劳动者自身原因导致的主动离职，那么劳动者也是可以主张经济补偿金：

①用人单位以威胁、欺诈的手段导致劳动者提出离职。有些非正规用人单位为了辞退劳动者就使用威胁、欺诈劳动者等手段使得劳动者主动提起离职，在这种情况下，劳动者依然可以主张经济补偿金。

②用人单位规章制度的不合法导致劳动者提出离职。劳动者因用人单位的规章制度违法而提出离职的，劳动者也可以主张经济补偿金。

此外，《劳动合同法》也明确规定了加重用人单位的违法成本的其他四种情形：

①用人单位未将劳动合同文本交付劳动者的情形被纳入到行政处罚范围，并辅之赔偿责任。《劳动合同法》第八十一条规定，用人单位提供的劳动合同文本未载明本法规定的劳动合同必备条款或者用人单位未将劳动合同文本交付劳动者的，由劳动行政部门责令改正；给劳动者造成损害的，应当承担赔偿责任。

②明确用人单位强迫劳动等四类情形劳动合同法规定，用人单位有以下四类情形，将依法给予行政处罚，构成犯罪的，依法追究刑事责任：给劳动者造成损害的，应当承担赔偿责任。包括：以暴力、威胁或者非法限制人身自由的手段强迫劳动的；违章指挥或者强令冒险作业危及劳动者人身安全的；侮辱、体罚、殴打、非法搜查或者拘禁劳动者的；劳动条件恶劣、环境污染严重，给劳动者身心健康造成严重损害的。

③用人单位扣押劳动者居民身份证等证件将受处罚用人单位违反本法规定，以担保或者其他名义向劳动者收取财物的，由劳动行政部门责令限期退还劳动者本人，并以每人五百元以上二千元以下的标准处以罚款；给劳动者造成损害的，应当承担赔偿责任。劳动者依法解除或者终止劳动合同，用人单位扣押劳动者档案或者其他物品的，依照前款规定处罚。

④用人单位未在限期内为劳动者办理档案或社保转移的，应负赔偿责任；用人单位应当在解除或者终止劳动合同时，出具解除或终止证明，并在 15 日内为劳动者办理档案和社保转移，否则应承担赔偿责任。

2）劳动者违反劳动合同的法律责任

《劳动法》中第一百零二条规定劳动者违反劳动合同的法律责任如下：

劳动者违反本法规定的条件解除劳动合同或者违反劳动合同中约定的保密事项，对用人单位造成经济损失的，应当依法承担赔偿责任。

3）此外，在违反《劳动合同法》的情况之下，还应当承担以下的法律责任

①《劳动合同法》第九十一条规定，用人单位招用与其他用人单位尚未解除或者终止劳动合同的劳动者，给其他用人单位造成损失的，应当承担连带赔偿责任。

②《劳动合同法》第九十二条规定，劳务派遣单位违反本法规定的，由劳动行政部门和其他有关主管部门责令改正；情节严重的，以每人一千元以上五千元以下的标准处以罚款，并由工商行政管理部门吊销营业执照；给被派遣劳动者造成损害的，劳务派遣单位与用工单位承担连带赔偿责任。

③《劳动合同法》第九十三条规定，对不具备合法经营资格的用人单位的违法犯罪行为，依法追究法律责任；劳动者已经付出劳动的，该单位或者其出资人应当依照本法有关规定向劳动者支付劳动报酬、经济补偿、赔偿金；给劳动者造成损害的，应当承担赔偿责任。

④《劳动合同法》第九十四条规定，个人承包经营违反本法规定招用劳动者，给劳动者造成损害的，发包的组织与个人承包经营者承担连带赔偿责任。

4.3　工作时间、休息休假和工资制度

4.3.1　《劳动法》中关于工作时间的规定

我国劳动法规定的工时制度有 3 种，即标准工时制、综合工时制和不定时工时制。

①根据《劳动法》和《国务院关于职工工作时间的规定》（国务院令第 174 号）的规定，我国目前实行劳动者每日工作 8 小时，每周工作 40 小时这一标准工时制。有条件的企业应实行标准工时制，《劳动法》第三十六条规定：国家实行劳动者每日工作时间不超过 8 小时、平均每周工作时间不超过 40 小时的工时制度。有些企业因工作性质和生产特点不能实行标准工时制，应保证劳动者每天工作不超过 8 小时、每周工作不超过 40 小时、每周至少休息 1 天。

此外，《民法典》第一千零二条规定："自然人享有生命权。自然人的生命安全和生命尊严受法律保护。任何组织或者个人不得侵害他人的生命权。"第一千零三条规定："自然人享有身体权。自然人的身体完整和行动自由受法律保护。任何组织或者个人不得侵害他人的身体权。"第一千零四条规定："自然人享有健康权。自然人的身心健康受法律保护。任何组织或者个人不得侵害他人的健康权。"因此，用人单位应当严格执行劳动定额标准，不得强迫或者变相强迫劳动者加班。

②综合工时制是指分别以周、月季、年等为周期，综合计算工作时间，但其平均工作时间和平均周工作时间应与法定标准工作时间基本相同。以下行业的职工可以实行综合工时制：

a.交通、铁路、邮电、水运、航空、渔业等行业中因工作性质特殊，需连续作业的职工。

b.地质及资源勘探、建筑、制盐、制糖、旅游等受季节和自然条件限制的行业的职工。

c.其他适合实行综合计算工时工作制的职工。

企业因生产特点不能实行标准工时制度，且符合条件的经劳动保障行政部门批准可以实行综合工时制度，即分别以月、季、年等为周期，综合计算工作时间，但其平均日工作时间和平均周工作时间应与法定标准工作时间基本相同。也就是说，在综合计算周期内，某一具体日（或周）的实际工作时间可以超过 8 小时（或 40 小时），但综合计

算周期内总的实际工作时间不应超过总法定标准工作时间，超过部分应视为延长工作时间并按照劳动法的规定支付报酬，其中法定休假日安排劳动者工作的，按劳动法的规定支付报酬。而且，延长工作时间的小时数平均每月不得超过 36 小时。如果在整个综合计算周期内的实际平均工作时间总数不超过该周期法定标准工作时间总数，只是该综合计算周期内的某一具体日（或周、或月、或季）超过法定标准工作时间，其不超过部分不应视为延长工作时间。

《劳动法》第三十七条规定：对实行计件工作的劳动者，用人单位应当根据本法第三十六条规定的工时制度合理确定其劳动定额和计件报酬标准。

《劳动法》第三十九条规定：企业因生产特点不能实行本法第三十六条、第三十八条规定的，经劳动行政部门批准，可以实行其他工作和休息办法。

《劳动法》第四十三条规定：用人单位不得违反本法规定延长劳动者的工作时间。

③针对用人单位需要加班加点的情况，我国劳动法有如下规定：

A. 一般情况下加班加点的规定。《劳动法》第四十一条规定：用人单位由于生产经营需要，经与工会和劳动者协商后可以延长工作时间，一般每日不得超过 1 小时；因特殊原因需要延长工作时间的，在保障劳动者身体健康的条件下延长工作时间每日不得超过 3 小时，但是每月不得超过 36 小时。

B. 特殊情况下，延长工作时间不受《劳动法》第四十一条的限制：

a. 发生自然灾害、事故或者因其他原因，威胁劳动者生命健康和财产安全，或使人民的安全健康和国家资产遭到严重威胁，需要紧急处理的。

b. 生产设备、交通运输线路、公共设施发生故障，影响生产和公共利益，必须及时抢修的。

c. 在法定节日和公休假日内工作不能间断，必须连续生产、运输或营业的。

d. 必须利用法定节日或公休假日的停产期间进行设备检修、保养的。

e. 为了完成国防紧急生产任务，或者完成上级在国家计划外安排的其他紧急生产任务，以及商业、供销企业在旺季完成收购、运输、加工农副产品紧急任务的。

f. 法律、行政法规规定的其他情形，等等。

4.3.2 《劳动法》中关于休息休假的规定

为了能够保障劳动者的身心健康和合法权益，也为了能让劳动者更好地投入工作劳动中去，我国劳动法规定了相应的休息休假准则。

每个劳动者每周都有享受公休假的权利。公休假日，又称周休息日，是劳动者在 1 周（7 日）内享有的休息日，公休假日一般为每周两日，一般安排在周六和周日休息。不能实行国家标准工时制度的企业和事业组织，可根据实际情况灵活安排周休息日（法律上是允许调休的），应当保证劳动者每周至少休息 1 日。《劳动法》第三十八条规定：用人单位应当保证劳动者每周至少休息 1 日。除此之外，《劳动法》第四十条规定的劳动者能够享受的休假节日还包括：

（1）法定节假日

法定节假日是指法律规定用于开展纪念、庆祝活动的休息时间以及法律、法规规定的其他休假节日。

2019 年 8 月 2 日，中华人民共和国人力资源和社会保障部发布《我国法定年节假日等休假相关标准》

①新年，放假 1 天（1 月 1 日）。

②春节，放假 3 天（农历除夕、正月初一、初二）。

③清明节，放假 1 天（农历清明当日）。

④劳动节，放假 1 天（5 月 1 日）。

⑤端午节，放假 1 天（农历端午当日）。

⑥中秋节，放假 1 天（农历中秋当日）。

⑦国庆节，放假 3 天（10 月 1 日、2 日、3 日）。

部分公民放假节日及纪念日：

①妇女节（3 月 8 日），妇女放假半天。

②青年节（5 月 4 日），14 周岁以上的青年放假半天。

③儿童节（6 月 1 日），不满 14 周岁的少年儿童放假 1 天。

④中国人民解放军建军纪念日（8 月 1 日），现役军人放假半天。教师节等节日均不放假。

少数民族习惯的节日，由各少数民族聚居地区的地方人民政府，按照各该民族习惯，规定放假日期。

二七纪念日、五卅纪念日、七七抗战纪念日、九三抗战胜利纪念日、九一八纪念日、教师节、护士节、记者节、植树节等其他节日、纪念日，均不放假。

全体公民放假的假日，如果适逢星期六、星期日，应当在工作日补假。部分公民放假的假日，如果适逢星期六、星期日，则不补假。

（2）探亲假

探亲假是指劳动者享有保留工资、工作岗位而同分居两地的父母或配偶团聚的假期。探亲假适用于在国家机关、人民团体、全民所有制企业、事业单位工作满 1 年的固定职工。

（3）年休假

《劳动法》第四十五条规定：国家实行带薪年休假制度。劳动者连续工作 1 年以上的，享受带薪年休假。具体办法由国务院规定。

2018 年新修订的《劳动法》中明确了劳动者可以享有的带薪年假标准：

①工作满一年、不满十年的，可以享受 5 天带薪年假；

②工作满十年、不满二十年的，可以享受 10 天带薪年假；

③工作满二十年的，可以享受 15 天带薪年假。

4.3.3 《劳动法》中关于工资制度的规定

《劳动法》中的"工资"是指用人单位依据国家有关规定或劳动合同的约定，以货币形式直接支付给本单位劳动者的劳动报酬，一般包括计时工资、计件工资、奖金、津贴和补贴、延长工作时间的工资报酬以及特殊情况下支付的工资等。"工资"是劳动者劳动收入的主要组成部分，《劳动法》第五十条规定，工资应当以货币形式按月支付给劳动者本人。不得克扣或者无故拖欠劳动者的工资。

劳动者的以下劳动收入不属于工资范围：①单位支付给劳动者个人的社会保险福利费用，如丧葬抚恤救济费、生活困难补助费、计划生育补贴等；②劳动保护方面的费用，如用人单位支付给劳动者的工作服、解毒剂、清凉饮料费用等；③按规定未介入工资总额的各种劳动报酬及其他劳动收入，如国家根据规定发放的创造发明奖、国家星火奖、自然科学奖、科学技术进步奖、合理化建议和技术改进奖、中华技能大奖等，以及稿费、讲课费、翻译费等。

1）最低工资

《劳动法》第四十八条规定中的"最低工资"是指劳动者在法定工作时间内履行了正常劳动义务的前提下，由其所在单位支付的最低劳动报酬。最低工资不包括延长工作时间的工资报酬，以货币形式支付的住房补贴和用人单位支付的伙食补贴，中班、夜班、高温、低温、井下、有毒、有害等特殊工作环境和劳动条件下的津贴，国家法律、法规、规章规定的社会保险福利待遇。

《劳动法》第四十四条规定中的"劳动者正常工作时间工资"是指劳动合同规定的劳动者本人所在工作岗位（职位）相对应的工资。鉴于当前劳动合同制度尚处于推进过程中，按上述规定执行确有困难的用人单位，地方或行业劳动行政部门可在不违反劳动部《关于〈工资支付暂行规定〉有关问题的补充规定》文件所规定总的原则的基础上，制定过渡办法。

在劳动合同中，双方当事人约定的劳动者在未完成劳动定额或承包任务的情况下，用人单位可低于最低工资标准支付劳动者工资的条款不具有法律效力。

劳动者与用人单位形成或建立劳动关系后，试用、熟练、见习期间，在法定工作时间内提供了正常劳动，其所在的用人单位应当支付不低于最低工资标准的工资。

企业下岗待工人员，由企业依据当地政府的有关规定支付其生活费，生活费可以低于最低工资标准，下岗待工人员重新就业的，企业应停发其生活费。女职工因生育、哺乳请长假而下岗的，在其享受法定产假期间，依法领取生育津贴；没有参加生育保险的企业，由企业照发原工资。

职工患病或非因工负伤治疗期间，在规定的医疗期内由企业按有关规定支付其病假工资或疾病救济费，病假工资或疾病救济费可以低于当地最低工资标准支付，但不能低于最低工资标准的80%。

2）延长工作时间的工资报酬

《劳动法》第四十四条规定：有下列情形之一的，用人单位应当按照下列标准支付高于劳动者正常工作时间工资的工资报酬：

①安排劳动者延长工作时间的，支付不低于工资的百分之一百五十的工资报酬。

②休息日安排劳动者工作又不能安排补休的，支付不低于工资的百分之二百的工资报酬。

③法定休假日安排劳动者工作的，支付不低于工资的百分之三百的工资报酬。

实行每天不超过 8 小时，每周不超过 44 小时或 40 小时标准工作时间制度的企业，以及经批准实行综合计算工时工作制的企业，应当按照劳动法的规定支付劳动者延长工作时间的工资报酬。全体职工已实行劳动合同制度的企业，一般管理人（实行不定时工作制人员除外）经批准延长工作时间的，可以支付延长工作时间的工资报酬。

实行计时工作制的劳动者的日工资，按其本人月工资标准除以平均每月法定工作天数（施行每周 40 小时制的为 21.16 天，施行每周 44 小时制的为 23.33 天）进行计算。

实行综合计算工时工作制的企业职工，工作日正好是周休息日的，属于正常工作；工作日正好是法定节假日的，要依照劳动法第四十四条第（三）项的规定支付职工的工资报酬。

3）有关企业工资支付的政策

企业克扣或无故拖欠劳动者工资的，劳动监察部门应根据劳动法第九十一条、劳动部《违反和解除劳动合同的经济补偿办法》第三条、《违反〈中华人民共和国劳动法〉行政处理办法》第六条予以处理。

经济困难的企业执行劳动部《工资支付暂行规定》确有困难，应根据以下规定执行：

《关于做好国有企业职工和离退休人员基本生活保障工作的通知》的规定：企业发放工资确有困难时，应发给职工基本生活费，具体标准由各地区、各部门根据实际情况确定。

《关于国有企业流动资金贷款的紧急通知》的规定：地方政府通过财政补贴，企业主管部门有可能也要拿出一部分资金，银行要拿出一部分贷款，共同保证职工基本生活和社会的稳定。

《国有企业富余职工安置规定》的规定：企业可以对职工实行有限期的放假。职工放假期间，由企业发给生活费。

此外，以往用人单位的惩罚措施中总有一些不太公平的规定，比如，迟到半小时将扣除半天工资。但是，按原劳动部《对企业单位工人、职员加班加点、事假、病假和停工期间工资待遇的意见》（[59] 中劳薪字第 67 号）第一条规定，在一般事假期间一律不发给工资。请假应扣工资的计算：实际请假的工作时间（小时）× 小时工资实际请假的工作时间（天数）× 日工资，基本工资 / 当月天数 ×（当月天数 − 请假天数）。因此，针对因劳动者的缺席行为而产生的扣除工资情形，法律要求用人单位对劳动者扣除的工资应当与缺席时间相对应。例如，迟到 1 小时只能扣除 1 小时的工资。

4.4　劳动安全卫生与特殊劳动保护

4.4.1　劳动安全卫生管理制度

劳动安全卫生管理制度指的是为了保障劳动者在劳动过程中的安全和健康，在组织劳动和科学管理方面的各项规章制度。我国劳动安全卫生管理制度的种类包括：安全生产责任制度、安全技术措施计划管理制度、安全生产教育制度、安全生产检查制度、安全卫生认证制度、伤亡事故报告和处理制度、个人劳动安全卫生防护用品管理制度、劳动者健康检查制度。

《劳动合同法》中也有相关职业危害防护的规范条款。

①规定劳动合同应具备"劳动保护、劳动条件和职业危害防护"的内容；用人单位应当在招用劳动者时，如实告知职业危害、安全生产状况以及劳动者要求了解的其他情况。

②第四十二条规定：从事接触职业病危害作业的劳动者未进行离岗前职业健康检查，或者疑似职业病病人在诊断或者医学观察期间的，用人单位不得依照本法第四十条、第四十一条的规定解除劳动合同。

依据《民法典》规定，自然人享有生命权、身体权、健康权，劳动者拒绝用人单位管理人员违章指挥、强令冒险作业的，不视为违反劳动合同。劳动者对危害生命安全和身体健康的劳动条件，有权对用人单位提出批评、检举和控告。

1）安全生产责任制度

安全生产责任制主要指企业的各级领导、职能部门和在一定岗位上的劳动者个人对安全生产工作应负责任的一种制度，也是企业的一项基本管理制度。安全生产责任制是根据我国的安全生产方针"安全第一，预防为主，综合治理"和安全生产法规建立的各级领导、职能部门、工程技术人员、岗位操作人员在劳动生产过程中对安全生产层层负责的制度。安全生产责任制是企业岗位责任制的一个组成部分，是企业中最基本的一项安全制度，也是企业安全生产、劳动保护管理制度的核心。实践证明，凡是建立健全了安全生产责任制的企业，各级领导重视安全生产、劳动保护工作，切实贯彻执行党的安全生产、劳动保护方针、政策和国家的安全生产、劳动保护法规，在认真负责地组织生产的同时，积极采取措施，改善劳动条件，工伤事故和职业性疾病就会减少。反之，就会职责不清，相互推诿，而使安全生产、劳动保护工作无人负责，无法进行，工伤事故与职业病就会不断发生。

2）安全技术措施计划管理制度

我国法律规定安全技术措施计划是项目施工保障安全的指令性文件，具有安全法规的作用，必须认真编制和执行。在编制原则上，编制安全技术措施计划要在编制生产财务计划的同时进行，并必须按设计者、审核者、批准者的会签程序后生效执行（特别是高层或难度大的施工项目）。安全技术措施计划管理制度的编制依据必须依据党和国家、政府部门公布的劳动保护安全生产法规、法令和各项标准、规范、规章等；注重解决在实践中存在或在检查中发现亟待解决的问题；在技术革新与工艺改革中面临所需的新防护设施问题；针对不安全因素易造成伤亡事故或职业病主要原因应采取的措施。

3）安全生产教育制度

为加强和规范企业从业人员的安全教育培训工作，提高从业人员安全素质，防范伤亡事故，减轻职业危害，根据《中华人民共和国安全生产法》、国家安全生产监督管理总局令第3号《生产经营企业安全培训规定》，结合企业实际情况，特制订了安全生产教育制度，其主要内容有：

①企业所有从业人员应当接受安全培训，熟悉有关安全生产规章制度和安全操作规程，具备必要的安全生产知识，掌握本岗位的安全操作技能，增强预防事故、控制职业危害和应急处理能力，未经安全生产培训合格的从业人员，不得上岗作业。

②企业主要负责人、安全生产管理人员必须经安全教育培训合格取得安全资格证书。且每年接受再培训时间不得少于 12 学时。

③其他从业人员在上岗前必须经过企业、车间、班组三级安全培训教育。保证其具备本岗位安全操作、应急处置等知识和技能。新上岗的从业人员，岗前培训时间不得少于 24 学时。

4）安全生产检查制度

安全生产检查是安全生产职能部门必须履行的职责，也是监督、指导、及时消除事故隐患，杜绝不安全因素的方法途径和有力措施，各级职能部门必须认真抓紧抓好这项工作。安全生产检查制度的内容包括安全生产检查应根据施工（生产）季节、气候、环境的特点，制订检查项目内容、标准，一般的检查内容包括检查思想、制度、机械设备装置、安全防护设施、安全教育、培训、操作行为、劳保用品使用、文明施工、伤亡事故处理等。

5）安全卫生认证制度

我国《劳动法》第五十二条规定：用人单位必须建立健全劳动安全卫生制度，严格执行国家劳动安全卫生规程和标准，对劳动者进行劳动安全卫生教育，防止劳动过程中的事故，减少职业危害。规定劳动安全卫生设施必须符合国家规定的标准。第五十三条规定：新建、改建、扩建工程的劳动安全卫生设施必须与主体工程同时设计、同时施工、同时投入生产和使用。第五十四条规定：用人单位必须为劳动者提供符合国家规定的劳动安全卫生条件和必要的劳动防护用品，对从事有职业危害作业的劳动者应当定期进行健康检查。

此外，针对劳动者的安全保障上，《劳动法》第五十五条规定：从事特种作业的劳动者必须经过专门培训并取得特种作业资格。第五十六条规定：劳动者在劳动过程中必须严格遵守安全操作规程。劳动者对用人单位管理人员违章指挥、强令冒险作业，有权拒绝执行；对危害生命安全和身体健康的行为，有权提出批评、检举和控告。

6）伤亡事故报告和处理制度

《劳动法》第五十七条规定：国家建立伤亡事故和职业病统计报告和处理制度。县级以上各级人民政府劳动行政部门、有关部门和用人单位应当依法对劳动者在劳动过程中发生的伤亡事故和劳动者的职业病状况，进行统计、报告和处理。

7）个人劳动安全卫生防护用品管理制度

用人单位必须为劳动者提供相应必要的劳动防护用品，这是《劳动法》第五十四条当中明确规定的内容之一。劳动防护用品管理制度是指对劳动防护用品的发放使用进行管理的制度。《工厂安全卫生规程》及《关于禁止滥发职工个人劳动保护用品的通知》对劳动防护用品的发放作了规定，劳动防护用品的发放原则主要遵照：①用品的选择上首先考虑对生产性有害因素的防护效能；②用品必须保证质量、安全可靠、符合标准、方便舒适；③用品的采购、保管、发放工作由用人单位的专门机构负责，并由安全管理部门和工会组织进行督促检查。

8）劳动者健康检查制度

为进一步加强职业健康检查机构的管理，规范职业健康检查工作，保护劳动者健康，根据《中华人民共和国职业病防治法》，卫生部在 2012 年 11 月起草并公布了《职业健康检查管理办法（征求意见稿）》以下简称《征求意见稿》，职业健康检查是对从事或可能从事接触职业病危害作业的劳动者的健康状况进行医学检查、监测的预防医学行为，包括上岗前、在岗期间、离岗时和应急健康检查。职业健康检查类别分为接触粉尘、化学因素、物理因素、生物因素、放射线或放射性物质及特殊作业人员等 6 类，每类职业健康检查根据职业病危害因素不同设立若干项目。《征求意见稿》规定，用人单位应当依法组织劳动者进行职业健康检查并提供职业健康检查所需要的相关资料。劳动者认为自己的健康状况可能与所接触的职业病危害因素有关并要求进行职业健康检查的，职业健康检查机构应当根据劳动者所在单位出具的职业史证明材料或劳动者自述的职业史，对其进行健康检查。职业健康检查工作结束之日起 30 日内，职业健康检查机构应当将职业健康检查结果包括劳动者个人健康检查报告和本次用人单位职业健康检查总结报告，以书面形式告知用人单位，用人单位应当将劳动者个人健康检查结果书面告知劳动者。有特殊情况需要延长时间的，应当说明理由，并告知用人单位。职业健康检查机构发现疑似职业病病人的，应当告知劳动者本人并及时通知用人单位，还应当及时向用人单位所在地卫生行政部门和安全生产监管部门报告。用人单位应当及时安排对疑似职业病病人进行诊断。上岗前、在岗期间、离岗时和应急健康检查的职业健康检查费用由用人单位承担。

4.4.2 特殊群体的劳动保护

1）女职工的劳动保护权利

女性劳动者除享有一般的劳动安全保护以外，还依法享有一些特殊的劳动保护权利。根据《劳动法》和《女职工劳动保护规定》的规定，国家对女工权益的保护主要有以下几个方面：

①禁止安排女职工从事矿山井下、国家规定的第四级体力劳动强度的劳动和其他禁忌从事的劳动。

②不得安排女职工在经期从事高处、低温、冷水作业和国家规定的第三级体力劳动强度的劳动。

③不得安排女职工在怀孕期间从事国家规定的第三级体力劳动强度的劳动和孕期禁忌从事的劳动。产期检查应当算作劳动时间、工资照发。对怀孕 7 个月以上的女职工，不得安排其延长工作时间和夜班劳动。

④女职工生育享受不少于 90 天的产假，产前休假 15 天，产假期间工资、福利待遇不变。

⑤不得安排女职工在哺乳未满1周岁的婴儿期间从事国家规定的第三级体力劳动强度的劳动和哺乳期禁忌从事的其他劳动，不得安排其延长工作时间和夜班劳动，单位要在每班劳动时间内给予其两次哺乳时间，每次30分钟，不得以此为由扣发工资。

另外，《劳动法》还规定，女职工在妊娠期、产期、哺乳期内不得解除劳动关系。

2）未成年工的劳动保护权利

年满16周岁但未满18周岁的劳动者属于未成年工，国家对未成年工实行特殊劳动保护。

①不得安排未成年工从事电工、焊工、起重工等特种作业。

②不得安排未成年工从事矿山井下、有毒有害、森林伐木、登高架设、繁重体力劳动以及其他对发育生长有影响的作业。

③用人单位应当及时对未成年工进行健康检查，包括上岗之前、工作满1年以及年满18岁并距前一次体检时间已超过半年时，都要安排体检。

〖以案说法〗

2012年3月，20岁的刘灿在河东宾馆招聘中，经考核被录用为服务员，宾馆与刘灿签订了为期5年的劳动合同。合同条款之一是："因宾馆服务业的特殊要求，凡被录用为本宾馆服务员的，不经公司批准在合同期内不得结婚，否则，宾馆有权提前解除合同。"刘灿在合同签字时，对该条款比较犹豫，经其同学、朋友劝导："找个工作不容易，5年后你年龄也不大，就签了吧！"刘灿于是与该宾馆签订了该劳动合同。2015年5月，刘灿与其恋爱两年的朋友李斌可结婚，因李斌可的单位正在分配最后一次房改房，为了房子能够分得大一点儿，刘灿怀了孕。宾馆以此为由提前解除了与刘灿的劳动合同，提前解除劳动合同的通知书写道："鉴于合同乙方刘灿违约，甲方通知乙方，决定自即日起解除与乙方的劳动合同，乙方应在本月内办理有关工作交接手续，领取本月份工资……"刘灿不服，向当地劳动争议仲裁委员会申请仲裁。

问题：(1)该宾馆提前解除合同是否合理？为什么？(2)刘灿应享有的权利有哪些？

〖案例分析〗

(1)该宾馆提前解除劳动合同不合理，也不符合有关法律规定。该宾馆与刘灿签订劳动合同不能因宾馆服务业的特殊性，而强制劳动者签订在合同期限内不准结婚的霸王合同。刘灿与该宾馆签订的劳动合同在这一条款上并非其真实意思表示，该条款属于无效条款。

(2)刘灿享有带薪产假的权利，即在法律规定的产假期间，该宾馆不应停发其工资。刘灿有在劳动合同期间结婚的权利。

（资料来源：豆丁网）

4.5 社会保险

4.5.1 社会保险概述

社会保险是一种为丧失劳动能力、暂时失去劳动岗位或因健康原因造成损失的人口提供收入或补偿的一种社会和经济制度。社会保险计划由政府举办，强制某一群体将其收入的一部分作为社会保险税（费）形成社会保险基金，在满足一定条件的情况下，被保险人可从基金获得固定的收入或损失的补偿，它是一种再分配制度，它的目标是保证物质及劳动力的再生产和社会的稳定。社会保险的主要项目包括养老社会保险、医疗社会保险、失业保险、工伤保险、生育保险等。

社会保险是社会保障制度的一个最重要的组成部分，它具有如下特征：

①社会保险的客观基础，是劳动领域中存在的风险，保险的标的是劳动者的人身。

②社会保险的主体是特定的。包括劳动者（含其亲属）与用人单位。

③社会保险属于强制性保险。

④社会保险的目的是维持劳动力的再生产。

⑤保险基金来源于用人单位和劳动者的缴费及财政的支持。保险对象范围限于职工，不包括其他社会成员。保险内容范围限于劳动风险中的各种风险，不包括此外的财产、经济等风险。

在我国，用人单位应当为员工缴纳社会保险，这项规定已被列为用人单位的强制性义务。2018年劳动法修订中，增加了对不缴纳社会保险的用人单位的惩罚规定：

①用人单位不为劳动者购买社会保险的，将对用人单位处以应缴数额一倍以上三倍以下的罚款；

②对直接负责人和其他相关负责人处以五百元以上三千元以下的罚款；

③未缴纳的社会保险，用人单位需要将其补足。

目前，我国劳动法所规定的社会保险包括：养老保险、医疗保险、失业保险、工伤保险和生育保险。

4.5.2 养老保险

基本养老保险亦称国家基本养老保险，它是按国家统一政策规定强制实施的为保障广大离退休人员基本生活需要的一种养老保险制度。在我国，20世纪90年代之前，企业职工实行的是单一的养老保险制度。1991年，《国务院关于企业职工养老保险制度改革的决定》中明确提出："随着经济的发展，逐步建立起基本养老保险与企业补充养老保险和职工个人储蓄性养老保险相结合的制度"。从此，我国逐步建立起多层次的养老保险体系。在这种多层次养老保险体系中，基本养老保险可称为第一层次，也是最高层次。人力资源和社会保障部副部长胡晓义在2013年2月27日召开的全国社保工作会上说，城乡居民参加养老保险人数目前已达到4.84亿人。

社会统筹与个人账户相结合的基本养老保险制度是我国在世界上首创的一种新型的基本养老保险制度。这个制度在基本养老保险基金的筹集上采用传统型的基本养老保险费用的筹集模式，即由国家、单位和个人共同负担；基本养老保险基金实行社会互济；在基本养老金的计发上采用结构式的计发办法，强调个人账户养老金的激励因素和劳动贡献差别。因此，该制度既吸收了传统型的养老保险制度的优点，又借鉴了个人账户模式的长处；既体现了传统意义上的社会保险的社会互济、分散风险、保障性强的特点，又强调了职工的自我保障意识和激励机制。养老保险具有强制性、互惠性和普遍性的特点。

我国是一个发展中国家，经济还不发达，为了使养老保险既能发挥保障生活和安定社会的作用，又能适应不同经济条件的需要，以利于劳动生产率的提高。为此，我国的养老保险由国家、用人单位和劳动者个人 3 个部分组成。

基本养老保险是按国家统一的法规政策强制建立和实施的社会保险制度。企业和职工依法缴纳养老保险费，在职工达到国家规定的退休年龄或因其他原因而退出劳动岗位并办理退休手续后，社会保险经办机构向退休职工支付基本养老保险金（也称"退休金"）。基本养老金由基础养老金和个人账户养老金组成。基本养老金主要目的在于保障广大退休人员的晚年基本生活。

在基本养老保险制度之外，为建立多层次的养老保险制度，推动企业年金发展，更好地保障职工退休后的生活，根据《劳动法》《合同法》《中华人民共和国社会保险法》《中华人民共和国信托法》和国务院的有关规定，中华人民共和国人力资源和社会保障部和中华人民共和国财政部共同制定了《企业年金办法》。

企业年金是一种补充性养老金制度，是指企业及其职工在依法参加基本养老保险的基础上，自主建立的补充养老保险制度。企业年金是我国正在完善的城镇职工养老保险体系（由基本养老保险、企业年金和个人储蓄性养老保险三个部分组成）的"第二支柱"。在实行现代社会保险制度的国家中，企业年金已经成为一种较为普遍实行的企业补充养老金计划，又称为"企业退休金计划"或"职业养老金计划"，并且成为所在国养老保险制度的重要组成部分。

新修订的《劳动法》规定，自 2018 年 2 月 1 日后，我国劳动者达到退休年龄或完全丧失劳动能力时，可以一次性领取企业年金。即劳动者在退休或丧失劳动能力后可以选择按月、分期或一次性领取的方式领取企业年金，且企业年金个人账户的余额可以作为劳动者的遗产来继承。

4.5.3　医疗保险

医疗保险是为补偿疾病所带来的医疗费用的一种保险。职工因疾病、负伤、生育时，由社会或企业提供必要的医疗服务或物质帮助的社会保险。如中国的公费医疗、劳保医疗。中国职工的医疗费用由国家、单位和个人共同负担，以减轻企业负担，避免浪费。

中国 20 世纪 50 年代初建立的公费医疗和劳保医疗统称为职工社会医疗保险。它是国家社会保障制度的重要组成部分，也是社会保险的重要项目之一。基本医疗保险制度实行社会统筹与个人账户相结合，将社会保险和储蓄保险两种模式有机地结合起来，实现了"横向"社会共济保障和"纵向"个人自我保障的有机结合，既有利于发挥社会统筹共济性的长处，也有利于发挥个人账户具有激励作用和制约作用的优点，比较符合我国的国情，容易为广大职工接受。这种医疗保险模式，符合中国国情，是具有中国特色的社会医疗保险制度。

医疗保险具有社会保险的强制性、互济性、社会性等基本特征。因此，医疗保险制度通常由国家立法，强制实施，建立基金制度，费用由用人单位和个人共同缴纳，医疗保险金由医疗保险机构支付，以解决劳动者因患病或受伤害带来的医疗风险。医疗保险同其他类型的保险一样，也是以合同的方式预先向受疾病威胁的人收取医疗保险费，建立医疗保险基金；当被保险人患病并去医疗机构就诊而发生医疗费用后，由医疗保险机构给予一定的经济补偿。

因此，医疗保险也具有保险的两大职能：风险转移和补偿转移。即把个体身上的由疾病风险所致的经济损失分摊给所有受同样风险威胁的成员，用集中起来的医疗保险基金来补偿由疾病所带来的经济损失。

4.5.4　失业保险

失业保险是指劳动者由于非本人原因暂时失去工作，致使工资收入中断而失去维持生计来源，并在重新寻找新的就业机会时，从国家或社会获得物质帮助以保障其基本生活的一种社会保险制度。

失业保险基金是社会保险基金中的一种专项基金。它的主要特点有以下3点：

①普遍性。它主要是为了保障有工资收入的劳动者失业后的基本生活而建立的，其覆盖范围包括劳动力队伍中的大部分成员。因此，在确定适用范围时，参保单位应不分部门和行业，不分所有制性质，其职工应不分用工形式，不分家居城镇、农村，解除或终止劳动关系后，只要本人符合条件，都有享受失业保险待遇的权利。分析我国失业保险适用范围的变化情况，呈逐步扩大的趋势，从国有企业的4种人到国有企业的七类9种人和企业化管理的事业单位职工，再到《失业保险条例》规定的城镇所有企业事业单位及其职工，充分体现了普遍性原则。

②强制性。它是通过国家制定法律、法规来强制实施的。按照规定，在失业保险制度覆盖范围内的单位及其职工必须参加失业保险并履行缴费义务。根据有关规定，不履行缴费义务的单位和个人都应当承担相应的法律责任。

③互济性。失业保险基金主要来源于社会筹集，由单位、个人和国家三方共同负担，缴费比例、缴费方式相对稳定，筹集的失业保险费，不分来源渠道，不分缴费单位的性质，全部并入失业保险基金，在统筹地区内统一调度使用以发挥互济功能。

《失业保险条例》规定：失业保险基金由下列各项构成：城镇企业事业单位、城镇企业事业单位职工缴纳的失业保险费；失业保险基金的利息；财政补贴；依法纳入失业保险基金的其他资金。

失业保险待遇是由失业保险金、医疗补助金、丧葬补助金和抚恤金、职业培训和职业介绍补贴等构成。失业保险待遇中最主要的是失业保险金，失业人员只有在领取失业保险金期间才能享受到其他各项待遇。失业保险待遇中，医疗补助金是失业人员患病就医时在失业保险经办机构领取的补助，标准是由各省、自治区、直辖市人民政府确定的，一般包括每月随失业保险金一同发放的门诊费和按规定比例报销的医疗费两部分；失业人员在领取失业保险金期间死亡的，其家属可以领取一次性丧葬补助金和抚恤金，标准参照当地在职职工的规定；职业培训和职业介绍补贴是为了鼓励和帮助失业人员尽快实现再就业而从失业保险基金中支付的费用，一般说来职业介绍的补贴支付给职业介绍机构，由他们为失业人员免费介绍职业，而职业培训的补贴的支付办法则不同，有些是直接发给失业人员、有些则是失业人员培训后报销，还有的是对培训失业人员的培训机构进行补贴。

《失业保险条例》所指失业人员只限定为，在法定劳动年龄内有劳动能力的就业转失业的人员。根据有关规定，我国法定劳动年龄是 16～60 岁，体育、文艺和特种工艺单位按照国家规定履行审批程序后可以招用未满 16 周岁的未成年人。对企业中男年满 60 周岁、女年满 50 周岁的职工和机关事业单位中男年满 60 周岁、女年满 55 周岁的职工实行退休制度，对从事有毒、有害工作和符合条件的患病、因工致残职工可以降低退休年龄。

所谓有劳动能力，是指失业人员具有从事正常社会劳动的行为能力。在法定劳动年龄内的人员，若不具备相应的劳动能力，也不能视为失业人员，如精神病人、完全伤残不能从事任何社会性劳动的人员等。工作并以某种方式寻找工作，是指失业人员有工作要求，但受客观因素的制约尚未实现就业。对那些虽无工作，但没有工作要求的人不能视为失业人员。这部分人自愿放弃就业权利，已经退出了劳动力的队伍，不属于劳动力，也就不存在失业问题。

4.5.5 工伤保险

工伤保险，又称职业伤害保险，工伤保险是通过社会统筹的办法，集中用人单位缴纳的工伤保险费。建立工伤保险基金，是指劳动者在工作中或在规定的特殊情况下，遭受意外伤害或患职业病导致暂时或永久丧失劳动能力以及死亡时，劳动者或其遗属从国家和社会获得物质帮助的一种社会保险制度。这种补偿既包括医疗、康复所需费用，也包括保障基本生活的费用。工伤保险的概念包含两层含义：a. 工伤发生时劳动者本人可获得物质帮助；b. 劳动者因工伤死亡时其遗属可获得物质帮助。

对于工伤保险的认定，我国法律规定，劳动者因工负伤或职业病暂时失去劳动能力，不论是什么原因造成的工伤，责任在个人或在企业，都享有社会保险待遇，即补偿不究过失原则。

我国根据不同行业的不同工伤风险的程度，将行业划分为较小、中等、较大 3 种行业类别，针对这 3 种不同的工伤风险行业类别，适用 3 种不同的工伤保险缴费率。

工伤保险的特点有以下 6 点：

①工伤保险对象的范围是在生产劳动过程中的劳动者。由于职业危害无所不在，无时不在，任何人都不能完全避免职业伤害。因此工伤保险作为抗御职业危害的保险制度适用于所有职工，任何职工发生工伤事故或遭受职业疾病，都应毫无例外地获得工伤保险待遇。

②工伤保险的责任具有赔偿性。也就是说劳动者的生命健康权、生存权和劳动权受

到影响、损害甚至被剥夺了。因此工伤保险是基于对工伤职工的赔偿责任而设立的一种社会保险制度，其他社会保险是基于对职工生活困难的帮助和补偿责任而设立的。

③工伤保险实行无过错责任原则。无论工伤事故的责任归于用人单位还是职工个人或第三者，用人单位均应承担保险责任。

④工伤保险不同于养老保险等险种，劳动者不缴纳保险费，全部费用由用人单位负担。即工伤保险的投保人为用人单位。

⑤工伤保险待遇相对优厚，标准较高，但因工伤事故的不同而有所差别。

⑥工伤保险作为社会福利，其保障内容比商业意外保险要丰富。除了工作时的意外伤害，也包括职业病的报销、急性病猝死保险金、丧葬补助（工伤身故）。

根据《工伤保险条例》的规定，工伤保险的适用范围包括中华人民共和国境内的企业、事业单位、社会团体、民办非企业单位、基金会、律师事务所、会计师事务所等组织和有雇工的个体工商户。公务员和参照公务员法管理的事业单位、社会团体的工作人员因工作遭受事故伤害或者患职业病的，由所在单位支付费用。具体办法由国务院社会保险行政部门会同国务院财政部门规定。

2010年12月20日，国务院第136次常务会议通过了《国务院关于修改〈工伤保险条例〉的决定》（以下简称《决定》）。《决定》对2004年1月1日起施行的《工伤保险条例》作出了修改，扩大了上下班途中的工伤认定范围，同时还规定了除现行规定的机动车事故以外，职工在上下班途中受到非本人主要责任的非机动车交通事故或者城市轨道交通、客运轮渡、火车事故伤害，也应当认定为工伤。

在赔付方面，医疗费用通常是由工伤保险先报销后，商业保险扣除已赔付部分对剩下的金额进行赔偿。身故或残疾保险金则是分别按照约定额度给付，不存在冲突现象。通常建议将商业意外险作为社保的补充和完善。

4.5.6　生育保险

生育保险是通过国家立法规定，在劳动者因生育子女而导致劳动力暂时中断时，由国家和社会及时给予物质帮助的一项社会保险制度。我国生育保险待遇主要包括两项：一是生育津贴，二是生育医疗待遇。其宗旨在于通过向职业妇女提供生育津贴、医疗服务和产假，帮助她们恢复劳动能力，重返工作岗位。凡是与用人单位建立了劳动关系的职工，包括男职工，都应当参加生育保险。用人单位按照国家规定缴纳生育保险费，职工不缴纳生育保险费。

职工享受生育保险待遇，应当同时具备两个条件：用人单位为职工累计缴费满1年以上，并且继续为其缴费；符合国家和省人口与计划生育规定。

一般情况下，生育保险的报销范围包括生育医疗费和生育津贴两种。其中，生育医疗费包括女职工生育的检查费、接生费、手术费、住院费和药费由生育保险基金支付。超出规定的医疗业务费和药费（含自费药品和营养药品的药费）由职工个人负担。女职工生育出院后，因生育引起疾病的医疗费，由生育保险基金支付；其他疾病的医疗费，按照医疗保险待遇的规定办理。女职工产假期满后，因病需要休息治疗的，按照有关病假待遇和医疗保险待遇规定办理。另外，女职工依法享受产假期间的生育津贴，按本企业上年度职工月平均工资计发，由生育保险基金支付。

生育保险的特点有以下几点：

①享受生育保险的对象主要是女职工，因而待遇享受人群相对比较窄。随着社会进步和经济发展，有些地区允许在女职工生育后，给予配偶一定假期以照顾妻子，并发给假期工资；还有些地区为男职工的配偶提供经济补助。

②我国生育保险要求享受对象必须是合法婚姻者，即必须符合法定结婚年龄、按婚姻法规定办理了合法手续，并符合国家计划生育政策等。

③无论女职工妊娠结果如何，均可以按照规定得到补偿。也就是说无论胎儿存活与否，产妇均可享受有关待遇，并包括流产、引产以及胎儿和产妇发生意外等情况，都能享受生育保险待遇。

④生育期间的医疗服务主要以保健、咨询、检查为主，与医疗保险提供的医疗服务以治疗为主有所不同。生育期间的医疗服务侧重于指导孕妇处理好工作与休养、保健与锻炼的关系，使她们能够顺利地度过生育期。产前检查以及分娩时的接生和助产，则是通过医疗手段帮助产妇顺利生产。分娩属于自然现象，正常情况下不需要特殊治疗。

⑤产假有固定要求。产假要根据生育期安排，分产前和产后。产前假期不能提前或推迟使用。产假也必须在生育期间享受，不能积攒到其他时间享用。

⑥生育保险待遇有一定的福利色彩。生育期间的经济补偿高于养老、医疗等保险。生育保险提供的生育津贴，一般为生育女职工的原工资水平，也高于其他保险项目。另外，在我国，职工个人不缴纳生育保险费，而是由参保单位按照其工资总额的一定比例缴纳。

4.6　劳动争议处理

4.6.1　劳动争议处理及解决

劳动争议，也称劳动纠纷，一般是指劳动关系双方当事人因执行劳动法律、法规或履行劳动合同、集体合同，持不同的主张和要求而产生的争执。劳动争议分为个人劳动争议、团体劳动争议和集体合同争议3种类型。劳动争议产生的前提条件是建立劳动关系。劳动争议包括：因用人单位开除、除名、辞退职工和职工辞职、自动离职发生的争议；因执行有关工资、保险、福利、培训、劳动保护的规定发生的争议；因履行劳动合同发生的争议；法律、法规规定的其他劳动争议；集体合同方面的争议。

劳动争议处理，是指法律、法规授权的专门机构依法对劳动关系双方当事人之间发生的劳动争议进行调解、仲裁和审判的活动。劳动争议处理的形式也可以说是劳动争议处理的渠道或处理的办法。《劳动法》规定的劳动争议处理的基本形式是：当事人自行协商解决；依法向劳动争议调解委员会申请调解；向仲裁委员会申请仲裁；向人民法院提起诉讼。当事人自行协商解决是在没有第三者的情况下，通过劳动关系当事人双方互谅、互让，协商解决纠纷的一种形式。这种形式简单方便、省时省力，不伤感情，有利于团结。国家提倡和支持劳动争议双方当事人采取自行协商的方式解决发生的争议。

劳动争议的解决途径有协商、调解、仲裁和诉讼4种。

①劳动争议发生后，当事人首先应当协商解决。协商一致的，当事人可以形成和解协议。但和解协议不具有强制执行力，需要当事人自觉履行。协商不是处理劳动争议的必要程序，当事人协商不成或不愿协商的，可以依法申请调解和仲裁。

②当事人需要调解的，可以向企业劳动争议调解委员会、基层人民调解组织或在乡镇、街道设立的具有劳动争议调解职能的组织提出协调申请。如果当事人双方调解成功，则需签订调解协议书。调解协议书由双方当事人签名或盖章，经调解员签名并加盖调解组织印章后生效，对双方当事人具有约束力，当事人应当履行。调解协议的履行一方当事人不履行的，另一方可以依法申请仲裁。因劳动报酬、工伤医疗费、经济补偿或赔偿金事项达成调解协议，用人单位在约定期限内不履行的，劳动者可以持调解书向法院申请支付令。

③劳动争议仲裁，应当遵循一次裁决原则、合议原则和强制原则。劳动争议仲裁是解决劳动争议的常用方式和重要方式，是提起劳动诉讼的必备条件。《劳动法》第七十九条规定：劳动争议发生后，当事人可以向本单位劳动争议调解委员会申请调解；调解不成，当事人一方要求仲裁的，可以向劳动争议仲裁委员会申请仲裁。当事人一方也可以直接向劳动争议仲裁委员会申请仲裁。对仲裁裁决不服的，可以向人民法院提起诉讼。

④劳动诉讼是法院对不服劳动仲裁裁决的案件进行审理与判决，是解决劳动争议的最后程序。此外，劳动争议的诉讼，还包括当事人一方不履行仲裁委员会已发生法律效力的裁决书或调解书，另一方当事人民法院强制执行的活动。

4.6.2　劳动争议仲裁

劳动争议仲裁：是指劳动争议仲裁委员会根据当事人的申请，依法对劳动争议在事实上作出判断、在权利义务上作出裁决的一种法律制度。根据《劳动争议调解仲裁法》第一条与第三条，劳动争议仲裁应当根据事实，合法、公正、及时、着重调解，保护当事人合法权益，促进劳动关系和谐稳定。

《劳动法》第八十一条规定，劳动争议仲裁委员会由劳动行政部门代表、同级工会代表、用人单位方面的代表组成。劳动争议仲裁委员会主任由劳动行政部门代表担任。

劳动争议仲裁委员会的受理范围包括：

①因确认劳动关系发生的争议。

②因订立、履行、变更、解除和终止劳动合同发生的争议。

③因除名、辞退和辞职、离职发生的争议。

④因工作时间、休息休假、社会保险、福利、培训以及劳动保护发生的争议。

⑤因劳动报酬、工伤医疗费、经济补偿或者赔偿金等发生的争议。

⑥法律、法规规定的其他劳动争议。

劳动争议仲裁的受理主要包括案件受理、调查取证、调解、裁决、执行几个步骤：

①案件受理。这一阶段包括两项工作：一是当事人在规定的时效内向劳动争议仲裁委员会提交请求仲裁的书面申请；二是案件受理。仲裁委员会在收到仲裁申请后一段时间内要作出受理或不受理的决定。

②调查取证。调查取证的目的是收集有关证据和材料，查明争议实施，为下一步的调解或裁决做好准备工作。调查取证工作包括撰写调查提纲，根据调查提纲进行有针对性的调查取证，核实调查结果和有关证据等。

③调解。仲裁庭在查明事实的基础上，首先要做调解工作，努力促使双方当事人自愿达成协议。对达成协议的仲裁庭还需制作仲裁调解书。

④裁决。经仲裁庭调解无效或仲裁调解书送达前当事人反悔，调解失败的，劳动争议的处理便进入裁决阶段。仲裁庭的裁决要通过召开仲裁会议的形式作出。一般要经过庭审调查、双方辩论和陈述等过程，最后由仲裁员对争议事实进行充分协商，按照少数服从多数的原则作出裁决。仲裁庭作出裁决后应制作调解裁决书。当事人对裁决不服的，可在规定时间内向法院起诉。

⑤调解或裁决的执行。仲裁调解书自送达当事人之日起生效；仲裁裁决书在法定起诉期满后生效。生效后的调解或裁决，当事双方都应该自觉执行。

我国劳动法规定劳动争议仲裁的时效为：

①劳动争议申请仲裁的时效一年，仲裁时效期间从当事人知道或者应当知道其权利被侵害之日起计算。

②该仲裁时效可中止、中断。

③劳动关系存续期间因拖欠劳动报酬发生争议的，不受一年仲裁时效期间的限制；但是，劳动关系终止的，应当自劳动关系终止之日起一年内提出。

劳动争议仲裁是劳动诉讼的必然前提，不经过劳动仲裁，当事人不能向法院提起劳动诉讼。《劳动法》第八十三条规定：劳动争议当事人对仲裁裁决不服的，可以自收到仲裁裁决书之日起 15 日内向人民法院提起诉讼。一方当事人在法定期限内不起诉又不履行仲裁裁决的，另一方当事人可以申请人民法院强制执行。《劳动法》第八十四条规定：因签订集体合同发生争议，当事人协商解决不成的，当地人民政府劳动行政部门可以组织有关各方协调处理。因履行集体合同发生争议，当事人协商解决不成的，可以向劳动争议仲裁委员会申请仲裁；对仲裁裁决不服的，可以自收到仲裁裁决书之日起 15 日内向人民法院提起诉讼。

《劳动法》规定，当事人对仲裁裁决不服的，自收到裁决书之日起 15 日内，可以向人民法院起诉。

法院审理劳动争议案件的条件是：

①起诉人必须是劳动争议的当事人。当事人因故不能亲自起诉的，可以直接委托代理人起诉，其他未经委托无权起诉。

②必须是不服劳动争议仲裁委员会仲裁而向法院起诉，未经仲裁程序不得直接向法院起诉。

③必须有明确的被告、具体的诉讼请求和事实根据。不得将仲裁委员会作为被告向法院起诉。

④起诉的时间，必须是劳动法律规定的时效内，否则不予受理。

⑤起诉必须向有管辖权的法院提出，一般应向仲裁委员会所在地人民法院起诉。

人民法院处理劳动争议案件和处理一般民事纠纷一样，适用《民事诉讼法》的规定。其主要程序有一审程序、二审程序、审判监督程序等。

一审程序分以下 4 个阶段进行：

①起诉和受理。人民法院收到起诉状或者口头起诉后，进行审查认为符合起诉条件的，应当在 7 日内立案，并通知当事人；认为不符合起诉条件的，应当在 7 日内裁定不予受理；原告对裁定不服的，可以提起上诉。

②审理前的准备。正式审理之前人民法院还要做一些准备工作，比如向被告发送起诉状副本，组成合议庭，开展调查或委托调查，通知当事人参加诉讼等。

③开庭审理。法庭调查时，按当事人陈述、证人作证、出示证言书证等证据、宣读鉴定结论和勘验笔录的顺序进行。进入法庭辩论后，先由原告及其诉讼代理人发言，然后由被告及其诉讼代理人答辩，再由各方相互辩论。辩论之后由审判长按照原告、被告、第三人的先后顺序征询各方最后意见。

④依法作出判决。判决前能够调解的，还可以进行调解，调解不成的，应当及时判决。

二审程序。当事人不服一审判决的，可依法提起二审程序。但须在一审判决书送达之日起 15 日内向上一级人民法院提起上诉。上诉状应当写明当事人的姓名、法人名称及法定代表人的姓名，原审人民法院名称、案件编号和案由，上诉的请求和理由。上诉状应通过原审人民法院提交，并按对方当事人或代表人的人数提交副本。二审人民法院作出的判决为终审判决。

审判监督程序是当人民法院对已经发生法律效力的判决和裁定发现确有错误而需要再审时所进行的程序。当事人也可以申请再审，但须在判决发生法律效力后两年内提出。

务工者担心诉讼时间太长，影响自己的生活，可以申请法院先予执行。《民事诉讼法》规定，在当事人之间权利义务关系明确，不先予执行将严重影响申请人的生活或者生产经营，并且被申请人有履行能力的情况下，人民法院对下列案件，根据当事人的申请，可以裁定先予执行：

①追索赡养费、抚养费、抚育费、抚恤金、医疗费用的。

②追索劳动报酬的。

③因情况紧急需要先予执行的。

〖以案说法〗

餐厅服务员过失达到 10 分遭辞退

2004 年 2 月中旬，金凤（化名）应聘到上海某五星级饭店担任餐厅服务员，承诺收到劳动合同附件的员工手册，并予以认可。员工手册中记载：员工从第一次过失警告起的一年内累计过失达到 10 分，将会导致辞退。还规定了各类过失，诸如未经允许使用客人电梯、客用厕所等，一经触犯任何一条，都会予以扣分属违纪，累计达到 10 分者即给予辞退。

2010 年 1 月 4 日，因部门培训世博会知识，金凤未能掌握，多次教导未达标，饭店给予书面警告扣 3 分。11 月 3 日她因擅自离开岗位及使用客人厕所，饭店又给予口头警告扣 1 分。12 月 9 日，她因没有参加培训部组织的员工英语 C 级考试，欺骗上司。她事后检讨说："英语 C 级考试，由于我背不出，领导问我有没有报名。我当时一时紧张怕领导责备，脱口而出说报名了，还保证会去考试。其实当时我并没有报名，也没有参加考试。"12 月 9 日中午，她上白灼草虾这道菜时没有按培训标准配备虾料，却送食醋，属粗心大意，饭店给予最后警告扣 6 分。上述饭店的警告及扣分通知书，均有金凤本人签名。12月23日，饭店以金凤严重违纪，对金凤予以辞退。今年1月10日，不服饭店辞退的金凤申请劳动仲裁，后起诉到法院。8月10日，上海市静安区人民法院判决对金凤之诉不予支持。

【争议焦点】如何理解多次违纪与严重违纪的关系？

【法律解析】此案例中的服务员金凤是多次发生一般违纪或轻微违纪行为，但是最终酒店以严重违纪为由解除了她的劳动合同。那么这是否意味着多次一般违纪或轻微违纪就相当于严重违纪呢？

应当说，多次一般违纪或轻微违纪和严重违纪是两个概念，但是一般违纪或轻微违纪如果屡教不改，就会加重违纪的情节。此案例中当金凤前两次违纪时，酒店都对她进行了警告扣分和批评教育，但她仍然继续违反酒店的劳动纪律，并且是在一年内多次违反酒店的劳动纪律，依据酒店员工手册的有关规定，她的行为已经由一般违纪转化为严重违纪。

但需指出，员工的"工作疏忽"不同于"违纪"。违纪是指由于员工存在一种主观故意，故意违反企业的规章制度。而工作疏忽，则是主观上存在一种过失，员工明知可能发生一些不良后果却轻信能够避免。两者的主观目的是不同的，应当根据事实作出合理判断。

对于一些轻微的工作疏忽，如酒店员工无意中大声说话，或不小心打碎器具等，一般不应认定为"违纪"行为，更不能简单累积成"严重违纪"行为。而金凤擅自离开岗位及使用客人厕所、上白灼草虾时没有按培训标准配备虾料等行为都是故意违反企业的规章制度的行为而非工作疏忽，且屡教不改，一年内有多次违纪行为。

还需注意，员工的"不胜任工作"也不同于"违纪"。如金凤通不过英语C级考试可能属于个人能力问题，单位不能进行违纪处罚，更不能以此解除员工的劳动合同。但她明明没有报名却谎称报名并参加考试，这种欺骗上司的行为才是违纪。总之酒店根据员工手册对金凤作出3次扣分的处理，直至对她作出辞退的决定，是饭店行使企业用工权。

另外，以上两则案例中员工都对自己所犯错误进行过说明或检讨，而这些说明或检讨以后又都成为被解除劳动合同的证据。应当说，用人单位在处理违纪员工时要有证据，包括照片、录音、录像、记录证言等，当事人的事件说明或者检讨书也是证据的形式之一。

但是最高人民法院《关于民事诉讼证据的若干规定》第六十六条规定："审判人员对案件的全部证据，应当从各证据与案件事实的关联程度、各证据之间的联系等方面进行综合审查判断。"第六十七条规定："在诉讼中，当事人为达成调解协议或者和解的目的作出妥协所涉及的对案件事实的认可不得在其后的诉讼中作为对其不利的证据。"

所以一般情况下，员工的检讨书是可以作为严重违纪的证据的，但还需其他证据，如他人投诉等形成证据链。另外，如果员工能够证明公司在要求写检讨书时，曾有让其重返工作岗位的承诺，公司不能以员工的检讨书作为解除劳动合同的证据。而很多员工走上司法程序后，之所以败诉，就在于有不利证据落在单位手中。因此，员工在落笔之前应该尽量搞清楚老板请你写保证书或签字的意图，不要为求检讨能够过关而不顾事实乱写一通。

（资料来源：上海劳动法律网）

4.6.3 用人单位违反劳动法的法律责任

1）用人单位承担行政责任的违反劳动法的行为

《劳动法》第八十九条规定：用人单位制定的劳动规章制度违反法律、法规规定的，由劳动行政部门给予警告，责令改正。

《劳动法》第九十条规定：用人单位违反本法规定，延长劳动者工作时间的，由劳动行政部门给予警告，责令改正，并可以处以罚款。

《劳动法》第九十一条规定：用人单位有下列侵害劳动者合法权益情形之一的，由劳动行政部门责令支付劳动者的工资报酬、经济补偿，并可以责令支付赔偿金：

①克扣或者无故拖欠劳动者工资的。

②拒不支付劳动者延长工作时间工资报酬的。

③低于当地最低工资标准支付劳动者工资的。

④解除劳动合同后，未依照本法规定给予劳动者经济补偿的。

《劳动法》第九十二条规定：用人单位的劳动安全设施和劳动卫生条件不符合国家规定或者未向劳动者提供必要的劳动防护用品和劳动保护设施的，由劳动行政部门或者有关部门责令改正，可以处以罚款；情节严重的，提请县级以上人民政府决定责令停产整顿。

《劳动法》第九十四条规定：用人单位非法招用未满 16 周岁的未成年人的，由劳动行政部门责令改正，处以罚款；情节严重的，由工商行政管理部门吊销营业执照。

《劳动法》第九十五条规定：用人单位违反本法对女职工和未成年工的保护规定，侵害其合法权益的，由劳动行政部门责令改正，处以罚款。

《劳动法》第一百条规定：用人单位无故不缴纳社会保险费的，由劳动行政部门责令其限期缴纳；逾期不缴的，可以加收滞纳金。

《劳动合同法》第八十一条，用人单位提供的劳动合同文本未载明本法规定的劳动合同必备条款或者用人单位未将劳动合同文本交付劳动者的，由劳动行政部门责令改正；给劳动者造成损害的，应当承担赔偿责任。

2）用人单位应承担民事责任的违反劳动法的行为

《劳动法》第八十九条规定：用人单位制定的劳动规章制度违反法律、法规规定，并对劳动者造成损害的，应当承担赔偿责任。

《劳动法》第九十七条规定：由于用人单位的原因订立的无效合同，对劳动者造成损害的，应当承担赔偿责任。

《劳动法》第九十八条规定：用人单位违反本法规定的条件解除劳动合同或者故意拖延不订立劳动合同，并对劳动者造成损害的，应当承担赔偿责。

《劳动法》第九十五条规定：用人单位违反本法对女职工和未成年工的保护规定，侵害其合法权益的，并对女职工或者未成年工造成损害的，应当承担赔偿责任。

《劳动合同法》第八十二条规定，用人单位自用工之日起超过一个月不满一年未与劳动者订立书面劳动合同的，应当向劳动者每月支付二倍的工资。用人单位违反本法规定不与劳动者订立无固定期限劳动合同的，自应当订立无固定期限劳动合同之日起向劳动者每月支付二倍的工资。

3）用人单位应承担刑事责任的违反劳动法的行为

《劳动法》第九十二条规定：用人单位的劳动安全设施和劳动卫生条件不符合国家规定或者未向劳动者提供必要的劳动防护用品和劳动保护设施，致使发生重大事故，造成劳动者生命和财产损失的，对责任人员依照刑法有关规定追究刑事责任。

《劳动法》第九十三条规定：用人单位强令劳动者违章冒险作业，发生重大伤亡事故，造成严重后果的，对责任人员依法追究刑事责任。

《劳动法》第九十六条规定：用人单位有下列行为之一，并构成犯罪的，对责任人员依法追究刑事责任：

①以暴力、威胁或者非法限制人身自由的手段强迫劳动的。

②侮辱、体罚、殴打、非法搜查和拘禁劳动者的。

本章小结

本章主要阐述了劳动法的相关概念，劳动法的调整对象、范围和我国劳动法的一般规定。重点介绍了劳动法立法和劳动合同的概念、立法目的和相关规定的法律制度。介绍了劳动合同的内容、劳动者的权利、劳动法涉及的社会保险制度，以及劳动争议仲裁程序，并介绍了违反我国劳动法的相关法律责任。

自测题

一、选择题

1. 用人单位可以代扣劳动者工资的情形有（　　）。

    A. 养老保险费　　　　　　　　B. 工会会费

    C. 希望工程捐款　　　　　　　D. 救灾捐款

2. 休息日安排劳动者工作又不能安排补休的，支付不低于工资的（　　）的工资报酬。

    A.150%　　　　　B.200%　　　　　C.250%　　　　　D.300%

3. 建立劳动关系应当订立（　　）。

    A. 劳务合同　　　　　　　　　B. 劳动合同

    C. 雇佣合同　　　　　　　　　D. 培训合同

4. 社会保险对象是（　　）。

    A. 职工　　　　　　　　　　　B. 职工和农民

    C. 城市居民　　　　　　　　　D. 社会全体人员

5. 国家（　　）用人单位根据本单位实际情况为劳动者建立补充保险。

    A. 规定　　　　　B. 鼓励　　　　　C. 强制　　　　　D. 支持

6. 不得安排哺乳未满（　　）婴儿的女职工延长工作时间和夜班劳动。

　　A.6 个月　　　　　B.12 个月　　　　C.18 个月　　　　D.24 个月

二、判断题

1. 童工就是未成年工。　　　　　　　　　　　　　　　　　　（　　）

2. 按我国《劳动法》的规定，劳动合同只能以书面形式签订。　　（　　）

3. 某企业锅炉坏了，请了厂外两位修理工来修理，并支付了劳动报酬。这两位修理工与企业已形成事实上的劳动关系。　　　　　　　　　　　　　　（　　）

三、简答题

1. 集体合同与劳动合同的主要区别有哪些？

2. 确定最低工资标准应当考虑哪些因素？

3. 劳动争议仲裁管辖制度的主要内容有哪些？

4. 我国劳动者享有哪些方面的权利？

四、实训题

请到当地劳动部门对当前劳动合同签订的状况作一次调研，并写出调研报告。

第5章
消费者权益保护法律制度

【本章导读】

1994 年 1 月 1 日，《消费者权益保护法》正式施行；2013 年 10 月 25 日第十二届全国人大常委会第五次会议审议通过《消费者权益保护法》修正案，并自 2014 年 3 月 15 日起实施。《消费者权益保护法》主要是规范饭店业经营者和服务者的行为，保护饭店业消费者的合法权益、解决消费权益争议的途径以及经营者侵犯消费者权益时应承担的法律责任。2020 年 5 月 28 日，第十三届全国人民代表大会第三次会议通过了《民法典》，并于 2021 年 1 月 1 日起施行。该法对网购电子合同、个人信息保护、产品责任和公共场所安全保障义务责任等作了新的规定，对消费者权益保护具有重要的指导意义。

【关键词汇】

消费者　权益　保护

〖案例导入〗

2019 年 10 月 21 日傍晚，消费者张女士通过一外卖平台在台江区某餐饮店订了一份面食，并在线支付价款 21.5 元。在之后的食用过程中，她发现面汤中有一只死的蟑螂，就立即对食物外包装及剩余食物等进行拍照留存，并与餐饮店进行联系。餐饮店表示同意将餐费退还给张女士，但对张女士提出的因食用不洁食物可能带来的后续赔偿要求，餐饮店不愿进行赔付。于是，张女士向外卖平台进行投诉，平台工作人员表示会与该餐饮店进行协商。10 月 25 日，张女士接到外卖平台来电，回复称餐饮店不愿赔付，平台可向消费者赔付保险金 86 元，最多可在此基础上再增加赔偿 21.5 元，即 107.5 元。张女士对此结果不予认可，于 10 月 25 日以信函形式向福州市消委会进行投诉，要求餐饮店按照《食品安全法》相关规定赔付 800 元。

接到投诉后，福州市消委会介入调查调解。张女士在向工作人员提供食物外包装及剩余食物图片以及平台商家信息、订餐记录、支付凭证等截图后，认为她是在进餐过程中食用了一大半后才发现有蟑螂，虽然餐饮店负责人说带她去医院检查，但虫子吃下去后会有一定的潜伏期，因此要求餐饮店对后续可能产生的身体危害作出赔偿。由于消费者是通过外卖平台订餐，不在店内堂食，当事双方容易就相关证据产生分歧，于是市消委会转变思路，通过消费者手机客户端、外卖平台数据后台等渠道，查询张女士订餐及投诉记录，发现其 2019 年以来在外卖平台订餐约 200 次，投诉记录仅此一次，而该餐饮店在外卖平台系统评价页面上则有多起消费者发现异物的相关留言，因此在综合消费者提供证据以及网络相关数据后，认为消费者反映的情况基本属实，排除恶意投诉可能。之后，市消委会联系该外卖平台相关负责人，要求其在核实相关数据后，督促餐饮店按照《食品安全法》规定，对消费者合理诉求进行赔付。在外卖平台的积极配合下，双方最终达成一致意见，由餐饮店一次性赔偿张女士 800 元，张女士对此结果表示认可。

〖案例分析〗

《消费者权益保护法》第七条规定："消费者在购买、使用商品和接受服务时享有人身、财产安全不受损害的权利。消费者有权要求经营者提供的商品和服务，符合保障人身、财产安全的要求。"第十条规定："消费者享有公平交易的权利。消费者在购买商品或者接受服务时，有权获得质量保障、价格合理、计量正确等公平交易条件，有权拒绝经营者的强制交易行为。"第十一条规定："消费者因购买、使用商品或者接受服务受到人身、财产损害的，享有依法获得赔偿的权利。"第四十条第三款规定："消费者在接受服务时，其合法权益受到损害的，可以向服务者要求赔偿。"《中华人民共和国食品安全法》第三十四条规定："禁止生产经营下列食品、食品添加剂、食品相关产品：……（六）腐败变质、油脂酸败、霉变生虫、污秽不洁、混有异物、掺假掺杂或者感官性状异常的食品、食品添加剂；……"第一百四十八条规定："生产不符合食品安全标准的食品或者经营明知是不符合食品安全标准的食品，消费者除要求赔偿损失外，还可以向生产者或者经营者要求支付价款十倍或者损失三倍的赔偿金；增加赔偿的金额不足一千元的，为一千元。但是，食品的标签、说明书存在不影响食品安全且不会对消费者造成误导的瑕疵的除外。"本案中，消费者通过外卖平台向餐饮店订餐，餐饮店作为餐饮服务提供者理应为消费者提供安全放心的食品，而消费者在食用过程中发现异物，说明餐饮店在食品卫生方面没有尽到安全保障的义务，提供的食品不符合《食品安全法》

及食品安全标准要求，致使消费者合法权益受到损害，因此消费者向餐饮店提出赔偿要求是合理合法的，应当予以支持。

《消费者权益保护法》第四十四条规定："消费者通过网络交易平台购买商品或者接受服务，其合法权益受到损害的，可以向销售者或者服务者要求赔偿。网络交易平台提供者不能提供销售者或者服务者的真实名称、地址和有效联系方式的，消费者也可以向网络交易平台提供者要求赔偿；网络交易平台提供者作出更有利于消费者的承诺的，应当履行承诺。网络交易平台提供者赔偿后，有权向销售者或者服务者追偿。网络交易平台提供者明知或者应知销售者或者服务者利用其平台侵害消费者合法权益，未采取必要措施的，依法与该销售者或者服务者承担连带责任。"本案中，该外卖平台在接到市消委会投诉转办后高度重视，依托大数据技术，主动提供消费者交易及投诉记录，并积极联系餐饮店进行赔付，最终促成此次消费纠纷得到解决，同时也按照平台内部管理规定，对餐饮店进行了相应处罚，切实履行了法律规定的相关义务。

（资料来源：腾讯网，2020-03-11.）

5.1 消费者权益保护法律制度概述

5.1.1 消费者的概念和法律特征

1）消费者的概念

按照《消费者权益保护法》的规定：消费者是指为满足生活需要而购买、使用经营者所提供的商品或者服务的社会成员。

2）消费者的法律特征

①消费主体包括个人和单位。但生活消费的主要对象是公民个人，对公民个人生活消费的保护是消费者权益保护法的保护重点。当然，为生活消费需要而购买消费或接受服务的单位也属于保护的对象。因为单位购买生活资料最后也是由个人使用，所以单位为个人进行生活消费而购买商品和接受服务也属于消费者权益保护法的保护范围。

②消费性质属于生活消费。消费者的生活消费包括两类：一是物质资料的消费，如衣、食、住、行、用等方面的物质消费。二是精神消费，如旅游、文化教育等方面的消费。除农民购买、使用直接用于农业生产的生产资料外，其他的生产性消费不属于消费者权益保护法的调整范围。

③消费客体是商品和服务。"商品"是指与生活消费有关的并通过流通过程推出的那部分商品，不管其是否经过加工制作，也不管其是否为动产或不动产。"服务"是指与生活消费有关的有偿提供的、可供消费者利用的任何种类的服务。但法律禁止的商品和服务不能成为消费客体。

④消费方式包括购买、使用（商品）和接受（服务）。关于商品的消费，即购买

和使用商品，既包括消费者购买商品用于自身的消费，也包括购买商品供他人使用或使用他人购买的商品。关于服务的消费，不仅包括自己付费自己接受服务，而且也包括自己付费他人接受服务、他人付费自己接受服务。

⑤消费对象由经营者提供。经营者是以营利为目的，消费者要获得经营者提供的商品或服务是需要支付报酬的。也就是说，消费者无论是消费商品还是消费服务，都必须要有偿获得商品和有偿接受服务，并运用于生活消费。

5.1.2　经营者的概念和法律特征

1）经营者的概念

根据《消费者权益保护法》的规定：经营者是指向消费者提供其生产、销售的商品或者提供服务的公民、法人和其他经济组织。经营者是以营利为目的的从事生产经营活动并与消费者相对应的另一方当事人。

2）经营者的法律特征

①经营者包括商品的生产者、销售者和服务的提供者，即为消费者提供其生产、销售的商品或者提供服务的人。

②经营者是与消费者相对应的一方当事人，包括合法和不合法的。合法经营的经营者当然接受《消费者权益保护法》对其的规范和调整；非法经营的经营者也要根据《消费者权益保护法》承担其对消费者的侵权责任。

③经营者提供商品或服务以营利为目的。即提供的是有偿服务；如果经营者是无偿提供商品和服务的，即使给消费者造成了损害，也不能适用本法。

④经营者必须依法注册登记成立。实践中，个别单位和个人未经登记注册即从事经营活动，或者持他人营业执照从事生产经营活动，虽然他们不是合法的经营者，由于所提供的商品或服务直接关系到消费者的切身利益，实际上处于消费者相对应的经营者地位。因此，《消费者权益保护法》中规定的经营者也涵盖这些单位和个人。

⑤经营者提供商品或服务包括直接和间接两种形式。经营者向消费者提供商品或者服务，既可以由生产者提供，也可以由销售者提供，还可以通过服务提供。既可以直接面对消费提供商品或服务，也可以通过加盟商、批发商、代理商、零售商等提供商品或服务。

5.1.3　消费者权益保护法的基本原则

消费者权益保护法的基本原则也是国家保护消费者权益的指导思想和根本宗旨。根据《消费者权益保护法》的规定，我国消费者权益保护法的基本原则有：

1）自愿、平等、公平、诚实信用原则

经营者与消费者进行交易时应该遵循的原则，主要是指经营者与消费者法律地位平等，要充分尊重消费者意愿，双方交易要符合等价交换原则，并遵循善意，恪守信用，实事求是，不强买强卖，不恃强凌弱，不哄抬物价，不弄虚作假。

2）国家对消费者特别保护原则

该法特别设立了"国家对消费者合法权益的保护"一章，就保护措施作了明确、具体的规定，在我国目前市场秩序还比较混乱的情况下，消费者客观上处于明显的弱势地位，为了真正实现双方法律地位的平等，国家对消费者的保护显得非常重要。

3）国家保护消费者合法权益不受侵犯原则

国家采取措施，保障消费者依法行使权利，维护消费者的合法权益；国家倡导文明、健康、节约资源和保护环境的消费方式，反对浪费。国家制定保护消费者权益的政策、法律、法规，设立专门的保护消费者权益的组织机构，明确消费者在社会经济生活中，特别是在与生活经营者的关系中所处的特殊法律地位，采取措施，切实保障消费者合法权益，帮助、指导和教育消费者提高自我保护意识，加强对经营者的监督管理，并对合法权益受到损害的消费者提供法律帮助。有关国家机关对实际生活中发生的侵犯消费者权益的行为进行监督、查处。国家司法机关迅速、便捷地解决消费者与经营者之间的消费纠纷。

4）全社会共同保护消费者合法权益原则

即国家保护与社会监督相结合的原则，因为保护消费者权益仅凭国家机关的力量是难以胜任的，必须依靠全社会的力量。国家鼓励、支持一切组织和个人对损害消费者合法权益的行为进行社会监督。消费者协会和其他消费者组织有权对商品和服务进行社会监督。行业协会应当加强行业自律，制定行业规范和行业标准，规范行业行为，督促和引导经营者依法经营，主动听取消费者的意见和建议。大众传播媒介应当做好维护消费者合法权益的宣传，对损害消费者合法权益的行为进行舆论监督。

5.1.4　消费者权益保护法的概述

1）消费者权益保护法的概念

消费者权益保护法是指调整国家机关、经营者、消费者相互之间保护消费者利益而产生的社会关系的法律规范的总和。从中可以看出，消费者权益保护法的调整对象包括以下4类社会关系：一是国家机关和经营者之间的监督管理关系；二是国家机关和消费者之间的指导与被指导、保护与被保护的关系；三是经营者和消费者之间的商品交换关系；四是其他组织和个人对经营者的监督关系。

世界各国都十分重视对消费者权益的立法保护。保护消费者合法权益的法律可以分为广义和狭义两种。狭义的保护消费者合法权益的法律，一般特指《消费者权益保护法》；广义的保护消费者合法权益的法律，通常泛指与保护消费者合法权益有关的法律规范的总称，其内容包括物价、质量、标准、计量、安全、商标、广告以及化工、食品、药物等方面的法律、法规中有关保护消费者合法权利的规定。我们通常所说的消费者权益保护法是狭义上的提法，具体指1993年10月31日由第八届全国人大常委会第四次会议通过并于1994年1月1日起施行的《中华人民共和国消费者权益保护法》。这是我国第一部以保护消费者权益为核心，对消费领域的经济关系进行全面有效调整的法律文件。

该法是我国保护消费者权益方面的基本法、特别法，在法律适用上优于其他法律、法规的规定。即本法与其他法律、法规就同一问题规定不一致时，优先适用本法的规定。

近年来，随着经济社会不断发展，我国消费方式、消费结构和消费理念发生很大变化，在消费者权益保护领域出现了不少新情况、新问题，一些全国人大代表和社会各界陆续提出修改消费者权益保护法的意见和建议，希望着重解决广大人民群众十分关注的突出问题。根据十一届全国人大常委会立法规划和年度立法工作计划，法制工作委员会从 2011 年 10 月着手研究修订工作，完善消费者权益保护制度。2013 年 10 月 25 日第十二届全国人民代表大会常务委员会第五次会议审议通过了《关于修改〈中华人民共和国消费者权益保护法〉的决定》，并自 2014 年 3 月 15 日起施行。

2）消费者权益保护法的立法宗旨

消费者权益保护法作为经济法的部门法，其宗旨与经济法的宗旨在根本上是一致的，即该法的立法目的也是协调个体赢利性和社会公益性的矛盾，兼顾效率与公平，以推动经济的稳定增长，保障社会公共利益和基本人权，从而推动经济与社会的良性运行和协调发展。

此外，《消费者权益保护法》作为一部重要经济法律，它同时也有自己更为直接的、具体的立法宗旨。《消费者权益保护法》开宗明义地规定了该法的立法宗旨是保护消费者的合法权益，维护社会经济秩序，促进社会主义市场经济健康发展。

①保护消费者合法权益。在饭店消费过程中，损害消费者权益的问题还时有发生。例如在饭店消费过程中发生消费者在大堂摔倒或在游泳池中摔伤，就餐发生中毒等损害消费者权益的事件。而消费者权益保护法明确规定了消费者的权利、经营者的义务。国家机关和社会有关方面为保护消费者权益而采取的有效措施，把对消费者权益的维护纳入了有法可依、有法必依、执法必严、违法必究的社会主义法制轨道，使消费者的合法权益切实得到保障。

②维护市场经济秩序。《消费者权益保护法》虽然以保护消费者权益为基本定位，但保护消费者权益的另一方面必然涉及规范经营者的行为。消费者与经营者之间构成最基本的商品交换关系。同时，为拓展市场，拥有更多的消费者，经营者之间又相互竞争。在社会生产、交换和消费等一系列经济活动中，经营者与消费者之间、经营者与经营者之间的行为，直接影响到市场经济秩序。《消费者权益保护法》着重规范经营者和消费者交易时的经营行为，这对维护市场秩序同样具有重要意义。

③促进市场经济健康发展。社会主义市场经济是法制经济，完善消费者权益保护制度，规范经营者交易行为，既是维护社会主义市场经济秩序的需要，也是保护和促进社会主义市场经济健康发展的需要。强化和完善消费者权益保护法律制度，有利于推动经济和社会良性运行和协调发展。

3）消费者权益保护法的适用范围

消费者权益保护法的适用范围是指该效力所及的时间、空间和主体的范围。我国《消费者权益保护法》从生效到废止期间，对于中华人民共和国主权所及的全部领域都是适用的，这是一般的法理。

此外，我国《消费者权益保护法》还从主体及其行为的角度规定了该法的适用范围，即：①消费者为生活消费需要购买、使用商品或者接受服务，其权益受该法保护。②经营者为消费者提供其生产、销售的商品或者提供服务，应当遵守该法。③另外，农民购买、使用直接用于农业生产的生产资料，这种消费本不属于《消费者权益保护法》的调整范围，但在消费者权益保护法立法时考虑到我国目前农业生产规模不发达，生产单位以家庭联产承包为主，不具有规模效益，并且农民在购买、使用农业生产所需生产资料时经常受到假劣农药、种子等的侵害，而其合法权益又很难得到救济，弱势地位不言而喻，因此作为例外情况纳入《消费者权益保护法》保护范围，《消费者权益保护法》规定"参照本法执行"。

5.2　消费者的权利和经营者的义务

5.2.1　消费者的权利

消费者的权利是指消费者依法享有的作为或不作为或者要求别人作为或不作为的一种资格。消费者的权利作为一项基本的人权，是生存权的重要组成部分。我国《消费者权益保障法》明确规定了消费者享有 9 个方面的权利。

1）安全保障权

消费者在购买、使用商品和接受服务时享有人身、财产安全不受侵害的权利。消费者有权要求经营者提供的商品和服务，符合保障人身、财产安全的要求。具体地说，一方面，消费者在购买或使用商品时，产品质量符合国家规定的安全、卫生标准或有安全性保障措施，不致使消费者因产品存在缺陷而受到损害；另一方面，在接受服务时，服务设施、服务用具用品、服务环境、服务活动以及服务中所提供商品符合安全、卫生的要求，不致使消费者遭受到人身伤害或财产损失的威胁。

安全保障权包括人身安全权和财产安全权。为了保障消费者安全保障权的实现，经营者应当做到以下几点：

①提供的商品和服务应当符合保障人身健康和人身、财产安全的国家标准或者行业标准。

②对于暂时没有标准的，应保证符合人身健康、财产安全的要求。

③对可能危及人身健康和安全的商品和服务，要事先向消费者作真实的说明和明确的警示，并标明或者说明正确使用商品或接受服务的方法。

④发现提供的商品或服务有严重缺陷，即使消费者采用正确使用方法仍可能导致危害的，应及时告知消费者，并采取切实可行的防止危害发生的措施。

〖以案说法〗

就餐时财物被盗，顾客如何维权？

陈××某日与家人前往某饭店就餐，将上衣脱下放在座位旁的椅子上。用餐完毕后，陈××突然发现上衣兜内的 3 200 元现金、手机等物品被人盗走，遂要求饭店赔偿。店方则认为，餐厅醒目位置张贴有"请妥善保管好自己的财物，谨防小偷！"字样的大幅标语告示，店方已尽到提醒警示义务，陈××的财物被盗系其自己保管不善造成，店方不应予以赔偿。陈××则认为，店内虽已张贴告示，但未提供存包服务及保安等有效措施，致其财物被盗，理应赔偿。双方协商未果，遂形成纠纷，陈××依据双方达成的仲裁协议向××仲裁委员会申请仲裁，要求饭店赔偿其各项损失共计4 800元。店内张贴警示标语，是否可以对顾客丢失财物免责？

《消费者权益保护法》第七条规定："消费者在购买、使用商品和接受服务时享有人身、财产安全不受损害的权利。"陈××到饭店就餐，与饭店之间构成消费者与经营者之间的关系，饭店对其提供的服务有保证安全的义务，陈××在就餐接受服务时享有财产安全不受损害的权利。《消费者权益保护法》第十八条规定："经营者应当保证其提供的商品或服务符合保障人身、财产安全的要求。对可能危及人身、财产安全的商品和服务，应当向消费者作出真实的说明和明确的警示，并说明和标明正确使用商品或接受服务的方法以及防止危害发生的方法。"本案中，饭店虽已张贴警示标语，提醒顾客注意保管好私人财物，履行了部分义务，但未能提供存包服务或其他有效的保安服务，以防止顾客财物被盗，其在保障顾客财产安全方面存在服务瑕疵，未完全尽到经营者在合理限度范围的安全保障义务，致使陈××财产权受到侵害，应当承担相应的民事责任。同时，陈××对自己的财物照看不周、保管不善，亦有部分责任。《消费者权益保护法》第四十四条规定："经营者提供商品或者服务，造成消费者财产损害的，应当按照消费者的要求，以修理、重作、更换、退货、补足商品数量、退还货款和服务费用或者赔偿损失等方式承担民事责任。"因此，根据双方应当承担的民事责任，陈××可以要求饭店赔偿部分损失，同时自己也应承担部分损失。仲裁庭根据有关法律的规定，裁决店方于三日内赔偿陈××各项损失共计2 100元。

（资料来源：短文学，2016-03-16．）

2）知悉真情权

消费者在购买、使用商品或接受服务时，享有知悉其购买、使用的商品或者接受服务的真实情况的权利。知情权的内容包括：消费者有权根据商品或者服务的不同情况，消费者有权要求经营者提供商品的价格、产地、生产者、用途、性能、规格、等级、主要成分、生产日期、有效期限、检验合格证明、使用方法说明书、售后服务或者服务的内容、规模、费用等有关情况。

也就是说，消费者有权要求经营者按照法律、法规规定的方式标明商品或服务的真实情况；消费者有权询问和了解商品或者服务的有关情况；消费者不仅要知悉商品或服务的情况，更重要的是要知晓其真实情况。

知情权的意义在于，充分了解商品或服务的真实情况，不仅是消费者决定购买商品或接受服务的前提条件，而且也是市场经济条件下应对商品种类繁多、式样不断翻新的需要，还是消费者知情权能否真正实现的关键。

〖以案说法〗

2017年北京某网络科技有限公司，宣传其产品为"国内医用级空气消毒净化器"。经执法人员调查，该产品并非医疗器械产品，没有"医用级"功效。其行为误导了消费者，侵害了消费者的知悉真情权，属虚假宣传行为，违反了《中华人民共和国广告法》的相关规定，工商部门依法责令其停止违法行为，并处罚 10 万元。

（资料来源：长城网，2018-03-15.）

3）自主选择权

自主选择权，即消费者享有自主选择商品或服务的权利。具体地说，消费者享有的自主选择权的主要内容主要体现在以下 4 个方面：

①消费者有权自主选择提供商品或者服务的经营者。

②有权自主选择商品品种或者服务方式。

③有权自主地进行比较、鉴别和挑选。

④有权自主决定购买或不购买任何一种商品、接受或不接受任何一项服务。

经营者采用网络、电视、电话、邮购等方式销售商品，消费者有权自收到商品之日起 7 日内退货，但根据商品性质不宜退货的除外。经营者应当自收到退回货物之日起 7 日内返还消费者支付的价款。

自主选择权具有自愿性和相对性的特点。首先，消费者选择商品或接受服务的行为必须是自愿的，任何违背消费者自由意志并使其作出消费选择的行为都是对消费者自主选择权的侵害。其次，任何消费者自主选择商品或者接受服务的行为，都必须是依照法律、法规的要求，遵守社会公德，不侵害国家、集体、他人合法权益的合法行为。因此，消费者在不违反法律规定并履行必要手续的前提下，可以享有根据自己的意愿购买商品和服务的权利。

〖以案说法〗

2018 年 7 月 21 日，消费者黄先生在重庆万州城区某品牌汽车 4S 店按揭购买了一台汽车。在付完首付签完合同后，该店销售人员要求黄先生必须在本店购买保险，并要求他支付续保保证金 2 000 元。销售人员称续保保证金是为了防止车主在还款期内不购买保险，消费者还清购车贷款后可凭车贷证明退还保证金。黄先生要求自主选择保险公司及险种，与商家协调无果，遂投诉至万州区消委会。

处理结果：接到投诉后万州区消委会指出，消费者在是否购买车辆保险时，享有自主选择的权利，享有选择购买或者不购买、选择在哪家保险公司购买保险的权利，有权拒绝经营者的强制销售保险的交易行为。后经调解，该 4S 店认识到了存在的过错，按照合同约定给消费者提供车辆，不再添加其他附加条件。

（资料来源：精品万州，2019-03-18.）

4）公平交易权

公平交易权，即消费者在与经营者交易中享有公平交易的权利。具体体现在：

①消费者在购买商品或接受服务时，有权获得质量保障、价格合理、计量正确等公平交易条件。

②交易双方要以诚相待，交易符合平等、自愿、公平、等价有偿、诚实信用等市场交易的基本原则。交易的结果，一方面能够使消费者的预期目的能够实现，且物有所值，付出的费用和得到的产品质量、服务质量相匹配；另一方面，经营者的交易目的也能够

得以实现。

③有权拒绝经营者的强制性交易行为或歧视性交易行为。

④经营者与消费者签订合同时应遵循市场交易的基本原则，旅游者有权享受合同约定的服务。

5）损害赔偿请求权

依法求偿权，即消费者因购买、使用商品或者接受服务时受到人身、财产损害的，享有依法获得赔偿的权利。

享有求偿权的主体是因为购买、使用商品或接受服务而受到人身、财产损害的人，即受害人，它具体包括商品购买者、商品使用者、接受服务者和第三人。求偿权的范围包括人身损害、财产损害和精神损害3个方面。其中，人身损害既包括消费者的生命健康权，也包括消费者的其他人格权。财产损害是指消费者在财产上遭受的损失，包括直接损失和间接损失。精神损害是指消费者因人身伤害或其他权利受到损害而造成的精神痛苦，经营者还应根据不同情况予以赔偿。

求偿权的实现方式：对消费者因人身、财产损失而获得的经济赔偿，是赔偿最基本、最常见的方式。此外，还包括恢复原状、赔礼道歉、重做、更换、消除影响、恢复名誉等民事责任的承担方式。

求偿权的限制：通常消费者只因购买、使用商品或接受服务而受到人身、财产的损害，就可依法获得赔偿，并不需要商品生产者、销售者、服务的提供者具有过错。但如果是受害者自己的过错造成的损害，则商品的生产者、销售者、服务的提供者不承担责任。

求偿权实现的基础：一是法律的保护，即消费者的人身、财产权利不受非法侵害。二是合同的约定，即消费者和经营者之间的约定。

6）依法结社权

消费者享有依法成立维护自身合法权益的社会组织的权利。它是《消费者权益保护法》根据《中华人民共和国宪法》规定的公民享有结社的基本权利而赋予消费者实现自我保护的一项权利。消费者协会和其他消费者组织就是维护消费者自身合法权益的社会团体。

消费者行使结社权的必要性在于：首先，它是宪法规定公民享有结社权的具体化。其次，它是消费者组织起来共同维护自身权利的需要。在消费领域，虽然消费者和经营者法律地位平等，但现实的经济地位却并不一定平等，分散的消费者在议价力量、承受能力等方面，与拥有雄厚经济实力的经营者相抗衡是有差距的，客观上需要消费者自身组织起来，一定程度上去改变自身的不利地位。最后，它也体现了国家鼓励全社会共同保护消费者合法权益的精神。

消费者维护自身合法权益的社团会组织，可以组织消费者形成对商品和服务的广泛社会监督，通过调解、仲裁等方式解决消费纠纷，促使一些侵害消费者权益的行为得到及时惩罚，架起政府与消费者之间沟通交流的桥梁，指导消费者的消费行为，提高消费者的自我保护意识。

7）获得知识权

消费者享有获得有关消费和消费者权益保护方面的知识的权利。获得有关知识权是行使知情权、自主选择权等权利的重要保障。一方面，要获得有关消费方面知识的权利。最基本的包括有关消费态度的知识、有关商品和服务的基本知识和有关市场的基本知识等。另一方面，要获得有关消费者权益保护方面的法律、法规、政策、保护机构、争议的解决等方面的知识。消费者在消费过程中，应当努力掌握所需商品或者服务的知识和使用技能，正确使用商品，提高防范和自我保护意识。

8）获得尊重权

消费者在购买、使用商品和接受服务时，享有人格尊严、民族风俗习惯得到尊重的权利，享有个人信息依法得到保护的权利。

第一，人格尊严受到尊重的权利。人格尊严权是人身权的重要组成部分，是公民最起码的权利。人格尊严是指人的自尊心和自爱心，它包括生命健康权、姓名权、荣誉权、肖像权等，是消费者在消费过程中享有的名誉和尊严不受侵犯的一种民事权利，禁止非法搜查、检查、侮辱、诽谤。

第二，民族风俗习惯受到尊重的权利。我国是一个多民族的国家，各民族在饮食、服饰、婚丧、起居、礼节、禁忌等方面都有所不同，经营者应当自觉尊重少数民族风俗习惯，贯彻执行党和国家的民族政策，维护国家和民族的团结。

第三，个人信息受到保护的权利。经营者若在消费中获得消费者的姓名、性别、年龄、职业、联系方式、健康状况、财产状况、消费记录等与消费者个人及其家庭密切相关的信息，不能泄露给任何第三方，并对由此而造成的损害承担法律责任。

〖法规速递〗

《民法典》规定，自然人享有隐私权。任何组织或者个人不得以刺探、侵扰、泄露、公开等方式侵害他人的隐私权。其中个人信息就属于消费者的私密信息受到法律保护。信息处理者不得泄露或者篡改其收集、储存的个人信息；未经自然人同意，不得向他人非法提供其个人信息，但是经过加工无法识别特定个人且不能复原的除外。

信息处理者应当采取技术措施和其他必要措施，确保其收集、存储的个人信息安全，防止信息泄露、篡改、丢失；发生或者可能发生个人信息泄露、篡改、丢失的，应当及时采取补救措施，按照规定告知自然人并向有关主管部门报告。

9）监督批评权

消费者享有对商品和服务以及保护消费者权益工作进行监督的权利。消费者有权检举、控告侵害消费者权益的行为和国家机关及其工作人员在保护消费者权益工作中的违法失职行为，有权对保护消费者权益工作提出批评、建议。消费者的监督权可以归纳为检举权、控告权、批评权和建议权4种权利。

其内容主要包括以下几方面：
①有权对商品和服务的质量、价格、计量等进行监督。
②有权对经营者的经营态度、服务作风进行监督。
③有权对保护消费者权益工作进行监督。

④有权对侵害消费者权益的行为和国家机关及其工作人员在保护消费者权益工作中的违法失职行为进行检举、控告；对经营者的侵权行为，有权通过大众传播媒介进行曝光和批评。

必须说明的是，消费者在依法享有权利时，必须遵守国家法律、政策和社会公德原则；不得损害国家利益、集体利益和他人合法权益的原则；坚持权利和义务相一致的原则。

5.2.2 经营者的义务

消费者权利的实现在很大程度上依赖于经营者义务的履行。为此，《消费者权益保护法》在规定消费者权利的同时，也规定了经营者的义务，目的就是更好地保护消费者的权利，也要求经营者本着对消费者负责，坚持公平、诚实信用、文明服务的原则从事经营活动，遵守职业道德，努力提高服务质量。

经营者的义务是指经营者在经营活动过程中依法为一定行为或不为一定行为的一种责任。根据《消费者权益保护法》的规定，经营者必须承担下列义务：

1）履行法定或约定的义务

经营者向消费者提供商品或服务时，应当依照法律的规定履行自身承担的义务。经营者和消费者有约定的，应当按照约定履行义务；但双方的约定不得违背法律、法规的规定或者侵害国家、社会公共利益。经营者向消费者提供商品或者服务，应当恪守社会公德，诚信经营，保障消费者的合法权益；不得设定不公平、不合理的交易条件，不得强制交易。

〖法规速递〗

《民法典》规定，通过互联网等信息网络订立的电子合同的标的为交付商品并采用快递物流方式交付的，收货人的签收时间为交付时间。电子合同的标的为提供服务的，生成的电子凭证或者实物凭证中载明的时间为提供服务时间；前述凭证没有载明时间或者载明时间与实际提供服务时间不一致的，以实际提供服务的时间为准。电子合同的标的物为采用在线传输方式交付的，合同标的物进入对方当事人指定的特定系统且能够检索识别的时间为交付时间。电子合同当事人对交付商品或者提供服务的方式、时间另有约定的，按照其约定。

2）听取意见和接受监督的义务

经营者应当尊重消费者的权益，要通过有效途径和方式听取消费者对其提供的商品或者服务的意见，接受消费者的监督。诸如设立专门的机构、配置专门的工作人员，收集、听取消费者的批评和建议，与消费者进行对话等有效的沟通等，把对消费者提供的商品或服务活动置于消费者有效监督之下。此义务与消费者监督权相对应，这样才有利于经营者在竞争中提高产品质量，改进服务方式，扩大经营信誉和影响。

3）保障消费者人身财产安全和召回缺陷商品的义务

经营者应当保证其提供的商品或者服务符合保障消费者人身和财产安全的要求。为了保障消费者安全权的实现，经营者应当做到：

①提供的商品或服务应当符合国家标准或行业标准。

②提供的商品或服务按指定用途或通常可能预见到的用途方面应当安全可靠。

③对可能危及人身、财产安全的商品和服务，应当向消费者作出真实的说明和明确的警示，并说明和标明正确使用商品或者接受服务的方法以及防止危害发生的方法。

④宾馆、商场、餐馆、银行、机场、车站、港口、影剧院等经营场所的经营者，未尽到安全保障义务，造成消费者或者其他受害人损害的，应当承担侵权责任。

〖法规速递〗

《民法典》规定，经营者发现其提供的商品或者服务存在缺陷，有危及人身、财产安全危险的，应当立即向有关行政部门报告和告知消费者，并及时采取停止销售、警示、召回、无害化处理、销毁、停止生产或者服务等消除危险的措施。

采取召回措施的，经营者应当承担消费者因商品被召回支出的必要费用。宾馆、商场、银行、车站、机场、体育场馆、娱乐场所等经营场所、公共场所的经营者、管理者或者群众性活动的组织者，未尽到安全保障义务，造成他人损害的，应当承担侵权责任。

〖以案说法〗

周女士和朋友一起到某饭店聚餐，在饭后去厕所时，摔倒在厕所门口，被诊断为大腿粉碎性骨折。意外发生后，周女士向饭店追究责任，但饭店对此拒不负责，以该厕所不属于饭店经营范围，是其租赁大楼管理方的管辖范围为由推诿责任。周女士最终将饭店告上法庭。法院审理后决定追加大楼管理方为第二被告，法院认为，虽然饭店与大楼管理方的租赁合同范围并未包括该厕所，但根据厕所的位置及使用常理等依据，认定饭店就是厕所的实际管理使用人，最终判决饭店承担赔偿责任。

《消费者权益保护法》第七条规定：消费者在购买、使用商品和接受服务时享有人身、财产安全不受损害的权利。同时《消费者权益保护法》第十一条规定：消费者因购买、使用商品或者接受服务受到人身、财产损害的，享有依法获得赔偿的权利。

《消费者权益保护法》第十八条第二款规定：宾馆、商场、餐馆、银行、机场、车站、港口、影剧院等经营场所的经营者，应当对消费者尽到安全保障义务。依据此条规定，针对案例所述情况，只要消费者的损害发生在消费期间、场所，即应由经营者承担赔偿责任，除非经营者能证明自己无过错，或者损害是由消费者自身的原因所致。

此外，很多经营场所标注的诸如"贵重物品，自行保管，如有遗失，概不负责"等类似的警示语，也不符合新《消费者权益保护法》的此条规定，不能免除其应承担的相关责任，消费者如果人身财产受到损害，可依法向经营者主张赔偿。

（资料来源：安徽315，2014-07-03.）

4）提供真实信息的义务

经营者应当向消费者提供有关商品或者服务的质量、性能、用途、有效期限等信息，不得作虚假或者引人误解的宣传。采用网络、电视、电话、邮购等方式提供商品或者服务的经营者，以及提供证券、保险、银行等金融服务的经营者，应当向消费者提供经营地址、联系方式、商品或者服务的数量和质量、价款或者费用、履行期限和方式、安全注意事项和风险警示、售后服务、民事责任等真实、必要的信息。经营者对消费者就其提供的商品或者服务的质量和使用方法等问题提出的询问，应当作出真实、明确的答复。

经营者提供商品或者服务应当明码标价。这条义务与消费者享有的知情权相对应。

〖以案说法〗

2018年6月，消费者刘先生在天猫某旗舰店花29.9元购买了一件正在做"仅此一天"促销活动的壁饰，事后发现该壁饰的宣传页面连续数天使用了"仅此一天"的宣传用语，于是刘先生向赣州经济技术开发区12315中心投诉。

赣州经济技术开发区消费者协会接到投诉后，立即派出工作人员对此事进行了调查。调查发现，发现该网店不仅连续使用"仅此一天"的促销宣传用语，且同一规格产品的促销价与平时售价相同。消协工作人员认为：礼品公司负有提供真实、全面，不得作虚假或者引人误解的宣传的义务；而消费者享有知悉所购商品的真实情况的权利。礼品公司的上述行为，属于典型的消费欺诈行为，侵犯了消费者的知情权，违背了诚信原则，误导了消费者的购买意向，扰乱了正常的市场秩序，消费者在不知情或仅部分知情的情况下购买了该产品，故消费者要求退款，属合理要求，应当予以支持。经说服教育，礼品公司认识到了自己的错误，同意退还并补偿刘先生500元货款，并向消费者赔礼道歉，作出整改。

《消费者权益保护法》第二十条规定："经营者应当向消费者提供有关商品或者服务的真实信息，不得作引人误解的虚假宣传"。第二十条第三款规定："经营者提供商品或者服务应当明码标价"。本案中，礼品公司销售商品时，故意隐瞒商品实际价格，没有尽到提供商品真实信息的法定义务，从而误导消费者购买了该商品，礼品公司的以上行为侵犯了消费者的"知情权"，即：《中华人民共和国消费者权益保护法》第八条所规定的"消费者享有知悉其所购买、使用的商品或者接受的服务的真实情况的权利"。

礼品公司应尽而未尽到以上法定义务，侵害了消费者的法定权利，根据《消费者权益保护法》第五十五条第一款："经营者提供商品或者服务有欺诈行为的，应当按照消费者的要求增加赔偿其受到的损失，增加赔偿的金额为消费者购买商品的价款或者接受服务的费用的三倍；增加赔偿的金额不足五百元的，为五百元"的规定，消费者要求将商品退回礼品公司并要求赔偿款项的诉求，是完全正当合理的。

（资料来源：赣州经济开发区网，2018-09-11.）

5）标明真实名称和标记的义务

经营者应当标明其真实名称和标记，租赁他人柜台或者场地的经营者，也应当标明其真实名称和标记。经营者只能使用自己真实的企业名称或营业标记，不得使用未经核准登记的企业名称；不准擅自改动、使用经核准登记的企业名称；不准假冒他人企业名称或营业标记登记；不准仿冒或使用他人企业的名称或营业标记相似、足以造成消费者误认的企业名称或营业标记。

6）出具凭证和单据的义务

经营者提供商品或者服务，应当按照国家有关规定或者商业惯例向消费者出具购货凭证或者服务单据；消费者索要购货凭证或者服务单据的，经营者必须出具。

7）保证质量的义务

经营者应当保证在正常使用商品或者接受服务的情况下，提供的商品或者服务应当具有的质量、性能、用途和有效期限；但是消费者在购买该商品或者接受该服务前已经知道其存在瑕疵、且存在该瑕疵不违反法律强制性规定的除外。经营者以广告、产品说明、实物样品或者其他方式表明商品或者服务的质量状况的，应当保证其提供的商品或者服务的实际质量与表明的质量状况相符。经营者提供的机动车、计算机、电视机、电冰箱、空调器、洗衣机等耐用商品或者装饰装修等服务，消费者自接受商品或者服务之日起六个月内发现瑕疵，发生争议的，由经营者承担有关瑕疵的举证责任。这条义务与消费者享有的公平交易权相对应。

〖以案说法〗

2017年9月23日，羊某某到鼎尚酒行购买了10箱"洋河蓝色经典·天之蓝"白酒，并支付酒款15 000元；鼎尚酒行出具收据载明时间、数量、价格、保真等内容。2017年9月25日，羊某某向射阳县消费者协会书面投诉，白酒有渗漏，饮用后头疼，夜里呕吐，要求假一罚十。2017年9月26日，射阳县市场监督管理局暂扣案涉白酒，并送检，江苏洋河酒厂股份有限公司作出鉴定结论：属假冒产品。后羊某某与鼎尚酒行就赔偿事宜发生纠纷，羊某某诉至法院要求退一赔三，诉讼中鼎尚酒行主张白酒被调包，羊某某所持假冒白酒并非从鼎尚酒行购买。其不应当承担损害赔偿责任。法院认为，鼎尚酒行对其销售的白酒属于质量合格产品负有举证责任，鼎尚酒行未能举证证明应承担举证不能的法律后果。鼎尚酒行未能提供充分证据证实其出售的白酒是质量合格产品、符合其出售时承诺"包真"情形的事实。现有陈述及证据足以认定鼎尚酒行在提供白酒时有欺诈行为，故判决射阳经济开发区鼎尚酒行向羊某某退还货款15 000元并赔偿损失45 000元，合计60 000元。

法官认为，经营者在发生产品质量或者侵权责任纠纷时，应当如何分配举证责任至关重要。消费者取得商品到发现商品存在质量问题之间必然存在一定的时间间隔，如果销售者主张，消费者应当举证证明其主张存在质量问题的商品与销售的商品应为同一商品，则无疑会使得消费者承担过重的证明责任。因此，为了贯彻消费者保护的基本理念，在诉讼中的举证责任分配不能过于机械。在消费者已经提交了曾在销售者处购买过涉案商品的初步证据后，应由销售者通过提交购买记录、电子识别码等证明其销售的商品并非消费者主张权利的商品，并提供从正规渠道进货的进货单等证明其已向消费者交付合格商品。本案中，2017年9月23日羊某某在酒行购买白酒，后羊某某发现并经鉴定所购为假酒，鼎尚酒行应当承担其向消费者交付的系合格商品的举证责任。因鼎尚酒行不能提交充分证据予以证明，法院判令其向羊某某退一赔三是正确的。

（资料来源：搜狐网，2019-03-14.）

8）履行"三包"和其他责任的义务

经营者提供商品或者服务不符合质量要求的，消费者可以依照国家规定和当事人约定退货，或者要求经营者履行更换、修理等义务。没有国家规定和当事人约定的，消费者可以自收到商品之日起7日内退货；7日后符合《中华人民共和国合同法》规定的解除合同条件的，消费者可以及时退货，不符合法定解除合同条件的，可以要求经营者履行更换、修理等义务。

依照前款规定进行退货、更换、修理的，经营者应当承担运输等必要费用。

经营者采用网络、电视、电话、邮购等方式销售商品，消费者有权自收到商品之日起七日内退货，且无须说明理由，但下列商品除外：①消费者定做的；②鲜活易腐的；③在线下载或者消费者拆封的音像制品、计算机软件等数字化商品；④交付的报纸、期刊。除前款所列商品外，其他根据商品性质并经消费者在购买时确认不宜退货的商品，不适用无理由退货。但消费者退货的商品应当完好。经营者应当自收到退回商品之日起七日内返还消费者支付的商品价款。退回商品的运费由消费者承担；经营者和消费者另有约定的，按照约定。

9）保证交易公平合理的义务

经营者在经营活动中使用格式条款的，应当以显著方式提请消费者注意商品或者服务的数量和质量、价款或者费用、履行期限和方式、安全注意事项和风险警示、售后服务、民事责任等与消费者有重大利害关系的内容，并按照消费者的要求予以说明。

经营者不得以格式条款、通知、声明、店堂告示等方式，作出排除或者限制消费者权利，减轻或者免除经营者责任，加重消费者责任等对消费者不公平、不合理的规定，不得利用格式条款并借助技术手段强制交易。

格式条款、通知、声明、店堂告示等含有前款所列内容的，其内容无效。如果经营者在这些格式合同、通知、声明、店堂告示中含有对消费者不公平、不合理规定内容，或减轻、免除其民事责任的内容，这些内容被视为无效。

10）尊重消费者人身权利的义务

经营者应当尊重消费者的人格尊严、民族风俗习惯，不得对消费者进行侮辱、诽谤，不得搜查消费者的身体及其携带的物品，不得侵犯消费者的人身自由。在消费活动中，经营者及其工作人员不得贬低消费者的人格，不得对有经济实力的消费者服务周到，对消费能力偏低的消费者冷漠对待。

〖以案说法〗

方小姐到北京某大型超市购物，出来后被超市保安以偷窃为名强行拖回。保安用语言侮辱方小姐，并要强行搜身，后经民警核实，方小姐并未偷东西。然而，方小姐的精神受到严重伤害，除了母亲梅女士外不敢接触任何人，被家人送到精神病院住院治疗，花费巨大。

梅女士作为方小姐的监护人起诉超市，要求超市对已经发生的费用作出赔偿。经鉴定，方小姐的精神病与超市的搜身有因果关系。经法院调解，梅女士与超市达成调解，超市向方小姐支付包括精神抚慰金在内的各项赔偿金共计 90 万元人民币。

超市工作人员侮辱诽谤、搜查身体、侵犯方小姐人身自由的行为严重侵害了方小姐作为消费者的人身权益，对其造成了严重的精神损害。方小姐根据《消费者权益保护法》第四十九条的规定要求赔偿医疗费、护理费、交通费等为治疗和康复支出的合理费用，以及因误工减少的收入；造成残疾的，还应当赔偿残疾生活辅助具费和残疾赔偿金。同时，方小姐还可以根据《中华人民共和国消费者权益保护法》第五十一条的规定要求精神损害赔偿。超市的工作人员是履行超市的职务行为致使方小姐受到伤害的，应由超市承担民事赔偿责任。

（资料来源：腾讯网，2018-03-15.）

11）保护消费者个人信息的义务

《消费者权益保护法》规定，经营者收集、使用消费者个人信息，应当遵循合法、正当、必要的原则，明示收集、使用信息的目的、方式和范围，并经被消费者同意。经营者收集、使用消费者个人信息，应当公开其收集、使用规则，不得违反法律、法规的规定和双方的约定收集、使用信息。

经营者及其工作人员对收集的消费者个人信息必须严格保密，不得泄露、出售或者非法向他人提供。经营者应当采取技术措施和其他必要措施，确保信息安全，防止消费者个人信息泄露、丢失。在发生或者可能发生信息泄露、丢失的情况时，应当立即采取补救措施。经营者未经消费者同意或者请求，或者消费者明确表示拒绝的，不得向其发送商业性电子信息。

实践中有的经营者非法收集、使用消费者的个人信息，擅自泄露或者非法向他人提供消费者个人信息，严重影响消费者正常生活，侵害消费者的合法权益。各方面普遍要求在本法中增加保护消费者个人信息的规定。《消费者权益保护法》修正案明确规定：第一，消费者在购买、使用商品和接受服务时，享有姓名权、肖像权、隐私权等个人信息得到保护的权利。第二，经营者收集、使用消费者个人信息，应当遵循合法、正当、必要的原则，明示收集、使用信息的目的、方式和范围，并经被收集者同意。第三，经营者及其工作人员对收集的消费者个人信息必须严格保密，并应当采取技术措施和其他必要措施，确保信息安全。第四，经营者未经消费者同意或者请求，或者消费者明确表示拒绝的，不得向其发送商业性电子信息。上述规定，与十一届全国人大常委会第三十次会议通过的《全国人民代表大会常务委员会关于加强网络信息保护的决定》的有关规定是一致的。

〔法规速递〕

《民法典》规定，自然人的个人信息受法律保护。个人信息是以电子或者其他方式记录的能够单独或者与其他信息结合识别特定自然人的各种信息，包括自然人的姓名、出生日期、身份证件号码、生物识别信息、住址、电话号码、电子邮箱、健康信息、行踪信息等。个人信息中的私密信息，适用有关隐私权的规定；没有规定的，适用有关个人信息保护的规定。

个人信息的处理包括个人信息的收集、存储、使用、加工、传输、提供、公开等。处理个人信息的，应当遵循合法、正当、必要原则，不得过度处理，并符合下列条件：①征得该自然人或者其监护人同意，但是法律、行政法规另有规定的除外；②公开处理信息的规则；③明示处理信息的目的、方式和范围；④不违反法律、行政法规的规定和双方的约定。

自然人可以依法向信息处理者查阅或者复制其个人信息；发现信息有错误的，有权提出异议并请求及时采取更正等必要措施。自然人发现信息处理者违反法律、行政法规的规定或者双方的约定处理其个人信息的，有权请求信息处理者及时删除。

国家机关、承担行政职能的法定机构及其工作人员对于履行职责过程中知悉的自然人的隐私和个人信息，应当予以保密，不得泄露或者向他人非法提供。

【以案说法】

2019年6月27日，消费者郑女士、张女士和卢女士投诉称，去年6月22日，福州某物业服务有限公司工作人员郑某在小区物业管理过程中，将工作中收集的郑女士、张女士、卢女士的姓名、房号、家庭关系等涉及业主个人的信息擅自公布在小区物业服务微信群里，且在没有提供相关证据的情况下，指称投诉人在组织业主修理电梯过程中侵占小区公共资金。

接到投诉后，福清市消委会介入调查调解。经了解，郑女士、张女士和卢女士反映的情况基本属实。

物业公司负责人承认，公司管理不善，导致工作人员泄露业主个人信息，且其言语不当侵害业主人格尊严。该负责人表示可以其个人名义私下向消费者赔礼道歉，并承诺不再发生类似的违法行为，同时答应在小区物业服务微信群内发布致歉短信。然而，物业公司负责人事后并未履行承诺，福清市消委会建议消费者通过法律途径维护自身合法权益。

市消委会负责人表示，本案中，郑女士、张女士和卢女士作为小区业主与物业公司在物业服务过程中形成合同关系。郑某作为物业公司管理人员，在未事先征得业主同意的情况下，擅自将郑女士、张女士、卢女士的个人信息在微信群内进行公布，涉嫌侵害消费者个人信息依法得到保护的权利，物业公司理应为此承担相关的侵权责任。同时，郑某在没有提供相关证据的情况下，在微信群中声称投诉人在组织业主修理电梯的过程中侵占公共资金，对投诉人造成严重的精神伤害，侵害了投诉人的人格尊严。因此郑女士、张女士和卢女士要求物业公司停止侵害、恢复名誉、消除影响、赔礼道歉的诉求应当予以支持。

(资料来源：网易福建，2020-03-11.)

5.3 消费者权益的保护

5.3.1 国家对消费者合法权益的保护措施

《消费者权益保护法》规定：国家保护消费者的合法权益不受侵害。国家采取措施，保障消费者依法行使权利，维护消费者的合法权益。

1）立法保护

完善的法律、法规体系，是国家保护消费者合法权益的基础和依据。国家通过制定有关保护消费者合法权益方面的法律、法规、规章和强制性标准，促使人们自觉遵守，从而有效地防止侵犯消费者权益行为的发生。国家制定有关消费者权益的法律、法规、规章和强制性标准，应当听取消费者和消费者协会等组织的意见。

我国现在的有关消费者权益保护的法律、法规主要有《民法典》《消费者权益保护法》《反不正当竞争法》《零售商促销行为管理办法》等。

2）行政保护

各级人民政府应当加强领导、组织、协调、监督有关行政部门做好保护消费者合法权益的工作，落实保护消费者合法权益的职责。各级人民政府应当加强监督，预防危害消费者人身、财产安全行为的发生，及时制止危害消费者人身、财产安全的行为。

各级市场监督管理部门和其他有关行政部门应当依照法律、法规的规定，在各自的职责范围内，采取措施，保护消费者的合法权益。有关行政部门应当听取消费者及其消费者协会等社会组织对经营者交易行为、商品或者服务质量问题的意见，及时调查处理。

有关行政部门在各自的职责范围内，应当定期或不定期对经营者提供的商品和服务进行抽查检验，并及时向社会公布抽查检验结果。有关行政部门抽查检验发现并认定经营者提供的商品和服务存在缺陷，有危及人身、财产安全危险的，应当立即责令经营者采取停止销售、警示、召回、无害化处理、销毁、停止生产或者服务等措施。

3）司法保护

公安机关、检察机关等有关国家机关应当依照法律、法规的规定，惩处经营者在提供商品和服务中侵害消费者合法权益的违法犯罪行为。消费者对于损害其合法权益的经营者，可以向人民法院提起诉讼，要求人民法院判决经营者承担法律责任。人民法院应当采取措施，方便消费者提起诉讼，对符合《中华人民共和国民事诉讼法》起诉条件的消费者权益争议，必须受理、及时审理。如果经营者侵害消费者合法权益的行为情节严重，构成犯罪的，人民检察院可以对经营者提起公诉。

5.3.2　消费者组织

1）消费者协会的概念

消费者协会是国家按照《消费者权益保护法》设立的、对商品和服务进行社会监督的、保护消费者合法权益的、具有公共事务管理职能的社会组织。

2）消费者协会的性质

消费者协会是非营利性的社会团体，不具有经营、营利的职能，不得从事商品经营和营利性服务，不得以收取费用或者其他牟取利益的方式向消费者推荐商品和服务。

3）消费者协会的职能

①信息咨询，提升能力。向消费者提供消费信息和咨询服务，引导文明健康、节约资源和保护环境的合理消费，提高消费者维护自身合法权益的能力。

②参与制定，法规标准。参与制定有关消费者权益的法律、法规、规章和强制性标准。

③参与监督，检查评议。参与有关行政部门对商品和服务的监督、检查，对商品和服务进行比较试验和调查评议。

④反映查询，提出建议。就有关消费者合法权益的问题，向有关部门反映、查询，

提出建议。

⑤受理投诉，调查调解。受理消费者的投诉，并对投诉事项进行调查、调解。

⑥质量问题，提请鉴定。投诉事项涉及商品和服务质量问题的，可以委托具备资格的鉴定人鉴定，鉴定人应当告知鉴定意见。

⑦支持消费者，提起诉讼。就损害消费者合法权益的行为，支持受损害的消费者提起诉讼或者依照本法提起诉讼。

⑧依托媒体，揭露曝光。对损害消费者合法权益的行为，通过大众传播媒介予以揭露、批评。

⑨法律、法规规定的其他职能。

消费者协会应当认真履行保护消费者合法权益的职责，听取消费者的意见和建议，接受社会监督。依法成立的其他消费者组织依照法律、法规及其章程的规定，开展保护消费者合法权益的活动。消费者组织不得从事商品经营和营利性服务，不得以收取费用或者其他牟取利益的方式向消费者推荐商品和服务。各级人民政府对消费者协会履行职责应当予以必要的经费等支持。

〖知识链接〗

中国消费者协会对哪些投诉不予受理：

①经营者之间购、销活动方面的纠纷；

②消费者个人私下交易纠纷；

③商品超过规定保修期和保证期；

④商品标明是"处理品"的（没有真实说明处理原因的除外）；

⑤未按商品使用说明安装、使用、保管、自行拆动而导致商品损坏或人身危害的；

⑥被投诉方不明确的；

⑦争议双方曾达成调解协议并已执行，而且没有新情况，新理由的；

⑧法院、仲裁机构或有关行政部门已受理调查和处理的；

⑨不符合国家法律、法规有关规定的。

（资料来源：大律师网，2018-11-19.）

5.4 消费者争议的解决及其法律责任

5.4.1 消费者争议的解决

1）消费者争议的含义及其特征

消费者争议，也称消费者纠纷，是指消费者与经营者在购买、使用商品或接受服务的过程中，双方基于消费者权益有关的权利义务发生的纠纷。

消费者争议具有以下法律特征：

①消费者争议具有民事纠纷的性质。既有侵权争议，又有合同争议。

②消费者争议具有多性、群性、复杂性。消费者争议频发已成为社会现实问题。同

一批次或同一类型的商品或服务出现问题，往往引起大量的具有相同性质的消费纠纷，呈现出"群性"。另外，由于消费者纠纷具体情况不同，不同消费者对处理结果心理预期不同，选择解决途径也不同，这就决定了其复杂性。

③双方实力、地位实质不平等。纠纷解决的主动权在于消费者，然而消费者和经营者处理纠纷的能力不平等，比如一些跨国公司，实力雄厚，可以调动大量的人力、物力来应对消费者争议，它处理一个单独的消费者争议事件要着眼于全国，甚至世界，要顾及其他国家或地区以及以后类似事件的处理的相互参照。

④起因于消费者权益受到侵害或对权益认识的不同。

2）消费者争议的解决途径

消费者与经营者之间的权益争议，从法律性质上看，属于民事权益争议的范畴。《消费者权益保护法》规定：消费者和经营者发生消费者权益争议的，可以通过下列途径来解决：

（1）与经营者协商和解

协商是指争议的双方当事人依据事实，在平等的基础上互谅互让，使纠纷得到自行解决。当事人协商解决争议应当遵循以下原则：首先，遵循自愿原则。当事人受自己的意愿支配而进行的协商，并非在受到胁迫的情况下不得已而为之。其次，遵循地位平等原则。当事人双方必须在法律地位平等的基础上进行协商。最后，依法协商原则。当事人的协商，也是有依据的，其依据就是有关法律、法规的规定。通过协商达成的解决方案，只有在合法的情况下才能得到法律的保护。

（2）请求消费者协会或者依法成立的其他调解组织调解

调解是指在消费者协会或依法成立的其他调解组织的主持下，发生争议的消费者和经营者双方互相协商、互谅互让，依法自愿达到协议，使纠纷得以解决的一种活动。当事人通过调解解决争议，必须遵循以下原则：首先，遵循自愿原则。包括自愿接受调解、自愿接受调解方案以及自愿选择参与调解的第三方。其次，遵循合法原则。调解必须以现行有效的法律、法规为依据。调解人应当依法调解，不能久调不决。任何违反法律、法规的调解协议，即使是出于双方当事人自愿，也是无效的。最后，遵循公正原则。作为调解人，应当站在完全公正的立场上进行调解，应当保证当事人利益的均衡，不得偏袒任何一方，作出不公正的调解。调解解决争议，对于公平地解决消费者争议、维持争议双方的良好关系，不失为一个较好的选择。但是调解并非解决消费者争议的必经程序。

（3）向有关行政部门投诉

投诉是指消费者认为经营者侵犯其合法权益，请求有关行政部门对双方之间发生的争议进行处理的行为。这属于采用行政手段解决消费者争议的方式。消费者向有关行政部门投诉的，该部门应当自收到投诉书之日起 7 个工作日内，予以处理并告知消费者。

〔知识链接〕

消费者投诉的几大误区

误区一：所有消费都可投诉。

《消费者权益保护法》规定：消费者为生活消费需要购买、使用商品或者接受服务，其权益受本法保护。因此，非此对象的消费投诉不属消费者协会的受理范围。

误区二：所有购买商品都可投诉。

两种情况下，购买的商品出现问题，投诉消费者协会不予受理。一种是超过保修期的商品。一种是使用不当、人为造成的损坏。

误区三：商品、服务有诈可"假一赔十"。

《消费者权益保护法》规定：经营者提供商品或者服务有欺诈行为的，应当按照消费者的要求增加赔偿其受到的损失，增加赔偿的金额为消费者购买商品价款或者接受服务费用的一倍。也就是说，假一赔一，而不是假一赔十。

误区四：所有投诉都可得到精神赔偿。

《消费者权益保护法》第四十三条规定：经营者违反本法第二十五条规定，侵害消费者的人格尊严或者侵犯消费者人身自由的，应当停止侵害、恢复名誉、消除影响、赔礼道歉，并赔偿损失。但如提出一些"过"的要求，消费者则应"三思"。

误区五：凡与消费"有关"都可向消费者协会投诉。

消费者丢物通常应及时向公安部门报案。当然，如果消费者在超市将物品交由存包处保管，领取时发现物品丢失，消费者协会则可介入调解。

误区六：所有投诉消费者协会都要受理。

根据《中华人民共和国消费者权益保护法》的规定，有9种情况投诉不予受理：①经营者之间购销纠纷；②消费者个人私下交易纠纷；③商品超过规定的保修期和保质期；④商品标明是"处理品"的（没有真实说明处理原因的除外）；⑤未按商品使用说明导致商品损坏或人为损坏的；⑥被投诉方不明确的；⑦争议双方曾经达成调解协议并已执行，没有新情况、新理由的；⑧法院、仲裁机构或有关行政部门已受理调查和处理的；⑨不符合国家法律、法规有关规定的。

误区七：商品的质量纠纷由消费者协会判定。

涉及质量鉴定的纠纷，只能到相关检测部门作出质量鉴定后，消费者协会才可以此为依据，借助法律规定，帮助消费者讨回公道。

（资料来源：华律网，2019-11-10.）

（4）根据与经营者达成的仲裁协议提请仲裁机构仲裁

仲裁是指发生消费争议的双方当事人已达成协议，自愿交由中立的第三方——仲裁委员会来解决争议的方式。仲裁是解决民事纠纷的重要方式之一，我国《仲裁法》规定，平等主体的公民、法人和其他组织之间发生的合同纠纷和其他权益纠纷均可以自愿采用仲裁的方式进行解决。

仲裁应遵循以下基本原则：首先，自愿原则。当事人采用仲裁方式解决纠纷，应当双方自愿，达成仲裁协议。没有仲裁协议，一方申请仲裁的，仲裁委员会不予受理。其次，合法、公平原则。仲裁机构应根据事实、条例和法律规定，公平合理地解决纠纷。第三，独立仲裁原则。仲裁机构依法独立实施仲裁，不受行政机关、社会团体和其他任何公民个人的干涉。

（5）向人民法院提起诉讼

诉讼是指人民法院在消费争议双方当事人和其他诉讼参与人的参加下，以审理、判决、执行等方式解决消费争议的民事诉讼活动，以及由此而产生的各种诉讼关系的总称。这是解决消费争议的最终形式，也是消费者维护自身合法权益行之有效的手段。

对侵害众多消费者合法权益的行为，中国消费者协会以及在省、自治区、直辖市设立的消费者协会，可以向人民法院提起诉讼。

5.4.2 赔偿责任主体的确定

1）销售者与生产者之间的责任归属

①销售者先行赔偿制度。《消费者权益保护法》规定，消费者在购买、使用商品时，其合法权益受到损害的，可以向销售者要求赔偿。销售者赔偿后，属于生产者的责任或者属于向销售者提供商品的其他销售者的责任的，销售者有权向生产者或者其他销售者追偿。

②销售者与生产者之间连带赔偿制度。《消费者权益保护法》和《中华人民共和国民法典》规定，因商品缺陷造成消费者或者其他受害人人身、财产损害的，消费者可以向销售者要求赔偿，也可以向生产者要求赔偿。属于生产者责任的，销售者赔偿后，有权向生产者追偿。属于销售者责任的，生产者赔偿后，有权向销售者追偿。《中华人民共和国民法典》规定，因运输者、仓储者等第三人的过错使产品存在缺陷，造成他人损害的，产品的生产者、销售者赔偿后，有权向第三人追偿。

③向服务者索赔制度。《消费者权益保护法》规定，消费者在接受服务时，其合法权益受到损害的，可以向服务者要求赔偿。

2）变更后的企业仍应承担赔偿责任

《消费者权益保护法》规定，消费者在购买、使用商品或者接受服务时，其合法权益受到损害，因原企业分立、合并的，可以向变更后承受其权利义务的企业要求赔偿。

3）营业执照持有人与租借人的赔偿责任

《消费者权益保护法》规定，使用他人营业执照的违法经营者提供商品或者服务，损害消费者合法权益的，消费者可向其要求赔偿，也可以向营业执照的持有人要求赔偿。

4）展销会举办者、柜台出租者、网络交易平台提供者的特殊责任

《消费者权益保护法》规定，消费者在展销会、租赁柜台购买商品或者接受服务，其合法权益受到损害的，可以向销售者或者服务者要求赔偿。展销会结束或者柜台租赁期满后，也可以向展销会的举办者、柜台的出租者要求赔偿。展销会的举办者、柜台的出租者赔偿后，有权向销售者或者服务者追偿。

消费者通过网络交易平台购买商品或者接受服务，其合法权益受到损害的，可以向销售者或者服务者要求赔偿。网络交易平台提供者不能提供销售者或者服务者的真实名称、地址和有效联系方式的，消费者也可以向网络交易平台提供者要求赔偿；网络交易

平台提供者作出更有利于消费者的承诺的，应当履行承诺。网络交易平台提供者赔偿后，有权向销售者或者服务者追偿。

网络交易平台提供者明知或者应知销售者或者服务者利用其平台侵害消费者合法权益，未采取必要措施的，依法与该销售者或者服务者承担连带责任。

5）虚假广告的广告主与广告经营者、发布者的责任

《消费者权益保护法》规定，消费者因经营者利用虚假广告提供商品或者其他虚假宣传方式服务，其合法权益受到损害的，可以向利用虚假广告或者其他虚假宣传方式提供商品或服务的经营者要求赔偿。广告的经营者、发布者发布虚假广告的，消费者可以请求行政主管部门予以惩处。广告经营者、发布者不能提供经营者的真实名称、地址和有效联系方式的，应当承担赔偿责任。

广告经营者、发布者设计、制作、发布关系消费者生命健康商品或者服务的虚假广告，造成消费者损害的，应当与提供该商品或者服务的经营者承担连带责任。

社会团体或者其他组织、个人在关系消费者生命健康商品或者服务的虚假广告或者其他虚假宣传中向消费者推荐商品或服务，造成消费者损害的，应当与提供该商品或者服务的经营者承担连带责任。

5.4.3 侵犯消费者合法权益应承担的法律责任

《消费者权益保护法》规定了经营者、国家机关工作人员以及阻碍行政执法人员依法执行职务的人员的法律责任。

1）侵害消费者合法权益行为的民事责任

（1）经营者违反相关法律、法规的规定应承担的民事责任

根据《消费者权益保护法》的规定，经营者提供商品或者服务有下列情形之一的，除本法另有规定外，应当依照其他有关法律、法规的规定，承担民事责任：

①商品或者服务存在缺陷的；

②不具备商品应当具备的使用性能而出售时未作说明的；

③不符合在商品或者其包装上注明采用的商品标准的；

④不符合商品说明、实物样品等方式表明的质量状况的；

⑤生产国家明令淘汰的商品或者销售失效、变质的商品的；

⑥销售的商品数量不足的；

⑦服务的内容和费用违反约定的；

⑧对消费者提出的修理、重作、更换、退货、补足商品数量、退还货款和服务费用或者赔偿损失的要求，故意拖延或者无理拒绝的；

⑨法律、法规规定的其他损害消费者权益的情形。

经营者对消费者未尽到安全保障义务，造成消费者损害的，应当承担侵权责任。

〔法规速递〕

《民法典》规定：①因产品缺陷危及他人人身、财产安全的，被侵权人有权请求生

产者、销售者承担停止侵害、排除妨碍、消除危险等侵权责任。②产品投入流通后发现存在缺陷的，生产者、销售者应当及时采取停止销售、警示、召回等补救措施；未及时采取补救措施或者补救措施不力造成损害扩大的，对扩大的损害也应当承担侵权责任。依据前款规定采取召回措施的，生产者、销售者应当负担被侵权人因此支出的必要费用。③明知产品存在缺陷仍然生产、销售，或者没有依据前条规定采取有效补救措施，造成他人健康严重损害的，被侵权人有权请求相应的惩罚性赔偿。④宾馆、商场、银行、车站、机场、体育场馆、娱乐场所等经营场所、公共场所的经营者、管理者或者群众性活动的组织者，未尽到安全保障义务，造成他人损害的，应当承担侵权责任。

（2）致人死亡的民事责任

《消费者权益保护法》规定：经营者提供商品或者服务，造成消费者或者其他受害人人身伤害的，应当赔偿医疗费、护理费、交通费等为治疗和康复支出的合理费用，以及因误工减少的收入。造成残疾的，还应当赔偿残疾生活辅助器具费和残疾赔偿金。造成死亡的，还应当赔偿丧葬费和死亡赔偿金。

（3）侵犯其他人身权利的民事责任

《消费者权益保护法》规定：经营者侵害消费者的人格尊严、侵犯消费者人身自由或者侵害消费者个人信息依法得到保护的权利的，应当停止侵害、恢复名誉、消除影响、赔礼道歉，并赔偿损失。

经营者有侮辱诽谤、搜查身体、侵犯人身自由等侵害消费者或者其他受害人人身权益的行为，造成严重精神损害的，受害人可以要求精神损害赔偿。

〖法规速递〗

《民法典》规定，处理个人信息，有下列情形之一的，行为人不承担民事责任：①在该自然人或者其监护人同意的范围内合理实施的行为；②合理处理该自然人自行公开的或者其他已经合法公开的信息，但是该自然人明确拒绝或者处理该信息侵害其重大利益的除外；③为维护公共利益或者该自然人合法权益，合理实施的其他行为。

（4）造成财产损害的民事责任

《消费者权益保护法》规定：经营者提供商品或者服务，造成消费者财产损害的，应当依照法律规定或者当事人约定承担修理、重作、更换、退货、补足商品数量、退还货款和服务费用或者赔偿损失等民事责任。

（5）违反约定的民事责任

《消费者权益保护法》规定：经营者以预收款方式提供商品或者服务的，应当按照约定提供。未按照约定提供的，应当按照消费者的要求履行约定或者退回预付款；并应当承担预付款的利息、消费者必须支付的合理费用。

（6）提供不合格商品的责任

《消费者权益保护法》规定：若经营者所提供的商品依法经有关行政部门认定为不合格的商品，消费者要求退货的，经营者应当负责退货。

（7）欺诈行为的民事责任

《消费者权益保护法》规定：经营者提供商品或者服务有欺诈行为的，应当按照消费者的要求增加赔偿其受到的损失，增加赔偿的金额为消费者购买商品的价款或者接受服务费用的三倍；增加赔偿的金额不足五百元的，为五百元。法律另有规定的，依照其规定。

经营者有明知商品或者服务存在缺陷，仍然向消费者提供，造成消费者或者其他受害人死亡或者健康严重损害的，受害人有权要求经营者依照《消费者权益保护法》第四十九条、第五十一条等法律规定赔偿损失，并有权要求所受损失二倍以下的惩罚性赔偿。

2）侵害消费者合法权益行为的行政责任

根据《消费者权益保护法》的规定，经营者有下列情形之一，除承担相应的民事责任外，其他有关法律、法规对处罚机关和处罚方式有规定的，依照法律、法规的规定执行；法律、法规未作规定的，由市场监管部门或者其他有关行政部门责令改正，可以根据情节单处或者并处警告、没收违法所得、处以违法所得一倍以上十倍以下的罚款；没有违法所得的，处以五十万元以下的罚款；情节严重的，责令停业整顿、吊销营业执照：

①提供的商品或者服务不符合保障人身、财产安全要求的。

②在商品中掺杂、掺假，以假充真，以次充好，或者以不合格商品冒充合格商品的。

③生产国家明令淘汰的商品或者销售失效、变质的商品的。

④伪造商品的产地，伪造或者冒用他人的厂名、厂址，篡改生产日期，伪造或者冒用认证标志等质量标志的。

⑤销售的商品应当检验、检疫而未检验、检疫或者伪造检验、检疫结果的。

⑥对商品或者服务作虚假或者引人误解的宣传的。

⑦拒绝或者拖延有关行政部门责令对缺陷商品采取停止销售、警示、召回、无害化处理、销毁、停止生产或者服务等措施的。

⑧对消费者提出的修理、重作、更换、退货、补足商品数量、退还货款和服务费用或者赔偿损失的要求，故意拖延或者无理拒绝的。

⑨侵害消费者人格尊严，侵犯消费者人身自由或者侵害消费者个人信息依法得到保护的权利的。

⑩法律、法规规定的对损害消费者权益应当予以处罚的其他情形。

根据《消费者权益保护法》的规定：拒绝、阻碍有关行政部门工作人员依法执行职务，未使用暴力、威胁方法的，由公安机关依照《中华人民共和国治安管理处罚法》的规定处罚。

《消费者权益保护法》规定：经营者对行政处罚决定不服的，可以依法申请行政复议或者提起行政诉讼。

根据《消费者权益保护法》的规定：国家机关工作人员玩忽职守或者包庇经营者侵害消费者合法权益的行为的，由其所在单位或者上级机关给予行政处分。

3）侵害消费者合法权益行为的刑事责任

根据《消费者权益保护法》的规定，追究刑事责任的情况主要有以下几种情形：

①经营者提供商品或者服务，造成消费者或者其他受害人人身伤害或者死亡，构成犯罪的，依法追究刑事责任。

②以暴力、威胁等方法阻碍有关行政部门工作人员依法执行职务的，依法追究刑事责任。

③国家机关工作人员玩忽职守或者包庇经营者侵害消费者合法权益的行为，情节严重，构成犯罪的，依法追究刑事责任。

本章小结

本章主要介绍了消费者、经营者的概念及其法律特征，阐明了消费者权益保护法的调整对象及其基本原则，明确了消费者享有的权利、经营者的义务，分析了国家对消费者合法权益保护的立法、行政和司法保护，提示了消费者争议的解决途径以及侵害消费者合法权益应当承担的法律责任，以及赔偿主体的确定。

自测题

一、选择题

1.消费者权益保护法的立法宗旨包括（　　）。

    A.保护消费者的合法权益　　　　　　B.维护社会经济秩序

    C.促进社会主义市场经济健康发展　　D.提高商品质量和服务水平

2.经营者与消费者交易，应当遵循的交易原则包括（　　）。

    A.自愿原则　　　　　B.平等原则　　C.公平原则　　　　　D.诚实信用原则

3.经营者采用网络、电视、电话、邮购等方式销售商品，除特殊商品外，消费者有权自收到商品之日起（　　）日内退货，且无须说明理由。

    A.五　　　　　　　B.七　　　　　C.十　　　　　　　　D.十五

4.经营者的下列（　　）行为属于消费者个人信息依法得到保护的权利的行为。

    A.收集消费者的个人信息

    B.泄露消费者的个人信息

    C.出售消费者的个人信息

    D.违反法律、法规的规定或者与消费者的约定使用消费者个人信息

5.为了保护消费者的公平交易权，经营者不得以（　　）对消费者做出不公平、不合理的规定。

    A.格式条款　　　　　B.店堂告示　　C.声明　　　　　　　D.通知

6.消费者因经营者利用虚假广告提供商品或者服务，其合法权益受到损害的，可以

向（　）要求赔偿。

  A. 广告经营者 B. 广告制作人 C. 经营者 D. 发布广告的媒体

 7. 国家制定有关消费者权益的法律、法规和政策时，应当听取（　）的意见和要求。

  A. 生产者   B. 服务者   C. 销售者   D. 消费者

二、判断题

 1. 经营者发送商业性信息，可以不经消费者同意或者请求。

 2. 消费者的合法权益受到损害时，可直接向人民法院提起诉讼。

 3. 我国《消费者权益保护法》保护一切有偿取得商品和服务、满足生产生活消费需要的消费者。

 4. 消费者在购买、使用商品时，其合法权益受到侵害的，可以向销售者要求赔偿，不可以向生产者要求赔偿。

 5. 消费者在租赁柜台购买商品或者接受服务，其合法权益受到损害的，可以向销售者或服务者要求赔偿；在柜台租赁期满后，也可以向柜台的出租者要求赔偿。

三、简答题

 1. 简述消费者享有的权利。

 2. 简述经营者承担的义务。

 3. 简述消费者权益争议的解决途径。

 4. 简述消费者协会的主要职能。

四、实训题

 调查我国星级饭店侵害消费者权益行为的主要表现。

第6章
饭店行业规范与星级评定制度

【本章导读】

本章主要从饭店行业规范及饭店星级评定制度介绍饭店相关法律制度，重点从饭店星级评定标准、评定程序、评定机构等几个方面介绍饭店星级评定制度的运用。

【关键词汇】

行业规范　星级评定标准　评定程序　评定机构　星评员

〖案例导入〗

消毒餐具收费争议案

某日，姚某和两位朋友到饭店吃饭，3人结账时每人被收取消毒餐具使用费3元。回家后，姚某越想越觉得不对。虽然吃饭收餐具费、开瓶费等大家都在呼吁违法，但仍然长期地、大范围地存在。姚某于是向人民法院起诉，请求判令饭店退还餐具消毒使用费3元，并要求该饭店在报纸上登报道歉。法院开庭审理了此案。姚某认为饭店作为餐饮经营服务者，提供经过消毒且达到国家卫生标准的餐具，是经营者的法定义务和附加义务，不应当再额外收取费用。

而被告饭店的态度出乎所有人的意料，"饭店在顾客用餐之前就已经告知了对方，这些包装好的消毒餐具是要收取费用的；同时也告知了姚先生，餐厅提供免费的未经包装的消毒餐具。姚先生是自愿选择收取餐具的，所以饭店不能接受要其赔偿的请求。饭店方面的这种想法也得到了很多餐饮业者的支持"。饭店认为"虽然餐馆提供合格餐具是法定义务，但目前还没有哪部法律明确规定禁止收取餐具消毒使用费，它不合理，但是合法。在法律法规没有完善之前，收取餐具消毒费并不违法违规。"

〖案例分析〗

首先，向消费者提供消毒餐具是经营者应尽的法定义务。

消费者到餐馆、酒店就餐，购买的标的既包括食物，也包括旅游饭店的服务。而旅游饭店是否提供安全卫生的用餐条件直接关系到消费目的的实现与否。根据我国《食品安全法》和《消费者权益保护法》的有关规定，旅游饭店向消费者提供符合国家卫生标准的消毒餐具、确保消费者的健康安全是其应尽的法定义务。

其次，另行收取消毒餐具费属于强制收费，违反了公平原则。

餐具是用餐过程中的必备用品，旅游饭店向消费者提供经过消毒且达到国家卫生标准的餐具、纸巾，是餐饮过程中的配套服务项目，是消费者接受用餐的前提，同时也是经营者的法定义务和随附义务，长期以来已获社会认同，并约定俗成。该项服务产生的费用是经营成本的一部分，作为法定义务的承担方，旅游饭店理应承担该项费用，而不能因为餐具密封包装，就将消毒产生的费用转嫁到消费者身上，否则，就是在变相降低与消费者约定的服务标准，变相向消费者转嫁随附义务，这违背了民事合同中的诚信公平原则。

最后，明确告知仍然违法。

一些旅游饭店借口在消毒餐具的外包装上印有有偿使用的提示，尽到了明确告知义务，且消费者也可选择是否使用收费的一次性消毒餐具，因此强制向消费者收取餐具消毒费。实际上这一行为已违反了法律的强制性规定，尽管对消费者事先进行了提示，也不具备法律效力。根据我国《消费者权益保护法》的有关规定，不管旅游饭店是否在其餐厅明显位置或消毒餐具的外包装上进行了明确的告知，但不能成为免除其法定义务的理由。

处理结果：收到法院的传票后，饭店当天就已主动停止收取消毒餐具使用费，成为当地首家停止收取消毒餐具使用费的饭店。法庭判决饭店支付姚先生人民币3元赔偿，对姚先生提出的登报道歉的请求未予支持。饭店当庭支付了3元赔偿款。

（资料来源：王志雄．旅游法规教程[M]．北京：北京大学出版社，2012.)

6.1　旅游饭店行业规范

6.1.1　旅游饭店行业规范概述

为规范行业管理，保障客人和旅游饭店的合法权益，维护旅游饭店业经营管理的正常秩序，促进中国旅游饭店业的健康发展，中国旅游饭店协会根据国家有关法律、法规，于 2002 年 3 月制定了《中国旅游饭店行业规范》（以下简称《规范》），2002 年 5 月 1 日正式实施，2009 年 8 月修订。该规范成为调整饭店行为的重要行为规范。中国旅游饭店业协会是经民政部批准登记注册的饭店行业组织，通过该组织实现饭店企业的行业自律，促进饭店行业的健康发展。《中国旅游饭店行业规范》就其性质而言，不是国家法律，所以没有强制执行的效力，但该行业规范可以约束旅游饭店协会的会员饭店。行业规范里的有关规定，应构成会员饭店和客人签订合同的组成部分。

6.1.2　旅游饭店行业规范的主要内容

1）总则

旅游饭店包括在中国境内开办的各种经济性质的饭店，含宾馆、酒店、度假村等（以下简称"饭店"）。饭店应当遵守国家有关法律、法规和规章，遵守社会道德规范，诚信经营，维护中国旅游饭店行业的声誉。

2）预订、登记、入住

①饭店应当与客人共同履行住宿合同，因不可抗力不能履行双方住宿合同的，任何一方均应当及时通知对方。双方另有约定的，按约定处理。

②饭店由于出现超额预订而使预订客人不能入住的，饭店应当主动替客人安排本地同档次或高于本饭店档次的饭店入住，所产生的有关费用由饭店承担。

③饭店应当同团队、会议、长住客人签订住房合同。合同内容应当包括客人入住和离店的时间、房间等级与价格、餐饮价格、付款方式、违约责任等款项。

④饭店在办理客人入住手续时，应当按照国家的有关规定，要求客人出示有效证件，并如实登记。

⑤以下情况饭店可以不予接待：a. 携带危害饭店安全的物品入店者；b. 从事违法活动者；c. 影响饭店形象者（如携带动物者）；d. 无支付能力或曾有过逃账记录者；e. 饭店客满；f. 法律、法规规定的其他情况。

〖行业广角〗

住宿登记管理制度

前厅部的总台接待问询员负责接待客人住宿登记工作，每天 24 小时当班服务，所有中外客人一律实行登记。

VIP客人可先引领进房，在房间内办理登记手续，或由接待部门代为填写。零散客人实施登记时必须做到"三清、三核对"。三清是指字迹清、登记项目清、证件查验清。三核对是核对客人本人和证件照片是否相符；核对登记的年龄与证件的年龄是否相符；核对证件印章和使用年限是否有效。

接待员在实施住宿登记时，应负责协助公安机关切实做好有关通缉、协查核对工作。客人在进行住宿登记时，接待员有责任提醒客人，酒店设有贵重物品保险箱，如有贵重物品可代为保管。

〖案例分析〗

"丑女"难进酒吧案

2000年4月22日、4月28日及5月1日，某咨询公司市场主管高女士在进入敦煌公司开办的"The Den"酒吧时，酒吧工作人员因其"面容不太好，怕影响店中生意"而拒绝其入内。2000年7月，高女士向北京朝阳区法院提起诉讼，认为酒吧工作人员的行为侵害了其人格尊严，给其造成极大精神伤害，要求被告赔偿精神损失费5万元及经济损失2 847元，并公开赔礼道歉。一审法院判决被告向高女士书面赔礼道歉，赔偿交通费、复印费、咨询费403.5元、精神损失费4 000元。被告不服判决，上诉至北京市第二中级人民法院。二审法院审理后认为，敦煌公司的保安在拒绝高女士进入酒吧时具有容貌歧视的主观意识，构成了对高女士人格权的侵害。事发后高女士再次去酒吧，又被拒之于门外，使高女士自主选择服务经营者的权利受到侵害；但是敦煌公司的侵权行为情节轻微，赔礼道歉并负担高女士的合理支出已经足以抚慰其精神损害，所以撤销了一审中判赔的精神损失费。

〖案例分析〗

消费者享有消费自由权，这是从买卖自由的民法基本规则中引发出来的结论。而以相貌丑陋为由拒绝消费者消费，侵害的是消费者人格尊严。本案之所以在当时被媒体炒得沸沸扬扬，就表明了社会各界对消费者的消费自由和人格尊严问题的关注。本案有三个关键问题：

第一，作为消费者，高女士有权进入"The Den"酒吧。根据《消费者权益保护法》第九条关于消费者自主选择权的规定，消费者享有自主选择商品或者服务的权利，有权自主选择提供商品或者服务的经营者，自主选择商品品种或者服务方式，自主决定购买或者不购买任何一种商品、接受或不接受任何一项服务。这就是消费自由原则。因此，高女士进入被告的酒吧进行消费，是行使消费者自主选择服务权的正当行为，有权进入，而被告在正常的营业时间内拒绝高女士进入酒吧，并且拒绝告知其真实原因，是对高女士消费自由权的侵害。

第二，被告在正常的营业时间内拒绝高女士进入酒吧的理由构成对消费者人格尊严的侵害。《消费者权益保护法》第十四条规定："消费者在购买、使用商品和接受服务时，享有其人格尊严、民族风俗习惯得到尊重的权利。"被告酒吧工作人员在派出所的笔录显示：被告正是因为高女士"面容不太好，怕进了店中影响生意"，才拒绝高女士进入酒吧的。毫无疑问，被告对高女士实施了歧视性的差别待遇，这种行为对高女士是一种侮辱，使其内心受到伤害，人格受到贬损，侵害了高女士的人格尊严，应承担相应的民事法律责任。

第三，高女士的诉讼请求并不是空穴来风，而是确有法律依据。《消费者权益保护法》第五十条规定："经营者对消费者进行侮辱、诽谤，侵害消费者的人格尊严或者侵犯消费者人身自由的，应当停止侵害、恢复名誉、消除影响、赔礼道歉，并赔偿损失。"高女士要求被告赔礼道歉、赔偿经济损失和精神损失的诉讼请求，存在事实和法律依据，应予认可。

（资料来源：纵横法律网，www.m148.com）

3）饭店收费

①饭店应当将房价表置于总服务台显著位置，供客人参考。饭店如给予客人房价折扣，应当书面约定。

②饭店应在前厅显著位置明示客房价格和住宿时间结算方法，或者确认已将上述信息用适当方式告知客人。

③根据国家规定，饭店如果对客房、餐饮、洗衣、电话等服务项目加收服务费，应当在房价表或有关服务价目单上明码标价。

4）保护客人人身和财产安全

①为了保护客人的人身和财产安全，饭店客房房门应当装置防盗链、门镜、应急疏散图，卫生间内应当采取有效的防滑措施。客房内应当放置服务指南、住宿须知和防火指南。有条件的饭店应当安装客房电子门锁和公共区域安全监控系统。

②饭店应当确保健身、娱乐等场所设施、设备的完好和安全。

③对可能损害客人人身和财产安全的场所，饭店应当采取防护、警示措施。警示牌应当中外文对照。

④饭店应当采取措施，防止客人放置在客房内的财物灭失、毁损。由于饭店的原因造成客人财物灭失、毁损的，饭店应当承担责任。

⑤饭店应当保护客人的隐私权。除日常清扫卫生、维修保养设施设备或者发生火灾等紧急情况外，饭店员工未经客人许可不得随意进入客人下榻的房间。

〖以案说法〗

节日期间，小李陪年迈的父亲到一家饭店吃饭，饭店生意很好，但卫生环境却不好，地面油滑，一不小心就会跌倒。小李很小心地扶着父亲，可父亲在饭毕起身时还是因地面太滑重重摔了一跤，并造成手部轻微骨折。小李事后要求饭店方面赔偿，而饭店方面认为顾客应对自己的人身安全负责，饭店只是一个吃饭消费场所，不承担这样的赔偿责任。

〖案例分析〗

不管是《消费者权益保护法》还是《民法典》，都对自然人的人身权利受到侵害作了相应规定。作为餐饮消费场所，不仅要保证顾客在用餐过程中食品卫生安全，还要保证顾客在自己的场所内不能因自身的原因给顾客人身造成伤害，否则就要承担一定的赔偿责任。此纠纷中，小李父亲的摔倒是由饭店没有搞好地面卫生所致，也就是说顾客受伤与饭店本身的过错之间有直接的因果联系，饭店当然应承担赔偿责任。

（资料来源：找法网）

〖法规速递〗

最高人民法院 2003 年颁布的《关于审理人身损害赔偿案件适用法律若干问题的解释》第六条对安全保障义务的有关问题作出规定：

从事住宿、餐饮、娱乐等经营活动或者其他社会活动的自然人、法人、其他组织，未尽合理限度范围内的安全保障义务致使他人遭受人身损害，赔偿权利人请求其承担相应赔偿责任的，人民法院应予支持。因第三人侵权导致损害结果发生的，其实施侵权行为的第三人承担赔偿责任。安全保障义务人有过错的，应当在其能够防止或者制止损害的范围内承担相应的补充赔偿责任。安全保障义务人承担责任后，可以向第三人追偿。赔偿权利人起诉安全保障义务人的，应当将第三人作为共同被告，但第三人不能确定的除外。

2020 年 5 月 28 日第十三届全国人民代表大会第三次会议通过的《民法典》第一千一百九十八条对安全保障义务人的责任作出规定：

宾馆、商场、银行、车站、机场、体育场馆、娱乐场所等经营场所、公共场所的经营者、管理者或者群众性活动的组织者，未尽到安全保障义务，造成他人损害的，应当承担侵权责任。

因第三人的行为造成他人损害的，由第三人承担侵权责任；经营者、管理者或者组织者未尽到安全保障义务的，承担相应的补充责任。经营者、管理者或者组织者承担补充责任后，可以向第三人追偿。

5）保管客人贵重物品

①饭店应当在前厅处设置有双锁的客人贵重物品保险箱。贵重物品保险箱的位置应当安全、方便、隐蔽，能够保护客人的隐私。饭店应当按照规定的时限，免费提供住店客人贵重物品的保管服务。

②饭店应当对住店客人贵重物品的保管服务作出书面规定，并在客人办理入住登记时予以提示。违反《中国旅游饭店行业规范》（以下简称《规范》）第十七条和第十八条规定，造成客人贵重物品灭失的，饭店应当承担赔偿责任。

③客人寄存贵重物品时，饭店应当要求客人填写贵重物品寄存单，并办理有关手续。

④饭店客房内设置的保险箱仅为住店客人提供存放一般物品之用。对没有按规定将贵重物品存放在饭店前厅贵重物品保险箱内，而造成客房里客人贵重物品灭失、毁损的，如果责任在饭店一方，可视为一般物品予以赔偿。

⑤如无事先约定，在客人结账退房离开饭店以后，饭店可以将客人寄存在贵重物品保险箱内的物品取出，并按照有关规定处理。饭店应当将此条规定在客人贵重物品寄存单上明示。

⑥客人如果遗失饭店贵重物品保险箱的钥匙，除赔偿锁匙成本费用外，饭店还可以要求客人承担维修保险箱的费用。

〖知识链接〗

在《旅游饭店星级的划分与评定》（GB/T 14308—2010）中规定了贵重物品保管的要求：一星级、二星级、三星级饭店应提供贵重物品保管及小件行李寄存服务，并专设寄存处。四星级、五星级饭店应配有饭店与宾客同时开启的贵重物品保险箱，保险箱位置安全、隐蔽，能够保护宾客的隐私。

贵重物品保险箱是饭店能够保证宾客隐私、供宾客免费寄存贵重物品的安全设备。一星级、二星级、三星级饭店可在总台或前厅区域配备宾客专用物品保险箱，提供贵重物品寄存服务。四星级、五星级饭店的贵重物品保险箱应置于独立、安全、方便、具有私密性的室内，保险箱数量应与客房数量相匹配，不少于两种以上规格，配置分别供宾客和饭店服务人员同时开启的两把钥匙。室内设监控探头，将所有保险箱置于监控范围之内。室内墙面明显位置应悬挂使用说明和安全警示，配备桌椅、文具等必要用品，方便操作和使用。

6）保管客人一般物品

饭店保管客人寄存在前厅行李寄存处的行李物品时，应当检查其包装是否完好、安全，询问有无违禁物品，并经双方当面确认后，给客人签发行李寄存牌。

客人在餐饮、康乐、前厅行李寄存处等场所寄存物品时，饭店应当当面询问客人寄存物品中有无贵重物品。客人寄存的物品中如有贵重物品的，应当向饭店声明，由饭店员工验收并交饭店贵重物品保管处免费保管；客人事先未声明或不同意核实而造成物品灭失、毁损的，如果责任在饭店一方，饭店按照一般物品予以赔偿；客人对寄存物品没有提出需要采取特殊保管措施的，因物品自身的原因造成毁损或损耗的，饭店不承担赔偿责任；由于客人没有事先说明寄存物品的情况，造成饭店损失的，除饭店知道或者应当知道而没有采取补救措施的以外，饭店可以要求客人承担相应的赔偿责任。

〖以案说法〗

该赔还是不该赔？

从北京来济南出差的张先生，与朋友22日下午6点左右入住玉泉森信酒店，朋友住在20楼，他住在9楼。23日上午吃完早饭，9点30分左右他与朋友外出拜访客户。12点50分左右回到了酒店。回到房间后，保洁员正在清理房间，"我本想处理点公务，结果却发现放在桌上的电脑找不到了。我问保洁员是不是她给收起来了，她说没见过。"意识到可能被盗了，张先生马上打开行李箱检查，"除了笔记本电脑，我放在行李箱中的数码相机、派克笔等贵重物品也全部不见了。"

清点完丢失物品后，下午2点左右张先生报了警。"酒店说不给任何赔偿，连房费都不免，态度太恶劣了。"提到酒店方的处理情况，张先生非常不满。

随后，记者随张先生找到酒店一位陈姓负责人。当记者问在此事中酒店该承担什么责任时，该负责人表示，酒店目前没有针对客人丢失东西进行赔偿的规定，以前也没遇到过这种事情，只能等待派出所破案后才能与房客协商赔偿事宜。

〖案例分析〗

究竟酒店该不该赔付呢？北京惠诚律师事务所济南分所刘良玉律师说，如果酒店已经在大堂醒目位置作出告知，提醒房客贵重物品需要存留在前台，由酒店代为保管，那么，酒店就具有一定的免责理由。此外，顾客说自己丢失了笔记本电脑和数码相机，需要有充分的证据证明丢失的是这些物件，而不是别的物件。

山东千舜律师事务所王伟律师则表示，首先要追究的是酒店的安保责任，房客只要不是故意敞开房门或者有明显的疏忽大意，酒店对失窃要负全责。虽然酒店告知过房客把贵重物品等存放前台、保险柜或者进行登记，但没有说明什么是贵重物品，是不能免责的。如果酒店告知房客要对防盗进行配合，但房客没有配合，在具体赔偿处理上双方可依实际情况进行协商，也可直接向消协投诉或到法院起诉。

思考：请同学们结合贵重物品保管的内容谈谈你的观点。

（资料来源：大众网—生活日报，2010-03-26.）

7）洗衣服务

客人送洗衣物，饭店应当要求客人在洗衣单上注明洗涤种类及要求，并应当检查衣物有无破损。客人如有特殊要求或者饭店员工发现衣物破损的，双方应当事先确认并在洗衣单上注明。客人事先没有提出特殊要求，饭店按照常规进行洗涤，造成衣物损坏的，饭店不承担赔偿责任。客人送洗衣物在洗涤后即时发现破损等问题，而饭店无法证明该衣物是在洗涤以前破损的，饭店承担相应责任。

饭店应当在洗衣单上注明，要求客人将送洗衣物内的物品取出。对洗涤后客人衣物内物品的灭失，饭店不承担责任。

8）停车场管理

饭店应当保护停车场内饭店客人的车辆安全。由于保管不善，造成车辆灭失或者毁损的，饭店承担相应责任，但因为客人自身的原因造成车辆灭失或者毁损的除外。双方均有过错的，应当各自承担相应的责任。

饭店应当提示客人保管好放置在汽车内的物品。对汽车内放置的物品的灭失，饭店不承担责任。

〖以案说法〗

2019年10月，某公司老总叶某去温州出差，临近傍晚选择了当地一家颇有知名度的大酒店吃饭，并将自己的奔驰轿车停放在酒店所属的收费停车场。当用餐完毕准备离开时，叶某发现自己的奔驰车前大灯被人为损坏。叶某当即找到酒店保安理论，被告之这是另一名顾客在倒车时损坏的，和酒店没关系，要叶某找肇事车主索赔。

〖案例分析〗

酒店这样的解释明显是对自己责任的推脱。对于顾客消费停车问题，我们首先应分清作为消费场所的酒店，对顾客的车辆是起一种保管作用的，可以理解为是对顾客贵重物品的保管，是消费的延伸。在这里，主要是要分清这样的保管到底是有偿的还是免费的。如果是收费的，那么酒店就有义务妥善保管好顾客在消费过程中所交付保管的财物安全，如果因为在保管过程当中因自己或第三人的原因导致顾客财物受到损害的，就应当承担相应的赔偿责任。如果是免费保管的，作为消费场所它只承担因自己的故意或过失给顾客财物造成损失的赔偿责任，而对第三者的因素导致损害发生可以不承担或者承担较次要的责任。当然，作为消费者本身，其在餐饮酒店消费过程中也应当对所携带的物品有充分注意保管的义务，作为公共场所的餐饮服务场所是没有义务对顾客随身携带的财物起完全的保管责任的，此时顾客财物很大程度上要靠自己来保管了。

（资料来源：找法网）

9）其他方面的规定

（1）谢绝客人自带酒水和食品

饭店如果谢绝客人自带酒水和食品进入餐厅、酒吧、舞厅等场所享用，应当将谢绝的告示设置于经营场所的显著位置，或者确认已将上述信息用适当方式告知客人。

（2）饭店向客人索赔的权利

①饭店有义务提醒客人在客房内遵守国家有关规定，不得私留他人住宿或者擅自将客房转让给他人使用及改变使用用途。对违反规定造成饭店损失的，饭店可以要求入住该房间的客人承担相应的赔偿责任。

②饭店可以口头提示或书面通知客人不得自行对客房进行改造、装饰。未经饭店同意进行改造、装饰而造成损失的，饭店可以要求客人承担相应的赔偿责任。

③饭店有义务提示客人爱护饭店的财物。由于客人的原因造成损坏的，饭店可以要求客人承担赔偿责任。由于客人原因，饭店维修受损设施、设备期间导致客房不能出租、场所不能开放而发生的营业损失，饭店可视其情况要求客人承担责任。

④对饮酒过量的客人，饭店应恰当、及时地劝阻，防止客人在饭店内醉酒。客人醉酒后在饭店内肇事造成损失的，饭店可以要求肇事者承担相应的赔偿责任。

（3）对客人遗留物品的处理

客人结账离店后，如有物品遗留在客房内，饭店应当设法同客人取得联系，将物品归还或寄还给客人，或替客人保管，所产生的费用由客人承担。3个月后仍无人认领的，饭店可登记造册，按拾遗物品处理。

（4）饭店应当提供与本饭店档次相符的产品与服务

饭店应当提供与本饭店档次相符的产品与服务。饭店所提供的产品与服务如果存在瑕疵，饭店应当采取措施及时加以改进。由于饭店的原因而给客人造成损失的，饭店应当根据损失程度向客人赔礼道歉，或给予相应的赔偿。

10）会员饭店违反《规范》的处理

①中国旅游饭店业协会会员饭店违反本《规范》，造成不良后果和影响的，除按照有关规定进行处理外，中国旅游饭店业协会将对该会员饭店给予协会内部通报批评。

②中国旅游饭店业协会会员饭店违反本《规范》，给客人的人身造成较大伤害，或者给客人的财产造成严重损失且情节严重的，除按规定进行赔偿外，中国旅游饭店业协会将对该会员饭店给予公开批评。

③中国旅游饭店业协会会员饭店违反本《规范》，给客人人身造成重大伤害或者给客人的财产造成重大损失且情节特别严重的，除按规定进行赔偿外，经中国旅游饭店业协会常务理事会通过后，将对该会员饭店予以除名。

6.1.3 旅游饭店行业规范颁布实施的意义

《中国旅游饭店行业规范》的主旨是：倡导诚实守信，强化饭店对客人的承诺，保障客人和饭店的合法权益；规范企业经营活动，维护企业经营秩序；引导饭店按国际惯例逐步建立饭店行业的信誉和行业规范体系。该《规范》于2001年7月开始起草工作。中国旅游饭店业协会在广泛调研的基础上，参照国际饭店新规程等国际惯例，于当年10月份拟出初稿后先后征求了公安部、中国消费者协会和有关法律专家的意见，并委托协会常务理事征求了理事和会员饭店的意见，还多次召开座谈会，对规范进行反复修改，十易其稿，形成了《规范》。《规范》是在广泛征求行业内外人士意见基础上形成的共识，因而具有广泛的代表性和可操作性。实施这一规范，具有多方面的积极意义。

1）《规范》是中国旅游饭店业的第一部行业规范，标志着中国旅游饭店业更趋成熟

中国旅游饭店业是目前国内市场化程度较高，并与国际接轨较为顺畅的行业，是我国旅游行业中最有生机和活力的产业之一。特别是1998年以来，在我国旅游饭店中实行了星级评定制度。星级评定标准为我国饭店管理和服务提供了统一的质量标准，为我国饭店业从整体上较快达到国际水准奠定了基础，成为我国旅游饭店业同国际接轨的里程碑。但是由于种种原因，我国旅游饭店业尚无统一的行业规范，一定程度上影响了饭店经营。因此，尽快建立起符合国际规则的饭店运营规范，成为我国旅游饭店业发展的必由之路。因此，《中国旅游饭店行业规范》成为中国旅游饭店业发展几十年来规范饭店经营行为的第一部规范，是指导和规范旅游饭店自律行为的准则，同时也是评价饭店经营行为是否符合行业规范、国际惯例和法律法规的依据。该规范的实施标志着中国旅游饭店业逐步走向成熟。

2）实施《规范》是主动应入世后全球经济一体化竞争和挑战的积极举措

随着我国入世和全球经济一体化，对于开放较早的我国旅游饭店业同样面临竞争与挑战，面对这种竞争与挑战，各国都在创造良好的市场环境、法律环境方面展开激烈竞争，所以我国旅游饭店要在国际市场竞争中生存和发展，必须苦练内功，通过诚信服务，规范经营，树立良好的市场形象，赢得更多的客源。而规范服务的衡量，需要客观、公正、公平的标志，采用符合国际规则和惯例的规范去评价。《规范》的实施摒弃了过去一家饭店一种规范，行业没有统一的弊端，采用了与国际规则接轨的办法，对中国旅游饭店业融入国际饭店业竞争具有积极意义。

3）实施《规范》是完善旅游饭店业法规建设的重要步骤

目前，我国旅游饭店业法规建设相对滞后，除了饭店星级评定标准以外，尚无其他法规。但近年来，随着旅游饭店的大量增加，老百姓生活的提高，到旅游饭店消费的客人越来越多，旅游饭店与客人之间所产生的纠纷也随之不断增多。由于目前我国旅游法规还不够完善，一般的法律法规均未考虑到饭店行业的特殊性，而我国对旅游饭店业国际惯例又宣传得不够。饭店与客人出现纠纷后，往往各执一词，无据可依，客人的权益得不到保护，一定程度上也影响了饭店的经营。饭店业呼唤相应的行业规范早日出台，从而明确饭店的权利和义务。《规范》的实施，为行业主管部门制定《旅游住宿业管理条例》和《饭店法》摸索了经验，为我国饭店行业法规体系的建立奠定了良好的基础。

4）实施《规范》是引导饭店客人消费行为，保障其合法权益的有效手段

饭店客人消费是推动饭店发展的原动力，保护饭店客人权益，让其在饭店消费"物有所值""质价相等"，从而吸引更多的回头客，是饭店创造经济效益的基础。由于旅游饭店行业具备的特性，为了充分尊重和保护消费者权益，根据国家有关法律、法规，《规范》将消费者在旅游饭店消费的具体权利、义务进行了细化界定，明确了旅游饭店在接受客人、保护客人人身和财物安全方面的有关责任，使客人获得更多的知情权，让客人明明白白去饭店消费。

5）实施《规范》是推动我国旅游饭店业持续健康发展的航标

随着我国旅游市场的日趋成熟，根据国际同行业惯例和我国旅游饭店的经营管理现状，《规范》对我国旅游饭店在经营中的权利和义务及相应行为准则等要求进行了相应规定，为旅游饭店协调外部关系、平等协商解决有关纠纷提供了有力的参考和依据，我国旅游饭店的交易成本将有所降低，企业整体运行效益和竞争实力将得以提升。

6）实施《规范》是我国旅游饭店行业管理工作的重要手段

随着我国社会主义市场经济的不断发育与完善，特别是加入 WTO 后，我国各级政府均将法制化、规范化建设作为促进行业发展的必要手段。

如果说我国饭店星级评定标准作为技术标准对推动我国旅游饭店经营管理水平与服务质量的提高起到了重大历史性作用的话，那么《规范》的出台，则将从规章制度的层面促进我国旅游饭店统一规范的形成，为行业管理部门提供重要抓手，丰富管理手段。

《规范》是中国旅游饭店业协会代表中国旅游饭店行业面向社会、行业、市场作出的宣言与承诺，是我们全行业应当共同遵循的守则。《规范》的权威性和严肃性需要依靠广大旅游饭店企业的贯彻实施。因此，中国旅游饭店业协会号召我国旅游饭店企业积极行动起来，深入理解、切实执行《规范》，对照规范，调整自身行为，并以之为契机，维护和提高我国饭店行业的整体形象，促进我国旅游饭店行业队伍的不断成熟和壮大。

6.2 饭店星级评定制度

6.2.1 旅游饭店星级评定标准及制度概述

1）星级评定标准的发展历程

对旅游饭店进行星级评定，是国际上通行的惯例。为了提高我国旅游饭店的经营管理水平和服务水平，适应国际旅游业发展的需要，促进我国饭店业与国际接轨，国家旅游局参照国际标准，结合中国国情，在不同时段制定了相对应的标准。我国从 1988 年制定并实施旅游饭店星级标准评定制度以来，经历了 1993 年、1997 年、2003 年、2010 年 4 次修订，简称"四标时代"。每次修订，都是我国旅游饭店发展到一定历史阶段的产物，且其本质都是为了进一步引导和规范旅游饭店，切实推行和提升服务质量。

1988 年 8 月，国家旅游局参照国际标准，结合中国国情，制定发布了《中华人民共和国评定旅游涉外饭店星级的规定》以及《中华人民共和国评定旅游涉外饭店星级标准》，在我国开始实行了星级评定制度。

1993 年 9 月，国家技术监督局发布了《旅游涉外饭店星级的划分及评定》。

1997 年 10 月，针对中国饭店业发展中出现的新情况，国家技术监督局发布了《旅游涉外饭店星级的划分及评定》（GB/T 14308—1997），增加了选择项目，使饭店可以按实际需要自主选择功能类别和服务项目，对避免饭店企业资源闲置和浪费，促进旅游饭店建设和经营的健康发展发挥了积极的作用。

从 2000 年起，国家旅游局加快饭店星级评定的步伐，推出了饭店星级评定的重大举措：一是下放星级评定权；二是实行预备星级别。经过两年多的时间，成效十分明显。随着全社会经济发展水平和对外开放程度迅速提高，旅游饭店业所面临的外部环境和市场结构发生了较大变化，其自身按不同客源类型和消费层次所作市场定位和分工也日趋细化。为促进旅游饭店业的管理和服务更加规范化和专业化，使之既符合本国实际又与国际发展趋势保持一致，2003 年 6 月 2 日，国家旅游局发布了重新修订的《旅游饭店星级的划分与评定》（GB/T 14308—2003），新标准从 2003 年 12 月 1 日起实施，2004 年 7 月 1 日起全面推广，并对星级饭店进行全面复核、更换星级标牌。

2010 年 10 月 18 日，伴随着中国旅游星级饭店的发展，为适应市场发展趋势和满足行业转型升级的要求，由国家旅游局监督管理司起草，国家质检总局、国家标准化管理委员会发布再次修订后的评定标准——《旅游饭店星级的划分与评定》（GB/T 14308—2010），并于 2011 年 1 月 1 日正式实施。为配合标准的实施，进一步增强饭店星级评定与复核工作的规范性和科学性，国家旅游局制定了《〈旅游饭店星级的划分与评定〉（GB/T 14308—2010）实施办法》，明确旅游饭店的定义，突出绿色环保理念，增强饭店星级评定与复核工作的规范性和科学性，进一步规范了旅游饭店的星级分类和评定。

2）星级评定的标准和条件

①根据《旅游饭店星级的划分与评定》（GB/T 14308—2010），旅游饭店星级分为五个级别，即一星级、二星级、三星级、四星级、五星级（含白金五星级）。最低为一星级，最高为五星级。星级越高，表示饭店的等级越高。用星的数量和颜色表示旅游饭店的星级，星级标志由长城与五角星图案构成。一颗五角星表示一星级，两颗五角星表示二星级，三颗五角星表示三星级，四颗五角星表示四星级，五颗五角星表示五星级，五颗白金五角星表示白金五星级。饭店星级标志由国家旅游局饭店星级评定机构统一制作、核发，须置于饭店大堂最明显位置。

②根据《〈旅游饭店星级的划分与评定〉（GB/T 14308—2010）实施办法》，旅游饭店星级评定，采取按星级饭店的必备条件与检查评分相结合的方法综合评定。所谓星级饭店的必备条件，是指星级饭店必须具备的硬件设施和服务项目，要求相应星级的每个项目都必须达标，缺一不可；在检查评分过程中，主要对饭店硬件设施的档次和饭店的"软件"（包括饭店各项服务的基本流程、设施维护保养和清洁卫生方面）进行评价打分。其次对硬件设施的档次进行评价打分，三、四、五星级规定最低得分线：三星 220 分、四星 320 分、五星 420 分，一、二星级不作要求；在饭店"软件"的评价得分上，三、四、

五星级规定最低得分率：三星70%、四星80%、五星85%，一、二星级不作要求。申请星级评定的饭店，如达不到以上要求及最低分数或得分率，则不能取得所申请的星级。

〖法律小讲坛〗

国家标准与行业标准的关系

国家标准《旅游饭店星级的划分与评定》是总纲，《绿色饭店》《星级访查规范》等行业标准是国家标准在环境管理、服务管理等方面要求的具体展开，是星级饭店标准体系的重要组成部分。

因此，工作中不能片面地将行业标准理解为是国家标准的前置标准。

在饭店星级评定中，一般来说，饭店所取得的星级表明该饭店所有建筑、设备设施及服务均处于同一水准。但是，如果一家饭店是由若干座不同设备设施标准的建筑物组成，饭店星级评定机构可以按每座建筑物的实际标准评定星级，也就是说，同一家饭店的不同建筑物可能被评定为不同的星级。评定星级后，不同星级的建筑物不得继续使用相同的饭店名称，否则该饭店的星级无效。

〖行业广角〗

一家名为"滨江"的饭店是由三座不同的建筑物构成。在星级评定中，该饭店的主楼被评为三星级，而另外两座建筑物则分别被评为二星级和一星级。这种情况下，被评为二星、一星级的建筑物是否能继续使用"滨江"饭店名称？

根据《〈旅游饭店星级的划分与评定〉（GB/T 14308—2010）实施办法》，被评为二星、一星级的建筑物是不能继续使用"滨江"饭店名称的。如果在经营过程中，该饭店需关闭星级标准所规定的某些服务设施、设备，取消或更改星级标准所规定的某些服务项目，必须经饭店星级评定机构批准，否则该饭店星级无效。此外，若该饭店因进行改造发生建筑标准、设施设备标准和服务项目变化，也必须向饭店星级评定机构申请重新评定星级，否则，该饭店原评星级无效。

3）《标准》的地位与作用

①标准规范了饭店行业的经营与管理，提升了饭店行业的服务品质，构建了规范化发展的行业新格局。

②标准在行业市场的影响力不断扩大，推动着中国星级饭店大步迈向国际化发展新境界。

③标准对行业管理形成了富有权威性、技术性的强力抓手，贯穿于中国旅游饭店业改革开放的发展之中，始终发挥着不可替代的指导作用。

④标准引导下的星级已经突破饭店行业的自身范围，为全社会所广泛认同，星级的概念已为多行业所普遍推广。

〖法规速递〗

新版星级饭店评定标准的主要变化

重新的修编令评定标准焕发出新的生命力，以更好地规范和引导行业的发展。新版星级饭店评定标准与旧版相比，主要的技术内容变化表现在以下若干方面：

1）标准的文本结构更为清晰

各星级饭店划分条件包括必备条件（一票否决制）、设施设备和饭店运营质量三部分。"设施设备维修保养及清洁卫生评定检查表"分解后融入饭店运营质量相应部分。删除"星级的评定规则",保留白金五星级的概念,但其具体标准与评定办法将另行制定。

2)对评价机制作出了较大调整

监督管理司制定标准,旅游饭店协会执行标准进行评定;完善监督机制和退出机制,复评周期缩短,星级标志使用有效期为3年,饭店运营中发生重大安全事故,所属星级将被立即取消。

3)等级划分与国际接轨

将一、二、三星级饭店定位为有限服务饭店,评定星级时应对饭店住宿产品进行重点评价;四、五星级(含白金五星级)定位为完全服务饭店,评定星级时应对饭店产品进行全面评价。一方面与国际饭店等级划分接轨,另一方面吸引中低档饭店申报星级。

更加注重核心产品,弱化配套设施。客房的安全、卫生、安静、设施可作为基本要素,舒适度为提升要素。新版标准注重客房舒适度,并进行了细化考量,分值由以前的10分增加为35分。弱化配套设施主要体现为:对大堂面积未作硬性要求,游泳池不再成为高星级饭店必备项。例外条款中,游泳池从旧版17分降为目前的10分;由于国家政策不鼓励大量建设高尔夫球场,"高尔夫球场"分值大幅下调,从旧版20分降为现在的5分。对低星级饭店,取消或降低对"餐饮""客房小冰箱""小商店""提供洗衣服务""套房"等方面的要求。但停车场成为三星级以上饭店的必备项。

4)顺应低碳经济发展趋势,突出绿色环保

新版标准倡导绿色设计、清洁生产、节能减排、绿色消费的理念。要求各星级饭店应有与本星级相适应的节能减排方案并付诸实施。在设备设施项中,节能措施与环境管理分值从2分增加到14分,细分项包括是否采用建筑节能设计,新能源的设计与运用,环保设备和用品,节能产品和采取节能及环境保护的有效措施,中水处理系统,污水、废气处理设施以及垃圾房等。

5)强化安全与突发事件管理

星级饭店应增强突发事件应急处置能力,突发事件处置的应急预案应作为各星级饭店的必备条件。例如对四、五星级饭店,要求应有突发事件(包括火灾、自然灾害、饭店建筑物和设备设施事故、公共卫生和伤亡事件、社会治安事件等)处置的应急预案,有年度实施计划,并定期演练。饭店营运中一旦发生重大安全责任事故,星级将被取消。安全设施要求分值由8分提高到16分,新增公共区域和食品安全,如是否有符合规范的逃生通道、安全避难场所及食品留样送检机制等。

6)提高饭店设备设施和服务质量评价的可操作性

例如,对前厅总机、预订、住宿登记、行李服务、礼宾和问询服务、结账以及前厅维护保养与清洁卫生等,对客房浴缸及淋浴的照明、水龙头出水升温速度及稳定性、水压、水质、下水及安全性等,对床单、被套、枕套、毛巾、浴巾等的纱织规格、含棉量及床垫硬度等,对公共区域与客房区域温差和相对湿度、客房门、墙、窗、天花、卫生间的隔音措施、照明效果等,都进行了细化和量化评价。

7)鼓励对新技术和新设备的应用

如五星级饭店应有运行有效的计算机管理系统,前后台联网,有饭店独立的官方网站或者互联网主页,并能够提供网络预订服务。信息管理系统以前分为"硬件"和"软件"

两项进行评价，现从覆盖范围、采取确保饭店信息安全的有效措施和系统供应商三方面进行评价。互联网则从覆盖范围和应用两个大的方面进行衡量。公共系统是否配备先进、有效的火灾报警与消防联动控制系统（含点报警、面报警、消防疏散广播等；环保节能方面是否采用先进的楼宇自动控制系统，如新风／空调监控、供配电与照明监控、给排水系统监控等）。

8）注重饭店内外部环境、氛围营造及布局合理

建筑结构及功能布局，旧版强调平均每间客房的建筑面积，新版则强调各功能区位置、分隔合理及方便宾客使用。五星级饭店要求室外环境整洁美观，绿色植物维护良好；饭店后台区域设施完好、卫生整洁、维护良好，前后台的衔接合理，导向清晰。建筑物外观和建筑结构应具有鲜明的豪华饭店的品质，饭店空间布局合理；内外装修应采用高档材料，符合环保要求，工艺精致，整体氛围协调，风格突出；要求客房装修豪华，具有良好的整体氛围，套房布局合理。前厅整体舒适度，从颜色、光线、温度、声音、味道等方面评价。餐饮方面旧版过于强调数量，如餐厅数量、面积，新版更为关注风格、氛围、设计、装饰等。

9）增加例外条款，引导特色经营

新标准增加特色类别项，对商务会议型和休闲度假型旅游饭店设施分别单独评价。对于以住宿为主营业务，建筑与装修风格独特，拥有独特客户群体，管理和服务特色鲜明，且业内知名度较高旅游饭店的星级评定，可参照五星级的要求。

10）体现以人为本的理念

将"残疾人"改称为"残障人士"，关注对残障人士的服务及设施。门厅及主要公共区域应有残障人士出入坡道，高星级饭店还要求有残障人士房间。五星级饭店送餐车应有保温设备。关注员工发展，强调员工培训规划和制度及员工培训设施。各星级饭店要求有系统的员工培训规划和制度，五星级还应有专门的教材、专职培训师及专用员工培训教室。

11）强调饭店设施设备标准的整体性和一致性

评定星级时不应因为某一区域所有权或经营权的分离，或因为建筑物的分隔而区别对待，饭店内所有区域应达到同一星级的质量标准和管理要求。

〖知识链接〗

有限服务饭店和完全服务饭店释义

《旅游饭店星级的划分与评定》（GB/T 14308—2010）原文：

5.1 星级饭店的建筑、附属设施设备、服务项目和运行管理应符合国家现行的安全、消防、卫生、环境保护、劳动合同等法律、法规和标准的规定与要求。

5.2 各星级划分的基本条件见附录A，各星级饭店应逐项达标。

5.3 星级饭店设备设施的位置、结构、数量、面积、功能、材质、设计、装饰等评价标准见附录B。

5.4 星级饭店的服务质量、清洁卫生、维修保养等评价标准见附录C。

5.5 一星级、二星级、三星级饭店是有限服务饭店，评定星级时应对饭店住宿产品进行重点评价；四星级和五星级（含白金五星）饭店是完全服务饭店，评定星级时应对饭店产品进行全面评价。

释义：

有限服务饭店绝不是简单意义上的"价格便宜"，也不是单纯减少功能与服务，而是强调饭店住宿的核心功能，关注价格与质量的性价比，通常具有以下几个特点：

第一，设备配置方面：强调"必要硬件配置"，重视简单实用与低成本运行。

第二，组织结构方面：讲究高效的机构设置，注重一人多能的岗位职责。

第三，服务方面：突出"少而精"，客房是其经营的绝对重点，卫生、安全、方便是服务的基本要求。

第四，市场方面：以对价格较敏感的旅游者为主要消费群体，市场规模大，客源稳定。

与有限服务饭店相区别，完全服务饭店高度重视饭店功能配置和服务项目的完整性，强调饭店环境、氛围与服务的整体协调性，关注宾客的全面感受和价值体现。

6.2.2 星级评定机构

1）国家旅游局设全国旅游星级饭店评定委员会（以下简称为"全国星评委"）

全国星评委是负责全国星评工作的最高机构。

（1）职能

统筹负责全国旅游饭店星评工作；聘任与管理国家级星评员；组织五星级饭店的评定和复核工作；授权并监管地方旅游饭店星级评定机构开展工作。

（2）组成人员

全国星评委由中国旅游协会领导、中国旅游饭店业协会领导、国家旅游局监督管理司领导、政策法规司领导、监察局领导、中国旅游协会和中国旅游饭店业协会秘书处相关负责人及各省、自治区、直辖市旅游星级饭店评定委员会主任组成。

（3）办事机构

全国星评委下设办公室，作为全国星评委的办事机构，设在中国旅游饭店业协会秘书处。

（4）饭店星级评定职责和权限

①执行饭店星级评定工作的实施办法。

②授权和督导地方旅游饭店星级评定机构的星级评定和复核工作。

③对地方旅游饭店星级评定机构违反规定所评定和复核的结果拥有否决权。

④实施或组织实施对五星级饭店的星级评定和复核工作。

⑤统一制作和核发星级饭店的证书、标志牌。

⑥按照《饭店星评员章程》要求聘任国家级星评员，监管其工作。

⑦负责国家级星评员的培训工作。

〖知识链接〗

星评员的工作要求

（1）星评员在相应星评委有组织有计划的安排下，可以明察或暗访方式对受检饭店进行检查，要预先研究受检饭店的申请报告或复核自查报告及相关材料，掌握受检饭店的概况和特点；检查结束时向受检饭店全面反馈检查情况，就其星级达标情况提出规范的书面报告。各级星评员应保持清正、廉洁的作风，未经相应星评委授权，不得随意实施对饭店的检查工作。

（2）饭店星级评定或复核时，要据实评判各项必备条件的具备情况和饭店设施设备、饭店运营质量的得分情况，写出书面检查报告并及时呈交委派工作的星评委。

（3）星评员向受检饭店和相应星评委作出的反馈意见应严谨，规范，条理清晰，具有较高的针对性和指导性。对于不达标的饭店，要提出明确的整改要求。

（4）星级饭店内审员应按照星级能标准和所在地星评委的要求，检查所在饭店的达标情况，敦促饭店管理层就所存在的问题及时整改，并向所在地星评委作出书面报告。

（5）饭店星评员接受聘用单位的检查、监督和管理。

2）各省、自治区、直辖市旅游局设省级旅游星级饭店评定委员会（简称"省级星评委"）

省级星评委报全国星评委备案后，根据全国星评委的授权开展星评和复核工作。

（1）组成人员

省级星评委的组建，根据本地实际情况确定，由地方旅游行业管理部门负责人和旅游饭店协会负责人等组成。

（2）办事机构

省级星评委下设办公室为办事机构，可设在当地旅游局行业管理处或旅游饭店协会。

（3）饭店星级评定职责和权限

省级星评委依照全国星评委的授权开展以下工作：

①贯彻执行并保证质量完成全国星评委部署的各项工作任务。

②负责并督导本省内各级旅游饭店星级评定机构的工作。

③对本省副省级城市、地级市（地区、州、盟）及下一级星级评定机构违反规定所评定的结果拥有否决权。

④实施或组织实施本省四星级饭店的星级评定和复核工作。

⑤向全国星评委推荐五星级饭店并严格把关。

⑥按照《饭店星评员章程》要求聘任省级星评员。

⑦负责副省级城市、地级市（地区、州、盟）星评员的培训工作。

3）副省级城市、地级市（地区、州、盟）旅游局设地区旅游星级饭店评定委员会（简称"地区星评委"）

地区星评委在省级星评委的指导下，参照省级星评委的模式组建。

（1）组成人员

地区星评委可由地方旅游行业管理部门负责人和旅游饭店协会负责人等组成。

（2）办事机构

地区星评委的办事机构可设在当地旅游局行业管理处（科）或旅游饭店协会。

（3）地区星评委依照省级星评委的授权开展以下工作

①贯彻执行并保证质量完成全国星评委和省级星评委布置的各项工作任务。
②负责本地区星级评定机构的工作。
③按照《饭店星评员章程》要求聘任地市级星评员，实施或组织实施本地区三星级及以下饭店的星级评定和复核工作。
④向省级星评委推荐四、五星级饭店。

6.2.3 饭店星级评定程序

1）饭店星级评定程序

（1）申请

饭店星级评定遵循企业自愿申报的原则，凡在中华人民共和国境内正式营业一年以上的旅游饭店，均可向所在地区旅游行政主管机构的星级评定机构提出星级申报的申请。申请星级的旅游饭店，均应承诺履行向旅游饭店星级评定机构提供不涉及本饭店商业机密的经营管理数据的义务。

申请星级的饭店，应在对照《旅游饭店星级的划分及评定》（GB/T 14308—2010）充分准备的基础上，按属地原则向相应的旅游饭店星级评定机构递交星级申请材料。申请材料包括：饭店星级申请报告、消防验收合格证（复印件）、特种行业许可证（复印件）、卫生许可证（复印件）、工商营业执照（复印件）、饭店装修设计说明及其他必要的文字和图片资料等。

（2）受理

接到饭店星级申请报告后，相应评定权限的旅游饭店星级评定机构应在核实申请材料的基础上，于14天内作出受理与否的答复。对申请四星级以上的饭店，其所在地旅游饭店星级评定机构在逐级递交或转交申请材料时，应提交推荐报告或转交报告。

（3）检查

旅游饭店星级评定的检查，由饭店星评员承担。饭店星评员分为：国家级星评员、地方级星评员（含省级和地市级）和星级饭店内审员。国家级星评员和地方级星评员主要由政府行业管理人员、饭店高级管理人员和有关专家学者组成。

受理申请或接到推荐报告后，相应评定权限的旅游饭店评定机构委派2~3星评员，以明察或暗访的形式对饭店进行评定检查。五星级饭店评定检查工作应在36~48小时内完成，一、二、三星级饭店的评定检查工作应在24小时内完成，四星级饭店的评定检查工作应在36小时内完成。对通过五星级资格审查的饭店，全国星评委可根据工作需要安排宾客满意度调查，并形成专业调查报告，作为星评工作的参考意见。

检查合格与否，检查员均应提交检查报告。检查未予通过的饭店，应根据星评委反馈的有关意见进行整改。相应星级评定机构应加强指导，待接到饭店整改完成并要求重新检查的报告后，于一个月内再次安排评定检查。

（4）审核

接到检查报告后一个月内，星级评定机构应根据星评员的意见对申请饭店进行审核。审核的主要内容及材料有：星评员检查报告、星级评定检查反馈会原始记录材料、依据《旅游饭店星级的划分及评定》(GB/T 14308—2010)打分情况(打分总表须有星评员签名)等。

（5）批复

对于经评审认定达到标准的饭店，星级评定机构应给予评定星级的批复，并授予相应星级的标志和证书，星级饭店（预备星级饭店）证书、标牌由国家旅游局统一制作，省星评委统一颁发。对于经评审认定达不到标准的饭店，星级评定机构不予批复。批复结果在中国旅游网和中国旅游饭店业协会网站上同时公示，公示内容包括饭店名称、星评委受理时间、星评员评定检查时间、星评员姓名、批复时间。

（6）申诉

申请星级评定的饭店对星评过程及其结果如有异议，可向上一级星评机构或直接向国家旅游局申诉。上一级星评委或国家旅游局根据调查结果予以答复，并保留最终裁定权。

（7）抽查

国家旅游局根据《国家级星评监督员管理规则》，派出国家级星评监督员随机抽查星级评定情况，对星评工作进行监督。一旦发现星评过程中存在不符合程序的现象或检查结果不符合标准要求的情况，国家旅游局可对星级评定结果予以否决，并对执行该任务的星评员进行处理。

〖知识链接〗

对五星级及以上饭店的评定，需审查与公示。全国星评委在接到省级星评委推荐报告和饭店星级申请材料后，应在一个月内完成审定申请资格、核实申请报告等工作，并对通过资格审查的饭店，在中国旅游网和中国旅游饭店业协会网站上同时公示。对未通过资格审查的饭店，全国星评委应下发正式文件通知省级星评委。

2）旅游饭店星级的评定原则

饭店所取得的星级表明该饭店所有建筑物、设施设备及服务项目均处于同一水准。如果饭店由若干座不同建筑水平或设施设备标准的建筑物组成，旅游饭店星级评定机构应按每座建筑物的实际标准评定星级，评定星级后，不同星级的建筑物不能继续使用相同的饭店名称。否则，旅游饭店星级评定机构应不予批复或收回星级标志和证书。

饭店取得星级后，因改造发生建筑规格、设施设备和服务项目的变化，关闭或取消原有设施设备、服务功能或项目，导致达不到原星级标准的，应向原旅游饭店星级评定机构申报，接受复核或重新评定。否则，原旅游饭店星级评定机构应收回该饭店的星级证书和标志。

某些特色突出或极其个性化的饭店，若其自身条件与本标准规定的条件有所区别，可以直接向全国旅游饭店星级评定机构申请星级。全国旅游饭店星级评定机构应在接到申请后一个月内安排评定检查，根据检查和评审结果给予评定星级的批复，并授予相应星级的证书和标志。

〖法律小讲坛〗

饭店运营质量评价的原则

第一，评价重点。饭店运营质量是饭店整体系统协调、规范、流畅的终极效果，其核心在于运营全过程中各个环节和项目所达到的水平程度。对星级饭店运营质量的评价应遵循项目—流程—动作的逻辑，关注饭店人员动作的专业性、规范性和完美性，以及设施设备的完好性、有效性、便利性。

第二，评价态度。应严格按照本标准所规定的内容和要求对饭店进行客观、公正的评价，任何人不得以自身企业的规范、流程或本人的好恶作为评价标准。

第三，评价方法。应重视问题的普遍性，在饭店设施设备维修保养评价中，相同问题至少应重复出现3处以上，才能视作饭店的不足。同时，在饭店不同服务区域、不同岗位，出现相同问题，评价时只能扣减一次分数，不得多次重复扣分。

第四，评价尺度。在服务质量评价时，完全达到标准要求为优，基本达到为良，部分达到为中，严重不足为差。

在设施设备维修保养评价时，没有问题为优，出现1次问题为良，出现2次为中，出现3次为差。

6.2.4 星级评定复核

1）星级复核

星级复核是星级评定工作的重要组成部分，其目的是督促已取得星级的饭店持续达标，其组织和责任划分完全依照星级评定的责任分工。星级复核分为年度复核和三年期满的评定性复核。

年度复核工作由饭店对照星级标准自查自纠，并将自查结果报告相应级别星评委，相应级别星评委根据自查结果进行抽查。

评定性复核工作由各级星评委委派星评员以明察或暗访的方式进行。

各级星评委应于本地区复核工作结束后进行认真总结，并逐级上报复核结果。

〖行业动态〗

行业自律与行业监管并举，提升星级饭店服务质量

2019年2月22日，全国旅游星级饭店评定委员会发布公告，对近期暗访检查中发现卫生和消防安全问题严重、服务不规范问题突出的7家饭店予以取消五星级旅游饭店资格的处理，对10家饭店予以限期整改12个月的处理。

这些被处理的饭店存在的问题主要是：客房及过道地面污渍明显，餐厅天花板渗水发霉，洗手间面盆内有毛发和絮状物，公共卫生间污渍严重，客用毛巾发黑发硬，客房电热水壶锈迹严重；灭火器过期，消防栓长期未进行检查，消防检查记录缺失；指示标识不全，安保管理松散，无礼宾、送餐、开夜床服务，游泳池无救生员在岗值守等。对这些问题严重的五星级饭店予以取消星级资格和限期整改的处理，目的是切实加强住宿业行业管理，维护《旅游饭店星级的划分与评定》（GB/T 14308—2010）的权威性和严肃性，促进星级饭店行业提升服务质量和管理水平。

文化和旅游部将切实履行对星级饭店的行业监管职责，严格监督实施《旅游饭店星级的划分与评定》（GB/T 14308—2010），持续组织开展对五星级饭店的暗访检查。文化和旅游部还将联合卫生、公安、消防和市场监管等部门建立健全对星级饭店的监督检查制度，并将星级饭店纳入旅游住宿业信用监管，对有严重失信行为者实施跨部门失信联合惩戒。

（资料来源：中华人民共和国文化和旅游部网）

2）星级复核的处理制度

全国星评委委派 2~3 名国家级星评员同行，以明察或暗访的方式对饭店进行评定性复核检查。全国星评委可根据工作需要，对满三期的五星级饭店进行宾客满意度调查，并形成专业调查报告，作为评定性复核的参考意见。

对复核结果达不到相应标准的星级饭店，相应级别星评委根据情节轻重给予限期整改、取消星级的处理，并公布处理结果，对于取消星级的饭店，应将其星级证书和星级标志牌收回，自取消星级之日起一年后，方可重新申请星级评定。

〖知识链接〗

接受评定性复核的星级饭店，如其正在进行大规模装修改造，或者其他适当原因而致使暂停营业，可以在评定性复核当年年前提出延期申请。经查属实后，相应级别星评委可以酌情批准其延期一次。延期复核的最长时限不应超过一年，如延期超过一年，须重新申请星级评定。

国家旅游局根据《国家级星评监督员管理规则》，派出国家级星评监督员随机抽查年度复核和评定性复核情况，对复核工作进行监督。一旦发现复核过程中存在不符合程序的现象或检查结果不符合标准要求的情况，国家旅游局可对星级复核结果予以否决。

〖法规速递〗

《旅游民宿基本要求与评价》（LB/T 065—2019）

1. 范围

本标准规定了旅游民宿的等级和标志、基本要求、等级划分条件、等级划分方法。

本标准适用于正式营业的小型旅游住宿设施，包括但不限于客栈、庄园、宅院、驿站、山庄等。

2. 规范性引用文件

下列文件对于本文件的应用是必不可少的。凡是注日期的引用文件，仅注日期的版本适用于本文件。凡是不注日期的引用文件，其最新版本（包括所有的修改单）适用于本文件。

GB 5719 生活饮用水卫生标准

GB 50222 建筑内部装修设计防火规范

3. 术语和定义

下列术语和定义适应于本文件。

3.1 旅游民宿 homestay inn

利用当地民居等相关闲置资源，经营用客房不超过 4 层、建筑面积不超过 800 m^2，主人参与接待，为游客提供体验当地自然、文化与生产生活方式的小型住宿设施。

注：根据所处地域的不同，可分为城镇民宿和乡村民宿。

3.2 民宿主人 owner; investor

民宿业主或经营管理者。

4. 等级和标志

4.1 旅游民宿等级分为 3 个级别，由低到高分别为三星级、四星级和五星级。

4.2 星级旅游民宿标志由民居与五角星图案构成，用三颗五角星表示三星级，四颗五角星表示四星级，五颗五角星表示五星级。

4.3 旅游民宿等级的标牌、证书由等级评定机构统一制作。

5. 基本要求

5.1 规范经营

5.1.1 应符合治安、消防、卫生、环境保护、安全等有关规定与要求，取得当地政府要求的相关证照。

5.1.2 经营场地应符合本市县国土空间总体规划（包括现行城镇总体规划、土地利用总体规划）、所在地民宿发展有关规划。

5.1.3 服务项目应通过文字、图形方式公示，并标明营业时间，收费项目应明码标价。

5.1.4 经营者应定期向文化和旅游行政部门报送统计调查数据，及时向相关部门上报突发事件等信息。

5.2 安全卫生

5.2.1 经营场地无地质灾害和其他影响公共安全的隐患。

5.2.2 易发生危险的区域和设施应设置安全警示标志，安全警示标志应清晰、醒目；易燃、易爆物品的储存和管理应采取必要的防护措施，符合相关法律法规。

5.2.3 应配备必要的防盗、应急、逃生安全设施，确保游客和从业人员人身和财产安全。

5.2.4 应建立各类相关安全管理制度和突发事件应急预案，落实安全责任，定期演练。

5.2.5 食品来源、加工、销售应符合相关食品安全国家标准要求。

5.2.6 从业人员应按照要求持健康证上岗。

5.3 生态环保

5.3.1 生活用水（包括自备水源和二次供水）应符合 GB 5719 要求。

5.3.2 室内外装修与用材应符合环保规定，达到 GB 50222 的要求。

5.3.3 建设、运营应因地制宜，采取节能减排措施，污水统一截污纳管或自行有效处理达标排放。

5.4 其他

5.4.1 旅游民宿开业一年后可自愿申报星级评定，近一年应未发生相关违法违规事件，同一地点、同一投资经营主体只能以一个整体申报。

5.4.2 经评定合格可使用星级标志，有效期为三年，三年期满后应进行复核。

5.4.3 旅游民宿评定实行退出机制，经营过程中出现以下情况的将取消星级：

a. 发生相关违法违规事件；

b. 出现卫生、消防、安全等责任事故；

c. 发生重大有效投诉；

d. 发生私自设置摄像头侵犯游客隐私等造成社会恶劣影响的其他事件；

e. 日常运营管理达不到或不符合相应星级标准要求。

取消星级后满三年，可重新申请星级评定。

6. 等级划分条件

6.1 三星级

6.1.1 环境和建筑

6.1.1.1 周边环境应整洁干净。

6.1.1.2 建筑外观应与周边环境相协调。

6.1.2 设施和设备

6.1.2.1 客房应配备必要的家具。

6.1.2.2 客房应有舒适的床垫和床上棉织品(被套、被芯、床单、枕芯、枕套等)及毛巾。

6.1.2.3 客房应有水壶、茶杯。

6.1.2.4 客房应有充足的照明，有窗帘。

6.1.2.5 应有方便使用的卫生间，提供冷、热水。照明和排风应效果良好，排水通畅，有防滑防溅措施。

6.1.2.6 各区域应有方便使用的开关和电源插座。

6.1.2.7 厨房应有消毒设施，有效使用。

6.1.2.8 厨房应有冷冻、冷藏设施，生、熟食品及半成食品分柜置放。

6.1.2.9 应有适应所在地区气候的采暖、制冷设施，各区域通风良好。

6.1.3 服务和接待

6.1.3.1 各区域应整洁、卫生，相关设施应安全有效。

6.1.3.2 客房床单、被套、枕套、毛巾等应做到每客必换，并能应游客要求提供相应服务。

6.1.3.3 拖鞋、杯具等公用物品应一客一消毒。

6.1.3.4 卫生间应每天清理不少于一次，无异味、无积水、无污渍。

6.1.3.5 应有有效的防虫、防蛇、防鼠等措施。

6.1.3.6 民宿主人应参与接待，邻里关系融洽。

6.1.3.7 接待人员应热情好客，穿着整齐清洁，礼仪礼节得当。

6.1.3.8 接待人员应能用普通话提供服务。

6.1.3.9 接待人员应掌握并应用相应的服务技能。

6.1.3.10 接待人员应保护游客隐私，尊重游客的宗教信仰与风俗习惯，保护游客的合法权益。

6.1.3.11 夜间应有值班人员或值班电话。

6.1.4 特色和其他

应为所在乡村(社区)人员提供就业或发展机会。

6.2 四星级

6.2.1 环境和建筑

6.2.1.1 周边环境应整洁干净，绿植维护较好，宜有良好的空气质量和地表水质。

6.2.1.2 周边宜有医院或医疗点。

6.2.1.3 周边宜有停车场，方便出入。

6.2.1.4 周边宜有地方特色餐饮。

6.2.1.5 周边宜有地方生产生活方式活动体验点。

6.2.1.6 建筑外观应与周边环境相协调，宜体现当地特色。

6.2.2 设施和设备

6.2.2.1 客房应配备必要的家具，摆放合理、方便使用、舒适美观。

6.2.2.2 客房应有舒适的床垫和柔软舒适的床上棉织品(被套、被芯、床单、枕芯、枕套及床衬垫等)及毛巾。

6.2.2.3 客房应有水壶、茶杯和饮用水。

6.2.2.4 客房应有充足的照明，有窗帘，隔音效果较好。

6.2.2.5 应有方便使用的卫生间，24 小时供应冷水，定时供应热水。照明和排风应效果良好，排水通畅，有防滑防溅措施。客房卫生间盥洗、洗浴、厕位宜布局合理。

6.2.2.6 各区域应有满足游客需求、方便使用的开关和电源插座。

6.2.2.7 宜有满足游客需求、方便使用的餐饮区。

6.2.2.8 厨房应有消毒设施，有效使用。

6.2.2.9 厨房应有与接待规模相匹配的冷冻、冷藏设施，生、熟食品及半成食品分柜置放。

6.2.2.10 应有清洗、消毒场所，位置合理，整洁卫生，方便使用。

6.2.2.11 应有布局合理、方便使用的公共卫生间。

6.2.2.12 应有适应所在地区气候的采暖、制冷设施，效果较好，各区域通风良好。

6.2.2.13 宜有与接待规模相匹配的公共区域，配置必要的休闲设施。

6.2.2.14 室内外装修宜体现文化特色。

6.2.3 服务和接待

6.2.3.1 各区域应整洁、卫生，相关设施应安全有效。

6.2.3.2 客房床单、被套、枕套、毛巾等应做到每客必换，并能应游客要求提供相应服务。

6.2.3.3 拖鞋、杯具等公用物品应一客一消毒。

6.2.3.4 卫生间应每天清理不少于一次，无异味、无积水、无污渍。

6.2.3.5 应有有效的防虫、防蛇、防鼠等措施。

6.2.3.6 应提供或推荐多种特色餐饮产品。

6.2.3.7 接待人员应热情好客，穿着整齐清洁，礼仪礼节得当。

6.2.3.8 接待人员应熟悉当地文化旅游资源和特色产品，用普通话提供服务。

6.2.3.9 接待人员应掌握并熟练应用相应的服务技能。

6.2.3.10 接待人员应满足游客合理需求，提供相应服务。

6.2.3.11 接待人员应保护游客隐私，尊重游客的宗教信仰与风俗习惯，保护游客的合法权益。

6.2.3.12 夜间应有值班人员或值班电话。

6.2.4 特色和其他

6.2.4.1 宜建立有关规章制度，定期开展员工培训。

6.2.4.2 宜建立水电气管理制度，有设施设备维保记录。

6.2.4.3 宜提供线上预定、支付服务，利用互联网技术宣传、营销。

6.2.4.4 宜购买公众责任险以及相关保险。

6.2.4.5 应为所在乡村（社区）人员提供就业或发展机会。

6.3 五星级

6.3.1 环境和建筑

6.3.1.1 周边环境应整洁干净、环境优美，宜有良好的空气质量和地表水质。

6.3.1.2 周边宜有医院或医疗点。

6.3.1.3 宜设有民宿导向系统，标志牌位置合理、易于识别。

6.3.1.4 周边宜有停车场，方便出入。

6.3.1.5 周边宜有较多地方特色餐饮。

6.3.1.6 周边宜有地方非遗、风俗、生产生活方式等活动体验点。

6.3.1.7 建筑外观应与周边环境相协调，宜就地取材，突出当地特色。

6.3.2 设施和设备

6.3.2.1 客房、餐厅、公共活动等区域应布局合理。

6.3.2.2 客房应配备必要的家具，品质优良，摆放合理、方便使用、舒适美观。

6.3.2.3 客房应有品质优良的床垫和床上棉织品（被套、被芯、床单、枕芯、枕套及床衬垫等）及毛巾。

6.3.2.4 客房应有水壶、茶具和饮用水，品质优良。

6.3.2.5 客房应有充足的照明，有窗帘，遮光和隔音效果较好。

6.3.2.6 客房应有方便舒适的独立卫生间，24 小时供应冷、热水，客用品品质优良。照明和通风应效果良好，排水通畅，有防滑防溅措施。盥洗、洗浴、厕位布局合理。

6.3.2.7 餐厅宜氛围浓郁、方便舒适，满足游客需求。

6.3.2.8 各区域应有满足游客需求、方便使用的开关和电源插座。

6.3.2.9 应有专门的布草存放场所，位置合理，整洁卫生。

6.3.2.10 宜提供方便游客使用的消毒设施。

6.3.2.11 厨房应有消毒设施，有效使用。

6.3.2.12 厨房应有与接待规模相匹配的冷冻、冷藏设施，生、熟食品及半成食品分柜置放。

6.3.2.13 应有清洗、消毒场所，位置合理，整洁卫生，方便使用。

6.3.2.14 应有布局合理、整洁卫生、方便使用的公共卫生间。

6.3.2.15 应有适应所在地区气候的采暖、制冷设施，效果较好，各区域通风良好，宜采用节能降噪产品。

6.3.2.16 应有主题突出、氛围浓郁、与接待规模相匹配的公共活动区域，配置必要的休闲设施。

6.3.2.17 室内外装修应材质优良，宜体现地方文化特色，有主题。

6.3.2.18 宜提供方便有效的音响、充电、调控等智能化设施。

6.3.3 服务和接待

6.3.3.1 各区域应整洁、卫生，相关设施应安全有效。

6.3.3.2 客房床单、被套、枕套、毛巾等应做到每客必换，并能应游客要求提供相应服务。

6.3.3.3 拖鞋、杯具等公用物品应一客一消毒。

6.3.3.4 卫生间应每天清理不少于一次，无异味、无积水、无污渍。

6.3.3.5 应有有效的防虫、防蛇、防鼠等措施。

6.3.3.6 应提供或推荐多种特色餐饮产品。

6.3.3.7 接待人员应热情好客，穿着整齐清洁，礼仪礼节得当。

6.3.3.8 接待人员应熟悉当地文化旅游资源和特色产品，用普通话提供服务。

6.3.3.9 接待人员应掌握并熟练应用相应的服务技能。

6.3.3.10 接待人员应满足游客合理需求，提供相应服务。

6.3.3.11 接待人员应保护游客隐私，尊重客的宗教信仰与风俗习惯，保护游客的合法权益。

6.3.3.12 夜间应有值班人员或值班电话。

6.3.3.13 宜提供接送服务，方便游客抵达和离开。

6.3.4 特色和其他

6.3.4.1 民宿主人宜有亲和力，游客评价高。

6.3.4.2 应提供不同类型的特色客房。

6.3.4.3 宜建立健全有关规章制度，定期开展员工培训，效果良好。

6.3.4.4 宜建立食品留样制度。

6.3.4.5 宜建立设施设备维护保养、烟道清洗、水箱清洗等管理制度，定期维保、有效运行。

6.3.4.6 宜建立健全水电气管理制度，有台账记录。

6.3.4.7 宜提供线上预订、支付服务，利用互联网技术宣传、营销，效果良好。

6.3.4.8 宜购买公众责任险以及相关保险，方便理赔。

6.3.4.9 应有倡导绿色消费、保护生态环境的措施。

6.3.4.10 应为所在乡村(社区)人员提供就业或发展机会，参与地方或社区公益事业活动。

6.3.4.11 宜参与地方优秀文化传承、保护和推广活动，定期为游客组织相关活动，有引导游客体验地方文化活动的措施。

6.3.4.12 宜利用地方资源开发旅游商品和文创产品，与当地居民或村民有良好互动。

7. 等级划分方法

7.1 根据旅游民宿等级划分条件，按照必备项目检查表和一般要求评分表的评价得分确定旅游民宿等级。

7.2 必备项目检查表、一般要求评分表及等级划分具体办法由等级评定机构制订。

本章小结

本章主要介绍饭店业行业规范和饭店星级评定制度，通过本章的学习，使学生熟悉和了解饭店行业规范颁布的意义及内容，了解饭店星级评定标准的发展历程及其地位与作用，能区分各星级评定机构的组成情况、办事机构及职责权限，掌握星级评定的程序和原则，了解饭店星级评定复核工作的重要性。

自测题

一、选择题

1. 《旅游饭店星级的划分与评定》（GB/T 14308—2010）于（　　）正式实施。

A.2011 年 1 月 1 日　　　　　　　　B.2010 年 10 月 18 日

C.2011 年 10 月 18 日　　　　　　　D.2010 年 1 月 1 日

2. 新版饭店评定标准中规定饭店星级标准的使用有效期是（　　）。

A.1 年　　　　　B.5 年　　　　　C.3 年　　　　　D. 终身

3. 饭店星级在复核中，对于取消星级的饭店，自取消星级之日起（　　）后，方可重新申请星级评定。

A. 半年　　　　B.1 年　　　　C.3 年　　　　D.5 年

4. 五星级饭店评定检查工作应在（　　）小时内完成，一、二、三星级饭店的评定检查工作应在（　　）小时内完成，四星级饭店的评定检查工作应在（　　）小时内完成。

A.36 ~ 48　　　B.24　　　　C.36　　　　D.48

二、判断题

1. 《中国旅游饭店行业规范》就其性质而言，虽然不是国家法律，但还是有强制执行的效力，该行业规范可以约束旅游饭店协会的会员饭店。　　　　　　（　　）

2. 根据国家规定，饭店如果对客房、餐饮、洗衣、电话等服务项目加收服务费，应当在房价表或有关服务价目单上明码标价。　　　　　　　　　　（　　）

3. 由若干不同标准的建筑物组成的饭店，评定星级后，不同星级的建筑物能继续使用相同的饭店名称。　　　　　　　　　　　　　　　　　　　　（　　）

4. 在新的饭店评定标准中，某些特色突出或极其个性化的饭店，若其自身条件与本标准规定的条件有所区别，可以直接向全国旅游饭店星级评定机构申请星级。　（　　）

5. 为了规范饭店行业的管理，旅游饭店行业制订了一系列的行业标准，在实际工作中可以将行业标准理解为国家标准的前置标准。　　　　　　　　　（　　）

三、简答题

1. 简述旅游饭店行业规范颁布实施的意义。
2. 简述饭店星级评定程序。

四、实训题

上网搜集自新饭店星级评定标准实施之日起，我国在饭店星级复核过程中被降星或取消星级的饭店有哪些？

第7章
食品安全法律制度

【本章导读】

本章主要以《中华人民共和国食品安全法》（以下简称《食品安全法》）为依据，从食品安全的基础知识、食品生产与经营、食品检验与监管、食品安全事故及相关法律责任等内容讲述食品安全相关法律制度及其运用。

【关键词汇】

食品安全　食品安全法　食品的生产经营　检验

【案例导入】

2019 年 10 月，根据群众举报线索，济宁市北湖省级旅游度假区市场监管局会同微山县市场监管局、微山县公安局对陈庆厂非法生产凉皮、面筋行为进行查处。经查，陈庆厂在未办理食品生产许可证的情况下，自 2019 年 1 月 10 日至 2019 年 10 月 16 日，共生产凉皮 196 000 斤，面筋 21 840 斤，销售货值 326 760 元，获利 56 000 元。2019 年 10 月 25 日，陈庆厂生产的凉皮经检测硼酸含量为 116 mg/kg，判定为不合格产品。

问题：陈庆厂违反了《食品安全法》哪些规定？

【案例分析】

陈庆厂未办理食品生产许可证，违反了《食品安全法》第三十五条，国家对食品生产经营实行许可制度。生产的凉皮经检测硼酸含量为 116 mg/kg，违反了《食品安全法》第三十四条，禁止生产经营下列食品、食品添加剂、食品相关产品。（四）超范围、超限量使用食品添加剂的食品。

陈庆厂涉嫌非法生产以及涉嫌构成生产、销售有毒有害食品罪，济宁市北湖省级旅游度假区市场监管局将案件依法移送公安机关，目前该案正在进一步处理中。

（资料来源：中国经济网，2019-11-26.）

7.1 食品安全概述

7.1.1 食品和食品安全的概念

1）食品

食品指各种供人食用或者饮用的成品和原料以及按照传统既是食品又是药品的物品，但是不包括以治疗为目的的物品。它包括 4 个方面：

①供人食用或饮用的成品，即经过加工能够直接食用的各种食物。如肉制品、豆制品、乳制品、饮料、酒、瓜果、茶叶等。

②供人食用或饮用的原料。如粮食、油料、糖料以及未经烹调加工的肉类、禽类、薯类等。

③既是食品又是药物的物品。如红枣、核桃、罗汉果等食药同源的物品。

④单纯以治疗为目的的物品不属于食品，这是指用于治疗、预防个人疾病，有适应症、用法、剂量的口服物品。

2）食品安全

食品安全指食品无毒、无害，符合应当有的营养要求，对人体健康不造成任何急性、亚急性或者慢性危害。根据世界卫生组织的定义，食品安全是"食物中有毒、有害物质对人体健康有影响的公共卫生问题"。食品安全也是一门专门探讨在食品加工、存储、销售等过程中确保食品卫生及食用安全，降低疾病隐患，防范食物中毒的一个跨学科领域。

7.1.2　《食品安全法》立法目的及适用范围

1)《食品安全法》立法目的及意义

《食品安全法》立法的目的是保证食品安全，保障公众身体健康和生命安全。近些年来不断发生的一系列食品安全事件，促使我国立法机关对涉及民生的食品安全问题尽快进行立法。1995 年我国颁布的《食品卫生法》，在实践过程中发挥了一定的作用。但是，也出现了上述一些问题。为了进一步完善该法，2007 年 10 月 31 日，国务院总理温家宝主持召开国务院常务会议，讨论并原则通过《中华人民共和国食品安全法（草案）》，2007 年 12 月 26 日，食品安全法草案首次提请十届全国人大常委会第三十一次会议审议。2008 年 4 月 20 日，立法机关"开门立法"，全国人大常委会办公厅向社会全文公布食品安全法草案，广泛征求各方面意见和建议。2008 年 8 月 26 日，食品安全法草案进入二审；2008 年 10 月 23 日，食品安全法草案第三次提交立法机关——全国人大常委会审议；2009 年 2 月 28 日，食品安全法草案经过了十一届全国人大常委会第七次会议的第四次审议，并顺利通过。本法自 2009 年 6 月 1 日起施行，《食品卫生法》同时废止。本法在 2015 年 4 月 24 日第十二届全国人民代表大会常务委员会第十四次会议进行修订，于 2015 年 10 月 1 日起实施。2018 年 12 月 29 日根据第十三届全国人民代表大会常务委员会第七次会议《关于修改〈中华人民共和国产品质量法〉等五部法律的决定》对本法再次修正。

食品安全是当今世界各国面临的共同问题，各国都在逐步完善食品安全法律法规，加大监管力度，努力打造安全食品、绿色食品、放心食品。

食品安全法是适应新形势发展的需要，为了从制度上解决现实生活中存在的食品安全问题，更好地保证食品安全而制定的。国家确立了以食品安全风险监测和评估为基础的科学管理制度，明确食品安全风险评估结果作为制定、修订食品安全标准和对食品安全实施监督管理的科学依据；坚持了预防为主的原则，对食品的生产加工、包装、运输、储藏和销售等各环节，对食品生产经营过程中涉及的食品添加剂、食品相关产品、用于食品生产经营的工具和设备等各有关事项，都明确了有关制度，以防患于未然；建立了食品安全预防和处置机制，以提高应急处理能力；明确了食品安全监督管理体制，以提高监督管理效能；加大了对食品生产经营违法行为的处罚力度，以切实保障人民群众的生命安全和身体健康。《食品安全法》的施行，对于防止、控制、减少和消除食品污染以及食品中有害因素对人体的危害，预防和控制食源性疾病的发生，保证食品安全，保障公众身体健康和生命安全，具有十分重要的意义。

2)《食品安全法》的适用范围

《食品安全法》第二条明确规定了下列活动适用于本法的调整范围：

①食品生产和加工（以下称"食品生产"），食品流通和餐饮服务（以下称"食品经营"）。

②食品添加剂的生产经营。

③用于食品的包装材料、容器、洗涤剂、消毒剂和用于食品生产经营的工具、设备（以下称"食品相关产品"）的生产经营。

④食品生产经营者使用食品添加剂、食品相关产品。

⑤食品的贮存和运输。

⑥对食品、食品添加剂和食品相关产品的安全管理。

供食用的源于农业的初级产品（以下称"食用农产品"）的质量安全管理，遵守《中华人民共和国农产品质量安全法》的规定。但是，食用农产品的市场销售、有关质量安全标准的制定、有关安全信息的公布和本法对农业投入品作出规定的，应当遵守本法的规定。

7.1.3 食品安全标准的规定

食品安全标准是指为了对食品生产、加工、流通和消费食品链全过程中影响食品安全和质量的各种要素以及各关键环节进行控制和管理，经协商一致制订并由公认机构批准，共同使用和重复使用的一种规范性文件。

根据《食品安全法》的规定，食品安全标准应当包括下列内容：

①食品、食品相关产品中的致病性微生物、农药残留、兽药残留、重金属、污染物质以及其他危害人体健康物质的限量规定。

②食品添加剂的品种、使用范围、用量。

③专供婴幼儿和其他特定人群的主辅食营养成分要求。

④对与食品安全、营养有关的标签、标志、说明书的要求。

⑤食品生产经营过程的卫生要求。

⑥与食品安全有关的质量要求。

⑦食品检验方法与规程。

⑧其他需要制订为食品安全标准的内容。

食品安全标准属于强制性标准，需要企业必须遵守的技术要求和条款都包括其中，它具有排他性，即除食品安全标准之外，不得再制订其他的食品强制性标准。

企业生产的食品没有食品安全国家标准或者地方标准的，应当制订企业标准，作为组织生产的依据。国家鼓励食品生产企业制订严于食品安全国家标准或者地方标准的企业标准。企业标准应当报省级卫生行政部门备案，在本企业内部适用。

〖国际视域〗

美国州和地方有关食品的法律

各地的饭店和餐馆必须遵守所在地州有关保健和卫生条件的法律和条例，来处理食品和饮料，此外，大多数饭店和餐馆还要遵守当地县、市、城镇或乡村卫生部门所颁发和实施的补充条例。

州和地方（以及联邦的职业安全管理局和各州的分局）的卫生法和农业法均包含诸如准备和供应食品的清洁，奶类肉类和甜点心的销售和供应条件，有关掺杂或冒牌食品的条例、银器的收管和清洗等条目。

此外，州和／或地方卫生条例通常还包括有关餐馆或其他"食品供应企业"的具体规定，这类条例可能详细论及下列一般性条目：

食品供应——污染、潜在有害食品、奶制品和食品加工。

食品保护——温度和冷冻要求、禁止保留未保护食品的未使用部分、食品的贮存以及冷冻和加热贮存。

有毒原料——贮存和加标签。

人员——雇员的健康、清洁、食品消毒、吸烟情况和培训。

食品的制作和供应——有关食品清洗、烹调、加热、展示和供应的规定。设备和用具——禁用的材料、设备润滑、结构设计和可清洁性。

设备和用具的清洁——清洁的频度、一般卫生要求、人工／机械清洗、清扫和干燥。

供水、排水、管道工程、垃圾与废物、昆虫与鼠类防治、物理设施的建造与保养以及其他杂项规定。

由于各州和各地的法规不同，每家饭店和餐馆都应该熟悉其所在地方的现行条例，并能从州和当地卫生机构获得这类条例。

（资料来源：Jack P.Jefferies，Banks Brown. 饭店法通论［M］. 刘敢生，译. 北京：中国旅游出版社，2003.）

7.2　食品的生产经营

7.2.1　食品生产经营的概念

食品生产经营，是指一切食品的生产（不包括种植业和养殖业）、采集、收购、加工、储存、运输、陈列、供应和销售活动。一切从事食品生产经营活动的单位和个人，都应当遵守《食品安全法》和其他有关法规关于生产经营的规定。

经营者应当依照法律、法规和食品安全标准从事生产经营活动，对社会和公众负责，保证食品安全，接受社会监督，承担社会责任。饭店在经营过程中，应当依照《食品安全法》的规定，提供符合食品安全标准的餐饮服务。

7.2.2　食品生产经营许可制度

1）国家对食品生产经营实行许可制度

从事食品生产、食品销售、餐饮服务，应当依法取得许可；销售食用农产品，不需要取得许可。《中华人民共和国食品安全法实施条例》第十五条规定，食品生产经营许可的有效期为5年。食品生产经营者的生产经营条件发生变化，不再符合食品生产经营要求的，食品生产经营者应当立即采取整改措施；需要重新办理许可手续的，应当依法办理。

①现已实行行政许可的食品共有28大类50小类，基本涵盖了所有食品，食品相关产品（如塑料包装、容器、工具）等制品共3类39个产品。

②食品生产许可适用范围（表7.1）。

表 7.1 食品类别

序号	食品类别名称	已有细则的食品
1	粮食加工品	小麦粉、大米、挂面、其他粮食加工品
2	食用油、油脂及其制品	食用植物油、食用油脂制品、食用动物油脂
3	调味品	酱油、食醋、味精、鸡精、调味料、酱类
4	肉制品	肉制品
5	乳制品	乳制品、婴幼儿配方奶粉
6	饮料	饮料
7	方便食品	方便面、其他方便食品
8	饼干	饼干
9	罐头	罐头
10	冷冻饮品	冷冻饮品
11	速冻食品	速冻食品
12	薯类和膨化食品	膨化食品、薯类食品
13	糖果制品（含巧克力及制品）	糖果制品、果冻
14	茶叶及相关制品	茶叶、含茶制品和代用茶
15	酒类	白酒、葡萄酒及果酒、啤酒、黄酒、其他酒
16	蔬菜制品	蔬菜制品
17	水果制品	蜜饯、水果制品
18	炒货食品及坚果制品	炒货食品
19	蛋制品	蛋制品
20	可可及焙炒咖啡产品	可可制品、焙炒咖啡
21	食糖	糖
22	水产制品	水产加工品、其他水产加工品
23	淀粉及淀粉制品	淀粉及淀粉制品、淀粉糖
24	糕点	糕点食品
25	豆制品	豆制品
26	蜂产品	蜂产品
27	特殊膳食食品	婴幼儿产品及其他配方谷物产品
28	其他食品	—

2）国家对食品添加剂的生产实行许可制度

从事食品添加剂生产，应当具有与所生产食品添加剂品种相适应的场所、生产设备或者设施、专业技术人员和管理制度。县级以上地方人民政府食品安全监督管理部门应当依照《中华人民共和国行政许可法》的规定，审核申请人提交的本法第三十三条第一款第一项至第四项规定要求的相关资料，必要时对申请人的生产经营场所进行现场核查，对符合规定条件的，准予许可，对不符合规定条件的，不予许可并书面说明理由。

为了保障食品安全，加强对食品添加剂生产的监督管理，根据《中华人民共和国产品质量法》《中华人民共和国食品安全法》及其实施条例和《中华人民共和国工业产品生产许可证管理条例》等有关法律法规，国家质量监督检验检疫总局制定了《食品添加剂生产监督管理规定》，于2010年3月10日国家质量监督检验检疫总局局务会议审议通过，自2010年6月1日起施行。

申请食品添加剂生产许可的条件、程序，按照国家有关工业产品生产许可证管理的规定执行。截止到目前，并不是所有的食品添加剂都实行了发证，现已实行生产许可证管理的食品添加剂共19类169种产品。

①食品生产者必须依照食品安全标准依法使用食品添加剂。食品安全标准包含食品添加剂的品种、使用范围、用量。

②不得在食品生产中使用食品添加剂以外的其他任何化学物质和可能危害人体健康的物质。要按照发布的食品安全标准中关于食品添加剂的品种、使用范围、用量的规定使用食品添加剂。现阶段除2014年12月24日正式发布，2015年5月24起正式实施的《食品安全国家标准食品添加剂使用标准》(GB 2760 —2014)，《食品营养强化剂使用标准》(GB 14880—2012)和卫生部新公告的食品添加剂之外，未经安全评估，必须禁止使用其他任何化学物质或者其他可能危害人体健康的物质。

③食品添加剂应当有标签、说明书和包装。食品添加剂的标签、说明书，应当标明下列事项：产品名称、规格和净含量；成分或者配料表；生产日期、保质期限或安全使用期限；贮存条件；产品标准代号；生产许可证编号；食品安全标准和国务院卫生行政部门公告批准的使用范围、使用量和使用方法；生产者名称、地址和联系方式；法律、法规或者食品添加剂安全标准规定必须标明的其他事项。而复合食品添加剂除要遵守上述规定外，还应当在成分或者配料表中同时标明与食品添加剂国家标准和国务院卫生行政部门公告名单相一致的各单一品种的名称，并按含量由大到小排列。

食品和食品添加剂的标签、说明书应当清楚、明显，容易辨识且不得含有虚假、夸大的内容，不得涉及疾病预防、治疗功能。生产者对标签、说明书上所载明的内容负责。食品和食品添加剂与其标签、说明书所载明的内容不符的，不得上市销售。

3）食品生产许可证管理相关法律法规

根据《中华人民共和国工业产品生产许可证管理条例》的规定，任何企业未取得生产许可证不得生产列入目录的产品。任何单位和个人不得销售或者在经营活动中使用未取得生产许可证列入目录的产品。省、自治区、直辖市工业产品生产许可证主管部门受理企业申请后，应当组织对企业进行审查。依照列入目录产品生产许可证的具体要求，应当由国务院工业产品生产许可证主管部门组织对企业进行审查的，省、自治区、直辖市工业产品生产许可证主管部门应当自受理企业申请之日起5日内将全部申请材料报送国务院工业产品生产许可证主管部门。生产许可证有效期为5年，生产许可证有效期届满，企业继续生产的，应当在生产许可证有效期届满6个月前向所在地省、自治区、直辖市工业产品生产许可证主管部门提出换证申请。国务院工业产品生产许可证主管部门或者省、自治区、直辖市工业产品生产许可证主管部门应当依照本条例规定的程序对企业进行审查。

7.2.3 食品生产经营企业自身的管理

食品生产经营企业应当建立健全本单位的食品安全管理制度，加强对职工食品安全知识的培训，通过各种形式，对职工进行食品安全知识的教育培训，使职工树立"食品安全无小事"的意识，不断增强食品安全意识的自觉性和责任心。宣传普及食品安全法，使食品从业人员树立起食品安全的法治观念，增强守法的自觉性；提高食品从业人员的食品安全知识水平，增强保证食品安全的自觉性。配备专职或者兼职食品安全管理人员，做好对所生产经营食品的检验工作，依法从事食品生产经营活动。对于管理制度及管理人员，要求在相应产品的《实施细则》中都做好明文规定。

1）食品生产经营的要求

关于食品生产经营中的要求，首先是要符合食品安全标准。按照食品安全标准进行生产，是《食品安全法》对食品生产最基本、最核心的要求。除此之外，食品生产企业还必须满足《食品安全法》第三十三条规定一至十一项的要求。这些要求在《审查通则》和实施细则中都做了明确的规定，是食品生产企业取得食品生产许可证的必不可少的条件，也是我们在日常巡查监管所应该时刻关注的内容。

①食品生产经营的环境卫生要求。库房面积应与生产经营的食品品种、数量相适应；厂房与生产产量相适应；人员操作面积、空间和设备等与生产相适应的厂房设计，要能达到防止食品污染及满足其他条件的目的，保证食品安全。

②食品生产经营应当有食品安全专业技术人员、管理人员和保证食品安全的规章制度。企业是食品安全的第一责任人，企业食品安全管理水平的高低，在相当程度上决定了食品是否安全。食品专业安全技术人员具有食品生产经营的专业知识，可以从专业的角度对食品进行检测、监督；管理人员通过科学管理可以有效降低各种食品安全风险。通过学习保证食品安全的各项规章制度，可以强化责任心，使操作符合规章要求，切实保证食品安全。

③设备布局和工艺流程的卫生要求，这是为了防止食品在生产经营过程中受到污染。合理的设备布局和工艺流程应当做到系列化、自动化、管道化，避免前道工序的原料、半成品污染后道工序的成品，防止食品与成品、生食品与熟食品的交叉感染。每道工序的容器、工具和用具必须固定，须有各自相应的标志，防止交叉使用。使用的清洗剂、消毒剂以及杀虫剂、灭鼠剂等必须远离食品，存放于专柜，并由专人管理。

④餐具等的消毒要求。必须保证使用者所使用的餐具、饮具都是经过消毒的，以达到消灭病原体，降低细菌数量，防止使用者相互传染，保证消费者身体健康。食具消毒方法可采用物理或化学方法。物理方法一般是指煮沸或蒸气消毒法，化学方法一般使用消毒剂或洗涤剂（取得生产许可证产品）。

⑤食品贮存、运输和装卸中的卫生要求。食品的贮存、运输、装卸中容易造成食品污染。一旦食品在此过程中因与毒物毗邻等原因而使食品受到污染，将威胁人民的生产安全，损失巨大。食品的运输、装卸卫生要求包括两方面：一是运输、装卸食品的容器、工具、设备等必须是无毒无害材料做成，使用中必须按规定洗刷或消毒；二是食品装运的环境条件必须符合卫生要求，如散装食品装卸过程中是否毗邻有毒有害物质，不得将有毒有害物质与食品、食品与非食品、易于吸收气味的食品与有特殊气味的食品混同装运等。

⑥食品的包装卫生要求。食品小包装可防止食用前的污染，方便消费者食用。包装

必须使用无毒、清洁的包装材料，如食品包装用纸等。

⑦食品生产经营人员的卫生要求。食品生产经营人员良好的个人卫生习惯是防止食品污染，病从口入的重要手段。食品生产经营人员操作前必须洗手，穿戴清洁的工作衣、帽；不在生产经营场所吸烟；每道工序的人员相对固定，不得随意流动，未进行消毒和更换工作服的人员，不得进入工作岗位。

⑧食品用水的卫生要求。生产经营食品离不开水，而水也是造成食品污染和传播疾病的媒介。所以食品生产经营用水应当符合国家规定的生活饮用水卫生标准。食品安全监督管理部门应经常对用水进行监测，确保用水符合卫生标准。

⑨洗涤剂和消毒剂的卫生要求。食品生产经营场所的一些用具、工具、容器必须采用洗涤剂和消毒剂进行清洁和消毒，以避免因工具、用具的不清洁或有毒而污染了食品。如果洗涤剂或消毒剂本身即含有毒素、病菌等，就会使污染更加严重，而且还因曾洗过或消毒过而忽视了进一步必要的清洗和消毒，失去补救的机会。

2）企业在生产经营过程中严禁生产以下食品

①禁止生产用非食品原料生产的食品，超范围、超限量使用食品添加剂的食品或添加食品添加剂以外的化学物质和其他可能危害人体健康物质的食品。如使用工业酒精（非食品原料）的勾兑酒，添加三聚氰胺（非食品原料）的婴儿奶粉，部分利欲熏心的食品生产者利用回收食品为原料生产的食品等。

②禁止生产经营危害人体健康的，物质含量超过食品安全标准限量的食品。一般而言，要做到食品中致病性微生物、农药残留、兽药残留等物质含量为零，成本过于高昂，缺乏可操作性，而且人体对这些物质也有一定的耐受性。但是这些物质如果过量，就将损害人体健康。具体衡量的标准是食品安全标准。这些物质超过食品安全标准限量的，就禁止生产经营。

③禁止生产营养成分不符合食品安全标准的专供婴幼儿和其他特定人群的主辅食品。其他特点人群一般指患有特殊疾病的人，如糖尿病人，或者身体有某种倾向的人，如易疲劳人群。根据这些人体质的不同特点，应制订不同的食品标准。

④禁止生产经营腐败变质、油脂酸败、霉变生虫、污秽不洁、混有异物、掺假掺杂或者感官性状异常的食品。食品的腐败变质指食品经过微生物作用使食品中某些成分发生变化，感官性状发生改变而丧失可食性的现象。这些食品一般含有沙门氏菌、痢疾杆菌、金黄色葡萄球菌等致病性病菌，易导致食物中毒。油脂酸败指油脂和含油脂的食品，在贮存过程中经微生物、酶等作用，而发生变色、气味改变等变化。霉变指霉菌污染繁殖，有时表面可见霉丝和霉变现象，这种霉菌毒素在高温高压条件下，也不易被破坏，使毒品有较强的毒性。

⑤禁止生产经营病死、毒死或者死因不明的禽、畜、兽、水产动物肉类及其制品或未按规定进行检疫或者检疫不合格的肉类。现仍有一些不法分子用以上死动物或者检疫不合格的肉类生产加工肉制品。

⑥禁止经营被包装材料、容器、运输工具等污染的食品。包装污秽、严重破损或者运输工具不洁，容易导致食品污染。

⑦禁止经营超过保质期的食品，或用超过保质期的食品原料、食品添加剂生产的食

品。保质期应从食品加工结束当日算起，不允许从发货之日和销售单位收货之日起计算。

⑧禁止销售无标签的预包装食品。标签是广大消费者的需要，广大消费者可以借助食品标签来选购食品。因此，法律规定，禁止销售无标签的预包装食品。

⑨禁止生产经营国家为防病等特殊需要明令禁止生产经营的食品，以及其他不符合法律、法规或者食品安全标准的食品。

〖知识链接〗

掺假、掺杂和伪造食品

掺假，一般是指在食品中添加廉价的、次等的成分，或者是添加了已失去营养价值的食品成分，或者从食品中抽去了部分有营养的物质，从而降低了食品的质量，影响了食品的营养和卫生。

掺杂，是指在食品中加入了一些不能食用的杂物。

伪造食品，是指食品的包装标志和名称与食品真实情况不符。

食品中掺假、掺杂、伪造的方式主要有以下几个方面：①往食品中混入异物，即往正常食品中，混入非本品固有的物质，以增加原食品的重量。如往木耳中掺混硫酸镁；②兑入类似物质，从外形看类似销售的食物，如往果汁中兑入色素水；③劣质品混充正品，陈年粮食混充当年产新鲜粮食；④以其他物来代替，如用部分葵花籽油或花生油代替芝麻油；⑤粉饰伪装掩盖发霉变质的物质，将食物表面涂抹色素、油料等，如病死牲畜肉煮熟后在表面涂朱红色油来冒充好熟酱卤肉；⑥贴假商标，用劣质产品假冒名优产品，如用定型包装的瓶、罐装冒充货销售；⑦抽取成分，从某种食品中抽出部分营养成分后，仍以完整成分来销售，如抽取脂肪的牛乳制成乳粉，仍称其为全脂乳粉出售；⑧全部伪造，即全部用假原料制成的食品，如山楂片中根本没有山楂，而是用色素、柠檬酸、淀粉制成并出售等。

这些生产经营者，掺假、掺杂、伪造的目的就是获取更多的利润，其共同特点是以假乱真，用外观上相似，容易获取的廉价物质来取代真的，他们在销售时还利用时机，适应消费者的心理，用低价兜售来达到他们的目的。

3）食品生产经营过程的管理

①食品 GMP 管理。GMP（Good Manufacture Practice）中文含义是"生产质量管理规范"或"良好作业规范""优良制造标准"。GMP 是为保障食品卫生和质量而制订的贯穿食品生产全过程的一系列措施、方法和技术要求。GMP 是适用于食品行业的强制性标准，要求企业从原料、人员、设施设备、生产过程、包装运输、质量控制等方面按国家有关法规达到卫生质量要求，形成一套可操作的作业规范，帮助企业改善卫生环境，及时发现生产过程中存在的问题，并加以改善。简要地说，GMP 要求食品生产企业应具备良好的生产设备、合理的生产过程、完善的质量管理和严格的检测系统，确保最终产品质量（包括食品安全卫生等）符合法规要求。国外具有良好管理的食品生产企业大多实施了 GMP 管理。我国参照 FAO/WHO 食品法典委员会《食品卫生基本原则》（CAC/RCP Rev.2—1985），制定了国家标准《食品企业通用卫生规范》（GB 14881—1994），2013 年进行了修订，形成 GB 14881—2013《食品企业通用卫生规范》，并以此国家标准作为我国食品 GMP 的总则，迄今为止共制定了 15 种食品的卫生规范（即类似于国际上普遍采用的

GMP 标准），形成了我国食品 GMP 体系。虽然食品企业有通用卫生规范作为国家标准，但这些强制执行的标准至今仍没有得到全面的实施。食品生产企业应当在符合这些规范的基础上，加强自身 GMP 管理，不断提高企业产品的质量水平。

②危害分析和关键控制点的管理。危害分析关键控制点（Hazard Analysis and Critical Control Points，HACCP）是国际食品法典委员会在 1997 年公布的食品安全卫生的管理规则，是指在食品生产过程中，评估食品原料的采集、加工、储存等全过程，找出影响产品安全的关键控制点，并采取有效措施加以控制，以确保食品安全的过程管理方法。HACCP 是一种以科学为依据，旨在保证食品安全的系统性加工流程控制系统。我国也颁布了《食品企业 HACCP 实施指南》，鼓励食品企业积极应用 HACCP 管理。

〖行业广角〗

邯郸：今年规模以上食品生产企业全部建立实施 HACCP 质量安全管理体系

河北邯郸市场监管局准确把握"三创四建"活动的着力点，持续推进食品生产企业实施 HACCP 等先进质量安全管理体系，助推全市食品产业质量发展。

该局以实施先进质量安全管理体系为抓手，将此项工作列为年度食品安全考评重要考核指标，制定《2020 年食品生产企业实施危害分析与关键控制点体系（HACCP）等先进质量安全管理体系工作方案》，明确提出，今年全市 110 家规模以上食品生产企业要全部建立实施 HACCP 等管理体系。同时，有计划、分步骤、分批次推进规模以下食品生产企业建立实施 HACCP 等管理体系。通过摸底调查，2020 年确定全市规模以上29 家（换证 7 家）食品生产企业实施建立 HACCP 等管理体系。方案要求，加强培训教育，充分发挥已认证企业的引领示范带动作用，广泛宣传企业实施 HACCP 管理体系在预防食品污染风险、保障食品安全、提升管理能力等方面的重要作用。开展帮扶指导，根据不同企业需求，细化帮扶措施，结合日常监督检查，针对抽检和检查发现的问题，应用 HACCP 等管理体系帮助查找原因，明确关键控制点及措施，帮助企业建立完善食品安全管理制度。8 月底前完成全年任务的 80%，9 月底全面完成。

通过先进质量管理体系的建立实施，大力推进监管模式由"事后检验"向"全过程检查"转变，不断提升食品生产企业管理能力和水平，促进食品生产企业高质量发展。

（资料来源：中国质量新闻网，2020-03-25.）

4）食品生产经营人员的管理

（1）食品生产经营者应当建立并执行从业人员健康管理制度

从业健康人员健康管理制度一般包括人员的甄选，例如患有国务院卫生行政部门规定的有碍食品安全疾病的人员，不得从事接触直接入口食品的工作；每年进行健康检查，取得健康证明后方能上岗；食品生产经营者为员工建立健康档案，管理人员负责组织本单位员工的健康检查，员工患病及时申报等。

（2）食品生产经营人员应定期进行健康检查

健康证明是食品生产经营者经过卫生监督部门的健康体检后取得的书面证明文件。食品生产经营者必须取得健康证明后才能上岗。健康证明过期的，应当立即停止食品生产经营活动，待重新进行健康体检后，才能继续上岗。

（3）食品从业人员应当注意个人卫生

食品生产经营人员的衣着应外观整洁，做到指甲常剪、头发常理、经常洗澡等，保持个人卫生。食品生产经营人员在进行操作接触食品前或便后以及接触污物以后应及时将手洗净，方可从事操作或接触食物。

7.3 食品的检验与监管

7.3.1 食品的检验

1）食品检验机构

①食品检验机构按照国家有关认证认可的规定取得资质认定后，方可从事食品检验活动。但是，法律另有规定的除外。

②食品检验机构的资质认定条件和检验规范，由国务院食品安全监督管理部门规定。

③食品检验实行食品检验机构与检验人负责制，由食品检验机构指定的检验人独立进行。检验人应当按照有关法律、法规的规定，并按照食品安全标准和检验规范对食品进行检验，保证出具的检验数据和结论客观、公正，不得出具虚假的检验报告。食品检验报告应当加盖食品检验机构公章，并有检验人的签名或者盖章。食品检验机构和检验人对出具的食品检验报告负责。

2）食品安全监督管理部门对食品不得实施免检

①县级以上人民政府食品安全监督管理部门应当对食品进行定期或者不定期的抽样检验，并依据有关规定公布检验结果，不得免检。进行抽样检验，应当购买抽取的样品，委托符合本法规定的食品检验机构进行检验，并支付相关费用；不得向食品生产经营者收取检验费和其他费用。对实施的检验结论有异议的，食品生产经营者可以自收到检验结论之日起七个工作日内向实施抽样检验的食品安全监督管理部门或者其上一级食品安全监督管理部门提出复检申请，由受理复检申请的食品安全监督管理部门在公布的复检机构名录中随机确定复检机构进行复检。复检机构出具的复检结论为最终检验结论。复检机构与初检机构不得为同一机构。复检机构名录由国务院认证认可监督管理、食品安全监督管理、卫生行政、农业行政等部门共同公布。采用国家规定的快速检测方法对食用农产品进行抽查检测，被抽查人对检测结果有异议的，可以自收到检测结果时起四小时内申请复检。复检不得采用快速检测方法。

②食品生产企业可以自行对所生产的食品进行检验，也可以委托符合《食品安全法》规定的食品检验机构进行检验。食品行业协会等组织、消费者需要委托食品检验机构对食品进行检验的，应当委托符合《食品安全法》规定的食品检验机构进行，且不收取检验费和其他任何费用。生产者自行检验要具备基本条件：独立行使职权的机构；有管理制度；符合要求的检测仪器；合格的人员等。

7.3.2 食品的监管

1）食品安全监管体制

国务院卫生行政部门承担食品安全综合协调职责，负责食品安全风险评估、食品安全标准制定、食品安全信息公布、食品检验机构的资质认定条件和检验规范的制定，组织查处食品安全重大事故。国家质检总局负责食品生产加工环节和进出口食品安全的监管，具体职责包括：承担国内食品、食品相关产品生产加工环节的许可管理工作和质量安全监督管理责任，负责进出口食品的安全、卫生、质量监督检验和监督管理。国家工商总局负责食品流通环节的监管，具体职责包括：拟定流通环节食品安全监督管理的具体措施、办法；组织实施流通环节食品安全监督检查、质量监测及相关市场准入制度。国家食药局负责餐饮业等消费环节食品安全监管，具体职责包括：承担餐饮消费环节许可管理工作；拟定消费环节食品安全管理规范并监督实施；承担消费环节食品安全状况调查和监测工作；发布和消费环节食品安全监管有关的信息等。

县级以上地方人民政府统一负责、领导、组织、协调本行政区域的食品安全监督管理工作，建立健全食品安全全程监督管理的工作机制；统一领导、指挥食品安全突发事件应对工作；完善、落实食品安全监督管理责任制，对食品安全监督管理部门进行评议、考核。县级以上地方人民政府依照《中华人民共和国食品安全法》和国务院的规定确定相应级别的卫生、行政、农业行政、质量监督、工商行政管理、食品药品监督管理部门的食品安全监督管理职责。相关部门应当加强沟通、密切配合，按照各自职责分工，依法行使职权，承担责任。

2）食品安全监督管理措施

有关行政措施的实施主体只能是县级以上的质量监督、工商行政管理和食品药品监督管理部门，包括国务院及省、市、县级质量监督、工商行政管理和食品药品监督管理部门。为明确有关监管部门在食品安全监督检查中的执法权限，并将执法行为具体化，赋予有关监管部门必要的行政措施，以加大执法力度和提高执法效率，有关监督部门具体有权采取以下行政措施：

①进入生产经营场所实施现场检查。食品安全与食品生产的过程具有密切联系，而且食品成品很难直接反映生产过程的情况。所以，食品安全监管部门在对食品安全进行监督检查时，必须深入到企业的生产经营场所，包括生产车间、销售场所等。县级以上质量监督、工商行政管理和食品药品监督管理部门可以直接进入食品生产经营场所进行现场检查，有关食品生产经营者有义务给予配合。

②对生产经营的食品进行抽样检验。抽样检验是食品安全监管部门对食品安全进行动态跟踪监管的主要方式之一。由于食品安全监管部门人力、物力和财力有限，同时食品安全监管的范围非常广泛，要求监管部门对每一个食品进行检查是不可能的，从提高行政管理效率的角度看也没必要。在日常监管活动中，有关监管部门使用较多的方法是进行抽样检验。

③查阅、复制有关合同、票据、账簿以及其他有关资料。食品生产经营者从事食品生产经营活动，通常要按照自制的规划、计划、用料、技术标准、生产流程等文件资料

进行，有关生产经营活动的企业内部文件资料可以在很大程度上反映食品安全情况，因此，有关行政机关查阅、复制食品生产经营者从事生产经营活动的相关资料，是进行监督检查的重要方式。本条规定，县级以上质量监督进行食品安全监督检查时，可以查阅、复制有关合同、票据、账簿以及其他有关资料。

④查封、扣押有证据证明不符合食品安全标准的食品，违法使用的食品原料、食品添加剂、食品相关产品，以及用于违法生产经营或者被污染的工具、设备。查封，是指行政机关对违法行为涉及的物品予以检查封存，禁止转移或者变卖的行为。扣押，是指行政机关对违法行为涉及的物品予以扣留，以确保其不被转移、变卖的行为。赋予有关行政执法机关采取查封、扣押措施的权利，一是可以防止有关物品继续使用或者流入市场，给消费者造成损害；二是可以为进一步查处违法生产经营行为保留证据。

⑤查封违法从事食品生产经营活动的场所，是指行政机关对违法从事生产经营活动的场所予以检查封闭，禁止继续使用该场所从事生产经营活动的行为。赋予有关行政执法机关查封违法从事食品生产经营活动场所的权力，一是可以防止食品生产经营者继续利用该场所从事违法活动，给消费者造成损害；二是可以为进一步查处违法生产经营行为保留证据。有关经管部门在采取查封场所的措施时，必须遵守法律规定的程序，如通知被执行人到场，由被执行人签字，对场所出入口粘贴封条等。

3）食品出厂、进货检验记录制度

食品生产者应当建立食品出厂检验记录制度；食品经营者应当建立食品进货查验记录制度。

（1）出厂查验记录内容

①食品的检验合格证和安全状况。

②食品的名称、规格、数量、生产日期或者生产批号、保质期、检验合格证号、销售日期以及购货者名称、地址、联系方式等内容，并保存相关凭证。

（2）进货查验记录内容

①供货者的许可证和食品出厂检验合格证或者其他合格证明。

②记录食品的名称、规格、数量、生产日期或者生产批号、保质期、进货日期以及供货者名称、地址、联系方式等内容，并保存相关凭证。

（3）记录保存

食品出厂检验记录与进货查验记录保存期限不得少于两年。

4）监督检查记录

为提高工作的责任心，增强食品生产者的法律意识和道德意识，保证监督检查情况的真实性和规范性。县级以上质量监督、工商行政管理、食品药品监督管理部门对食品生产经营者进行监督检查，应当记录监督检查的情况和处理结果。监督检查记录经监督检查人员和食品生产经营者签字后归档。

5）食品召回制度

食品召回制度是指对已经上市的食品，发现其不符合食品安全标准，可能威胁人体健康时，由食品生产者按照规定程序，将已售食品收回，及时消除或减少食品安全危害的制度。为了加强食品生产经营管理，减少和避免不安全食品的危害，保障公众身体健康和生命安全，2015 年 3 月 11 日，国家食品药品监督管理总局令第 12 号公布，2015 年 9 月 1 日起施行《食品召回管理办法》法规。食品生产者发现其生产的食品不符合食品安全标准或者有证据证明可能危害人体健康的，应当立即停止生产，召回已经上市销售的食品，通知相关生产经营者和消费者，并记录召回和通知情况。《食品召回管理办法》根据食品安全风险的严重和紧急程度，食品召回分为三级：

①一级召回：食用后已经或者可能导致严重健康损害甚至死亡的，食品生产者应当在知悉食品安全风险后 24 小时内启动召回，并向县级以上地方食品药品监督管理部门报告召回计划。

②二级召回：食用后已经或者可能导致一般健康损害，食品生产者应当在知悉食品安全风险后 48 小时内启动召回，并向县级以上地方食品药品监督管理部门报告召回计划。

③三级召回：标签、标识存在虚假标注的食品，食品生产者应当在知悉食品安全风险后 72 小时内启动召回，并向县级以上地方食品药品监督管理部门报告召回计划。标签、标识存在瑕疵，食用后不会造成健康损害的食品，食品生产者应当改正，可以自愿召回。

〖行业广角〗

鸡条吃出金属碎片，泰森食品召回超 5 300 吨鸡肉制品

据美国全国广播公司（NBC）5 月 5 日报道，考虑到部分产品可能已经受到了"金属污染"，泰森食品（Tyson Foods Inc.）决定在全美范围内召回超过 1 180 万磅（约 5 352 吨）该公司生产的鸡肉制品。

被召回的产品是泰森食品生产的一种"冷冻即食鸡条"。美国农业部食品安全监督服务局（FSIS）官员对媒体表示，他们收到了六起有关在此类食品中吃出金属碎片的投诉，其中三人被碎片割伤了嘴。

这次召回被 FSIS 列为"第一类召回"——一级召回，对应的是可能造成"严重的负面健康后果甚至死亡"的产品。FSIS 在当天接受 NBC 采访时称，此次召回是对 3 月份召回的扩大，当时也有顾客在相同的食品中吃出了金属碎片。

泰森食品的一位官员在当天告诉美国有线电视新闻网（CNN），该公司已经对产品生产地进行了"修正措施"。

该公司负责食品安全监管的官员芭芭拉·马斯特斯（Barbara Masters）说："消费者希望他们吃的食物是安全的。出于对他们的最大利益与安全的考虑，我们决定采取快速果断的行动来扩大这次召回。"

她说，泰森食品已经将可能导致金属碎片混入食品中的设备停用，并将会使用 X 射线金属探测器来取代工厂现有的探测器。

泰森食品是一家总部位于美国的跨国公司，也是仅次于巴西 JBS 股份的全球第二大肉类食品供应商。

然而，近期频繁有人在泰森食品生产的鸡肉制品中吃出异物。2018 年 6 月和 2019

年1月，该公司曾因有顾客在自家产品中吃出塑料或橡胶而召回了总共39 100磅（约18吨）鸡块和面拖炸鸡。之后又在2019年3月份因有顾客吃出金属片而召回了69 093磅（约31吨）鸡条。

（资料来源：食品资讯中心，2019-05-05.）

〖法规速递〗

《民法典》相关条款规定：

第一千二百零五条 因产品缺陷危及他人人身、财产安全的，被侵权人有权请求生产者、销售者承担停止侵害、排除妨碍、消除危险等侵权责任。

第一千二百零六条 产品投入流通后发现存在缺陷的，生产者、销售者应当及时采取停止销售、警示、召回等补救措施；未及时采取补救措施或者补救措施不力造成损害扩大的，对扩大的损害也应当承担侵权责任。

依据前款规定采取召回措施的，生产者、销售者应当负担被侵权人因此支出的必要费用。

第一千二百零七条 明知产品存在缺陷仍然生产、销售，或者没有依据前条规定采取有效补救措施，造成他人死亡或者健康严重损害的，被侵权人有权请求相应的惩罚性赔偿。

6）对食品广告的监督

食品广告的内容应当真实合法，不得含有虚假内容，不得涉及疾病预防、治疗功能。食品生产经营者对食品广告内容的真实性、合法性负责。县级以上人民政府食品安全监督管理部门和其他有关部门以及食品检验机构、食品行业协会都应当保持中立，依法、公正地实施监管或者检验，不得以广告或者其他形式向消费者推荐食品。消费者组织不得以收取费用或者其他牟取利益的方式向消费者推荐食品。

7.4 食品安全事故与法律责任

7.4.1 食品安全事故

发生食品安全事故的单位应当立即采取措施，防止事故扩大。事故单位和接收病人进行治疗的单位应当及时向事故发生地县级人民政府食品安全监督管理、卫生行政部门报告。县级以上人民政府农业行政等部门在日常监督管理中发现食品安全事故或者接到事故举报，应当立即向同级食品安全监督管理部门通报。

发生食品安全事故，接到报告的县级人民政府食品安全监督管理部门应当按照应急预案的规定向本级人民政府和上级人民政府食品安全监督管理部门报告。县级人民政府和上级人民政府食品安全监督管理部门应当按照应急预案的规定上报。任何单位和个人不得对食品安全事故隐瞒、谎报、缓报，不得隐匿、伪造、毁灭有关证据。

在发生食品安全事故时，管理机关应当及时介入，启动事故应急预案并对受害者予以及时的救治。作为经营者，在食品安全事故的预防、处理方面负有如下义务：

（1）建立完善的事故预防制度

食品生产经营企业应当制订食品安全事故处置方案，定期检查本企业各项食品安全防范措施的落实情况，及时消除事故隐患。

（2）报告义务

在发生食品安全事故时，应当自事故发生之时起两小时内向所在地县级人民政府卫生行政部门报告。任何单位或者个人不得对食品安全事故隐瞒、谎报、缓报，不得毁灭有关证据。

（3）采取恰当措施处置事故的义务

企业应当对导致或者可能导致食品安全事故的食品及原料、工具、设备等立即采取封存等控制措施，采取恰当措施，处置食品安全事故，防止事故扩大。

7.4.2　法律责任

为了保护公民、组织的合法权益，《食品安全法》对食品生产经营者的每一种违法行为，分别规定了不同法律责任，归纳起来主要分为两种，一种是行政责任，一种是刑事责任。

1）行政处罚

（1）处罚措施

①没收：违法所得、违法生产经营的食品和用于违法生产经营的工具、设备、食品原料等。

②罚款：根据不同的违法情形，罚款金额不同。《食品安全法》第一百二十二条至第一百二十五条有规定。

③吊销许可证：情节严重的，责令停产停业整顿，直至吊销其许可证。

（2）没收和罚款处罚措施的适用条件

①未经许可从事食品生产经营活动，或者未经许可生产食品添加剂。

②生产经营《食品安全法》所禁止生产经营的食品。

③经营被包装材料、容器、运输工具等污染的食品。

④生产经营无标签的预包装食品、食品添加剂或者标签，说明书不符合本法规定的食品、食品添加剂。

⑤食品生产者采购、使用不符合食品安全标准的食品原料、食品添加剂、食品相关产品。

⑥食品生产经营者在食品中添加药品。

⑦发生食品安全事故后毁灭有关证据。

（3）吊销许可证处罚措施的适用条件

①未对采购的食品原料和生产的食品、食品添加剂、食品相关产品进行检验。

②未建立并遵守查验记录制度、出厂检验记录制度。

③制订食品安全企业标准未依照本法规定备案。

④未按规定要求贮存、销售食品或者清理库存食品。

⑤进货时未查验许可证和相关证明文件。

⑥生产的食品、食品添加剂的标签、说明书涉及疾病预防、治疗功能。

⑦安排患有国务院卫生行政部门规定的有碍食品安全疾病的人员从事接触直接入口食品的工作。

⑧发生食品安全事故造成严重后果的，由原发证部门吊销许可证。

⑨食品生产经营者聘用不得从事食品生产经营管理工作的人员从事管理工作的。

当事人对行政处罚决定不服的，可以在接到处罚通知之日起 15 日内，向作出处罚决定机关的上一级机关申请复议，当事人也可以在接到处罚通知之日起 15 日内，直接向人民法院起诉。

2）刑事处罚

（1）生产、销售不符合卫生标准的食品罪

违反国家食品安全管理法律，生产、销售不符合卫生标准的食品，足以造成严重食物中毒事故或者其他严重食源性疾患，直接威胁人体健康和生命安全的行为。

（2）生产、销售有毒、有害食品罪

违反国家食品安全管理法律，在生产、销售的食品中掺入有毒有害的非食品原料，或销售明知掺有有毒有害的非食品原料的食品的行为。

（3）最高人民法院、最高人民检察院关于办理生产、销售伪劣商品刑事案件具体应用法律若干问题的解释

①经省级以上卫生行政部门确定的机构鉴定，食品中含有可能导致严重食物中毒事故或者其他严重食源性疾患的超标准有害细菌或者其他污染物的，应认定为刑法第一百四十三条规定的足以造成严重食物中毒事故或者其他严重食源性疾患。

②生产、销售不符合卫生标准的食品被食用后，造成轻伤、重伤或者其他严重后果的，应认定为对人体健康造成严重危害。

③生产、销售不符合卫生标准的食品被食用后，致人死亡、严重残疾、三人以上重伤、十人以上轻伤或者造成其他特别严重后果的，应认定为后果特别严重。

〖法律小讲坛〗
行政处罚与刑事处罚的区别
行政处罚的属性。行政处罚是国家行政机关对构成行政违法行为的自然人、法人或者其他组织实施的行政法上的制裁。行政处罚的本质在于行政制裁，其中行政拘留以短期剥夺违法者人身自由为其特征；罚款以强制收取违法者一定数量金钱，剥夺一定财产权利为特征；没收违法所得与没收非法财产也是强制剥夺其违法所得或非法财产为其特征。

刑事处罚的属性。刑事处罚，简称刑罚，是国家为了防止犯罪行为对国家利益、社会利益与公民合法权益的侵犯而规定的，由人民法院根据刑事立法对犯罪人适用的，建立在剥夺性痛苦基础上的最为严厉的强制措施。其本质特征和属性是惩罚性。刑事处罚

中的主刑如拘役、有期徒刑、无期徒刑是剥夺犯罪人的人身自由，让其承受失去自由的痛苦；死刑甚至剥夺其生命，具有最强的惩罚性功能；附加刑，如罚金、没收非法所得及没收财产，也是对犯罪人的经济惩罚措施。

行政处罚与刑事处罚的区别与联系。由刑法调整的刑事处罚与由行政法调整的行政处罚的区别是十分明显的：一是适用的机关不同。刑事处罚针对犯罪行为，只能由司法机关适用；而行政处罚针对行政违法行为，由具有相应行政管理职能的行政机关及其授权的机关适用。二是被处罚对象的违法性质不同。刑事处罚的对象是犯罪行为，具有极大的社会危害性；行政处罚的对象是违反行政法律法规的行为，其社会危害性较之犯罪行为要小。三是制裁的措施不同。刑事处罚包括管制或限制人身自由的拘役、有期徒刑、无期徒刑甚至剥夺生命，具有较强的惩罚性，是制裁犯罪的手段；而行政处罚则以拘留、罚款为主，具有一定程度的强制措施，更有对其产生心理压力和否定性评价的警告措施，其制裁强度相对较轻。但是，刑事处罚与行政处罚也不乏联系：一是所针对的行为，无论是犯罪行为，还是行政违法行为都是危害社会的行为；二是两者都以"处罚"为特征，对行为人都有强制与惩罚的性质；三是两者都以维护国家公共利益和法律秩序为目的，其与之相对应的平等主体的民、商法律关系为特征的私法显著区别，同属于公法范畴。这既是刑事处罚与行政处罚可以并存的法理之所在，也是刑事处罚包容、涵盖行政处罚的法理之所在。从近年西方法治国家出现的"轻刑化"或"新犯罪化、新刑罚化"趋势也足以证明两者的包容性。

"轻刑化"，是指历来由法院管辖的、主要是轻罪的那部分，逐渐转化为由行政机关管辖，变成行政处罚的内容。按照西方的法制传统，罚款、短暂的拘留等，原都属于刑事制裁，由法院适用。但在现代社会中，一方面必须由法院控制犯罪的任务越来越重，事实上不堪承受；另一方面，不分轻重地运用刑罚，用得越多，效果反而越弱化，鉴于上述两方面原因，立法机关把原来刑法中既可以判刑又可处以罚金的一部分较轻的违法行为，改为行政处罚由行政机关罚款处理，即所谓'轻刑化'理论中轻罪的出现。

本章小结

本章主要从食品生产经营、食品检验与监管以及食品安全事故及相关法律责任等知识的介绍，使学生了解目前食品安全管理的相关法律制度；掌握食品生产经营过程中应该遵守的各项法律法规制度及其运用，了解食品安全检验及监管的职责和措施；达到使学生知道如何依据《食品安全法》《行政处罚法》等法律、法规来分析、处理各类案例的目标。

自测题

一、选择题

1.从事食品生产，应当依法取得食品生产许可后，依法办理工商登记，有效期为

（　　）年。

    A.4　　　　　　　B.3　　　　　　　C.5　　　　　　　D.6

2. 食用后已经或者可能导致严重健康损害甚至死亡的，食品生产者应当在知悉食品安全风险后 24 小时内启动召回，并向县级以上地方食品药品监督管理部门报告召回计划，这属于（　　）。

    A. 一级召回　　　B. 二级召回　　　C. 三级召回　　　D. 以上都不是

3. 从业健康人员需（　　）进行健康检查，取得健康证明后方能上岗。

    A. 每年　　　　　B. 每半年　　　　C. 每两年　　　　D. 随时

4. 食品企业 HACCP 管理，其中 HACCP 是指（　　）。

    A. 危害分析和关键控制点的管理

    B. 生产规范管理

    C. 企业管理

    D. 食品安全管理

5. 最新《食品安全法》的实施时间是（　　）。

    A.2009 年 2 月 28 日　　　　　　　B.2009 年 6 月 1 日

    C.2015 年 4 月 24 日　　　　　　　D.2018 年 12 月 29 日

二、判断题

1. 食品，指各种供人食用或者饮用的成品和原料以及按照传统既是食品又是药品的物品，也包括以治疗为目的的物品。

2. 2015 年 4 月 24 日第十二届全国人民代表大会常务委员会第十四次会议修订《食品安全法》，并实行到现在。

3. 申请食品添加剂生产许可的条件、程序，按照国家有关工业产品生产许可证管理的规定执行。截至目前，基本所有的食品添加剂都实行了发证。

4. 县级以上人民政府食品安全监督管理部门应当对食品进行定期或者不定期的抽样检验，并依据有关规定公布检验结果，不得免检。进行抽样检验，应当购买抽取的样品，委托符合本法规定的食品检验机构进行检验，并支付相关费用；不得向食品生产经营者收取检验费和其他费用。

三、简答题

1. 根据《食品安全法》的规定，食品安全标准应当包括哪些内容？

2. 企业在生产经营过程中严禁生产哪些食品？

3. 食品安全监督管理措施有哪些？

四、实训题

学生以小组为单位，到不同的食品企业调研该企业在保证食品生产过程中对食品安全所采取的具体措施。

第8章

饭店业管理相关法律制度

【本章导读】

本章主要从饭店业经营管理的角度，分别对饭店治安管理、卫生管理及消防安全管理3个方面介绍相关法律法规的应用。

【关键词汇】

治安管理　卫生管理　消防安全　法律制度

〔案例导入〕

2017年江西南昌海航白金汇酒店"2·25"重大火灾事故

2016年12月，"唱天下"会所进行改建装修，由股东丁某某负责财务及改建装修工程施工现场相关事项；负责人丁某和股东田某某负责改建装修工程行政审批相关事项。

丁某、丁某某、田某某违规肢解改建装修工程，将其中的拆除工程发包给无建设工程承包资质的被告人刘某某、廖某某，刘某某、廖某某又将拆除工程中墙体、天花板拆除及垃圾清运工程违规分包给无建设工程承包资质的被告人万某某，另将电线、金属装饰件等物品的拆除工程违规分包给无建设工程承包资质的被告人李某某。

2017年2月17日，"唱天下"会所在未向消防、城建等部门报批的情况下自行停业，被告人丁某某安排工作人员将会所内使用的冰箱、冰柜等物品堆放至二楼北侧两个楼梯间前室内，致疏散通道堵塞。

2017年2月18日，消防维保公司按照丁某、丁某某的要求关闭了一层、二层南部的消防喷淋系统阀门，同时拆除了火灾自动报警系统控制器。次日，"唱天下"会所工作人员按照丁某某要求关闭了会所内生活用水用电，并将会所内所有的灭火器收至室外移动板房内。

2017年2月20日，拆除工程施工人员正式进场施工，将包厢内搬出的沙发等直接从二楼抛堆至一楼大堂。2月24日，施工人员在施工过程中将二层包厢内消防喷淋头破坏并喷水，后将控制二层北部消防喷淋系统阀门关闭。

2017年2月25日7时12分起，19名施工人员及2名废品收购人员陆续进入唱天下会所2层开始施工。

2017年2月25日8时许，被告人李某某在不具备特种作业资质，且未进行动火作业审批的情况下，擅自使用氧焊切割设备切割和拆卸大堂北部弧形楼梯两侧的金属扶手，切割产生的高温金属熔渣溅落在工作平台下方，引燃被告人万某某未及时清运的废弃沙发，造成火势迅速蔓延并产生大量高热有毒有害气体。在消防设备停用、疏散通道堵塞、消防设施管理维护不善等多种不利因素下，火灾导致直接经济损失人民币2600余万元。

问题：在该案例中，事故单位和个人存在哪些问题？

〔案例分析〕

唱天下量贩式休闲会所是事故主体责任单位，未经批准非法组织改建装修施工，违规肢解、发包改建装修工程，违法拆除、停用消防设施并堵塞疏散通道。

工程施工承包方是事故主要责任方，无资质承揽工程并违规层层分包，施工人员违法动火作业、施工现场组织混乱、安全管理缺失。

南昌白金汇海航酒店有限公司是起火建筑公共消防设施管理责任单位，作为消防安全重点单位，未依法依规实施严格的消防安全管理，聘请无资质消防技术服务机构负责酒店消防维保服务。

江西三星气龙消防安全有限公司未依法依规正确履行消防技术服务机构职责，指派无相应从业资格人员从事消防技术服务；违法拆除、关闭消防设施。

南昌文英消防安装工程公司非法从事社会消防技术服务活动；江西省金兰德投资有限公司未依法依规履行产权方安全管理责任，对产权房屋安全管理缺失。

〖案件处理结果〗

2018 年 9 月,东湖区法院经审理认为,被告人丁某、丁某某、田某某、刘某某、廖某某在组织管理改建装修工程中违反有关安全管理的规定,被告人李某某、万某某在改建装修工程拆除作业中违反有关安全管理的规定,因而发生安全事故,事故导致 10 人死亡、13 人受伤、直接经济损失人民币 2 600 余万元,7 被告人的行为均已构成重大责任事故罪。

其中被告人丁某、丁某某、刘某某、廖某某、李某某负事故主要责任,属于情节特别恶劣;被告人田某某、万某某负事故次要责任。考虑到被告人丁某、刘某某、廖某某、李某某、万某某具有自首情节,李某某事故发生后参与事故抢救并配合调查,7 被告人均主动支付了赔偿款及郑某某等 7 位死者的亲属对被告人丁某表示谅解等量刑情节,遂依法作出上述判决。

一审宣判后,7 被告人均表示服判不上诉。

(资料来源:搜狐网,2018-09-07.)

8.1　饭店业的治安管理

饭店、宾馆这样的服务行业有义务为旅客提供有安全保障的场所,可从大量侦破的案件来看,犯罪分子逃逸或者实施犯罪的地点都不约而同地选择了饭店宾馆。从某种意义上来说,饭店宾馆成为犯罪分子销赃和藏匿的地方……所以饭店业治安状况的好坏,直接关系到旅游业的发展,影响整个旅游业的形象。

1987 年 9 月 23 日,经国务院批准,公安部于同年 11 月 10 日发布了《旅馆业治安管理办法》,这是我国旅游住宿业治安管理的专门法规,成为我国旅游饭店业健康发展的重要保障。为了进一步强化饭店业治安管理,保障饭店业正常经营和入住旅客人身财物安全,提高预防、发现、打击违法犯罪的能力,严密阵地控制,由中华人民共和国第十届全国人民代表大会常务委员会第十七次会议于 2005 年 8 月 28 日通过,自 2006 年 3 月 1 日起施行《中华人民共和国治安管理处罚法》。根据 2012 年 10 月 26 日十一届全国人大常委会第 29 次会议通过、2012 年 10 月 26 日中华人民共和国主席令第 67 号公布的《全国人民代表大会常务委员会关于修改〈中华人民共和国治安管理处罚法〉的决定》修正。《中华人民共和国治安管理处罚法》由中华人民共和国第十一届全国人民代表大会常务委员会第二十九次会议于 2012 年 10 月 26 日通过,自 2013 年 1 月 1 日起施行。

2010 年 12 月 29 日国务院第 138 次常务会议通过《国务院关于废止和修改部分行政法规的决定》,2011 年 1 月 8 日经第 588 号国务院令公布,对《旅馆业治安管理办法》部分条款作出修改,自公布之日起施行。为规范旅馆业治安管理,保障旅馆及其工作人员和住宿人员合法权益,根据国务院深化行政审批改革的部署,中华人民共和国公安部在 2017 年 2 月着力推动《旅馆业治安管理办法》修订工作。经广泛征求意见,反复研究修改，形成了《旅馆业治安管理条例（征求意见稿）》，目前修订工作在推进中。

8.1.1 相关法律从治安管理方面对开办酒店的要求

根据《旅馆业治安管理办法》及《特种行业许可》的要求开办饭店必须符合下列条件：

①消防设施、房屋建筑、出入口和通道必须符合安全规定；利用人防地下设施开办饭店的，须征得政府人防主管部门同意。

②饭店总布局符合安全防范要求，设置符合安全要求的贵重物品寄存室，并配备保险箱、储存柜等防盗安全措施。

③建立或配备适应安全管理需要的治安保卫组织或专、兼职治安保卫人员；安全保卫、值班巡逻、消防安全、验证登记、嫌疑报告、财物保管、会客登记、信息采集传输、治安防范教育培训等各项安全管理制度健全。

④安装使用旅馆业治安管理信息系统。开办旅馆必须符合公安部1999年12月1日以公共安全行业强制性标准形式发布实施的《旅馆业治安管理信息系统标准》系统建设标准。

⑤作为一个企业，其开办应当经主管部门审查批准，经当地公安机关签署意见，向工商行政管理部门申请登记，领取营业执照后，才可以开业。经批准开业的旅馆，如有歇业、转业、合并、迁移、改变名称等情况，也应当在工商行政管理部门办理变更登记后3日内，向当地的县、市公安局，公安分局备案。

8.1.2 在饭店经营过程中的治安管理

根据《旅馆业治安管理办法》（以下简称《办法》）第五条的规定，经营旅馆，必须遵守国家的法律，建立各项安全管理制度，设置治安保卫组织或者指定安全人员。凡是经营旅游住宿业务，按照《办法》都必须设置治安保卫部门，如饭店的保安部等。在经营各环节应按照《办法》制订相关制度。

（1）验证登记制度

对住宿人员的验证登记和信息录入传输，必须按照"实名、实情、实数、实时"的要求，采集传输率达到100%；按规定必须采集、传输的住宿人员的信息包括：姓名、性别、出生日期、证件种类和号码、户籍地、照片。住宿人员为境外的，必须采集外文姓名、性别、出生日期、证件种类和号码、照片、停留期限等内容。

未携带有效身份证件的成年人要求住宿的，饭店应通知其到饭店所在地派出所开具身份证明后，方可登记安排住宿。未携带有效身份证件的16周岁以下未成年人要求住宿，如有随行成年人一同的，以成年人提供的身份信息进行登记，并立即报告当地派出所进行身份核对。饭店接待未携带有效证件的人员住宿，未按以上规定操作的，均属于未按规定登记，公安机关应按照相关规定进行处罚。

（2）访客登记制度

对前来访客的非住宿人员，保安或前台服务人员应审查登记其身份证件，记录会客来去时间。

（3）值班巡查制度

设立内保人员，负责内部安全保卫和停车场所等重要部位安全管理。安保人员要加强对消防安全、治安安全检查，建立安全检查登记簿；安装监控系统，并明确专人值班，建立监控室值班记录簿。

（4）贵重物品寄存制度

设置专门宾客财物保管，并专人负责寄存物品的检查登记，领取登记物品时要签名，寄存物品管理人员要作好交接班登记。

（5）旅客遗留物品、携带违禁品处理制度

①对可疑物品、危险物品和其他违禁物品，应及时送交公安机关或报请公安人员处理。

②旅客遗留的其他物品，应详细登记后，想办法归还旅客，较长时间无法归还，应按捡拾物品送交公安机关处理。

③严禁侵占挪用旅客遗留物品，严禁擅自处理违禁品。

（6）可疑情况报告和通缉协查核对制度

饭店从业人员应及时报告本饭店的可疑人员、可疑情况和违法犯罪情况，并注意公安机关的通缉、通报，及时配合公安机关开展协查工作。

（7）安全防范宣传制度

饭店从业人员应当主动向饭店宣传住宿饭店遵守的相关法律法规规定，提醒旅客加强自身安全防范。如提醒旅客将贵重物品交饭店保管；禁止将易燃、易爆、剧毒、腐蚀性和放射性等危险物品带入饭店；旅客严禁在饭店内寻衅滋事、斗殴、酗酒、赌博、吸食毒品、卖淫嫖娼，或进行其他违法犯罪活动。

8.1.3 准确适用法律法规

饭店业管理工作实行"条块结合、以块为主"的管理体系。公安局治安大队是饭店业治安管理工作的业务主管部门，派出所是饭店业治安管理工作的主体。饭店业经营单位无论有哪一级审批发证，必须接受所在地派出所的检查监督和业务指导；公安机关对饭店治安管理的职责是指导、监督饭店建立各项安全管理制度和落实安全防范措施，协助饭店对工作人员进行安全业务知识的培训，依法惩办侵犯饭店和旅客合法权益的违法犯罪分子。公安人员到饭店执行公务时，应当出示证件，严格依法办事，要文明礼貌待人，维护饭店的正常经营和旅客的合法权益。饭店工作人员和旅客应当予以协助。

1）关于对饭店业的违反开业、变更有关规定行为的认定和处理

①饭店业经营单位未经所在地公安机关许可擅自营业的，以及洗浴场所未经许可擅自提供住宿服务的，无论其是否领取工商营业执照，均按照《治安管理处罚法》第五十四条的规定予以处罚。

②依法设立的饭店有歇业、转让、合并、迁移、改变名称等情况，应当在工商管理部门变更登记后 3 日内向当地的县、市公安局，公安分局备案，否则按《旅馆业治安管理办法》第十五条（《旅馆业治安管理办法》第十五条：违反第四条规定开办旅馆的，公安机关可以酌情给予警告或者处以 200 元以下罚款；未经登记，私自开业的，公安机关应当协助工商管理部门依法处理）予以处罚。

③经公安机关批准开办的饭店未领取工商营业执照的，或有歇业、转让、合并、迁移、改变名称等情况，未到工商部门办理变更登记且未向公安机关备案的，要报请工商部门处理。

2）关于不按规定登记住宿旅客信息行为的认定和处理

有下列行为之一的，可以认定为"不按规定登记住宿旅客信息"。《中华人民共和国治安管理处罚法》第五十六条规定：旅馆业的工作人员对住宿的旅客不按规定登记姓名、身份证件种类和号码的，或者明知住宿的旅客将危险物品带入旅馆，不予制止的，处 200 元以上 500 元以下罚款；旅馆业的工作人员明知住宿的旅客是犯罪嫌疑人员或者被公安机关通缉的人员，不向公安机关报告的，处 200 元以上 500 元以下罚款；情节严重的，处 5 日以下拘留，可以并处 500 元以下罚款。违反此规定，处罚该旅馆相关工作人员；旅馆主管人员指使的，同时处罚该主管人员。

①一证登记，多人入住，本人登记，他人入住，无证（"三无"人员）入住，可以认定为"不按规定登记住宿旅客信息"。

②未按公安机关有关规定登记住宿旅客信息的。

③登记的住宿旅客姓名、身份证件种类和号码多次有错漏的或者造成不良后果的。

④住宿旅客冒用他人身份证件或者使用假身份证件登记住宿，未予制止或者未及时报告公安机关，仍按照旅客提供证件登记的。

⑤未按要求及时录入传输或者报送住宿人员信息的。

因饭店业系统故障未及时录入传输住宿旅客信息，且饭店业经营单位及时报告公安机关并按要求落实补救措施的，不予处罚。

⑥饭店业前台登记人员按规定登记后，住宿人员擅自留宿他人，而饭店业经营单位未及时发现和制止，或者未及时向公安机关报告的，按照《中华人民共和国治安管理处罚法》第五十六条第一款的规定，处罚饭店经营者或者有关主管人员。

3）关于有效证件

饭店业工作人员根据住宿旅客提供的《居民身份证》《临时居民身份证》附照片的《户籍证明》《港澳居民来往内地通行证》《台湾居民来往大陆通行证》《旅行证》外国人《护

照》以及《军官证》《武警警官证》《军官离、退休证》《士兵证》《警官证》等有效身份证件,如实登记旅客姓名、身份证件种类和号码的,均视为按规定登记住宿旅客信息。

4)关于违反《居民身份证法》有关行为的认定和处理

住宿旅客在办理住宿登记时,冒用他人身份证件或者使用骗领的居民身份证,以及使用伪造、变造的居民身份证的,依照《居民身份证法》第十七条(《居民身份证法》第十七条:有下列行为之一的,由公安机关处 200 元以上 1 000 元以下罚款,或者处 10 日以下拘留,有违法所得的,没收违法所得:

①冒用他人居民身份证或者使用骗领的居民身份证的。

②购买、出售、使用伪造、变造的居民身份证的。

伪造、变造的居民身份证和骗领的居民身份证由公安机关予以收缴。)规定予以处罚。

5)关于违反内部治安保卫规定行为的认定和处理

有下列行为之一,存在治安隐患的,可以认定为违反单位内部治安保卫规定。按照《企业事业单位内部治安保卫条例》第十九条的规定,单位违反本条例规定,存在治安隐患的,公安机关应当责令限期整改,并处警告;单位逾期不整改,造成公民人身伤害、公私财产损失,或者严重威胁公民人身安全、公私财产安全或者公共安全的,对单位处 1 万元以上 10 万元以下罚款,对单位主要负责人和其他主要责任人员处 500 元以上 5 000 元以下罚款,并可以建议有关组织对单位主要负责人和其他直接责任人员依法给予处分;情节严重,构成犯罪的,依法追究刑事责任。

①未设置治安保卫机构或者配备专职、兼职治安保卫人员的。

②治安保卫机构、人员未依法履行职责的。

③为建立值班巡查、财物保管、消防安全、治安防范教育培训等制度的。

④治安防范措施不落实的。

⑤其他违反《企业事业单位内部治安保卫条例》的行为。

6)关于饭店工作人员阻碍国家工作人员依法执行职务行为的认定和处理

饭店工作人员阻碍国家工作人员依法执行职务,依照《治安管理处罚法》第五十条规定,有下列行为之一的,处警告或者 200 元以下罚款,情节严重的,处 5 日以上 10 日以下拘留,可以并处 500 元以下罚款。

①拒不执行人民政府在紧急状态情况下依法发布的决定、命令的。

②阻碍国家工作人员依法执行职务的。

③阻碍执行紧急任务的消防车、救护车、工程抢险车、警车等车辆通行的。

④强行冲闯公安机关设置的警戒带、警戒区的。

阻碍人民警察依法执行职务的,从重处罚。构成犯罪的,依法追究刑事责任;旅馆业主管人员指使的,处罚该主管人员;在公安民警依法开展治安检查,侦办案件时,拒不提供相关资料的,可以认定为"阻碍国家工作人员依法执行职务"。

〖行业广角〗

酒店常见的盗窃、诈骗案件及酒店治安事件预防

（一）酒店常见的盗窃、诈骗案件

1. 客房

同室盗窃、翻窗入室行窃、顺手牵羊、撬门、在房门上做手脚（插片）、用钥匙试开、骗取开门、混入房间作案、内部员工作案。

2. 餐厅

顺手牵羊、浑水摸鱼、以政府职能部门订餐进行诈骗、吧台物品被窃。

3. 财务收银

换假币形式，换钱的形式，从中调包，以空白支票或压少量定金，以陌生人消费自行逃掉。

（二）各餐厅治安事件预防措施

1. 酒吧

衣服不要乱挂或放在椅子上；对一些陌生人（女性居多）的主动勾搭不要轻易上钩；酒不要过量或喝醉，尤其是一个人，以免给小偷可乘之机。

2. 开放式餐厅

衣服、手提袋不要放在椅子靠背上；离桌点菜，买单要特别注意；对一些表情不自然、眼睛东张西望的人要多留个心眼；服务员离开自己的服务区，就近的服务员要协助照顾，餐厅主管或领班要全面负责。

3. 包厢

一般不会发生失窃案，因当时只有服务员和用餐的客人在场，用餐的客人基本相互认识。但用餐结束，主人送客的很短一段时间内，服务员忙于收拾餐具、做卫生时就容易发生失窃案件。

4. 宴会厅

如结婚宴会中防止一些人冒充男女方的客人混吃，同时顺手牵羊拿走别人东西；在新郎新娘敬酒，宾客相互敬酒中，一些外来不法分子伺机下手。大型的酒会中冒充新闻记者，混吃混喝，并偷走某些礼品和香烟的。

8.2 饭店业的卫生管理

8.2.1 饭店业卫生管理立法

1987年4月1日国务院颁布了《公共场所卫生管理条例》，1991年6月1日，卫生部根据《公共场所卫生管理条例》（以下简称《条例》）制定颁布的《公共场所卫生管理条例实施细则》（以下简称《实施细则》）正式实施。将旅游行业涉及的宾馆、饭馆、旅店、招待所、车马店、咖啡馆、酒吧、茶座、候车（机、船）室、公共交通工具

等公共场所的卫生工作纳入法制化的轨道，为创造良好的公共场所卫生条件，预防疾病和保障人体健康提供了法律保障。为了更好地实施《条例》，加强饭店卫生监督管理，1996 年 1 月 29 日，由国家技术监督局颁布的《旅店业卫生标准》，本标准规定了各类旅店客房的空气质量、噪声、照度和公共用品消毒等标准及其卫生要求，本标准适用于各类饭店。

国家卫生部、商务部依据《中华人民共和国传染病防治》《公共场所卫生管理条例》《突发公共卫生事件应急条例》《艾滋病防治条例》《化妆品卫生监督条例》等法律法规，于 2007 年 6 月 25 日印发了《住宿业卫生规范》，并于印发当日起开始执行。本规范适用于中华人民共和国境内一切从事经营服务的住宿场所，如宾馆、饭店、旅馆、旅店、招待所、度假村等。它的制订实施加强了住宿场所卫生管理，规范了经营者的经营行为，对防止传染病传播与流行，保障人体健康有重要意义。

8.2.2　饭店业卫生管理

1）饭店卫生管理主体

饭店业的卫生管理，主要是指饭店的主管部门及饭店的自我管理。主管部门应当建立卫生管理制度，配备专职或兼职卫生管理人员，对饭店的卫生状况进行经常性检查，并提供必要的条件。饭店自身也应建立卫生责任制度，对本单位的从业人员进行卫生知识的培训和考核工作。

2）饭店业的卫生标准和卫生指标

（1）饭店卫生标准

饭店一旦建立起来后，场所基本就固定不变，它的环境一般由建筑物或自然障碍物与外界相隔开，具有一定的封闭性，同时，饭店进出人员多且不固定。由于人员流动性大以及设施公用等特点，饭店的卫生要求应达到以下标准：

①室内空气卫生要达到标准。

②采光照明好。客房宜有较好的朝向，自然采光系数以 1/5 ~ 1/8 为宜。

③微小气候适宜。饭店针对不同季节采取不同措施，以保证室内微小气候适宜，湿度、温度等达到国家有关标准，有利于旅客的身体健康。

④用具和卫生设施符合卫生标准。饭店供客人及员工使用的用具应及时更换、清洗，定期消毒。各种设施配置要符合饭店要求及卫生标准。

⑤用水达到卫生标准。饭店内自备水源与二次供水水质应符合 GB 5749 规定。二次供水蓄水池应有卫生防护措施，蓄水池容器内的涂料应符合输水管材卫生要求，做到定期清洗消毒。

（2）饭店卫生指标

饭店的卫生指标在不同部门有不同的标准。例如表 8.1 中的旅客客房卫生标准值和表 8.2

中的公共用品清洗消毒判定标准，制定得非常详细具体，饭店均须参照执行。

表 8.1 旅店客房卫生标准值 (GB 9663—1996)

序号	项目类别	项目名称	3~5 星级饭店、宾馆标准限值	1~2 星级饭店、宾馆标准限值	普通旅店、招待所标准限值	备注
1	物理性	温度 /℃	< 26	< 28	—	夏季空调
			> 20	> 20	≥ 16	冬季采暖
2		相对湿度 /%	40~65	—	—	—
3		风速 /（m · s⁻¹）	≤ 0.3	≤ 0.3	—	—
4		新风量 /［m³ ·（h · 人）⁻¹］	≥ 30	≥ 20	—	—
5		台面照度 /lx	≥ 100	≥ 100	≥ 100	—
6		噪声 /dB(A)	≤ 45	≤ 55	—	—
7		床位占地面积 /（m² · 人⁻¹）	≥ 7	≥ 7	≥ 4	—
8	化学性	甲醛 HCHO/（mg · m⁻³）	≤ 0.12	≤ 0.12	≤ 0.12	1h 均值
9		一氧化碳 CO/（mg · m⁻³）	≤ 5	≤ 5	≤ 10	1h 均值
10		二氧化碳 CO₂/%	≤ 0.07	≤ 0.10	≤ 0.10	日平均值
11		可吸入颗粒 PM10/（mg · m⁻³）	≤ 0.15	≤ 0.15	≤ 0.20	日平均值
12	生物性菌落总数	a. 撞击法 /（cfu · m⁻³）	≤ 1 000	≤ 1 500	≤ 2 500	—
		b. 沉降法 /（个 · 皿⁻¹）	≤ 10	≤ 10	≤ 30	—

表 8.2 公共用品清洗消毒判定标准 (GB 9663—1996)

序号	检测项目	细菌总数	大肠菌群 /［个 ·（50 cm²）⁻¹］	致病菌 /［个 ·（50 cm²）⁻¹］	备注
1	茶具	< 5 cfu/ml	不得检出	不得检出	—
2	毛巾和床上卧具	< 200 cfu/25 cm²	不得检出	不得检出	—
3	脸(脚)盆、浴盆、床垫、拖鞋	—	—	不得检出	—

3）饭店从业人员卫生要求

（1）取得健康合格证

根据《条例》的规定，饭店业直接为顾客服务的人员，每年要进行一次健康检查，持有"健康合格证"方能从事本职工作。患有痢疾、伤寒、病毒性肝炎、活动期肺结核、化脓性或者渗出性皮肤病以及其他有碍公共卫生疾病的，治愈前不得从事直接为顾客服务的工作。

《实施细则》对公共场所从业人员的健康检查作出进一步规定：公共场所直接为顾客服务的从业人员必须定期进行健康检查，取得"健康合格证"后方可继续上岗工作；新参加工作的人员上岗前须取得"健康合格证"；公共场所内经营食品的从业人员的健康检查按《食品卫生法》有关规定执行；可疑传染病患者须随时进行健康检查，明确诊断。

公共场所主管部门负责健康检查的组织安排和督促检查工作，指定医疗卫生单位承担健康检查工作。健康检查应统一要求，统一标准，认真记录，建立档案。

（2）搞好个人卫生

个人卫生是指饭店中每个成员的卫生状况，其中包括个人仪表仪容卫生、卫生知识达标情况、健康证持证情况及心理卫生情况等。

8.2.3 饭店卫生工作监督

1）卫生监督机构及其职责

根据《条例》的规定，各级卫生防疫机构负责管辖范围内的公共场所卫生监督工作。职责是：对公共场所进行卫生监测和卫生技术指导；监督从业人员健康检查，指导有关部门对从业人员进行卫生知识的教育和培训；对新建、扩建、改建的公共场所的选址和设计进行卫生审查，并参加竣工验收；对违反《条例》的饭店进行行政处罚。

2）卫生监督员及其职责

卫生防疫机构根据需要设立公共场所卫生监督员，执行卫生防疫机构交给的任务。卫生监督员有权对公共场所进行现场检查，索取有关资料，经营单位不得拒绝或隐瞒。卫生监督员对所提供的技术资料有保密的责任。

公共场所卫生监督员职责是：对管辖范围内公共场所进行卫生监督监测和卫生技术指导；宣传卫生知识，指导和协助有关部门对从业人员进行卫生知识培训；根据有关规定对违反《条例》有关条款的单位和个人提出处罚建议；参加对新建、扩建、改建的公共场所选址和设计的卫生审查和竣工验收；对公共场所进行现场检查，索取有关资料，包括取证照相、录音、录像等，调查处理公共场所发生的危害健康事故。

根据《实施细则》的规定，公共场所卫生监督员、助理卫生监督员可按每30~60个公共场所设1人的比例配置。

3）处罚

饭店违反《条例》下列规定之一的，卫生监督机构可以根据情节轻重给予警告、罚款、停业整顿、吊销"卫生许可证"的行政处罚：卫生质量不符合国家卫生标准和要求，而继续营业的；未获得"健康合格证"，而从事直接为顾客服务的；拒绝卫生监督的；未取得"卫生许可证"，擅自营业的。

违反《条例》的规定造成严重危害公民健康的事故或中毒事故的单位或者个人，应当对受害人赔偿损失。违反本条例致人残疾或者死亡，构成犯罪的，应由司法机关依法追究直接责任人员的刑事责任。

饭店经营单位和从业人员对卫生监督机构行政处罚不服的，在接到处罚通知之日起15天内，可以向当地人民法院起诉。但对公共场所卫生质量控制的决定应立即执行。对处罚的决定不履行又逾期不起诉的，由卫生防疫机构向人民法院申请强制执行。

公共场所卫生监督机构和卫生监督员必须尽职尽责，依法办事。对玩忽职守、滥用职权、收取贿赂的，由上级主管部门给予直接责任人员行政处分。构成犯罪的，由司法机关依法追究直接责任人员的刑事责任。

8.3 饭店业的消防安全管理

8.3.1 《消防法》的立法现状

我国经济社会的飞速发展，促进了消防法律法规体系的不断进步与完善。由中华人民共和国第十一届全国人民代表大会常务委员会第五次会议于 2008 年 10 月 28 日修订通过，自 2009 年 5 月 1 日起施行的《中华人民共和国消防法》（简称《消防法》），稳步推进了全国各地消防法规建设。2019 年 4 月 23 日第十三届全国人民代表大会常务委员会第十次会议对《消防法》再次修订。以《消防法》为主体，行政规章和地方性法规为补充的消防法律法规体系基本形成，有力地促进了消防事业的发展。据统计，目前我国已制定出台消防行政法律法规和规章 30 余部，工程类消防技术规范近 30 部，消防产品技术标准 230 余部。特别是《中华人民共和国消防法》修订以来，现行有效的消防地方性法规 55 部、政府规章 97 部，有力地推动了以行为法规、地方性法规、部门规章和政府规章相配套的消防法规体系的形成。

《消防法》修订以来，全国共有 27 个省、自治区、直辖市，3 个有立法权的市，制定修订了 30 部消防地方性法规；1 个县制定了消防单行条例（贵州三都水族自治县）；山东、河北等地制定了 16 部消防政府规章。30 部地方性消防法规中，29 部属于综合性消防法规，其中上海等 15 部法规属于修订，其余 14 部是新制定或重新制定。这些法律法规的颁布实施，对保障经济发展，维护社会稳定，保护公民人身和财产安全发挥了极为重要的作用。

目前，我国消防法规的主干是《中华人民共和国消防法》和公安部制定颁布的相关规章以及各地制定的消防条例，各项专门规定和众多的技术规范标准是该体系的枝干。

为了加强饭店的消防安全工作，保护宾客、酒店员工的生命财产安全，确保酒店的正常营业，根据《中华人民共和国消防法》和公安部颁布《机关、团体、企业、事业单位消防安全管理规定》的要求，饭店应贯彻"预防为主、防消结合"的方针和自防自救的原则，实行严格的科学管理。

8.3.2　饭店消防设施的建设要求

宾馆饭店客房内所有装饰、装修材料均应符合消防的相关规定，要设置火灾自动报警系统、消火栓系统、自动喷水灭火系统、防烟排烟系统等各类消防设施，并设专人操作维护，定期进行维修保养；要按照规范要求设置防火、防烟分区、疏散通道及安全出口；安全出口的数量，疏散通道的长度、宽度及疏散楼梯等设施的设置，必须符合规定，严禁占用、阻塞疏散通道和疏散楼梯间，严禁在疏散楼梯间及其通道上设置其他用房和堆放物资。

8.3.3　健全消防安全管理机构，明确管理责任

消防部门要按照《消防法》的规定和国家有关消防技术标准要求，加强对宾馆饭店的监督和检查；旅游行政主管部门要通过行业标准等手段，实施对宾馆饭店的消防安全监管。

宾馆饭店要落实消防安全责任制，明确各岗位、部门的工作职责，建立健全消防安全工作预警机制和消防安全应急预案，完善值班巡视制度，成立消防义务组织，组织消防安全演习，加大消防安全工作的管理力度。

消防安全重点单位及其消防安全责任人、消防安全管理人应当报当地公安消防机构备案；消防安全重点单位应当设置或者确定消防工作的归口管理职能部门，并确定专职或者兼职的消防管理人员；归口管理职能部门和专兼职消防管理人员在消防安全责任人或者消防安全管理人的领导下开展消防安全管理工作。

1）消防管理消防安全责任人职责

①贯彻执行消防法规，保障单位消防安全符合规定，掌握本单位消防安全情况。

②将消防工作与本单位的生产、经营、管理等活动统筹安排。批准实施年度消防工作计划。

③为本单位的消防安全提供必要的经费和组织保障。

④确定各级消防安全责任，批准实施消防安全制度和保障消防安全的操作规程。

⑤组织防火检查，督促落实火灾隐患，及时整改处理消防安全的重大问题。

⑥根据消防法规建立义务消防队。

⑦组织制订符合本单位实际的灭火和应急疏散预案，并实施演练。

2）消防安全管理人职责

①拟订年度消防工作计划，组织实施日常消防安全管理工作。

②组织制订消防安全制度和保障消防安全的操作规程并检查督促其落实。

③拟订消防安全工作的资金投入和组织保障方案。

④组织实施防火检查和火灾隐患整改工作。

⑤组织实施对本单位消防设施、灭火器材和安全标志的维护保养，确保其完好有效，确保疏散通道和安全出口畅通。

⑥组织管理义务消防队。

⑦在员工中组织开展消防知识、技能的宣传、教育和训练，组织灭火和应急疏散预案的实施和演练。

⑧单位消防安全责任人委托的其他消防安全管理工作。

8.3.4 饭店消防安全检查内容

1）消防三级检查基本内容

①易燃易爆危险物品的贮存保管、使用要符合安全要求，贮存容器、贮罐、管道要定期测试有无跑、冒、滴、漏等现象。

②使用液化气灶、柴油灶是否按照要求操作，摆放位置是否符合安全规定。

③对烟头、遗留火种是否注意和采取相应处理措施。

④仓库物资分类及存放是否符合安全规定，库房灯光规定在 60 W 以下，灯距、堆放高度、通风、室温是否符合安全要求，值班人员是否做到人走灯灭。

⑤电器设备运行是否正常，有无超负荷运行，电线、电缆的绝缘有无变化、裸露、受潮、短路等，电机有无空转现象，防雷设备是否完好，有无乱接、乱拉、乱搭电线现象。

⑥使用各种可燃易燃油类是否符合安全要求，以及残油、气的处理情况。

⑦危险场所是否办理相关手续，员工操作是否按照要求操作。

⑧使用有毒、有害物品的场所是否有防毒的安全措施。

⑨消防器材、消防系统的完好情况，各部门的消防器材有无保管好、用好和到期换药，保证完好、好用。

⑩门卫对出入人员是否严格检查，对携带易燃易爆危险品的人是否把关。除对以上内容检查外，在日常工作中应强化对重点区域的检查和监控。宾馆饭店消防安全责任人和楼层服务员要加强日常巡视，发现火灾隐患应及时采取措施。餐厅应建立健全用火、用电、用气管理制度和操作规范，厨房内燃气燃油管道、仪表、阀门必须定期检查，抽油烟罩应及时擦洗，烟道每半年应清洗一次。厨房内除配置常用的灭火器外，还应配置灭火毯，以便扑灭油锅起火引起的火灾。

〖知识链接〗

宾馆饭店消防安全的主要隐患

（一）违规装修施工。一些宾馆饭店进行装修改造施工，由于用火、用电、用气设备点多量大，加之个别施工材料不符合消防安全的规定，一旦工人操作失误或处理不当，容易导致消防安全事故的发生。

（二）电气设备老化。一些宾馆饭店电气线路老化或配置不合理，容易引发火灾。如大量使用单层绝缘绞线接线板，这种电线没有护套，易因挤压或被动物咬噬而发生短路；客房内的电熨斗、电暖气、热得快等电热器具，客人使用不当、违章接线或忘记断电而使电器设备过热引燃周围可燃物造成火灾。

（三）厨房违规操作。如在炉灶上煨、炖、煮各种食品时，浮在上面的油质溢出锅外，遇火燃烧；在炉灶旁烘烤衣物或用易燃液体点火发生燃烧或爆炸。此类火灾蔓延速度快，扑救困难，特别是油类火灾，无法用水进行扑救。

（四）住店客人安全意识不强。客人在宾馆饭店卧床吸烟是诱发火灾的重要因素；少年儿童如无同行成年人的监督，容易因玩火而引发火灾，且事后易惊慌失措，到处躲藏，隐瞒火情，错过遏制火情的有效时机。

（五）施救设施设备不全或失效。目前，一些宾馆饭店存在安全出口锁闭或数量不足，疏散通道被堵塞、占用，消火栓被圈占、遮挡，自动报警、喷淋设施损坏或未按要求安装，疏散指示标志不足，应急照明损坏，灭火器过期等现象，一旦发生火灾，得不到及时扑救，最终易酿成事故。

此外，消防安全制度不健全，责任制落实不到位等，也是引发宾馆饭店火灾发生的原因之一。

2) 安全检查范围

① 火灾隐患的整改情况以及防范措施的落实情况。
② 安全疏散通道、疏散指示、应急照明和安全出口情况。
③ 消防车通道、消防水源情况。
④ 灭火器材配备及有效情况。
⑤ 用火、用电有无违章情况。
⑥ 重点工种人员以及其他员工消防知识的掌握情况。
⑦ 消防安全重点部位的管理情况。
⑧ 易燃易爆物品和场所防火防爆措施的落实情况以及其他重要物资的防火安全情况。
⑨ 控制室值班情况和设施运行、记录情况。
⑩ 防火巡查情况。
⑪ 消防标志的设置情况和完好、有效情况。
⑫ 其他需要检查的内容。

〖以案说法〗

2018 年 8 月 25 日 4 时许，哈尔滨市松北区北龙温泉酒店发生火灾事故，截至 26 日 14 时，火灾事故共导致 20 人死亡，23 人受伤。经事故调查组现场勘察、调查取证和技术鉴定，查明哈尔滨"8·25"火灾事故起火时间为 8 月 25 日 4 时 12 分许，起火部位为哈尔滨北龙汤泉休闲酒店有限公司二期温泉区二层平台靠近西墙北侧顶棚悬挂的风机盘管机组处，起火原因是风机盘管机组电气线路短路形成高温电弧，引燃周围塑料绿植装饰材料并蔓延成灾。火灾原因随着调查结束已经水落石出。电气短路是直接原因，形成的高温电弧，是点火源。周围的塑料绿植装饰材料是可燃物。

〖案例分析〗

这起火灾看似是电气短路问题，实则是人为原因。稍微有电气常识的人都知道，电气线路短路必然是电气线路质量或者是线路破损、接触不良等问题引起。对于酒店等用电线路不太复杂的场所，不管是哪种问题故障，都可以经过排查，发现问题隐患，从而进行整改，及时消除火灾隐患。而事实是，起风盘管机组电气线路短路，形成了高温电弧。这些通过日常电路巡检或定期检查就可以发现的问题，但是却没有被发现，从而酿成了惨痛的事故。因此，这起火灾还是可以认为是电路检查不到位引起的，也暴露出北龙温泉酒店在用电安全方面存在着严重问题。

由于现代化酒店的主要能源是电，电线如网，用电设备多，整个酒店像是一个大的带电体。用电设施不完好、线路老化、人员操作失误都容易造成电气线路短路起火。电气线路和电器设备的管理使用不当，是造成酒店火灾的头号原因，占酒店火灾事故的70%以上。因此，用电设施的科学规划布局，设备的完好，规范电气操作以及严格管理是减少和杜绝酒店火灾的关键。

8.3.5 宣传消防知识

饭店应通过张贴图画，播放广播、闭路电视等向公众宣传防火、灭火、疏散逃生等常识。宾馆饭店要加强对员工的消防知识宣传、教育和培训，提高员工的防火灭火知识，使员工能够熟悉火灾报警方法、岗位职责和疏散逃生路线。要定期组织应急疏散演习，加强消防实战演练，完善应急处置预案，确保突发情况下能够及时有效进行处置。员工都要做到"一熟悉、三会"(一熟悉：消防器材，三会：会报警、会使用灭火器材、会组织人员疏散)。

除对员工的宣传教育外，还要加强对住店客人消防安全提示，要设置禁止卧床吸烟和禁止扔烟头、火源入废纸篓的标志；要告知客人消防紧急出口和疏散通道的位置；要提醒住店客人加强对同行的未成年人和无行为能力人的监护，防止其不慎引发安全事故。

8.3.6 改造、扩建和室内装修工程应遵守消防安全规定

宾馆、饭店和餐饮娱乐场所的改造、扩建和室内装修工程，包括宾馆、饭店和餐饮娱乐场所出租或承包经营商场、写字间及卡拉ＯＫ歌厅、舞厅等场所的改造和装修工程，要认真执行国家有关消防技术规范和消防管理规章，建筑构件、建筑材料和室内装修、装饰材料的防火性能必须符合国家标准；没有国家标准的，必须符合行业标准。人员密集场所室内装修、装饰，应当按照消防技术标准的要求，使用不燃、难燃材料，并经公安消防监督部门审核、验收。要按照有关电气安全规程的规定，定期对电气设备、开关、线路、照明灯具、镇流器等进行检查，凡不符合安全防火要求的要及时维修和更换。

本章小结

本章主要通过介绍饭店业治安管理、卫生管理及消防管理中相关法律法规知识，希望学生通过本章的学习能够了解相关法律的立法目的及意义，掌握相关法律法规的应用原则及要求，能正确运用相关法律法规解决和分析饭店经营管理中的实际问题。

自测题

一、选择题

1. 最新修订的《中华人民共和国治安管理处罚法》是（　　）实施的？

    A.2013 年 1 月 1 日　　　　　　　　　　B.2005 年 8 月 28 日

    C.2006 年 8 月 28 日　　　　　　　　　　D.2006 年 3 月 1 日

2. 保障我国旅游饭店业健康发展，我国旅游住宿业治安管理的专门法规是（　　）。

    A.《特种行业许可》

    B.《旅馆业治安管理办法》

    C.《旅馆业治安管理信息系统标准》

    D.《中华人民共和国旅馆业治安管理办法》

3. 饭店从业人员（　　）要进行一次健康检查。

    A. 一年　　　　　　B. 半年　　　　　　C. 两年　　　　　　D. 一年半

4. 以下不属于我国消防法规主干的是（　　）。

    A.《中华人民共和国消防法》　　　　　　B. 公安部制定颁布的相关规章

    C. 各地制定的消防条例　　　　　　　　　D. 各项专门规定

二、判断题

1. 客人在饭店办理住宿登记时，一证登记，多人入住，本人登记，他人入住，无证（"三无"人员）入住，可以认定为"不按规定登记住宿旅客信息"。　　　　（　　）

2. 饭店业的卫生管理，主要是指饭店的自我管理。　　　　　　　　　　　　（　　）

3. 饭店在对员工进行消防安全教育后，员工应都能做到"一熟悉、三会"(即一熟悉：消防器材，三会：会报警、会使用灭火器材、会组织人员疏散)。　　　　（　　）

三、简答题

1. 如何对旅客遗留物品进行处理？

2. 饭店卫生监督机构及其职责有哪些？

3. 饭店消防安全检查内容有哪些？

四、实训题

可选当地一家饭店，实地考察其消防设施的配备，可进行一次消防演习。

第9章
饭店业纠纷处理法律制度

【本章导读】

旅游业的健康发展不仅需要依法确认旅行社之间、饭店之间、旅行社与旅游者之间、旅行社与饭店等相关旅游部门之间的旅游关系，特别针对旅游饭店而言，更要确认饭店与客人之间所产生的各种关系。基于饭店和客人之间会因为各种问题产生不同的纠纷，规范饭店在处理纠纷时的方式方法和法律制度，合理解决纠纷矛盾，才能使饭店行业得到健康发展。

【关键词汇】

酒店　客人　纠纷　协调调解　仲裁　诉讼

〖案例导入〗

游客在某第三方平台上通过旅行社预订了旅游目的地的酒店，由于行程有变，游客在入住前3天向平台和旅行社提出取消申请，得到了答复是预订成功后就无法取消，已经预交的全额房费概不退还，如有不可抗力导致的变动可以提供凭证给卖家进行申请。也就是说，只要预订成功，不论游客是否入住，也不论是否给酒店实际造成损失，游客都无法要求返还预付的住宿费用。游客向有关部门投诉后，得到的答复也不一致，游客的维权遭遇障碍。

〖案例分析〗

一、法律规定

1.《民法典》第四百六十五条规定，依法成立的合同，受法律保护。依法成立的合同，仅对当事人具有法律约束力，但是法律另有规定的除外。

2.《消费者权益保护法》第二十六条规定，经营者不得以格式条款、通知、声明、店堂告示等方式，作出排除或者限制消费者权利、减轻或者免除经营者责任、加重消费者责任等对消费者不公平、不合理的规定，不得利用格式条款并借助技术手段强制交易。格式条款、通知、声明、店堂告示等含有前款所列内容的，其内容无效。

二、法理分析

1. 游客预订客房的基本路径有两种，第一种是游客和酒店直接联系预订客房。第二种是游客借助第三方渠道，包括订房公司、旅行社、第三方平台等企业预订客房。

2. 当事人不得擅自取消客房预订。单方擅自取消客房预订的行为，属于违约行为，取消预订的一方就应当承担相应的民事责任。当然，客房预订的合同签订后，一方不能按照约定履行合同义务，需要取消或者更改合同，就必须经过双方的协商。

3. 客房预订隐含的各种风险。从理论上说，虽然游客和酒店或者第三方企业签订了客房预订合同，在合同全面履行前，尚有许多不确定因素，导致客房预订没有达成预期结果，游客和酒店、第三方企业都存在风险。从实务上看，酒店存在的风险集中在游客和酒店通过口头约定预订客房、且游客临时取消预订不入住酒店的情况下，酒店对游客缺乏有效的制约，游客又不愿意承担赔偿责任，导致预订客房无法及时出售而造成损失。游客面临的风险较为复杂：第一，游客能否按照与酒店或者第三方企业的预订顺利入住。第二，酒店提供的客房，与预订的客房档次、标准是否一致。第三、擅自解除客房预订的风险。游客预订客房后，如果不能按照约定的时间入住，而且又没有令人信服的理由，游客就必须承担违约责任，尤其是目前酒店或者第三方企业收取的违约金基本等同于全额房费。一旦不按时入住，游客预交的房费就会全损。

4. 取消客房预订所需要承担的责任。合同签订后，如果一方违反合同约定，擅自取消客房预订，就应当承担相应的责任。按照我国法律规定，违约责任的承担，大致有支付违约金和赔偿直接的经济损失两种。

5. 游客取消客房预订不退款属于霸王条款。第一，假如酒店或者第三方企业设定取消订单就没收全款房费作为违约金的话，该违约金的约定过高。第二，假如酒店或者第三方企业设定取消订单就没收全款房费作为实际损失的话，酒店或者第三方企业又没有提供实际损失的证明，实际损失是否存在就值得怀疑。第三，酒店或者第三方企业往往为游客取消客房预订设定违约责任，而对于酒店或者第三方企业自己取消客房预订，则没有设定承担责任，或者设定的责任承担极其轻微。

（文章来源：旅游投诉）

9.1 饭店纠纷的协调与调解

9.1.1 饭店的纠纷发生

饭店的法律纠纷大致涉及饭店与客人、旅行社及其他企业，饭店与服务人员，饭店与旅游行政管理部门等各种纠纷。《民法典》第十条规定："处理民事纠纷，应当依照法律；法律没有规定的，可以适用习惯，但是不得违背公序良俗。"

一般来说，饭店的纠纷主要存在的情况包括：订房发生的法律纠纷、客人在住宿中发生了人身伤亡或财产损失而产生的法律纠纷、客人在住宿中产生的食品安全的法律纠纷、客人在住宿酒店时对酒店的财务造成损失而产生的法律纠纷、酒店的其他行为造成的法律纠纷等形式。

①订房发生的法律纠纷。通常包括旅行社或旅游者由于自身过错或不可抗力，不能使用已预订的客房；饭店由于各种原因不能提供预订客房；旅游者没有得到预先所订规格的房间等。

②客人在住宿中发生了人身伤亡的法律纠纷。通常存在这种情况的情形是由于饭店未能向客人提供符合国家安全标准的设备设施而导致客人出现伤亡情况，或者客人没有正当使用饭店的设施设备而导致的伤亡情况等。

③客人在住宿中发生了财产损失的法律纠纷。通常包括由于客人过错导致丢失贵重物品，或者由于饭店的疏忽管理而未保存好顾客的相关财产，此外还有因为双方的过错导致旅游者发生财产损失的情况等。

④旅游者在住宿中产生的食品安全的法律纠纷。这种情形通常是由于客人食用饭店提供的饮食而产生身体不适或中毒等的情形。

⑤客人在住宿酒店时对饭店的财务造成损失而产生的法律纠纷。这种情况的发生，一般存在于客人损坏酒店的设施而导致；此外，还有可能发生在客人拒绝支付饭店合理收取的相关费用，以及饭店留置客人的相关行李物品等。

⑥饭店的其他行为造成的法律纠纷。这种情况比较常见且不确定，例如饭店悬挂物坠落造成人身伤亡；饭店或其餐厅服务质价不符；饭店收费停车场丢失车辆等。

根据《旅游法》第九十一条的规定，县级以上人民政府应当指定或者设立统一的旅游投诉受理机构。受理机构接到投诉，应当及时进行处理或者移交有关部门处理，并告知投诉者。

第九十二条规定，旅游者与旅游经营者发生纠纷，可以通过下列途径解决：

a. 双方协商。

b. 向消费者协会、旅游投诉受理机构或者有关调解组织申请调解。

c. 根据与旅游经营者达成的仲裁协议提请仲裁机构仲裁。

d. 向人民法院提起诉讼。

9.1.2　饭店纠纷的协调与调解

1）客房预订的协调与调解

饭店常常因各种原因与客人之间发生订房纠纷，不管纠纷产生的责任方是谁，饭店都应妥善处理，以帮助客人解决实际问题。《民法典》第一百七十六条规定："民事主体依照法律规定或者按照当事人约定，履行民事义务，承担民事责任。"

日常产生的订房纠纷，除超额预订而失约的情况外，还有以下几种情况：

①饭店收到客人的订房传真或电传，但由于上面没有注明发电人的通信地址或联系电话，饭店无法告知当时已客满。

②客人通过信函要求订房，但因客满，饭店在回信时只同意将其列为等候客人。

③客人抵店时间已超过预订的客房截止时间，或是未按指定的航班、车次抵达，事先又未与饭店联系，饭店无法提供住房。

④客人声称自己办了订房手续，但接待处没有订房记录。

⑤客人在价格上与饭店发生争执或因不理饭店入住和住房方面的政策及当地法规而产生不满。

上述前两种情况，不能视为确认订房，第三种情况虽为确认订房，但已超过了饭店规定的留房截止时间，这几种情况下发生纠纷，责任不在饭店，但饭店在协调与调节这些纠纷时，对客人同样要热情接待、耐心解释，并尽力提供帮助，绝不可与客人争吵。如果饭店没空房，应该与其他饭店来沟通安排客人的住宿，但是饭店不承担任何费用。

2）入住纠纷的协调与调解

订房合同成立以后，客人在入住中或入住后与饭店也可能发生纠纷。这些纠纷一般表现在：

①房间数量及其质量标准引发纠纷。

②收费标准引发纠纷。

③入住以后因预订工作人员失误、旅游者代理人发生错误、旅游者自身过错、预订部门没有接到变更要求等原因而造成旅游者无法延长原订住期引发的纠纷。

④付费方式引发纠纷。

⑤预订支付定金不住或无房住宿引发纠纷。

⑥客人不付费用而引发纠纷。

无论是饭店的过错，或是客人的过错，饭店在协调与调节这些纠纷时，既要分清责任，维护饭店的利益，又要耐心诚恳，设身处地为客人着想，帮助客人解决实际困难，"情、理、法"三方面要兼顾。

订房合同成立以后，依据《民法典》第一百七十六条的规定，客人在入住中或入住后与饭店发生纠纷，应当通过冷静交涉妥善解决。其中，饭店尤其应当积极处理，以免承担违约责任。

3）财务行李的妥善保管及其纠纷的协调与调节

在客人入住饭店期间，饭店就承担了一定的对客人的财物行李进行保管的责任，在关于客人财物行李保管的过程中，饭店和客人之间也可能就一些问题产生纠纷，如：

①财物行李的妥善保管。客人住宿期间，客人的财物行李的损失原因是多方面的，涉及火灾、毁损、保存处理不当、客人并没有如实告知瑕疵物或需要特殊保护的保管物等。

②财物失窃。客人的财物失窃，是指客人住店期间在住宿地发生携带财物被盗的案件。

③遗留财物。客人的遗留财物并非自愿遗弃不用的携带物品，应当属于遗失物。

在发生客人财物行李的损毁、失窃或遗留的情况下，饭店若无直接责任，也应当积极协调、查找、协助破案并给予客人以必要的帮助。针对客人遗留财物的情况，饭店应当及时保管并返还，若不能及时返还，也应当以正规程序进行登记保存，待客人索取时返还，当然，饭店有权向其收取一定数额的保管费用。

若客人在饭店中使用饭店物品，食用饭店提供的餐饮或享受饭店提供的服务中，发生了相应的损害，双方也应当首先进行协调，若协调不成，也可以向消费者协会等协调组织提起调解申请，由第三方协调组织出面进行协调、调节。

当饭店与客人之间发生了纠纷，在民事纠纷的范畴之内，明确纠纷各方的责任之后，主要采取的民事责任承担方式依据《民法典》中第一百七十九条中的承担方式来承担，具体承担民事责任的方式主要有：

①停止侵害；

②排除妨碍；

③消除危险；

④返还财产；

⑤恢复原状；

⑥修理、重作、更换；

⑦继续履行；

⑧赔偿损失；

⑨支付违约金；

⑩消除影响、恢复名誉；

⑪赔礼道歉。

法律规定惩罚性赔偿的，依照其规定。以上承担民事责任的方式，可以单独适用，也可以合并适用。

〖以案说法〗

焦某在天津报名参加团体旅游，到大连后却是由当地一家旅行社接待，后又在所住酒店房间内洗澡时不慎滑倒，致左桡骨头远端骨折。由于"异地维权"有诸多不便，焦某索性将天津这家旅行社告上法庭。

2009年夏，焦某与几位好友和天津某旅行社签订《国内游组团合同》，报名参加大连、旅顺、金石滩双船5日游。7月23日晚，焦某一行四人到达大连，傍晚入住指定酒店。晚9点半左右，焦某洗澡时不慎滑倒，左手腕骨折。此后几个月，她一直处于治疗和康复阶段，12月底经司法鉴定为十级伤残。

2010 年 1 月中旬，焦某起诉天津某旅行社。焦某认为，旅行社作为安全保障义务人，在提供旅游服务过程中应提供安全可靠及真实的服务，但其未通知自己便将合同转让给大连某旅行社。而该旅行社指定入住的酒店住宿和洗浴条件极差，致使自己在洗澡时滑倒摔伤，故要求索赔医疗、营养、误工、护理、鉴定、残疾赔偿等费用 70 余万元。

该旅行社辩称，委托大连旅行社在游客抵达后接手旅游合同符合相关规定，其没有过错。当晚焦某结束旅程后，进餐、洗浴等均属自由活动，导游已告知安全注意事项，焦某作为成年人也应了解洗澡安全事项。

〖法院判决〗

法院审理在法庭审理过程中，天津某旅行社未能提供有力证据证明其已对焦某做出明确警示及采取防止危害发生的必要措施。据此，法院认为，被告旅行社将与焦某的《国内游组团合同》委托给大连某旅行社，合同履行过程中焦某受伤，被告旅行社作为委托方，应依法对焦某人身损害结果承担主要民事责任。同时，焦某作为具有完全行为能力的成年人，也对自身损害结果有一定疏忽。

最终，法院判决原、被告承担责任比例为 3 ∶ 7，天津某旅行社有限公司赔偿焦某医疗费 353.92 元、营养费 2 100 元、误工费 7 714.70 元、护理费 6 071.10 元、鉴定费 630 元、残疾赔偿金 25 832.59 元，共计 42 700 余元。

（资料来源：法律快车）

9.2　饭店纠纷的仲裁

若饭店和客人之间的纠纷不能够通过协商进行协调与调节，那么也可以选择仲裁的方式解决双方的矛盾。仲裁一般是当事人根据他们之间订立的仲裁协议，自愿将其争议提交由非官方身份的仲裁员组成的仲裁庭进行裁判，并受该裁判约束的一种制度。仲裁活动和法院的审判活动一样，关乎当事人的实体权益，是解决民事争议的方式之一。

9.2.1　仲裁的含义

仲裁是指买卖双方在纠纷发生之前或发生之后，签订书面协议，自愿将纠纷提交双方所同意的第三者予以裁决，以解决纠纷的一种方式。仲裁协议有两种形式：一种是在争议发生之前订立的，它通常作为合同中的一项仲裁条款出现；另一种是在争议之后订立的，它是把已经发生的争议提交给仲裁的协议。这两种形式的仲裁协议，其法律效力是相同的。

《仲裁法》的第二条规定："平等主体的公民，法人和其他组织之间发生的合同纠纷和其他财产权益纠纷，可以仲裁"。这里明确了三条原则：一是发生纠纷的双方当事人必须是民事主体，包括国内外法人、自然人和其他合法的具有独立主体资格的组织；二是仲裁的争议事项应当是当事人有权处分的；三是仲裁范围必须是合同纠纷和其他财产权益纠纷。

饭店和客人之间产生的纠纷大多为民事纠纷，民事纠纷的主体都是平等主体，且客人在入住酒店的同时，即与饭店之间构成了相应的合同关系。因合同关系产生的合同纠纷是在经济活动中，双方当事人因订立或履行各类经济合同而产生的纠纷，包括国内、国外平等主体的自然人、法人以及其他组织之间的国内各类经济合同纠纷；还包括涉外的，以及香港、澳门和台湾地区的经济纠纷。按照仲裁法的规定，合同纠纷可以通过仲裁解决。饭店和客人之间发生的合同纠纷也可以通过仲裁进行解决。

9.2.2 根据仲裁的特点选择饭店纠纷仲裁

1）自愿性

当事人的自愿性是仲裁最突出的特点。仲裁以饭店和客人的自愿为前提，即饭店和客人之间的纠纷是否提交仲裁，交与谁仲裁，仲裁庭如何组成，由谁组成，以及仲裁的审理方式、开庭形式等都是在饭店和客人自愿的基础上，由双方当事人协商确定的。因此，仲裁是最能充分体现饭店和客人意思自治原则的争议解决方式。

2）专业性

饭店与客人之间的纠纷可能涉及饭店经营管理的专业问题，故相关专家裁判更能体现专业权威性。因此，由具有一定专业水平和能力的专家担任仲裁员对饭店和客人之间的纠纷进行裁决是仲裁公正性的重要保障。根据中国仲裁法的规定，仲裁机构都备有分专业的，由专家组成的仲裁员名册供饭店和客人进行选择。

3）灵活性

由于仲裁充分体现饭店和客人的意思自治，仲裁中的诸多具体程序都是由饭店和客人协商确定与选择的，因此，与诉讼相比，仲裁程序更加灵活，更具有弹性。

4）保密性

仲裁以不公开审理为原则。有关的仲裁法律和仲裁规则也同时规定了仲裁员及仲裁秘书人员的保密义务。因此饭店和客人之间发生的纠纷若不愿公开，也不会因仲裁活动而泄露。仲裁表现出极强的保密性。

5）快捷性

仲裁实行一裁终局制，仲裁裁决一经仲裁庭作出即发生法律效力。这使得饭店和客人之间的纠纷能够迅速得以解决。

6）经济性

时间上的快捷性使得仲裁所需费用相对减少；仲裁无须多审级收费，使得仲裁费往往低于诉讼费；仲裁的自愿性、保密性使饭店和客人之间通常没有激烈的对抗，且不愿公开的秘密不必公之于世，对饭店今后的商业机会影响较小。

7）独立性

仲裁机构独立于行政机构，仲裁机构之间也无隶属关系。在仲裁过程中，仲裁庭独立进行仲裁，不受任何机关、社会团体和个人的干涉，亦不受仲裁机构的干涉，显示出最大的独立性。

8）国际性

随着现代经济的国际化，出国旅游或外国品牌饭店入驻中国的现象既常见，又频繁。饭店和客人进行跨国仲裁已屡见不鲜。仲裁案件的来源、当事人、仲裁庭的组成直至裁决的执行，国际性因素越来越多，也越来越便捷。

9.2.3 饭店纠纷的仲裁程序

1）受理

仲裁程序是以饭店和客人向仲裁机构申请仲裁为起始。仲裁委员会收到饭店和客人提交的仲裁申请书后，认为符合受理条件的，在收到仲裁申请书之日起5日内向申请人发出受理通知书，同时向被申请人发出仲裁通知书及附件。双方当事人在收到受理通知书或仲裁通知书后，应当做好以下几项工作：申请人须在规定的期限内预交仲裁费用，否则将视为申请人撤回仲裁申请；被申请人可在仲裁通知书规定的期限内向仲裁委员会提交书面答辩书；分别做好证据材料的核对及整理工作，必要时可提交补充证据；及时提交仲裁员选定书、法定代表人证明书、详细写明委托权限的授权委托书等有关材料；在被申请人下落不明的情况下，申请人应主动查找其下落，并向仲裁委员会提交被申请人的确切住所，否则将影响仲裁程序进行；被申请人若要提出仲裁反请求，则必须在仲裁规则规定的期限内提出。此外，饭店和客人均有权向仲裁委员会申请财产保全和证据保全，有权委托律师和其他代理人进行仲裁活动。

2）组庭

饭店和客人应当在规定的期限内约定仲裁庭的组成方式和选定仲裁员。若饭店和客人在规定的期限内未能约定仲裁庭的组成方式或者选定仲裁员的，由仲裁委员会主任指定。仲裁庭组成后，仲裁委员会向双方当事人发出组庭通知书。当事人在收到组庭通知书后，对仲裁员的公正性有怀疑时，可以在首次开庭前提出回避申请，同时应当说明理由。若回避事由在首次开庭后知道的，可以在最后一次开庭终结前提出。因回避而重新选定或指定仲裁员后，当事人可以请求已进行的仲裁程序重新进行，是否准许，由仲裁庭决定。

3）开庭审理

仲裁委员会应当在仲裁规则规定的期限内将开庭日期通知双方当事人。饭店和客人在收到开庭通知书后，应当注意以下几个问题：

①饭店或客人任何一方若确有困难，不能在所定的开庭日期到庭，则可以在仲裁规则规定的期限内向仲裁庭提出延期开庭请求，是否准许由仲裁庭决定。申请人经书面通知，无正当理由不到庭或未经仲裁庭许可中途退庭的，视为撤回仲裁申请。被申请人经书面通知，无正当理由不到庭或者未经仲裁庭许可中途退庭的，仲裁庭可以缺席裁决。

②在庭审过程中，饭店和客人享有进行辩论和表述最后意见的权利。

③双方当事人应当严格遵守开庭纪律。

饭店和客人双方申请仲裁后，有自行和解的权利。达成和解协议的，可以请求仲裁庭根据和解协议作出裁决书，也可撤回仲裁申请。在庭审过程中，若饭店和客人自愿调解的，可在仲裁庭主持下先行调解。调解成功的，仲裁庭依据已达成的调解协议书制作调解书，当事人可以要求仲裁庭根据调解协议制作裁决书。调解不成的，则由仲裁庭及时作出裁决。仲裁庭对专门性问题认为需要鉴定的，可以交由饭店和客人共同约定的鉴定部门鉴定，也可以由仲裁庭指定的鉴定部门鉴定，鉴定费用由当事人预交。

4）裁决

仲裁庭在将争议事实调查清楚、宣布闭庭后，应进行仲裁庭评议，并按照评议中的多数仲裁员的意见作出裁决。若仲裁庭不能形成多数意见时，则按照首席仲裁员的意见作出裁决。在裁决阶段，饭店和客人享有以下几项权利：

①有权根据实际情况，要求仲裁庭就事实已经清楚的部分先行裁决。

②在收到裁决书后的 30 日内，当事人有权对裁决书中的文字、计算错误或者遗漏的事项申请仲裁庭补正。

饭店和客人双方在收到裁决书后，应当自觉履行仲裁裁决。

9.3 饭店纠纷的诉讼

诉讼，指纠纷当事人通过向具有管辖权的法院起诉另一方当事人来解决纠纷的形式。诉讼是一种法律行动，分为民事和刑事两类，前者原诉人是受害者当事人，因为有未可解决的争议，所以诉诸法律。后者涉及刑事犯罪，由政府当局控告疑犯。饭店和客人之间发生的纠纷大多为民事纠纷，可以通过民事诉讼的方式进行解决。当然，也有少部分的刑事案件纠纷，则由国家公诉机关提起诉讼。

9.3.1 饭店因违约而产生纠纷的诉讼

违约行为又称违反合同，是指合同当事人违反合同约定义务的行为。违约行为是违约责任的基本构成要件，没有违约行为，也就没有违约责任。当客人期望入住饭店并办理了相关手续时，饭店和客人之间就产生了合同关系。若饭店或客人任何一方出现了违反合同约定的行为，即为违约行为，就要承担相应的违约责任。对于违约行为引发的纠纷，双方若无法达成调解，或不愿意选择仲裁程序，那么可以通过到人民法院进行诉讼的方式解决相应纠纷。

例如在进行客房预订时，若饭店接受对方订房提议，便是与之订立合同的意思表示。无论客人采取何种方式预订客房，只要饭店作出承诺，同意按时提供客房，便意味着合同成立，双方达成住宿协议。为此，双方均应严格履约，否则应当承担违约责任。此外，对于饭店提供客房的数量和质量，以及收费标准和付费方式等，均要在订房合同中有所约定，若一方违约，另一方即可以通过诉讼的方式要求对方承担违约责任。通过诉讼，可以要求违约方以继续履行、采取补救措施、赔偿损失、支付违约金或承担定金责任来进行违约责任的承担。

9.3.2 饭店因侵权损害而产生纠纷的诉讼

1）一般侵权产生纠纷及其责任

一般侵权损害承担的民事责任应当具备4个要件。

①损害事实客观存在，即必须在客观上造成财产损害、人身损害或精神损害。

②行为具有违法性，行为人合法行为造成损害，则不承担责任。

③行为人有主观过错，包括故意或者过失。

④侵权行为与损害事实之间有因果关系。在确定侵害人责任大小时，应当注意分析过错原因所在的具体责任。饭店由于过错侵害国家、集体的财产，侵害他人财产、人身的，应当承担民事责任；损坏国家、集体或他人财产的，应当恢复原状或折价赔偿；侵害公民身体造成伤害的，应当赔偿医疗费、因误工减少的收入、残疾人生活补助费用等；造成死亡的，应支付丧葬费、死者生前抚养人的必要生活费用等。饭店与其他旅游经营者共同过错造成侵权，使旅游客人的人身权、财产权遭受损害的，致害双方应当承担连带责任。受害人可以通过到法院进行民事诉讼的方式，维护自己的权利。

2）特殊侵权产生纠纷及其责任

随着社会生产力的发展，科学技术的运用，经济生活条件、生活方式的改变，新的损害不断涌现，而且一些损害后果极其严重，如果拘泥于侵权行为的一般规定，只适用于侵权行为的赔偿原则，受害人就会得不到赔偿，影响社会的安定，于是出现了特殊侵权行为。特殊侵权民事责任，是指当事人基于自己有关的行为、物件、事件或者其他特别原因致人损害，依照民法上的特别责任条款或者民事特别法的规定仍应对他人的人身、财产损失所应当承担的民事责任。饭店可能因为用品质量不过关、餐饮质量不合格、建筑施工不合理、用品生产者或供货者不明确等特殊情况发生侵权而造成损害。这种侵权虽然并非出于饭店，但却由于关联密切，因而应当根据情况分清责任。

①饭店因为用品质量不合格造成客人在住宿中的财产或人身损害，例如提供用品不符应有功能又不说明与用品存在缺陷，造成人身、财产损害时，因为存在自身过错，必须承担连带民事责任，情节严重的还应承担刑事责任。

②饭店在经营场所及其附近道路旁挖坑、修缮、安装地下设施等，必须注意设置明显的警示标志，并且采取安全措施；否则，须对损害后果承担民事责任。

③饭店在建筑物上设置广告与装饰物及在建筑物内悬挂的工艺品或者装饰物致使人损害，应当承担民事责任，但能证明自己没有过错的除外。

针对饭店应当承担的特殊侵权责任，受害人可以通过向人民法院提起诉讼的方式来维护自己的合法权益。

当事人在主张自己权利的同时，无论是使用协调、调解、仲裁或是诉讼的方式，都要明确双方的权利义务关系。在有些情况下，饭店和客人是可以免除、分担或者减轻责任的。例如，当遇到①不可抗力；②正当防卫；③紧急避险，而引起险情的是第三人；④用品质量不合格，但须证明是由第三人造成的；⑤客人自身过错等情况，饭店就可以通过举证免除自己的责任。若是客人在饭店中如有过错造成损害，一般可以减轻饭店的民事责任。双方如果都无过错，则可根据公平原则分担责任。对于饭店和客人均有过错，共同造成的损害结果，应当根据双方各自的过错大小、损害程度进行归责与分担责任。所以，饭店纠纷不可避免地会发生，在解决纠纷时，饭店与客人双方须理智、冷静地处理矛盾，明确双方的权利与责任，以最恰当的方式来主张自己的权利。

〖法律小讲坛〗

饭店也应当接受旅游行政管理部门与相关行政管理部门的依法监管，如果违反国家法规，应当承担相应责任。

饭店的违规行为通常表现为：①超越注册的经营范围；②违反国家价格管理规定；③违反国家有关外汇管理规定；④提供服务的质量不符合国家规定；⑤滥用、冒用旅游饭店名称；⑥无理拒绝检查监督；⑦不及时办理变更手续；⑧违反星级管理规定等。对于上述违规行为，将按情节承担警告、通报批评、罚款、没收非法收入、停业整顿、吊销营业执照、降低星级、撤销星级的相应处罚。对于违反卫生管理、消防管理、旅游业治安管理的各种行为，也要承担相应责任。

本章小结

本章主要阐述了饭店业纠纷处理的相关法律制度，当酒店和客人发生纠纷时，应当采取协调、调节、仲裁或诉讼的方式来解决纠纷。本章重点介绍了解决饭店纠纷的方法和双方应负的义务和责任，介绍了每种纠纷解决方法的适用范围和适用方式及程序，并介绍了违反相关法律规定的行为的责任。

自测题

一、选择题

1.酒店和客人在民事纠纷上是（　　）关系。
    A.从属   B.平等
    C.交易   D.不平等

2.因不可抗力而致使不能履行酒店相关合同的，违约一方（　　）。
    A.不承担责任   B.承担部分责任
    C.平均分担责任   D.以上都是

3.旅游者的遗留财物并非自愿遗弃不用的携带物品，应当（　　）。
    A.遗弃   B.损毁
    C.保存，并归还旅游者   D.归为己有

4.平等主体的公民，法人和其他组织之间发生的（　　）和其他财产权益纠纷，可以仲裁。
    A.经济纠纷   B.劳动纠纷
    C.名誉纠纷   D.合同纠纷

5.仲裁是最能充分体现酒店和客人（　　）的争议解决方式。

A. 诚实信用原则 　　　　　B. 意思自治原则

C. 公平原则 　　　　　　　D. 平等原则

6. 酒店因为用品质量不合格造成旅游者在住宿中的财产或人身损害,必须承担(　　),情节严重的还应承担刑事责任。

A. 民事责任 　　　　　　　B. 违约责任

C. 连带民事责任 　　　　　D. 侵权责任

二、判断题

1. 酒店常常因各种原因与客人之间发生订房纠纷,只要不是酒店的错,酒店就无须处理并承担责任。(　　)

2. 仲裁是指买卖双方在纠纷发生之前或发生之后,签订书面协议,自愿将纠纷提交双方所同意的第三者予以裁决,以解决纠纷的一种方式。(　　)

3. 违约行为又称违反合同,是指合同当事人违反合同约定义务的行为。违约行为是违约责任的基本构成要件,没有违约行为,也就没有违约责任。(　　)

三、简答题

1. 一般来说,酒店的纠纷主要存在哪几种情况?

2. 酒店纠纷仲裁的主要程序是什么?

3. 一般侵权损害承担的民事责任应当具备哪4个要件?

4. 哪些情况下,酒店和客人是可以免除、分担或者减轻责任的?

四、实训题

请到当地酒店进行调研,通过调研总结饭店法律纠纷的预防与处理策略。

附 录

附录1 《中国旅游饭店行业规范》

第一章 总 则

第一条 为了倡导履行诚信准则，保障客人和旅游饭店的合法权益，维护旅游饭店业经营管理的正常秩序，促进中国旅游饭店业的健康发展，中国旅游饭店业协会依据国家有关法律、法规，特制定《中国旅游饭店行业规范》（以下简称《规范》）。

第二条 旅游饭店包括在中国境内开办的各种经济性质的饭店，含宾馆、酒店、度假村等（以下简称"饭店"）。

第三条 饭店应当遵守国家有关法律、法规和规章，遵守社会道德规范，诚信经营，维护中国旅游饭店行业的声誉。

第二章 预订、登记、入住

第四条 饭店应当与客人共同履行住宿合同，因不可抗力不能履行双方住宿合同的，任何一方均应当及时通知对方。双方另有约定的，按约定处理。

第五条 饭店由于出现超额预订而使预订客人不能入住的，饭店应当主动替客人安排本地同档次或高于本饭店档次的饭店入住，所产生的有关费用由饭店承担。

第六条 饭店应当同团队、会议、长住客人签订住房合同。合同内容应当包括客人入住和离店的时间、房间等级与价格、餐饮价格、付款方式、违约责任等款项。

第七条 饭店在办理客人入住手续时，应当按照国家的有关规定，要求客人出示有效证件，并如实登记。

第八条 以下情况饭店可以不予接待：

（一）携带危害饭店安全的物品入店者；

（二）从事违法活动者；

（三）影响饭店形象者（如携带动物者）；

（四）无支付能力或曾有过逃账记录者；

（五）饭店客满；

（六）法律、法规规定的其他情况。

第三章　饭店收费

第九条　饭店应当将房价表置于总服务台显著位置，供客人参考。饭店如给予客人房价折扣，应当书面约定。

第十条　饭店应在前厅显著位置明示客房价格和住宿时间结算方法，或者确认已将上述信息用适当方式告知客人。

第十一条　根据国家规定，饭店如果对客房、餐饮、洗衣、电话等服务项目加收服务费，应当在房价表或有关服务价目单上明码标价。

第四章　保护客人人身和财产安全

第十二条　为了保护客人的人身和财产安全，饭店客房房门应当装置防盗链、门镜、应急疏散图，卫生间内应当采取有效的防滑措施。客房内应当放置服务指南、住宿须知和防火指南。有条件的饭店应当安装客房电子门锁和公共区域安全监控系统。

第十三条　饭店应当确保健身、娱乐等场所设施、设备的完好和安全。

第十四条　对可能损害客人人身和财产安全的场所，饭店应当采取防护、警示措施。警示牌应当中外文对照。

第十五条　饭店应当采取措施，防止客人放置在客房内的财物灭失、毁损。由于饭店的原因造成客人财物灭失、毁损的，饭店应当承担责任。

第十六条　饭店应当保护客人的隐私权。除日常清扫卫生、维修保养设施设备或者发生火灾等紧急情况外，饭店员工未经客人许可不得随意进入客人下榻的房间。

第五章　保管客人贵重物品

第十七条　饭店应当在前厅处设置有双锁的客人贵重物品保险箱。贵重物品保险箱的位置应当安全、方便、隐蔽，能够保护客人的隐私。饭店应当按照规定的时限，免费提供住店客人贵重物品的保管服务。

第十八条　饭店应当对住店客人贵重物品的保管服务作出书面规定，并在客人办理入住登记时予以提示。违反第十七条和本条规定，造成客人贵重物品灭失的，饭店应当承担赔偿责任。

第十九条　客人寄存贵重物品时，饭店应当要求客人填写贵重物品寄存单，并办理有关手续。

第二十条　饭店客房内设置的保险箱仅为住店客人提供存放一般物品之用。对没有按规定将贵重物品存放在饭店前厅贵重物品保险箱内，而造成客房里客人的贵重物品灭失、毁损的，如果责任在饭店一方，可视为一般物品予以赔偿。

第二十一条　如无事先约定，在客人结账退房离开饭店以后，饭店可以将客人寄存在贵重物品保险箱内的物品取出，并按照有关规定处理。饭店应当将此条规定在客人贵重物品寄存单上明示。

第二十二条 客人如果遗失饭店贵重物品保险箱的钥匙，除赔偿锁匙成本费用外，饭店还可以要求客人承担维修保险箱的费用。

第六章 保管客人一般物品

第二十三条 饭店保管客人寄存在前厅行李寄存处的行李物品时，应当检查其包装是否完好、安全，询问有无违禁物品，并经双方当面确认后，给客人签发行李寄存牌。

第二十四条 客人在餐饮、康乐、前厅行李寄存处等场所寄存物品时，饭店应当当面询问客人寄存物品中有无贵重物品。客人寄存的物品中如有贵重物品的，应当向饭店声明，由饭店员工验收并交饭店贵重物品保管处免费保管；客人事先未声明或不同意核实而造成物品灭失、毁损的，如果责任在饭店一方，饭店按照一般物品予以赔偿；客人对寄存物品没有提出需要采取特殊保管措施的，因为物品自身的原因造成毁损或损耗的，饭店不承担赔偿责任；由于客人没有事先说明寄存物品的情况，造成饭店损失的，除饭店知道或者应当知道而没有采取补救措施的以外，饭店可以要求客人承担相应的赔偿责任。

第七章 洗衣服务

第二十五条 客人送洗衣物，饭店应当要求客人在洗衣单上注明洗涤种类及要求，并应当检查衣物状况有无破损。客人如有特殊要求或者饭店员工发现衣物破损的，双方应当事先确认并在洗衣单上注明。客人事先没有提出特殊要求，饭店按照常规进行洗涤，造成衣物损坏的，饭店不承担赔偿责任。客人送洗衣物在洗涤后即时发现破损等问题，而饭店无法证明该衣物是在洗涤以前破损的，饭店承担相应责任。

第二十六条 饭店应当在洗衣单上注明，要求客人将送洗衣物内的物品取出。对洗涤后客人衣物内物品的灭失，饭店不承担责任。

第八章 停车场管理

第二十七条 饭店应当保护停车场内饭店客人的车辆安全。由于保管不善，造成车辆灭失或者毁损的，饭店承担相应责任，但因为客人自身的原因造成车辆灭失或者毁损的除外。双方均有过错的，应当各自承担相应的责任。

第二十八条 饭店应当提示客人保管好放置在汽车内的物品。对汽车内放置的物品的灭失，饭店不承担责任。

第九章 其 他

第二十九条 饭店如果谢绝客人自带酒水和食品进入餐厅、酒吧、舞厅等场所享用，应当将谢绝的告示设置于经营场所的显著位置，或者确认已将上述信息用适当方式告知客人。

第三十条 饭店有义务提醒客人在客房内遵守国家有关规定，不得私留他人住宿或者擅自将客房转让给他人使用及改变使用用途。对违反规定造成饭店损失的，饭店可以要求入住该房间的客人承担相应的赔偿责任。

第三十一条 饭店可以口头提示或书面通知客人不得自行对客房进行改造、装饰。未经饭店同意进行改造、装饰而造成损失的，饭店可以要求客人承担相应的赔偿责任。

第三十二条 饭店有义务提示客人爱护饭店的财物。由于客人的原因造成损坏的，饭店可以要求客人承担赔偿责任。由于客人原因，饭店维修受损设施、设备期间导致客房不能出租、场所不能开放而发生的营业损失，饭店可视其情况要求客人承担责任。

第三十三条 对饮酒过量的客人，饭店应恰当、及时地劝阻，防止客人在饭店内醉酒。客人醉酒后在饭店内肇事造成损失的，饭店可以要求肇事者承担相应的赔偿责任。

第三十四条 客人结账离店后，如有物品遗留在客房内，饭店应当设法同客人取得联系，将物品归还或寄还给客人，或替客人保管，所产生的费用由客人承担。三个月后仍无人认领的，饭店可登记造册，按拾遗物品处理。

第三十五条 饭店应当提供与本饭店档次相符的产品与服务。饭店所提供的产品与服务如果存在瑕疵，饭店应当采取措施及时加以改进。由于饭店的原因而给客人造成损失的，饭店应当根据损失程度向客人赔礼道歉，或给予相应的赔偿。

第十章 处 理

第三十六条 中国旅游饭店业协会会员饭店违反本《规范》，造成不良后果和影响的，除按照有关规定进行处理外，中国旅游饭店业协会将对该会员饭店给予协会内部通报批评。

第三十七条 中国旅游饭店业协会会员饭店违反本《规范》，给客人的人身造成较大伤害，或者给客人的财产造成严重损失且情节严重的，除按规定进行赔偿外，中国旅游饭店业协会将对该会员饭店给予公开批评。

第三十八条 中国旅游饭店业协会会员饭店违反本《规范》，给客人人身造成重大伤害或者给客人的财产造成重大损失且情节特别严重的，除按规定进行赔偿外，经中国旅游饭店业协会常务理事会通过后，将对该会员饭店予以除名。

第十一章 附 则

第三十九条 饭店公共场所的安全疏散标志等，应当符合国家的规定。饭店的图形符号，应当符合中华人民共和国旅游行业标准 LB/T 001—1995 旅游饭店公共信息图形符号。

第四十条 中国旅游饭店业协会会员饭店如果同客人发生纠纷，应当参照本《规范》的有关条款协商解决；协商不成的，双方按照国家有关法律、法规和规定处理。

第四十一条 本《规范》适用于中国旅游饭店业协会会员饭店。

第四十二条 本《规范》自 2002 年 5 月 1 日起施行。

第四十三条 本《规范》由中国旅游饭店业协会常务理事会通过并负责解释。

附录2 《旅游饭店星级的划分与评定》(GB/T 14308—2010)实施办法

一、总　则

第一条　为适应中国旅游饭店业发展的需要，增强饭店星级评定与复核工作的规范性和科学性，依据中华人民共和国国家标准《旅游饭店星级的划分及评定》（GB/T 14308—2010），特制定本办法。

第二条　各级旅游饭店星级评定机构应严格按照本办法的相关要求，开展饭店星级评定与复核工作。

第三条　星级饭店应按照《统计法》和《旅游统计调查制度》的要求，按时向旅游行政管理部门报送相关统计数据。

二、星级评定的组织机构和责任

第四条　国家旅游局设全国旅游星级饭店评定委员会（以下简称"全国星评委"）。全国星评委是负责全国星评工作的最高机构。

（一）职能：统筹负责全国旅游饭店星评工作；聘任与管理国家级星评员；组织五星级饭店的评定和复核工作；授权并监管地方旅游饭店星级评定机构开展工作。

（二）组成人员：全国星评委由中国旅游协会领导、中国旅游饭店业协会领导、国家旅游局监督管理司领导、政策法规司领导、监察局领导、中国旅游协会和中国旅游饭店业协会秘书处相关负责人及各省、自治区、直辖市旅游星级饭店评定委员会主任组成。

（三）办事机构：全国星评委下设办公室，作为全国星评委的办事机构，设在中国旅游饭店业协会秘书处。

（四）饭店星级评定职责和权限：

1. 执行饭店星级评定工作的实施办法；

2. 授权和督导地方旅游饭店星级评定机构的星级评定和复核工作；

3. 对地方旅游饭店星级评定机构违反规定所评定和复核的结果拥有否决权；

4. 实施或组织实施对五星级饭店的星级评定和复核工作；

5. 统一制作和核发星级饭店的证书、标志牌；

6. 按照《饭店星评员章程》要求聘任国家级星评员，监管其工作；

7. 负责国家级星评员的培训工作。

第五条　各省、自治区、直辖市旅游局设省级旅游星级饭店评定委员会（简称"省级星评委"）。省级星评委报全国星评委备案后，根据全国星评委的授权开展星评和复核工作。

（一）组成人员：省级星评委的组建，根据本地实际情况确定，由地方旅游行业管理部门负责人和旅游饭店协会负责人等组成。

（二）办事机构：省级星评委下设办公室为办事机构，可设在当地旅游局行业管理处或旅游饭店协会。

（三）饭店星级评定职责和权限：

省级星评委依照全国星评委的授权开展以下工作：

1. 贯彻执行并保证质量完成全国星评委部署的各项工作任务；

2. 负责并督导本省内各级旅游饭店星级评定机构的工作；

3. 对本省副省级城市、地级市（地区、州、盟）及下一级星级评定机构违反规定所评定的结果拥有否决权；

4. 实施或组织实施本省四星级饭店的星级评定和复核工作；

5. 向全国星评委推荐五星级饭店并严格把关；

6. 按照《饭店星评员章程》要求聘任省级星评员；

7. 负责副省级城市、地级市（地区、州、盟）星评员的培训工作。

第六条　副省级城市、地级市（地区、州、盟）旅游局设地区旅游星级饭店评定委员会（简称"地区星评委"）。地区星评委在省级星评委的指导下，参照省级星评委的模式组建。

（一）组成人员：地区星评委可由地方旅游行业管理部门负责人和旅游饭店协会负责人等组成。

（二）办事机构：地区星评委的办事机构可设在当地旅游局行业管理处（科）或旅游饭店协会。

（三）地区星评委依照省级星评委的授权开展以下工作：

1. 贯彻执行并保证质量完成全国星评委和省级星评委布置的各项工作任务；

2. 负责本地区星级评定机构的工作；

3. 按照《饭店星评员章程》要求聘任地市级星评员，实施或组织实施本地区三星级及以下饭店的星级评定和复核工作；

4. 向省级星评委推荐四、五星级饭店。

三、星级申报及标志使用要求

第七条　饭店星级评定遵循企业自愿申报的原则。

第八条　凡在中华人民共和国境内正式营业一年以上的旅游饭店，均可申请星级评定。经评定达到相应星级标准的饭店，由全国旅游饭店星级评定机构颁发相应的星级证书和标志牌。星级标志的有效期为三年。

第九条　饭店星级标志应置于饭店前厅最明显位置，接受公众监督。饭店星级标志已在国家工商行政管理总局商标局登记注册为证明商标，其使用要求必须严格按照《星级饭店图形证明商标使用管理规则》执行。任何单位或个人未经授权或认可，不得擅自制作和使用。同时，任何饭店以"准×星""超×星"或者"相当于×星"等作为宣传手段的行为均属违法行为。

第十条　饭店星级证书和标志牌由全国星评委统一制作、核发。标志牌工本费按照国家相关部门批准的标准收取。

第十一条　每块星级标志牌上的编号，与相应的星级饭店证书号一致。每家星级饭店原则上只可申领一块星级标志牌。如星级标志牌破损或丢失，应及时报告，经所在省级星评委查明属实后，可向全国星评委申请补发。

星级饭店如因更名需更换星级证书，可凭工商部门有关文件证明进行更换，同时必须交还原星级证书。

四、星级评定的标准和基本要求

第十二条　饭店星级评定依据《旅游饭店星级的划分及评定》（GB/T 14308—2010）进行，具体要求如下：

（一）《旅游饭店星级的划分及评定》附录 A "必备项目检查表"。该表规定了各星级必须具备的硬件设施和服务项目。要求相应星级的每个项目都必须达标，缺一不可。

（二）《旅游饭店星级的划分及评定》附录 B "设施设备评分表"（硬件表，共600分）。该表主要是对饭店硬件设施的档次进行评价打分。三、四、五星级规定最低得分线：三星220分、四星320分、五星420分，一、二星级不作要求。

（三）《旅游饭店星级的划分及评定》附录 C "饭店运营质量评价表"（软件表，共600分）。该表主要是评价饭店的 "软件"，包括对饭店各项服务的基本流程、设施维护保养和清洁卫生方面的评价。三、四、五星级规定最低得分率：三星70%、四星80%、五星85%，一、二星级不作要求。

第十三条　申请星级评定的饭店，如达不到本办法第十二条要求及最低分数或得分率，则不能取得所申请的星级。

第十四条　星级饭店强调整体性，评定星级时不能因为某一区域所有权或经营权的分离，或因为建筑物的分隔而区别对待。饭店内所有区域应达到同一星级的质量标准和管理要求。否则，星评委对饭店所申请星级不予批准。

第十五条　饭店取得星级后，因改造发生建筑规格、设施设备和服务项目的变化，关闭或取消原有设施设备、服务功能或项目，导致达不到原星级标准的，必须向相应级别星评委申报，接受复核或重新评定；否则，相应级别星评委应收回该饭店的星级证书和标志牌。

五、星级评定程序和执行

第十六条　五星级按照以下程序评定：

1. 申请。申请评定五星级的饭店应在对照《旅游饭店星级的划分及评定》（GB/T 14308—2010）充分准备的基础上，按属地原则向地区星评委和省级星评委逐级递交星级申请材料。申请材料包括饭店星级申请报告、自查打分表、消防验收合格证（复印件）、卫生许可证（复印件）、工商营业执照（复印件）、饭店装修设计说明等。

2. 推荐。省级星评委收到饭店申请材料后，应严格按照《旅游饭店星级的划分及评定》（GB/T 14308—2010）的要求，于一个月内对申报饭店进行星评工作指导。对符合申报要求的饭店，以省级星评委名义向全国星评委递交推荐报告。

3. 审查与公示。全国星评委在接到省级星评委推荐报告和饭店星级申请材料后，应在一个月内完成审定申请资格、核实申请报告等工作，并对通过资格审查的饭店，在中国旅游网和中国旅游饭店业协会网站上同时公示。对未通过资格审查的饭店，全国星评委应下发正式文件通知省级星评委。

4. 宾客满意度调查。对通过五星级资格审查的饭店，全国星评委可根据工作需要安排宾客满意度调查，并形成专业调查报告，作为星评工作的参考意见。

5. 国家级星评员检查。全国星评委发出《星级评定检查通知书》，委派二到三名国家级星评员，以明察或暗访的形式对申请五星级的饭店进行评定检查。评定检查工作应在 36~48 小时内完成。检查未予通过的饭店，应根据全国星评委反馈的有关意见进行整改。全国星评委待接到饭店整改完成并申请重新检查的报告后，于一个月内再次安排评定检查。

6. 审核。检查结束后一个月内，全国星评委应根据检查结果对申请五星级的饭店进行审核。审核的主要内容及材料有：国家级星评员检查报告（须有国家级星评员签名）、星级评定检查反馈会原始记录材料（须有国家级星评员及饭店负责人签名）、依据《旅游饭店星级的划分及评定》（GB/T 14308—2010）打分情况（打分总表须有国家级星评员签名）等。

7. 批复。对于经审核认定达到标准的饭店，全国星评委应作出批准其为五星级旅游饭店的批复，并授予五星级证书和标志牌。对于经审核认定达不到标准的饭店，全国星评委应作出不批准其为五星级饭店的批复。批复结果在中国旅游网和中国旅游饭店业协会网站上同时公示，公示内容包括饭店名称、全国星评委受理时间、国家级星评员评定检查时间、国家级星评员姓名、批复时间。

8. 申诉。申请星级评定的饭店对星评过程及其结果如有异议，可直接向国家旅游局申诉。国家旅游局根据调查结果予以答复，并保留最终裁定权。

9. 抽查。国家旅游局根据《国家级星评监督员管理规则》，派出国家级星评监督员随机抽查星级评定情况，对星评工作进行监督。一旦发现星评过程中存在不符合程序的现象或检查结果不符合标准要求的情况，国家旅游局可对星级评定结果予以否决，并对执行该任务的国家级星评员进行处理。

第十七条　一星级到四星级饭店的评定程序，各级星评委应严格按照相应职责和权限，参照五星级饭店评定程序执行。一、二、三星级饭店的评定检查工作应在 24 小时内完成，四星级饭店的评定检查工作应在 36 小时内完成。全国星评委保留对一星级到四星级饭店评定结果的否决权。

第十八条　对于以住宿为主营业务，建筑与装修风格独特，拥有独特客户群体，管理和服务特色鲜明，且业内知名度较高旅游饭店的星级评定，可按照本办法第十六条要求的程序申请评定五星级饭店。

第十九条　白金五星级饭店的评定标准和检查办法另行制定。

第二十条　星级评定工作由相应级别星评委委派饭店星评员承担。各级星评委在委派饭店星评员执行工作时，应尽量按照不同地区、不同职业（行业管理人员、院校专家、企业管理人员）的原则进行搭配。

第二十一条　各级星评委应按照《饭店星评员章程》组建相应的星评员队伍，并将名单在其辖区范围内公布。每届星评员任期两年,到期后根据实际情况进行换届。省级星评员名单需报全国星评委备案。

第二十二条 在五星级饭店星评工作中,相关单位和个人应严格遵守《饭店星评工作"十不准"》。一旦违反"十不准"规定,全国星评委将给予以下相应处理:对国家级星评员给予通报批评或取消资格;对地方星级评定机构给予通报批评;对受评饭店给予通报批评或取消星评资格并于五年内不接受星评申请。四星级及以下星级饭店评定工作应参照执行。

第二十三条 星级评定检查工作暂不收费。星评员往返受检饭店的交通费以及评定期间在饭店内所发生的合理费用,均由受检饭店据实核销。

六、星级复核及处理制度

第二十四条 星级复核是星级评定工作的重要组成部分,其目的是督促已取得星级的饭店持续达标,其组织和责任划分完全依照星级评定的责任分工。星级复核分为年度复核和三年期满的评定性复核。

第二十五条 年度复核工作由饭店对照星级标准自查自纠、并将自查结果报告相应级别星评委,相应级别星评委根据自查结果进行抽查。

评定性复核工作由各级星评委委派星评员以明察或暗访的方式进行。

各级星评委应于本地区复核工作结束后进行认真总结,并逐级上报复核结果。

第二十六条 全国星评委委派二至三名国家级星评员同行,以明察或暗访的方式对饭店进行评定性复核检查。全国星评委可根据工作需要,对满三期的五星级饭店进行宾客满意度调查,并形成专业调查报告,作为评定性复核的参考意见。

第二十七条 对复核结果达不到相应标准的星级饭店,相应级别星评委根据情节轻重给予限期整改、取消星级的处理,并公布处理结果。对于取消星级的饭店,应将其星级证书和星级标志牌收回。

第二十八条 对星级饭店的复核结果进行处理的具体依据:

(一)凡被复核饭店出现以下情况,相应级别星评委应作出"限期整改"的处理意见:

五星级:"必备项目检查表"达标,但附录 B "设施设备评分表" 得分低于 420 分但高于 380 分,或附录 C "饭店运营质量评价表" 得分率低于 85% 但高于 75%。

四星级:"必备项目检查表"达标,但附录 B "设施设备评分表" 得分低于 320 分但高于 280 分,或附录 C "饭店运营质量评价表" 得分率低于 80% 但高于 70%。

三星级:"必备项目检查表"达标,但附录 B "设施设备评分表" 得分低于 220 分但高于 180 分,或附录 C "饭店运营质量评价表" 得分率低于 70% 但高于 60%。

(二)凡被复核饭店出现以下任何一种情况,相应级别星评委应作出"取消星级"的处理意见:

五星级:(1)"必备项目检查表"不达标;(2)"必备项目检查表"达标,但附录 B "设施设备评分表" 得分低于 380 分;(3)"必备项目检查表"达标,但附录 C "饭店运营质量评价表" 得分率低于 75%;(4)发生重大事故,或遭遇重大投诉事件并被查实，造成恶劣影响；（5）停止饭店经营业务或停业装修改造一年以上。

四星级：（1）"必备项目检查表"不达标；（2）"必备项目检查表"达标，但附录 B "设施设备评分表" 得分低于 280 分；（3）"必备项目检查表"达标，但附录 C "饭店运营质量评价表" 得分率低于 70%；（4）发生重大事故，或遭遇重大投诉事件并被查实，造成恶劣影响；（5）停止饭店经营业务或停业装修改造一年以上。

三星级：（1）"必备项目检查表"不达标；（2）"必备项目检查表"达标，但附录 B "设施设备评分表" 得分低于 180 分；（3）"必备项目检查表"达标，但附录 C "饭店运营质量评价表" 得分率低于 60%；（4）发生重大事故，或遭遇重大投诉事件并被查实，造成恶劣影响；（5）停止饭店经营业务或停业装修改造一年以上。

二星级：（1）"必备项目检查表"不达标；（2）发生重大事故，或遭遇重大投诉事件并被查实，造成恶劣影响；（3）停止饭店经营业务或停业装修改造一年以上。

一星级：（1）"必备项目检查表"不达标；（2）发生重大事故，或遭遇重大投诉事件并被查实，造成恶劣影响；（3）停止饭店经营业务或停业装修改造一年以上。

第二十九条　整改期限原则上不能超过一年。被取消星级的饭店，自取消星级之日起一年后，方可重新申请星级评定。

第三十条　各级星评委对星级饭店作出处理的责任划分依照星级评定的责任分工执行。全国星评委保留对各星级饭店复核结果的最终处理权。

第三十一条　接受评定性复核的星级饭店，如其正在进行大规模装修改造，或者其他适当原因而致使暂停营业，可以在评定性复核当年年前提出延期申请。经查属实后，相应级别星评委可以酌情批准其延期一次。延期复核的最长时限不应超过一年，如延期超过一年，须重新申请星级评定。

第三十二条　国家旅游局根据《国家级星评监督员管理规则》，派出国家级星评监督员随机抽查年度复核和评定性复核情况，对复核工作进行监督。一旦发现复核过程中存在不符合程序的现象或检查结果不符合标准要求的情况，国家旅游局可对星级复核结果予以否决。

七、附　则

第三十三条　本办法由国家旅游局负责解释。

第三十四条　本办法于 2011 年 1 月 1 日起开始实施。

附录 3　《饭店星评员章程》

根据《中华人民共和国行政许可法》和《旅游饭店星级的划分与评定》（GB/T 14308—2010），为确保饭店星级评定工作质量，规范饭店星级评定工作，加强对饭店星级评定人员（以下简称"饭店星评员"）的监督和管理，制定本章程。

一、星评员的划分和任职条件

第一条　饭店星评员分为：国家级星评员、地方级星评员（含省级和地市级）和星级饭店内审员。国家级星评员和地方级星评员主要由政府行业管理人员、饭店高级管理人员和有关专家学者组成。

第二条　星评员基本条件：

1. 有较高的政策水平和较强的法制观念，具有良好的思想品德和职业操守。

2. 有丰富的饭店业务知识，全面掌握《旅游饭店星级的划分与评定》（GB/T 14308—2010）。

3. 有较高的分析判断能力和口头、文字表达能力。

4. 有严谨、科学的工作作风。

第三条　担任国家级星评员的人员在符合基本条件的前提下，还应符合以下任意一项要求：

1. 在省级以上旅游管理部门（含旅游协会）工作的行业管理人员。

2. 在四星级以上（含四星级）饭店连续担任高级管理职务五年以上，且任期内饭店经营业绩良好，在业内具有一定声誉的在职经理人。

3. 理论水平较高，在饭店业具有一定影响力的理论工作者。

第四条　担任地方级星评员的人员在符合基本条件的前提下，还应符合以下任意一项要求：

1. 具有较为丰富经验的饭店行业管理人员。

2. 在星级饭店连续担任高级管理职务五年以上，且任期内饭店经营业绩良好，在本省（自治区、直辖市）业内具有一定声誉的在职经理人。

3. 理论水平较高，在饭店业具有一定影响力的理论工作者。

第五条　星级饭店内审员应由本饭店的中高级管理人员担任。

二、星评员的选聘办法和职责

第六条　国家级星评员由全国旅游星级饭店评定委员会（以下简称"星评委"）负责选聘。接受全国星评委的委派，承担全国范围内的饭店星级评定、复核和其他检查工作。

第七条　地方级星评员由省级星评委或地区星评委负责选聘。接受省级星评委或地区星评委的委派，按照职责分工，承担辖区内饭店星级评定、复核和其他检查工作。

第八条　星级饭店内审员由各饭店指定。星级饭店内审员根据相应星评委的指导和安排，依照星级标准，执行对所在饭店的检查、复核工作，并同时向所在饭店管理层和所在地区星评委办公室报告工作。

三、星评员的工作要求

第九条　星评员在相应星评委有组织有计划的安排下，可以明察或暗访方式对受检饭店进行检查，要预先研究受检饭店的申请报告或复核自查报告及相关材料，掌握受检饭店的概况和特点；检查结束时向受检饭店全面反馈检查情况，就其星级达标情况提出规范的书面报告。各级星评员应保持清正、廉洁的作风，未经相应星评委授权，不得随意实施对饭店的检查工作。

第十条　饭店星级评定或复核时，要据实评判各项必备条件的具备情况和饭店设施设备、饭店运营质量的得分情况，并写出书面检查报告及时呈交委派工作的星评委。

第十一条　星评员向受检饭店和相应星评委作出的反馈意见应严谨，规范，条理清晰，具有较高的针对性和指导性。对于不达标的饭店，要提出明确的整改要求。

第十二条　星级饭店内审员应按照星级标准和所在地星评委的要求，检查所在饭店的达标情况，敦促饭店管理层就所存在的问题及时整改，并向所在地星评委作出书面报告。

第十三条　饭店星评员接受聘用单位的检查、监督和管理。

四、星评员的工作守则

第十四条　服从相应星评委的安排，认真履行星评员的各项职责。

第十五条　按规定时间抵达受检饭店，主动出示相关证件和《星级评定／复核检查通知书》。

第十六条　在受检饭店工作时间应不少于相关规定的要求。

第十七条　不得以个人理解随意解释标准，不得作超越权限的评论和表态。

第十八条　检查期间要着正装，保持衣履整洁、举止文明、谦虚谨慎、尊重受检饭店的员工。

第十九条　在保证检查效果的前提下，提倡节俭，反对铺张。

第二十条　不得向受检饭店提出与检查无关的要求，不得为个人或亲属谋取私利。受检饭店可就任何星评员的违规行为向相应星评委举报，星评委经调查核实后可进行查处。

五、星评员的管理

第二十一条　按照谁聘用谁管理的原则，各级星评员的日常管理和工作安排由聘用单位负责。

第二十二条　各级星评委应对所聘星评员的变化、工作态度、工作质量和受检饭店对其工作的评价应有详细的记载，并作为是否续聘的重要依据。各级星评委每年以书面形式逐级报告上述内容。

第二十三条　全国星评委办公室负责对全国的星评员实施宏观管理，星评员资格不搞终身制，对个别不称职或玩忽职守的星评员可及时进行撤换。

第二十四条　任期内的星评员一旦离开与饭店业相关的工作岗位，其星评员资格自行取消，空缺名额由原聘用单位按照任职条件重新选聘。

第二十五条　星评员由聘用单位颁发证书，证书格式由全国星评委统一确定。

附录4 《中华人民共和国食品安全法》

第一章 总 则

第一条 为了保证食品安全，保障公众身体健康和生命安全，制定本法。

第二条 在中华人民共和国境内从事下列活动，应当遵守本法：

(一) 食品生产和加工 (以下称"食品生产")，食品销售和餐饮服务 (以下称"食品经营")；

(二) 食品添加剂的生产经营；

(三) 用于食品的包装材料、容器、洗涤剂、消毒剂和用于食品生产经营的工具、设备 (以下称"食品相关产品") 的生产经营；

(四) 食品生产经营者使用食品添加剂、食品相关产品；

(五) 食品的贮存和运输；

(六) 对食品、食品添加剂、食品相关产品的安全管理。

供食用的源于农业的初级产品 (以下称"食用农产品") 的质量安全管理，遵守《中华人民共和国农产品质量安全法》的规定。但是，食用农产品的市场销售、有关质量安全标准的制定、有关安全信息的公布和本法对农业投入品作出规定的，应当遵守本法的规定。

第三条 食品安全工作实行预防为主、风险管理、全程控制、社会共治，建立科学、严格的监督管理制度。

第四条 食品生产经营者对其生产经营食品的安全负责。

食品生产经营者应当依照法律、法规和食品安全标准从事生产经营活动，保证食品安全，诚信自律，对社会和公众负责，接受社会监督，承担社会责任。

第五条 国务院设立食品安全委员会，其职责由国务院规定。

国务院食品药品监督管理部门依照本法和国务院规定的职责，对食品生产经营活动实施监督管理。

国务院卫生行政部门依照本法和国务院规定的职责，组织开展食品安全风险监测和风险评估，会同国务院食品药品监督管理部门制定并公布食品安全国家标准。

国务院其他有关部门依照本法和国务院规定的职责，承担有关食品安全工作。

第六条 县级以上地方人民政府对本行政区域的食品安全监督管理工作负责，统一领导、组织、协调本行政区域的食品安全监督管理工作以及食品安全突发事件应对工作，建立健全食品安全全程监督管理工作机制和信息共享机制。

县级以上地方人民政府依照本法和国务院的规定，确定本级食品药品监督管理、卫生行政部门和其他有关部门的职责。有关部门在各自职责范围内负责本行政区域的食品安全监督管理工作。

县级人民政府食品药品监督管理部门可以在乡镇或者特定区域设立派出机构。

第七条 县级以上地方人民政府实行食品安全监督管理责任制。上级人民政府负责对下一级人民政府的食品安全监督管理工作进行评议、考核。县级以上地方人民政府负责对本级食品药品监督管理部门和其他有关部门的食品安全监督管理工作进行评议、考核。

第八条　县级以上人民政府应当将食品安全工作纳入本级国民经济和社会发展规划，将食品安全工作经费列入本级政府财政预算，加强食品安全监督管理能力建设，为食品安全工作提供保障。

县级以上人民政府食品药品监督管理部门和其他有关部门应当加强沟通、密切配合，按照各自职责分工，依法行使职权，承担责任。

第九条　食品行业协会应当加强行业自律，按照章程建立健全行业规范和奖惩机制，提供食品安全信息、技术等服务，引导和督促食品生产经营者依法生产经营，推动行业诚信建设，宣传、普及食品安全知识。

消费者协会和其他消费者组织对违反本法规定，损害消费者合法权益的行为，依法进行社会监督。

第十条　各级人民政府应当加强食品安全的宣传教育，普及食品安全知识，鼓励社会组织、基层群众性自治组织、食品生产经营者开展食品安全法律、法规以及食品安全标准和知识的普及工作，倡导健康的饮食方式，增强消费者食品安全意识和自我保护能力。

新闻媒体应当开展食品安全法律、法规以及食品安全标准和知识的公益宣传，并对食品安全违法行为进行舆论监督。有关食品安全的宣传报道应当真实、公正。

第十一条　国家鼓励和支持开展与食品安全有关的基础研究、应用研究，鼓励和支持食品生产经营者为提高食品安全水平采用先进技术和先进管理规范。

国家对农药的使用实行严格的管理制度，加快淘汰剧毒、高毒、高残留农药，推动替代产品的研发和应用，鼓励使用高效低毒低残留农药。

第十二条　任何组织或者个人有权举报食品安全违法行为，依法向有关部门了解食品安全信息，对食品安全监督管理工作提出意见和建议。

第十三条　对在食品安全工作中做出突出贡献的单位和个人，按照国家有关规定给予表彰、奖励。

第二章　食品安全风险监测和评估

第十四条　国家建立食品安全风险监测制度，对食源性疾病、食品污染以及食品中的有害因素进行监测。

国务院卫生行政部门会同国务院食品药品监督管理、质量监督等部门，制定、实施国家食品安全风险监测计划。

国务院食品药品监督管理部门和其他有关部门获知有关食品安全风险信息后，应当立即核实并向国务院卫生行政部门通报。对有关部门通报的食品安全风险信息以及医疗机构报告的食源性疾病等有关疾病信息，国务院卫生行政部门应当会同国务院有关部门分析研究，认为必要的，及时调整国家食品安全风险监测计划。

省、自治区、直辖市人民政府卫生行政部门会同同级食品药品监督管理、质量监督等部门，根据国家食品安全风险监测计划，结合本行政区域的具体情况，制定、调整本行政区域的食品安全风险监测方案，报国务院卫生行政部门备案并实施。

第十五条　承担食品安全风险监测工作的技术机构应当根据食品安全风险监测计划和监测方案开展监测工作，保证监测数据真实、准确，并按照食品安全风险监测计划和监测方案的要求报送监测数据和分析结果。

食品安全风险监测工作人员有权进入相关食用农产品种植养殖、食品生产经营场所采集样品、收集相关数据。采集样品应当按照市场价格支付费用。

第十六条　食品安全风险监测结果表明可能存在食品安全隐患的，县级以上人民政府卫生行政部门应当及时将相关信息通报同级食品药品监督管理等部门，并报告本级人民政府和上级人民政府卫生行政部门。食品药品监督管理等部门应当组织开展进一步调查。

第十七条　国家建立食品安全风险评估制度，运用科学方法，根据食品安全风险监测信息、科学数据以及有关信息，对食品、食品添加剂、食品相关产品中生物性、化学性和物理性危害因素进行风险评估。

国务院卫生行政部门负责组织食品安全风险评估工作，成立由医学、农业、食品、营养、生物、环境等方面的专家组成的食品安全风险评估专家委员会进行食品安全风险评估。食品安全风险评估结果由国务院卫生行政部门公布。

对农药、肥料、兽药、饲料和饲料添加剂等的安全性评估，应当有食品安全风险评估专家委员会的专家参加。

食品安全风险评估不得向生产经营者收取费用，采集样品应当按照市场价格支付费用。

第十八条　有下列情形之一的，应当进行食品安全风险评估：

（一）通过食品安全风险监测或者接到举报发现食品、食品添加剂、食品相关产品可能存在安全隐患的；

（二）为制定或者修订食品安全国家标准提供科学依据需要进行风险评估的；

（三）为确定监督管理的重点领域、重点品种需要进行风险评估的；

（四）发现新的可能危害食品安全因素的；

（五）需要判断某一因素是否构成食品安全隐患的；

（六）国务院卫生行政部门认为需要进行风险评估的其他情形。

第十九条　国务院食品药品监督管理、质量监督、农业行政等部门在监督管理工作中发现需要进行食品安全风险评估的，应当向国务院卫生行政部门提出食品安全风险评估的建议，并提供风险来源、相关检验数据和结论等信息、资料。属于本法第十八条规定情形的，国务院卫生行政部门应当及时进行食品安全风险评估，并向国务院有关部门通报评估结果。

第二十条　省级以上人民政府卫生行政、农业行政部门应当及时相互通报食品、食用农产品安全风险监测信息。

国务院卫生行政、农业行政部门应当及时相互通报食品、食用农产品安全风险评估结果等信息。

第二十一条　食品安全风险评估结果是制定、修订食品安全标准和实施食品安全监督管理的科学依据。

经食品安全风险评估，得出食品、食品添加剂、食品相关产品不安全结论的，国务院食品药品监督管理、质量监督等部门应当依据各自职责立即向社会公告，告知消费者停止食用或者使用，并采取相应措施，确保该食品、食品添加剂、食品相关产品停止生产经营；需要制定、修订相关食品安全国家标准的，国务院卫生行政部门应当会同国务院食品药品监督管理部门立即制定、修订。

第二十二条　国务院食品药品监督管理部门应当会同国务院有关部门，根据食品安全风险评估结果、食品安全监督管理信息，对食品安全状况进行综合分析。对经综合分析表明可能具有较高程度安全风险的食品，国务院食品药品监督管理部门应当及时提出食品安全风险警示，并向社会公布。

第二十三条　县级以上人民政府食品药品监督管理部门和其他有关部门、食品安全风险评估专家委员会及其技术机构，应当按照科学、客观、及时、公开的原则，组织食品生产经营者、食品检验机构、认证机构、食品行业协会、消费者协会以及新闻媒体等，就食品安全风险评估信息和食品安全监督管理信息进行交流沟通。

第三章　食品安全标准

第二十四条　制定食品安全标准，应当以保障公众身体健康为宗旨，做到科学合理、安全可靠。

第二十五条　食品安全标准是强制执行的标准。除食品安全标准外，不得制定其他食品强制性标准。

第二十六条　食品安全标准应当包括下列内容：

（一）食品、食品添加剂、食品相关产品中的致病性微生物，农药残留、兽药残留、生物毒素、重金属等污染物质以及其他危害人体健康物质的限量规定；

（二）食品添加剂的品种、使用范围、用量；

（三）专供婴幼儿和其他特定人群的主辅食品的营养成分要求；

（四）对与卫生、营养等食品安全要求有关的标签、标志、说明书的要求；

（五）食品生产经营过程的卫生要求；

（六）与食品安全有关的质量要求；

（七）与食品安全有关的食品检验方法与规程；

（八）其他需要制定为食品安全标准的内容。

第二十七条　食品安全国家标准由国务院卫生行政部门会同国务院食品药品监督管理部门制定、公布，国务院标准化行政部门提供国家标准编号。

食品中农药残留、兽药残留的限量规定及其检验方法与规程由国务院卫生行政部门、国务院农业行政部门会同国务院食品药品监督管理部门制定。

屠宰畜、禽的检验规程由国务院农业行政部门会同国务院卫生行政部门制定。

第二十八条　制定食品安全国家标准，应当依据食品安全风险评估结果并充分考虑食用农产品安全风险评估结果，参照相关的国际标准和国际食品安全风险评估结果，并将食品安全国家标准草案向社会公布，广泛听取食品生产经营者、消费者、有关部门等方面的意见。

食品安全国家标准应当经国务院卫生行政部门组织的食品安全国家标准审评委员会审查通过。食品安全国家标准审评委员会由医学、农业、食品、营养、生物、环境等方面的专家以及国务院有关部门、食品行业协会、消费者协会的代表组成，对食品安全国家标准草案的科学性和实用性等进行审查。

第二十九条　对地方特色食品，没有食品安全国家标准的，省、自治区、直辖市人民政府卫生行政部门可以制定并公布食品安全地方标准，报国务院卫生行政部门备案。食品安全国家标准制定后，该地方标准即行废止。

第三十条　国家鼓励食品生产企业制定严于食品安全国家标准或者地方标准的企业标准，在本企业适用，并报省、自治区、直辖市人民政府卫生行政部门备案。

第三十一条　省级以上人民政府卫生行政部门应当在其网站上公布制定和备案的食品安全国家标准、地方标准和企业标准，供公众免费查阅、下载。

对食品安全标准执行过程中的问题，县级以上人民政府卫生行政部门应当会同有关部门及时给予指导、解答。

第三十二条　省级以上人民政府卫生行政部门应当会同同级食品药品监督管理、质量监督、农业行政等部门，分别对食品安全国家标准和地方标准的执行情况进行跟踪评价，并根据评价结果及时修订食品安全标准。

省级以上人民政府食品药品监督管理、质量监督、农业行政等部门应当对食品安全标准执行中存在的问题进行收集、汇总，并及时向同级卫生行政部门通报。

食品生产经营者、食品行业协会发现食品安全标准在执行中存在问题的，应当立即向卫生行政部门报告。

第四章　食品生产经营

第一节　一般规定

第三十三条　食品生产经营应当符合食品安全标准，并符合下列要求：

（一）具有与生产经营的食品品种、数量相适应的食品原料处理和食品加工、包装、贮存等场所，保持该场所环境整洁，并与有毒、有害场所以及其他污染源保持规定的距离；

（二）具有与生产经营的食品品种、数量相适应的生产经营设备或者设施，有相应的消毒、更衣、盥洗、采光、照明、通风、防腐、防尘、防蝇、防鼠、防虫、洗涤以及处理废水、存放垃圾和废弃物的设备或者设施；

（三）有专职或者兼职的食品安全专业技术人员、食品安全管理人员和保证食品安全的规章制度；

（四）具有合理的设备布局和工艺流程，防止待加工食品与直接入口食品、原料与成品交叉污染，避免食品接触有毒物、不洁物；

（五）餐具、饮具和盛放直接入口食品的容器，使用前应当洗净、消毒，炊具、用具用后应当洗净，保持清洁；

（六）贮存、运输和装卸食品的容器、工具和设备应当安全、无害，保持清洁，防止食品污染，并符合保证食品安全所需的温度、湿度等特殊要求，不得将食品与有毒、有害物品一同贮存、运输；

（七）直接入口的食品应当使用无毒、清洁的包装材料、餐具、饮具和容器；

（八）食品生产经营人员应当保持个人卫生，生产经营食品时，应当将手洗净，穿戴清洁的工作衣、帽等；销售无包装的直接入口食品时，应当使用无毒、清洁的容器、售货工具和设备；

（九）用水应当符合国家规定的生活饮用水卫生标准；

（十）使用的洗涤剂、消毒剂应当对人体安全、无害；

（十一）法律、法规规定的其他要求。

非食品生产经营者从事食品贮存、运输和装卸的，应当符合前款第六项的规定。

第三十四条　禁止生产经营下列食品、食品添加剂、食品相关产品：

（一）用非食品原料生产的食品或者添加食品添加剂以外的化学物质和其他可能危害人体健康物质的食品，或者用回收食品作为原料生产的食品；

（二）致病性微生物，农药残留、兽药残留、生物毒素、重金属等污染物质以及其他危害人体健康的物质含量超过食品安全标准限量的食品、食品添加剂、食品相关产品；

（三）用超过保质期的食品原料、食品添加剂生产的食品、食品添加剂；

（四）超范围、超限量使用食品添加剂的食品；

（五）营养成分不符合食品安全标准的专供婴幼儿和其他特定人群的主辅食品；

（六）腐败变质、油脂酸败、霉变生虫、污秽不洁、混有异物、掺假掺杂或者感官性状异常的食品、食品添加剂；

（七）病死、毒死或者死因不明的禽、畜、兽、水产动物肉类及其制品；

（八）未按规定进行检疫或者检疫不合格的肉类，或者未经检验或者检验不合格的肉类制品；

（九）被包装材料、容器、运输工具等污染的食品、食品添加剂；

（十）标注虚假生产日期、保质期或者超过保质期的食品、食品添加剂；

（十一）无标签的预包装食品、食品添加剂；

（十二）国家为防病等特殊需要明令禁止生产经营的食品；

（十三）其他不符合法律、法规或者食品安全标准的食品、食品添加剂、食品相关产品。

第三十五条　国家对食品生产经营实行许可制度。从事食品生产、食品销售、餐饮服务，应当依法取得许可。但是，销售食用农产品，不需要取得许可。

县级以上地方人民政府食品药品监督管理部门应当依照《中华人民共和国行政许可法》的规定，审核申请人提交的本法第三十三条第一款第一项至第四项规定要求的相关资料，必要时对申请人的生产经营场所进行现场核查；对符合规定条件的，准予许可；对不符合规定条件的，不予许可并书面说明理由。

第三十六条　食品生产加工小作坊和食品摊贩等从事食品生产经营活动，应当符合本法规定的与其生产经营规模、条件相适应的食品安全要求，保证所生产经营的食品卫生、无毒、无害，食品药品监督管理部门应当对其加强监督管理。

县级以上地方人民政府应当对食品生产加工小作坊、食品摊贩等进行综合治理，加强服务和统一规划，改善其生产经营环境，鼓励和支持其改进生产经营条件，进入集中交易市场、店铺等固定场所经营，或者在指定的临时经营区域、时段经营。

食品生产加工小作坊和食品摊贩等的具体管理办法由省、自治区、直辖市制定。

第三十七条 利用新的食品原料生产食品，或者生产食品添加剂新品种、食品相关产品新品种，应当向国务院卫生行政部门提交相关产品的安全性评估材料。国务院卫生行政部门应当自收到申请之日起六十日内组织审查；对符合食品安全要求的，准予许可并公布；对不符合食品安全要求的，不予许可并书面说明理由。

第三十八条 生产经营的食品中不得添加药品，但是可以添加按照传统既是食品又是中药材的物质。按照传统既是食品又是中药材的物质目录由国务院卫生行政部门会同国务院食品药品监督管理部门制定、公布。

第三十九条 国家对食品添加剂生产实行许可制度。从事食品添加剂生产，应当具有与所生产食品添加剂品种相适应的场所、生产设备或者设施、专业技术人员和管理制度，并依照本法第三十五条第二款规定的程序，取得食品添加剂生产许可。

生产食品添加剂应当符合法律、法规和食品安全国家标准。

第四十条 食品添加剂应当在技术上确有必要且经过风险评估证明安全可靠，方可列入允许使用的范围；有关食品安全国家标准应当根据技术必要性和食品安全风险评估结果及时修订。

食品生产经营者应当按照食品安全国家标准使用食品添加剂。

第四十一条 生产食品相关产品应当符合法律、法规和食品安全国家标准。对直接接触食品的包装材料等具有较高风险的食品相关产品，按照国家有关工业产品生产许可证管理的规定实施生产许可。质量监督部门应当加强对食品相关产品生产活动的监督管理。

第四十二条 国家建立食品安全全程追溯制度。

食品生产经营者应当依照本法的规定，建立食品安全追溯体系，保证食品可追溯。国家鼓励食品生产经营者采用信息化手段采集、留存生产经营信息，建立食品安全追溯体系。

国务院食品药品监督管理部门会同国务院农业行政等有关部门建立食品安全全程追溯协作机制。

第四十三条 地方各级人民政府应当采取措施鼓励食品规模化生产和连锁经营、配送。

国家鼓励食品生产经营企业参加食品安全责任保险。

第二节 生产经营过程控制

第四十四条 食品生产经营企业应当建立健全食品安全管理制度，对职工进行食品安全知识培训，加强食品检验工作，依法从事生产经营活动。

食品生产经营企业的主要负责人应当落实企业食品安全管理制度，对本企业的食品安全工作全面负责。

食品生产经营企业应当配备食品安全管理人员，加强对其培训和考核。经考核不具备食品安全管理能力的，不得上岗。食品药品监督管理部门应当对企业食品安全管理人员随机进行监督抽查考核并公布考核情况。监督抽查考核不得收取费用。

第四十五条　食品生产经营者应当建立并执行从业人员健康管理制度。患有国务院卫生行政部门规定的有碍食品安全疾病的人员，不得从事接触直接入口食品的工作。

从事接触直接入口食品工作的食品生产经营人员应当每年进行健康检查，取得健康证明后方可上岗工作。

第四十六条　食品生产企业应当就下列事项制定并实施控制要求，保证所生产的食品符合食品安全标准：

（一）原料采购、原料验收、投料等原料控制；

（二）生产工序、设备、贮存、包装等生产关键环节控制；

（三）原料检验、半成品检验、成品出厂检验等检验控制；

（四）运输和交付控制。

第四十七条　食品生产经营者应当建立食品安全自查制度，定期对食品安全状况进行检查评价。生产经营条件发生变化，不再符合食品安全要求的，食品生产经营者应当立即采取整改措施；有发生食品安全事故潜在风险的，应当立即停止食品生产经营活动，并向所在地县级人民政府食品药品监督管理部门报告。

第四十八条　国家鼓励食品生产经营企业符合良好生产规范要求，实施危害分析与关键控制点体系，提高食品安全管理水平。

对通过良好生产规范、危害分析与关键控制点体系认证的食品生产经营企业，认证机构应当依法实施跟踪调查；对不再符合认证要求的企业，应当依法撤销认证，及时向县级以上人民政府食品药品监督管理部门通报，并向社会公布。认证机构实施跟踪调查不得收取费用。

第四十九条　食用农产品生产者应当按照食品安全标准和国家有关规定使用农药、肥料、兽药、饲料和饲料添加剂等农业投入品，严格执行农业投入品使用安全间隔期或者休药期的规定，不得使用国家明令禁止的农业投入品。禁止将剧毒、高毒农药用于蔬菜、瓜果、茶叶和中草药材等国家规定的农作物。

食用农产品的生产企业和农民专业合作经济组织应当建立农业投入品使用记录制度。

县级以上人民政府农业行政部门应当加强对农业投入品使用的监督管理和指导，建立健全农业投入品安全使用制度。

第五十条　食品生产者采购食品原料、食品添加剂、食品相关产品，应当查验供货者的许可证和产品合格证明；对无法提供合格证明的食品原料，应当按照食品安全标准进行检验；不得采购或者使用不符合食品安全标准的食品原料、食品添加剂、食品相关产品。

食品生产企业应当建立食品原料、食品添加剂、食品相关产品进货查验记录制度，如实记录食品原料、食品添加剂、食品相关产品的名称、规格、数量、生产日期或者生产批号、保质期、进货日期以及供货者名称、地址、联系方式等内容，并保存相关凭证。记录和凭证保存期限不得少于产品保质期满后六个月；没有明确保质期的，保存期限不得少于二年。

第五十一条　食品生产企业应当建立食品出厂检验记录制度，查验出厂食品的检验合格证和安全状况，如实记录食品的名称、规格、数量、生产日期或者生产批号、保质期、检验合格证号、销售日期以及购货者名称、地址、联系方式等内容，并保存相关凭证。记录和凭证保存期限应当符合本法第五十条第二款的规定。

第五十二条　食品、食品添加剂、食品相关产品的生产者，应当按照食品安全标准对所生产的食品、食品添加剂、食品相关产品进行检验，检验合格后方可出厂或者销售。

第五十三条　食品经营者采购食品，应当查验供货者的许可证和食品出厂检验合格证或者其他合格证明（以下称合格证明文件）。

食品经营企业应当建立食品进货查验记录制度，如实记录食品的名称、规格、数量、生产日期或者生产批号、保质期、进货日期以及供货者名称、地址、联系方式等内容，并保存相关凭证。记录和凭证保存期限应当符合本法第五十条第二款的规定。

实行统一配送经营方式的食品经营企业，可以由企业总部统一查验供货者的许可证和食品合格证明文件，进行食品进货查验记录。

从事食品批发业务的经营企业应当建立食品销售记录制度，如实记录批发食品的名称、规格、数量、生产日期或者生产批号、保质期、销售日期以及购货者名称、地址、联系方式等内容，并保存相关凭证。记录和凭证保存期限应当符合本法第五十条第二款的规定。

第五十四条　食品经营者应当按照保证食品安全的要求贮存食品，定期检查库存食品，及时清理变质或者超过保质期的食品。

食品经营者贮存散装食品，应当在贮存位置标明食品的名称、生产日期或者生产批号、保质期、生产者名称及联系方式等内容。

第五十五条　餐饮服务提供者应当制定并实施原料控制要求，不得采购不符合食品安全标准的食品原料。倡导餐饮服务提供者公开加工过程，公示食品原料及其来源等信息。

餐饮服务提供者在加工过程中应当检查待加工的食品及原料，发现有本法第三十四条第六项规定情形的，不得加工或者使用。

第五十六条　餐饮服务提供者应当定期维护食品加工、贮存、陈列等设施、设备；定期清洗、校验保温设施及冷藏、冷冻设施。

餐饮服务提供者应当按照要求对餐具、饮具进行清洗消毒，不得使用未经清洗消毒的餐具、饮具；餐饮服务提供者委托清洗消毒餐具、饮具的，应当委托符合本法规定条件的餐具、饮具集中消毒服务单位。

第五十七条　学校、托幼机构、养老机构、建筑工地等集中用餐单位的食堂应当严格遵守法律、法规和食品安全标准；从供餐单位订餐的，应当从取得食品生产经营许可的企业订购，并按照要求对订购的食品进行查验。供餐单位应当严格遵守法律、法规和食品安全标准，当餐加工，确保食品安全。

学校、托幼机构、养老机构、建筑工地等集中用餐单位的主管部门应当加强对集中用餐单位的食品安全教育和日常管理，降低食品安全风险，及时消除食品安全隐患。

第五十八条餐具、饮具集中消毒服务单位应当具备相应的作业场所、清洗消毒设备或者设施，用水和使用的洗涤剂、消毒剂应当符合相关食品安全国家标准和其他国家标准、卫生规范。

餐具、饮具集中消毒服务单位应当对消毒餐具、饮具进行逐批检验，检验合格后方可出厂，并应当随附消毒合格证明。消毒后的餐具、饮具应当在独立包装上标注单位名称、地址、联系方式、消毒日期以及使用期限等内容。

第五十九条　食品添加剂生产者应当建立食品添加剂出厂检验记录制度，查验出厂产品的检验合格证和安全状况，如实记录食品添加剂的名称、规格、数量、生产日期或者生产批号、保质期、检验合格证号、销售日期以及购货者名称、地址、联系方式等相关内容，并保存相关凭证。记录和凭证保存期限应当符合本法第五十条第二款的规定。

第六十条　食品添加剂经营者采购食品添加剂，应当依法查验供货者的许可证和产品合格证明文件，如实记录食品添加剂的名称、规格、数量、生产日期或者生产批号、保质期、进货日期以及供货者名称、地址、联系方式等内容，并保存相关凭证。记录和凭证保存期限应当符合本法第五十条第二款的规定。

第六十一条　集中交易市场的开办者、柜台出租者和展销会举办者，应当依法审查入场食品经营者的许可证，明确其食品安全管理责任，定期对其经营环境和条件进行检查，发现其有违反本法规定行为的，应当及时制止并立即报告所在地县级人民政府食品药品监督管理部门。

第六十二条　网络食品交易第三方平台提供者应当对入网食品经营者进行实名登记，明确其食品安全管理责任；依法应当取得许可证的，还应当审查其许可证。

网络食品交易第三方平台提供者发现入网食品经营者有违反本法规定行为的，应当及时制止并立即报告所在地县级人民政府食品药品监督管理部门；发现严重违法行为的，应当立即停止提供网络交易平台服务。

第六十三条　国家建立食品召回制度。食品生产者发现其生产的食品不符合食品安全标准或者有证据证明可能危害人体健康的，应当立即停止生产，召回已经上市销售的食品，通知相关生产经营者和消费者，并记录召回和通知情况。

食品经营者发现其经营的食品有前款规定情形的，应当立即停止经营，通知相关生产经营者和消费者，并记录停止经营和通知情况。食品生产者认为应当召回的，应当立即召回。由于食品经营者的原因造成其经营的食品有前款规定情形的，食品经营者应当召回。

食品生产经营者应当对召回的食品采取无害化处理、销毁等措施，防止其再次流入市场。但是，对因标签、标志或者说明书不符合食品安全标准而被召回的食品，食品生产者在采取补救措施且能保证食品安全的情况下可以继续销售；销售时应当向消费者明示补救措施。

食品生产经营者应当将食品召回和处理情况向所在地县级人民政府食品药品监督管理部门报告；需要对召回的食品进行无害化处理、销毁的，应当提前报告时间、地点。食品药品监督管理部门认为必要的，可以实施现场监督。

食品生产经营者未依照本条规定召回或者停止经营的，县级以上人民政府食品药品监督管理部门可以责令其召回或者停止经营。

第六十四条　食用农产品批发市场应当配备检验设备和检验人员或者委托符合本法规定的食品检验机构，对进入该批发市场销售的食用农产品进行抽样检验；发现不符合食品安全标准的,应当要求销售者立即停止销售,并向食品药品监督管理部门报告。

第六十五条 食用农产品销售者应当建立食用农产品进货查验记录制度,如实记录食用农产品的名称、数量、进货日期以及供货者名称、地址、联系方式等内容,并保存相关凭证。记录和凭证保存期限不得少于六个月。

第六十六条 进入市场销售的食用农产品在包装、保鲜、贮存、运输中使用保鲜剂、防腐剂等食品添加剂和包装材料等食品相关产品,应当符合食品安全国家标准。

第三节 标签、说明书和广告

第六十七条 预包装食品的包装上应当有标签。标签应当标明下列事项:

(一)名称、规格、净含量、生产日期;

(二)成分或者配料表;

(三)生产者的名称、地址、联系方式;

(四)保质期;

(五)产品标准代号;

(六)贮存条件;

(七)所使用的食品添加剂在国家标准中的通用名称;

(八)生产许可证编号;

(九)法律、法规或者食品安全标准规定应当标明的其他事项。

专供婴幼儿和其他特定人群的主辅食品,其标签还应当标明主要营养成分及其含量。

食品安全国家标准对标签标注事项另有规定的,从其规定。

第六十八条 食品经营者销售散装食品,应当在散装食品的容器、外包装上标明食品的名称、生产日期或者生产批号、保质期以及生产经营者名称、地址、联系方式等内容。

第六十九条 生产经营转基因食品应当按照规定显著标示。

第七十条 食品添加剂应当有标签、说明书和包装。标签、说明书应当载明本法第六十七条第一款第一项至第六项、第八项、第九项规定的事项,以及食品添加剂的使用范围、用量、使用方法,并在标签上载明"食品添加剂"字样。

第七十一条 食品和食品添加剂的标签、说明书,不得含有虚假内容,不得涉及疾病预防、治疗功能。生产经营者对其提供的标签、说明书的内容负责。

食品和食品添加剂的标签、说明书应当清楚、明显,生产日期、保质期等事项应当显著标注,容易辨识。

食品和食品添加剂与其标签、说明书的内容不符的,不得上市销售。

第七十二条 食品经营者应当按照食品标签标示的警示标志、警示说明或者注意事项的要求销售食品。

第七十三条 食品广告的内容应当真实合法,不得含有虚假内容,不得涉及疾病预防、治疗功能。食品生产经营者对食品广告内容的真实性、合法性负责。

县级以上人民政府食品药品监督管理部门和其他有关部门以及食品检验机构、食品行业协会不得以广告或者其他形式向消费者推荐食品。消费者组织不得以收取费用或者其他牟取利益的方式向消费者推荐食品。

第四节 特殊食品

第七十四条 国家对保健食品、特殊医学用途配方食品和婴幼儿配方食品等特殊食品实行严格监督管理。

第七十五条 保健食品声称保健功能，应当具有科学依据，不得对人体产生急性、亚急性或者慢性危害。

保健食品原料目录和允许保健食品声称的保健功能目录，由国务院食品药品监督管理部门会同国务院卫生行政部门、国家中医药管理部门制定、调整并公布。

保健食品原料目录应当包括原料名称、用量及其对应的功效；列入保健食品原料目录的原料只能用于保健食品生产，不得用于其他食品生产。

第七十六条 使用保健食品原料目录以外原料的保健食品和首次进口的保健食品应当经国务院食品药品监督管理部门注册。但是，首次进口的保健食品中属于补充维生素、矿物质等营养物质的，应当报国务院食品药品监督管理部门备案。其他保健食品应当报省、自治区、直辖市人民政府食品药品监督管理部门备案。

进口的保健食品应当是出口国（地区）主管部门准许上市销售的产品。

第七十七条 依法应当注册的保健食品，注册时应当提交保健食品的研发报告、产品配方、生产工艺、安全性和保健功能评价、标签、说明书等材料及样品，并提供相关证明文件。国务院食品药品监督管理部门经组织技术审评，对符合安全和功能声称要求的，准予注册；对不符合要求的，不予注册并书面说明理由。对使用保健食品原料目录以外原料的保健食品作出准予注册决定的，应当及时将该原料纳入保健食品原料目录。

依法应当备案的保健食品，备案时应当提交产品配方、生产工艺、标签、说明书以及表明产品安全性和保健功能的材料。

第七十八条 保健食品的标签、说明书不得涉及疾病预防、治疗功能，内容应当真实，与注册或者备案的内容相一致，载明适宜人群、不适宜人群、功效成分或者标志性成分及其含量等，并声明"本品不能代替药物"。保健食品的功能和成分应当与标签、说明书相一致。

第七十九条 保健食品广告除应当符合本法第七十三条第一款的规定外，还应当声明"本品不能代替药物"；其内容应当经生产企业所在地省、自治区、直辖市人民政府食品药品监督管理部门审查批准，取得保健食品广告批准文件。省、自治区、直辖市人民政府食品药品监督管理部门应当公布并及时更新已经批准的保健食品广告目录以及批准的广告内容。

第八十条 特殊医学用途配方食品应当经国务院食品药品监督管理部门注册。注册时，应当提交产品配方、生产工艺、标签、说明书以及表明产品安全性、营养充足性和特殊医学用途临床效果的材料。

特殊医学用途配方食品广告适用《中华人民共和国广告法》和其他法律、行政法规关于药品广告管理的规定。

第八十一条 婴幼儿配方食品生产企业应当实施从原料进厂到成品出厂的全过程

质量控制，对出厂的婴幼儿配方食品实施逐批检验，保证食品安全。

生产婴幼儿配方食品使用的生鲜乳、辅料等食品原料、食品添加剂等，应当符合法律、行政法规的规定和食品安全国家标准，保证婴幼儿生长发育所需的营养成分。

婴幼儿配方食品生产企业应当将食品原料、食品添加剂、产品配方及标签等事项向省、自治区、直辖市人民政府食品药品监督管理部门备案。

婴幼儿配方乳粉的产品配方应当经国务院食品药品监督管理部门注册。注册时，应当提交配方研发报告和其他表明配方科学性、安全性的材料。

不得以分装方式生产婴幼儿配方乳粉，同一企业不得用同一配方生产不同品牌的婴幼儿配方乳粉。

第八十二条　保健食品、特殊医学用途配方食品、婴幼儿配方乳粉的注册人或者备案人应当对其提交材料的真实性负责。

省级以上人民政府食品药品监督管理部门应当及时公布注册或者备案的保健食品、特殊医学用途配方食品、婴幼儿配方乳粉目录，并对注册或者备案中获知的企业商业秘密予以保密。

保健食品、特殊医学用途配方食品、婴幼儿配方乳粉生产企业应当按照注册或者备案的产品配方、生产工艺等技术要求组织生产。

第八十三条　生产保健食品、特殊医学用途配方食品、婴幼儿配方食品和其他专供特定人群的主辅食品的企业，应当按照良好生产规范的要求建立与所生产食品相适应的生产质量管理体系，定期对该体系的运行情况进行自查，保证其有效运行，并向所在地县级人民政府食品药品监督管理部门提交自查报告。

第五章　食品检验

第八十四条　食品检验机构按照国家有关认证认可的规定取得资质认定后，方可从事食品检验活动。但是，法律另有规定的除外。

食品检验机构的资质认定条件和检验规范，由国务院食品药品监督管理部门规定。

符合本法规定的食品检验机构出具的检验报告具有同等效力。

县级以上人民政府应当整合食品检验资源，实现资源共享。

第八十五条　食品检验由食品检验机构指定的检验人独立进行。

检验人应当依照有关法律、法规的规定，并按照食品安全标准和检验规范对食品进行检验，尊重科学，恪守职业道德，保证出具的检验数据和结论客观、公正，不得出具虚假检验报告。

第八十六条　食品检验实行食品检验机构与检验人负责制。食品检验报告应当加盖食品检验机构公章，并有检验人的签名或者盖章。食品检验机构和检验人对出具的食品检验报告负责。

第八十七条　县级以上人民政府食品药品监督管理部门应当对食品进行定期或者不定期的抽样检验，并依据有关规定公布检验结果，不得免检。进行抽样检验，应当购买抽取的样品，委托符合本法规定的食品检验机构进行检验，并支付相关费用；不得向食品生产经营者收取检验费和其他费用。

第八十八条 对依照本法规定实施的检验结论有异议的，食品生产经营者可以自收到检验结论之日起七个工作日内向实施抽样检验的食品药品监督管理部门或者其上一级食品药品监督管理部门提出复检申请，由受理复检申请的食品药品监督管理部门在公布的复检机构名录中随机确定复检机构进行复检。复检机构出具的复检结论为最终检验结论。复检机构与初检机构不得为同一机构。复检机构名录由国务院认证认可监督管理、食品药品监督管理、卫生行政、农业行政等部门共同公布。

采用国家规定的快速检测方法对食用农产品进行抽查检测，被抽查人对检测结果有异议的，可以自收到检测结果时起四小时内申请复检。复检不得采用快速检测方法。

第八十九条 食品生产企业可以自行对所生产的食品进行检验，也可以委托符合本法规定的食品检验机构进行检验。

食品行业协会和消费者协会等组织、消费者需要委托食品检验机构对食品进行检验的，应当委托符合本法规定的食品检验机构进行。

第九十条 食品添加剂的检验，适用本法有关食品检验的规定。

第六章 食品进出口

第九十一条 国家出入境检验检疫部门对进出口食品安全实施监督管理。

第九十二条 进口的食品、食品添加剂、食品相关产品应当符合我国食品安全国家标准。

进口的食品、食品添加剂应当经出入境检验检疫机构依照进出口商品检验相关法律、行政法规的规定检验合格。

进口的食品、食品添加剂应当按照国家出入境检验检疫部门的要求随附合格证明材料。

第九十三条 进口尚无食品安全国家标准的食品，由境外出口商、境外生产企业或者其委托的进口商向国务院卫生行政部门提交所执行的相关国家（地区）标准或者国际标准。国务院卫生行政部门对相关标准进行审查，认为符合食品安全要求的，决定暂予适用，并及时制定相应的食品安全国家标准。进口利用新的食品原料生产的食品或者进口食品添加剂新品种、食品相关产品新品种，依照本法第三十七条的规定办理。

出入境检验检疫机构按照国务院卫生行政部门的要求，对前款规定的食品、食品添加剂、食品相关产品进行检验。检验结果应当公开。

第九十四条 境外出口商、境外生产企业应当保证向我国出口的食品、食品添加剂、食品相关产品符合本法以及我国其他有关法律、行政法规的规定和食品安全国家标准的要求，并对标签、说明书的内容负责。

进口商应当建立境外出口商、境外生产企业审核制度，重点审核前款规定的内容；审核不合格的，不得进口。

发现进口食品不符合我国食品安全国家标准或者有证据证明可能危害人体健康的，进口商应当立即停止进口，并依照本法第六十三条的规定召回。

第九十五条 境外发生的食品安全事件可能对我国境内造成影响，或者在进口食品、食品添加剂、食品相关产品中发现严重食品安全问题的，国家出入境检验检疫部门应当及时采取风险预警或者控制措施，并向国务院食品药品监督管理、卫生行政、农业行政部门通报。接到通报的部门应当及时采取相应措施。

县级以上人民政府食品药品监督管理部门对国内市场上销售的进口食品、食品添加剂实施监督管理。发现存在严重食品安全问题的，国务院食品药品监督管理部门应当及时向国家出入境检验检疫部门通报。国家出入境检验检疫部门应当及时采取相应措施。

第九十六条　向我国境内出口食品的境外出口商或者代理商、进口食品的进口商应当向国家出入境检验检疫部门备案。向我国境内出口食品的境外食品生产企业应当经国家出入境检验检疫部门注册。已经注册的境外食品生产企业提供虚假材料，或者因其自身的原因致使进口食品发生重大食品安全事故的，国家出入境检验检疫部门应当撤销注册并公告。

国家出入境检验检疫部门应当定期公布已经备案的境外出口商、代理商、进口商和已经注册的境外食品生产企业名单。

第九十七条　进口的预包装食品、食品添加剂应当有中文标签；依法应当有说明书的，还应当有中文说明书。标签、说明书应当符合本法以及我国其他有关法律、行政法规的规定和食品安全国家标准的要求，并载明食品的原产地以及境内代理商的名称、地址、联系方式。预包装食品没有中文标签、中文说明书或者标签、说明书不符合本条规定的，不得进口。

第九十八条　进口商应当建立食品、食品添加剂进口和销售记录制度，如实记录食品、食品添加剂的名称、规格、数量、生产日期、生产或者进口批号、保质期、境外出口商和购货者名称、地址及联系方式、交货日期等内容，并保存相关凭证。记录和凭证保存期限应当符合本法第五十条第二款的规定。

第九十九条　出口食品生产企业应当保证其出口食品符合进口国（地区）的标准或者合同要求。

出口食品生产企业和出口食品原料种植、养殖场应当向国家出入境检验检疫部门备案。

第一百条　国家出入境检验检疫部门应当收集、汇总下列进出口食品安全信息，并及时通报相关部门、机构和企业：

（一）出入境检验检疫机构对进出口食品实施检验检疫发现的食品安全信息；

（二）食品行业协会和消费者协会等组织、消费者反映的进口食品安全信息；

（三）国际组织、境外政府机构发布的风险预警信息及其他食品安全信息，以及境外食品行业协会等组织、消费者反映的食品安全信息；

（四）其他食品安全信息。

国家出入境检验检疫部门应当对进出口食品的进口商、出口商和出口食品生产企业实施信用管理，建立信用记录，并依法向社会公布。对有不良记录的进口商、出口商和出口食品生产企业，应当加强对其进出口食品的检验检疫。

第一百零一条　国家出入境检验检疫部门可以对向我国境内出口食品的国家（地区）的食品安全管理体系和食品安全状况进行评估和审查，并根据评估和审查结果，确定相应检验检疫要求。

第七章 食品安全事故处置

第一百零二条 国务院组织制定国家食品安全事故应急预案。

县级以上地方人民政府应当根据有关法律、法规的规定和上级人民政府的食品安全事故应急预案以及本行政区域的实际情况,制定本行政区域的食品安全事故应急预案,并报上一级人民政府备案。

食品安全事故应急预案应当对食品安全事故分级、事故处置组织指挥体系与职责、预防预警机制、处置程序、应急保障措施等作出规定。

食品生产经营企业应当制定食品安全事故处置方案,定期检查本企业各项食品安全防范措施的落实情况,及时消除事故隐患。

第一百零三条 发生食品安全事故的单位应当立即采取措施,防止事故扩大。事故单位和接收病人进行治疗的单位应当及时向事故发生地县级人民政府食品药品监督管理、卫生行政部门报告。

县级以上人民政府质量监督、农业行政等部门在日常监督管理中发现食品安全事故或者接到事故举报,应当立即向同级食品药品监督管理部门通报。

发生食品安全事故,接到报告的县级人民政府食品药品监督管理部门应当按照应急预案的规定向本级人民政府和上级人民政府食品药品监督管理部门报告。县级人民政府和上级人民政府食品药品监督管理部门应当按照应急预案的规定上报。

任何单位和个人不得对食品安全事故隐瞒、谎报、缓报,不得隐匿、伪造、毁灭有关证据。

第一百零四条 医疗机构发现其接收的病人属于食源性疾病病人或者疑似病人的,应当按照规定及时将相关信息向所在地县级人民政府卫生行政部门报告。县级人民政府卫生行政部门认为与食品安全有关的,应当及时通报同级食品药品监督管理部门。

县级以上人民政府卫生行政部门在调查处理传染病或者其他突发公共卫生事件中发现与食品安全相关的信息,应当及时通报同级食品药品监督管理部门。

第一百零五条 县级以上人民政府食品药品监督管理部门接到食品安全事故的报告后,应当立即会同同级卫生行政、质量监督、农业行政等部门进行调查处理,并采取下列措施,防止或者减轻社会危害:

(一)开展应急救援工作,组织救治因食品安全事故导致人身伤害的人员;

(二)封存可能导致食品安全事故的食品及其原料,并立即进行检验;对确认属于被污染的食品及其原料,责令食品生产经营者依照本法第六十三条的规定召回或者停止经营;

(三)封存被污染的食品相关产品,并责令进行清洗消毒;

(四)做好信息发布工作,依法对食品安全事故及其处理情况进行发布,并对可能产生的危害加以解释、说明。

发生食品安全事故需要启动应急预案的,县级以上人民政府应当立即成立事故处置指挥机构,启动应急预案,依照前款和应急预案的规定进行处置。

发生食品安全事故,县级以上疾病预防控制机构应当对事故现场进行卫生处理，并对与事故有关的因素开展流行病学调查，有关部门应当予以协助。县级以上疾病预防控制机构应当向同级食品药品监督管理、卫生行政部门提交流行病学调查报告。

第一百零六条　发生食品安全事故，设区的市级以上人民政府食品药品监督管理部门应当立即会同有关部门进行事故责任调查，督促有关部门履行职责，向本级人民政府和上一级人民政府食品药品监督管理部门提出事故责任调查处理报告。

涉及两个以上省、自治区、直辖市的重大食品安全事故由国务院食品药品监督管理部门依照前款规定组织事故责任调查。

第一百零七条　调查食品安全事故，应当坚持实事求是、尊重科学的原则，及时、准确查清事故性质和原因，认定事故责任，提出整改措施。

调查食品安全事故，除了查明事故单位的责任，还应当查明有关监督管理部门、食品检验机构、认证机构及其工作人员的责任。

第一百零八条　食品安全事故调查部门有权向有关单位和个人了解与事故有关的情况，并要求提供相关资料和样品。有关单位和个人应当予以配合，按照要求提供相关资料和样品，不得拒绝。

任何单位和个人不得阻挠、干涉食品安全事故的调查处理。

第八章　监督管理

第一百零九条　县级以上人民政府食品药品监督管理、质量监督部门根据食品安全风险监测、风险评估结果和食品安全状况等，确定监督管理的重点、方式和频次，实施风险分级管理。

县级以上地方人民政府组织本级食品药品监督管理、质量监督、农业行政等部门制定本行政区域的食品安全年度监督管理计划，向社会公布并组织实施。

食品安全年度监督管理计划应当将下列事项作为监督管理的重点：

（一）专供婴幼儿和其他特定人群的主辅食品；

（二）保健食品生产过程中的添加行为和按照注册或者备案的技术要求组织生产的情况，保健食品标签、说明书以及宣传材料中有关功能宣传的情况；

（三）发生食品安全事故风险较高的食品生产经营者；

（四）食品安全风险监测结果表明可能存在食品安全隐患的事项。

第一百一十条　县级以上人民政府食品药品监督管理、质量监督部门履行各自食品安全监督管理职责，有权采取下列措施，对生产经营者遵守本法的情况进行监督检查：

（一）进入生产经营场所实施现场检查；

（二）对生产经营的食品、食品添加剂、食品相关产品进行抽样检验；

（三）查阅、复制有关合同、票据、账簿以及其他有关资料；

（四）查封、扣押有证据证明不符合食品安全标准或者有证据证明存在安全隐患以及用于违法生产经营的食品、食品添加剂、食品相关产品；

（五）查封违法从事生产经营活动的场所。

第一百一十一条　对食品安全风险评估结果证明食品存在安全隐患，需要制定、修订食品安全标准的，在制定、修订食品安全标准前，国务院卫生行政部门应当及时会同国务院有关部门规定食品中有害物质的临时限量值和临时检验方法，作为生产经营和监督管理的依据。

第一百一十二条　县级以上人民政府食品药品监督管理部门在食品安全监督管理工作中可以采用国家规定的快速检测方法对食品进行抽查检测。

对抽查检测结果表明可能不符合食品安全标准的食品，应当依照本法第八十七条的规定进行检验。抽查检测结果确定有关食品不符合食品安全标准的，可以作为行政处罚的依据。

第一百一十三条　县级以上人民政府食品药品监督管理部门应当建立食品生产经营者食品安全信用档案，记录许可颁发、日常监督检查结果、违法行为查处等情况，依法向社会公布并实时更新；对有不良信用记录的食品生产经营者增加监督检查频次，对违法行为情节严重的食品生产经营者，可以通报投资主管部门、证券监督管理机构和有关的金融机构。

第一百一十四条　食品生产经营过程中存在食品安全隐患，未及时采取措施消除的，县级以上人民政府食品药品监督管理部门可以对食品生产经营者的法定代表人或者主要负责人进行责任约谈。食品生产经营者应当立即采取措施，进行整改，消除隐患。责任约谈情况和整改情况应当纳入食品生产经营者食品安全信用档案。

第一百一十五条　县级以上人民政府食品药品监督管理、质量监督等部门应当公布本部门的电子邮件地址或者电话，接受咨询、投诉、举报。接到咨询、投诉、举报，对属于本部门职责的，应当受理并在法定期限内及时答复、核实、处理；对不属于本部门职责的，应当移交有权处理的部门并书面通知咨询、投诉、举报人。有权处理的部门应当在法定期限内及时处理，不得推诿。对查证属实的举报，给予举报人奖励。

有关部门应当对举报人的信息予以保密，保护举报人的合法权益。举报人举报所在企业的，该企业不得以解除、变更劳动合同或者其他方式对举报人进行打击报复。

第一百一十六条　县级以上人民政府食品药品监督管理、质量监督等部门应当加强对执法人员食品安全法律、法规、标准和专业知识与执法能力等的培训，并组织考核。不具备相应知识和能力的，不得从事食品安全执法工作。

食品生产经营者、食品行业协会、消费者协会等发现食品安全执法人员在执法过程中有违反法律、法规规定的行为以及不规范执法行为的，可以向本级或者上级人民政府食品药品监督管理、质量监督等部门或者监察机关投诉、举报。接到投诉、举报的部门或者机关应当进行核实，并将经核实的情况向食品安全执法人员所在部门通报；涉嫌违法违纪的，按照本法和有关规定处理。

第一百一十七条　县级以上人民政府食品药品监督管理等部门未及时发现食品安全系统性风险，未及时消除监督管理区域内的食品安全隐患的，本级人民政府可以对其主要负责人进行责任约谈。

地方人民政府未履行食品安全职责，未及时消除区域性重大食品安全隐患的，上级人民政府可以对其主要负责人进行责任约谈。

被约谈的食品药品监督管理等部门、地方人民政府应当立即采取措施，对食品安全监督管理工作进行整改。

责任约谈情况和整改情况应当纳入地方人民政府和有关部门食品安全监督管理工作评议、考核记录。

第一百一十八条　国家建立统一的食品安全信息平台，实行食品安全信息统一公布制度。国家食品安全总体情况、食品安全风险警示信息、重大食品安全事故及其调查处理信息和国务院确定需要统一公布的其他信息由国务院食品药品监督管理部门统一公布。食品安全风险警示信息和重大食品安全事故及其调查处理信息的影响限于特定区域的，也可以由有关省、自治区、直辖市人民政府食品药品监督管理部门公布。未经授权不得发布上述信息。

县级以上人民政府食品药品监督管理、质量监督、农业行政部门依据各自职责公布食品安全日常监督管理信息。

公布食品安全信息，应当做到准确、及时，并进行必要的解释说明，避免误导消费者和社会舆论。

第一百一十九条　县级以上地方人民政府食品药品监督管理、卫生行政、质量监督、农业行政部门获知本法规定需要统一公布的信息，应当向上级主管部门报告，由上级主管部门立即报告国务院食品药品监督管理部门；必要时，可以直接向国务院食品药品监督管理部门报告。

县级以上人民政府食品药品监督管理、卫生行政、质量监督、农业行政部门应当相互通报获知的食品安全信息。

第一百二十条　任何单位和个人不得编造、散布虚假食品安全信息。

县级以上人民政府食品药品监督管理部门发现可能误导消费者和社会舆论的食品安全信息，应当立即组织有关部门、专业机构、相关食品生产经营者等进行核实、分析，并及时公布结果。

第一百二十一条　县级以上人民政府食品药品监督管理、质量监督等部门发现涉嫌食品安全犯罪的，应当按照有关规定及时将案件移送公安机关。对移送的案件，公安机关应当及时审查；认为有犯罪事实需要追究刑事责任的，应当立案侦查。

公安机关在食品安全犯罪案件侦查过程中认为没有犯罪事实，或者犯罪事实显著轻微，不需要追究刑事责任，但依法应当追究行政责任的，应当及时将案件移送食品药品监督管理、质量监督等部门和监察机关，有关部门应当依法处理。

公安机关商请食品药品监督管理、质量监督、环境保护等部门提供检验结论、认定意见以及对涉案物品进行无害化处理等协助的，有关部门应当及时提供，予以协助。

第九章　法律责任

第一百二十二条　违反本法规定，未取得食品生产经营许可从事食品生产经营活动，或者未取得食品添加剂生产许可从事食品添加剂生产活动的，由县级以上人民政府食品药品监督管理部门没收违法所得和违法生产经营的食品、食品添加剂以及用于违法生产经营的工具、设备、原料等物品；违法生产经营的食品、食品添加剂货值金额不足一万元的，并处五万元以上十万元以下罚款；货值金额一万元以上的，并处货值金额十倍以上二十倍以下罚款。

明知从事前款规定的违法行为，仍为其提供生产经营场所或者其他条件的，由县级以上人民政府食品药品监督管理部门责令停止违法行为，没收违法所得，并处五万元以上十万元以下罚款；使消费者的合法权益受到损害的，应当与食品、食品添加剂生产经营者承担连带责任。

第一百二十三条　违反本法规定，有下列情形之一，尚不构成犯罪的，由县级以上人民政府食品药品监督管理部门没收违法所得和违法生产经营的食品，并可以没收用于违法生产经营的工具、设备、原料等物品；违法生产经营的食品货值金额不足一万元的，并处十万元以上十五万元以下罚款；货值金额一万元以上的，并处货值金额十五倍以上三十倍以下罚款；情节严重的，吊销许可证，并可以由公安机关对其直接负责的主管人员和其他直接责任人员处五日以上十五日以下拘留：

（一）用非食品原料生产食品、在食品中添加食品添加剂以外的化学物质和其他可能危害人体健康的物质，或者用回收食品作为原料生产食品，或者经营上述食品；

（二）生产经营营养成分不符合食品安全标准的专供婴幼儿和其他特定人群的主辅食品；

（三）经营病死、毒死或者死因不明的禽、畜、兽、水产动物肉类，或者生产经营其制品；

（四）经营未按规定进行检疫或者检疫不合格的肉类，或者生产经营未经检验或者检验不合格的肉类制品；

（五）生产经营国家为防病等特殊需要明令禁止生产经营的食品；

（六）生产经营添加药品的食品。

明知从事前款规定的违法行为，仍为其提供生产经营场所或者其他条件的，由县级以上人民政府食品药品监督管理部门责令停止违法行为，没收违法所得，并处十万元以上二十万元以下罚款；使消费者的合法权益受到损害的，应当与食品生产经营者承担连带责任。

违法使用剧毒、高毒农药的，除依照有关法律、法规规定给予处罚外，可以由公安机关依照第一款规定给予拘留。

第一百二十四条　违反本法规定，有下列情形之一，尚不构成犯罪的，由县级以上人民政府食品药品监督管理部门没收违法所得和违法生产经营的食品、食品添加剂，并可以没收用于违法生产经营的工具、设备、原料等物品；违法生产经营的食品、食品添加剂货值金额不足一万元的，并处五万元以上十万元以下罚款；货值金额一万元以上的，并处货值金额十倍以上二十倍以下罚款；情节严重的，吊销许可证：

（一）生产经营致病性微生物，农药残留、兽药残留、生物毒素、重金属等污染物质以及其他危害人体健康的物质含量超过食品安全标准限量的食品、食品添加剂；

（二）用超过保质期的食品原料、食品添加剂生产食品、食品添加剂，或者经营上述食品、食品添加剂；

（三）生产经营超范围、超限量使用食品添加剂的食品；

（四）生产经营腐败变质、油脂酸败、霉变生虫、污秽不洁、混有异物、掺假掺杂或者感官性状异常的食品、食品添加剂；

（五）生产经营标注虚假生产日期、保质期或者超过保质期的食品、食品添加剂；

（六）生产经营未按规定注册的保健食品、特殊医学用途配方食品、婴幼儿配方乳粉，或者未按注册的产品配方、生产工艺等技术要求组织生产；

（七）以分装方式生产婴幼儿配方乳粉，或者同一企业以同一配方生产不同品牌的婴幼儿配方乳粉；

（八）利用新的食品原料生产食品，或者生产食品添加剂新品种，未通过安全性评估；

（九）食品生产经营者在食品药品监督管理部门责令其召回或者停止经营后，仍拒不召回或者停止经营。

除前款和本法第一百二十三条、第一百二十五条规定的情形外，生产经营不符合法律、法规或者食品安全标准的食品、食品添加剂的，依照前款规定给予处罚。

生产食品相关产品新品种，未通过安全性评估，或者生产不符合食品安全标准的食品相关产品的，由县级以上人民政府质量监督部门依照第一款规定给予处罚。

第一百二十五条　违反本法规定，有下列情形之一的，由县级以上人民政府食品药品监督管理部门没收违法所得和违法生产经营的食品、食品添加剂，并可以没收用于违法生产经营的工具、设备、原料等物品；违法生产经营的食品、食品添加剂货值金额不足一万元的，并处五千元以上五万元以下罚款；货值金额一万元以上的，并处货值金额五倍以上十倍以下罚款；情节严重的，责令停产停业，直至吊销许可证：

（一）生产经营被包装材料、容器、运输工具等污染的食品、食品添加剂；

（二）生产经营无标签的预包装食品、食品添加剂或者标签、说明书不符合本法规定的食品、食品添加剂；

（三）生产经营转基因食品未按规定进行标示；

（四）食品生产经营者采购或者使用不符合食品安全标准的食品原料、食品添加剂、食品相关产品。

生产经营的食品、食品添加剂的标签、说明书存在瑕疵但不影响食品安全且不会对消费者造成误导的，由县级以上人民政府食品药品监督管理部门责令改正；拒不改正的，处二千元以下罚款。

第一百二十六条　违反本法规定，有下列情形之一的，由县级以上人民政府食品药品监督管理部门责令改正，给予警告；拒不改正的，处五千元以上五万元以下罚款；情节严重的，责令停产停业，直至吊销许可证：

（一）食品、食品添加剂生产者未按规定对采购的食品原料和生产的食品、食品添加剂进行检验；

（二）食品生产经营企业未按规定建立食品安全管理制度，或者未按规定配备或者培训、考核食品安全管理人员；

（三）食品、食品添加剂生产经营者进货时未查验许可证和相关证明文件，或者未按规定建立并遵守进货查验记录、出厂检验记录和销售记录制度；

（四）食品生产经营企业未制定食品安全事故处置方案；

（五）餐具、饮具和盛放直接入口食品的容器，使用前未经洗净、消毒或者清洗消毒不合格，或者餐饮服务设施、设备未按规定定期维护、清洗、校验；

（六）食品生产经营者安排未取得健康证明或者患有国务院卫生行政部门规定的有碍食品安全疾病的人员从事接触直接入口食品的工作；

（七）食品经营者未按规定要求销售食品；

（八）保健食品生产企业未按规定向食品药品监督管理部门备案，或者未按备案的产品配方、生产工艺等技术要求组织生产；

（九）婴幼儿配方食品生产企业未将食品原料、食品添加剂、产品配方、标签等向食品药品监督管理部门备案；

（十）特殊食品生产企业未按规定建立生产质量管理体系并有效运行，或者未定期提交自查报告；

（十一）食品生产经营者未定期对食品安全状况进行检查评价，或者生产经营条件发生变化，未按规定处理；

（十二）学校、托幼机构、养老机构、建筑工地等集中用餐单位未按规定履行食品安全管理责任；

（十三）食品生产企业、餐饮服务提供者未按规定制定、实施生产经营过程控制要求。

餐具、饮具集中消毒服务单位违反本法规定用水，使用洗涤剂、消毒剂，或者出厂的餐具、饮具未按规定检验合格并随附消毒合格证明，或者未按规定在独立包装上标注相关内容的，由县级以上人民政府卫生行政部门依照前款规定给予处罚。

食品相关产品生产者未按规定对生产的食品相关产品进行检验的，由县级以上人民政府质量监督部门依照第一款规定给予处罚。

食用农产品销售者违反本法第六十五条规定的，由县级以上人民政府食品药品监督管理部门依照第一款规定给予处罚。

第一百二十七条　对食品生产加工小作坊、食品摊贩等的违法行为的处罚，依照省、自治区、直辖市制定的具体管理办法执行。

第一百二十八条　违反本法规定，事故单位在发生食品安全事故后未进行处置、报告的，由有关主管部门按照各自职责分工责令改正，给予警告；隐匿、伪造、毁灭有关证据的，责令停产停业，没收违法所得，并处十万元以上五十万元以下罚款；造成严重后果的，吊销许可证。

第一百二十九条　违反本法规定，有下列情形之一的，由出入境检验检疫机构依照本法第一百二十四条的规定给予处罚：

（一）提供虚假材料，进口不符合我国食品安全国家标准的食品、食品添加剂、食品相关产品；

（二）进口尚无食品安全国家标准的食品，未提交所执行的标准并经国务院卫生行政部门审查，或者进口利用新的食品原料生产的食品或者进口食品添加剂新品种、食品相关产品新品种，未通过安全性评估；

（三）未遵守本法的规定出口食品；

（四）进口商在有关主管部门责令其依照本法规定召回进口的食品后，仍拒不召回。

违反本法规定，进口商未建立并遵守食品、食品添加剂进口和销售记录制度、境外出口商或者生产企业审核制度的，由出入境检验检疫机构依照本法第一百二十六条的规定给予处罚。

第一百三十条　违反本法规定，集中交易市场的开办者、柜台出租者、展销会的举办者允许未依法取得许可的食品经营者进入市场销售食品，或者未履行检查、报告等义务的，由县级以上人民政府食品药品监督管理部门责令改正，没收违法所得，并处五万元以上二十万元以下罚款；造成严重后果的，责令停业，直至由原发证部门吊销许可证；使消费者的合法权益受到损害的，应当与食品经营者承担连带责任。

食用农产品批发市场违反本法第六十四条规定的，依照前款规定承担责任。

第一百三十一条　违反本法规定，网络食品交易第三方平台提供者未对入网食品经营者进行实名登记、审查许可证，或者未履行报告、停止提供网络交易平台服务等义务的，由县级以上人民政府食品药品监督管理部门责令改正，没收违法所得，并处五万元以上二十万元以下罚款；造成严重后果的，责令停业，直至由原发证部门吊销许可证；使消费者的合法权益受到损害的，应当与食品经营者承担连带责任。

消费者通过网络食品交易第三方平台购买食品，其合法权益受到损害的，可以向入网食品经营者或者食品生产者要求赔偿。网络食品交易第三方平台提供者不能提供入网食品经营者的真实名称、地址和有效联系方式的，由网络食品交易第三方平台提供者赔偿。网络食品交易第三方平台提供者赔偿后，有权向入网食品经营者或者食品生产者追偿。网络食品交易第三方平台提供者作出更有利于消费者承诺的，应当履行其承诺。

第一百三十二条　违反本法规定，未按要求进行食品贮存、运输和装卸的，由县级以上人民政府食品药品监督管理等部门按照各自职责分工责令改正，给予警告；拒不改正的，责令停产停业，并处一万元以上五万元以下罚款；情节严重的，吊销许可证。

第一百三十三条　违反本法规定，拒绝、阻挠、干涉有关部门、机构及其工作人员依法开展食品安全监督检查、事故调查处理、风险监测和风险评估的，由有关主管部门按照各自职责分工责令停产停业，并处二千元以上五万元以下罚款；情节严重的，吊销许可证；构成违反治安管理行为的，由公安机关依法给予治安管理处罚。

违反本法规定，对举报人以解除、变更劳动合同或者其他方式打击报复的，应当依照有关法律的规定承担责任。

第一百三十四条　食品生产经营者在一年内累计三次因违反本法规定受到责令停产停业、吊销许可证以外处罚的，由食品药品监督管理部门责令停产停业，直至吊销许可证。

第一百三十五条　被吊销许可证的食品生产经营者及其法定代表人、直接负责的主管人员和其他直接责任人员自处罚决定作出之日起五年内不得申请食品生产经营许可，或者从事食品生产经营管理工作、担任食品生产经营企业食品安全管理人员。

因食品安全犯罪被判处有期徒刑以上刑罚的，终身不得从事食品生产经营管理工作，也不得担任食品生产经营企业食品安全管理人员。

食品生产经营者聘用人员违反前两款规定的，由县级以上人民政府食品药品监督管理部门吊销许可证。

第一百三十六条　食品经营者履行了本法规定的进货查验等义务，有充分证据证明其不知道所采购的食品不符合食品安全标准，并能如实说明其进货来源的，可以免予处罚，但应当依法没收其不符合食品安全标准的食品；造成人身、财产或者其他损害的，依法承担赔偿责任。

第一百三十七条　违反本法规定，承担食品安全风险监测、风险评估工作的技术机构、技术人员提供虚假监测、评估信息的，依法对技术机构直接负责的主管人员和技术人员给予撤职、开除处分；有执业资格的，由授予其资格的主管部门吊销执业证书。

第一百三十八条　违反本法规定，食品检验机构、食品检验人员出具虚假检验报告的，由授予其资质的主管部门或者机构撤销该食品检验机构的检验资质，没收所收取的检验费用，并处检验费用五倍以上十倍以下罚款，检验费用不足一万元的，并处五万元以上十万元以下罚款；依法对食品检验机构直接负责的主管人员和食品检验人员给予撤职或者开除处分；导致发生重大食品安全事故的，对直接负责的主管人员和食品检验人员给予开除处分。

违反本法规定，受到开除处分的食品检验机构人员，自处分决定作出之日起十年内不得从事食品检验工作；因食品安全违法行为受到刑事处罚或者因出具虚假检验报告导致发生重大食品安全事故受到开除处分的食品检验机构人员，终身不得从事食品检验工作。食品检验机构聘用不得从事食品检验工作的人员的，由授予其资质的主管部门或者机构撤销该食品检验机构的检验资质。

食品检验机构出具虚假检验报告，使消费者的合法权益受到损害的，应当与食品生产经营者承担连带责任。

第一百三十九条　违反本法规定，认证机构出具虚假认证结论，由认证认可监督管理部门没收所收取的认证费用，并处认证费用五倍以上十倍以下罚款，认证费用不足一万元的，并处五万元以上十万元以下罚款；情节严重的，责令停业，直至撤销认证机构批准文件，并向社会公布；对直接负责的主管人员和负有直接责任的认证人员，撤销其执业资格。

认证机构出具虚假认证结论，使消费者的合法权益受到损害的，应当与食品生产经营者承担连带责任。

第一百四十条　违反本法规定，在广告中对食品作虚假宣传，欺骗消费者，或者发布未取得批准文件、广告内容与批准文件不一致的保健食品广告的，依照《中华人民共和国广告法》的规定给予处罚。

广告经营者、发布者设计、制作、发布虚假食品广告，使消费者的合法权益受到损害的，应当与食品生产经营者承担连带责任。

社会团体或者其他组织、个人在虚假广告或者其他虚假宣传中向消费者推荐食品，使消费者的合法权益受到损害的，应当与食品生产经营者承担连带责任。

违反本法规定，食品药品监督管理等部门、食品检验机构、食品行业协会以广告或者其他形式向消费者推荐食品，消费者组织以收取费用或者其他牟取利益的方式向消费者推荐食品的，由有关主管部门没收违法所得，依法对直接负责的主管人员和其他直接责任人员给予记大过、降级或者撤职处分；情节严重的，给予开除处分。

对食品作虚假宣传且情节严重的，由省级以上人民政府食品药品监督管理部门决定暂停销售该食品，并向社会公布；仍然销售该食品的，由县级以上人民政府食品药品监督管理部门没收违法所得和违法销售的食品，并处二万元以上五万元以下罚款。

第一百四十一条　违反本法规定，编造、散布虚假食品安全信息，构成违反治安管理行为的，由公安机关依法给予治安管理处罚。

媒体编造、散布虚假食品安全信息的，由有关主管部门依法给予处罚，并对直接负责的主管人员和其他直接责任人员给予处分；使公民、法人或者其他组织的合法权益受到损害的，依法承担消除影响、恢复名誉、赔偿损失、赔礼道歉等民事责任。

第一百四十二条 违反本法规定，县级以上地方人民政府有下列行为之一的，对直接负责的主管人员和其他直接责任人员给予记大过处分；情节较重的，给予降级或者撤职处分；情节严重的，给予开除处分；造成严重后果的，其主要负责人还应当引咎辞职：

（一）对发生在本行政区域内的食品安全事故，未及时组织协调有关部门开展有效处置，造成不良影响或者损失；

（二）对本行政区域内涉及多环节的区域性食品安全问题，未及时组织整治，造成不良影响或者损失；

（三）隐瞒、谎报、缓报食品安全事故；

（四）本行政区域内发生特别重大食品安全事故，或者连续发生重大食品安全事故。

第一百四十三条 违反本法规定，县级以上地方人民政府有下列行为之一的，对直接负责的主管人员和其他直接责任人员给予警告、记过或者记大过处分；造成严重后果的，给予降级或者撤职处分：

（一）未确定有关部门的食品安全监督管理职责，未建立健全食品安全全程监督管理工作机制和信息共享机制，未落实食品安全监督管理责任制；

（二）未制定本行政区域的食品安全事故应急预案，或者发生食品安全事故后未按规定立即成立事故处置指挥机构、启动应急预案。

第一百四十四条 违反本法规定，县级以上人民政府食品药品监督管理、卫生行政、质量监督、农业行政等部门有下列行为之一的，对直接负责的主管人员和其他直接责任人员给予记大过处分；情节较重的，给予降级或者撤职处分；情节严重的，给予开除处分；造成严重后果的，其主要负责人还应当引咎辞职：

（一）隐瞒、谎报、缓报食品安全事故；

（二）未按规定查处食品安全事故，或者接到食品安全事故报告未及时处理，造成事故扩大或者蔓延；

（三）经食品安全风险评估得出食品、食品添加剂、食品相关产品不安全结论后，未及时采取相应措施，造成食品安全事故或者不良社会影响；

（四）对不符合条件的申请人准予许可，或者超越法定职权准予许可；

（五）不履行食品安全监督管理职责，导致发生食品安全事故。

第一百四十五条 违反本法规定，县级以上人民政府食品药品监督管理、卫生行政、质量监督、农业行政等部门有下列行为之一，造成不良后果的，对直接负责的主管人员和其他直接责任人员给予警告、记过或者记大过处分；情节较重的，给予降级或者撤职处分；情节严重的，给予开除处分：

（一）在获知有关食品安全信息后，未按规定向上级主管部门和本级人民政府报告，或者未按规定相互通报；

（二）未按规定公布食品安全信息；

（三）不履行法定职责，对查处食品安全违法行为不配合，或者滥用职权、玩忽职守、徇私舞弊。

第一百四十六条　食品药品监督管理、质量监督等部门在履行食品安全监督管理职责过程中，违法实施检查、强制等执法措施，给生产经营者造成损失的，应当依法予以赔偿，对直接负责的主管人员和其他直接责任人员依法给予处分。

第一百四十七条　违反本法规定，造成人身、财产或者其他损害的，依法承担赔偿责任。生产经营者财产不足以同时承担民事赔偿责任和缴纳罚款、罚金时，先承担民事赔偿责任。

第一百四十八条　消费者因不符合食品安全标准的食品受到损害的，可以向经营者要求赔偿损失，也可以向生产者要求赔偿损失。接到消费者赔偿要求的生产经营者，应当实行首负责任制，先行赔付，不得推诿；属于生产者责任的，经营者赔偿后有权向生产者追偿；属于经营者责任的，生产者赔偿后有权向经营者追偿。

生产不符合食品安全标准的食品或者经营明知是不符合食品安全标准的食品，消费者除要求赔偿损失外，还可以向生产者或者经营者要求支付价款十倍或者损失三倍的赔偿金；增加赔偿的金额不足一千元的，为一千元。但是，食品的标签、说明书存在不影响食品安全且不会对消费者造成误导的瑕疵的除外。

第一百四十九条　违反本法规定，构成犯罪的，依法追究刑事责任。

第十章　附　则

第一百五十条　本法下列用语的含义：

食品，指各种供人食用或者饮用的成品和原料以及按照传统既是食品又是中药材的物品，但是不包括以治疗为目的的物品。

食品安全，指食品无毒、无害，符合应当有的营养要求，对人体健康不造成任何急性、亚急性或者慢性危害。

预包装食品，指预先定量包装或者制作在包装材料、容器中的食品。

食品添加剂，指为改善食品品质和色、香、味以及为防腐、保鲜和加工工艺的需要而加入食品中的人工合成或者天然物质，包括营养强化剂。

用于食品的包装材料和容器，指包装、盛放食品或者食品添加剂用的纸、竹、木、金属、搪瓷、陶瓷、塑料、橡胶、天然纤维、化学纤维、玻璃等制品和直接接触食品或者食品添加剂的涂料。

用于食品生产经营的工具、设备，指在食品或者食品添加剂生产、销售、使用过程中直接接触食品或者食品添加剂的机械、管道、传送带、容器、用具、餐具等。

用于食品的洗涤剂、消毒剂，指直接用于洗涤或者消毒食品、餐具、饮具以及直接接触食品的工具、设备或者食品包装材料和容器的物质。

食品保质期，指食品在标明的贮存条件下保持品质的期限。

食源性疾病，指食品中致病因素进入人体引起的感染性、中毒性等疾病，包括食物中毒。

食品安全事故，指食源性疾病、食品污染等源于食品，对人体健康有危害或者可能有危害的事故。

第一百五十一条　转基因食品和食盐的食品安全管理，本法未作规定的，适用其他法律、行政法规的规定。

第一百五十二条　铁路、民航运营中食品安全的管理办法由国务院食品药品监督管理部门会同国务院有关部门依照本法制定。

保健食品的具体管理办法由国务院食品药品监督管理部门依照本法制定。

食品相关产品生产活动的具体管理办法由国务院质量监督部门依照本法制定。

国境口岸食品的监督管理由出入境检验检疫机构依照本法以及有关法律、行政法规的规定实施。

军队专用食品和自供食品的食品安全管理办法由中央军事委员会依照本法制定。

第一百五十三条　国务院根据实际需要,可以对食品安全监督管理体制作出调整。

第一百五十四条　本法自 2015 年 10 月 1 日起施行。

附录5　《中华人民共和国消防法》

（1998 年 4 月 29 日第九届全国人民代表大会常务委员会第二次会议通过　2008 年 10 月 28 日第十一届全国人民代表大会常务委员会第五次会议修订）

目　录

第一章　总　则
第二章　火灾预防
第三章　消防组织
第四章　灭火救援
第五章　监督检查
第六章　法律责任
第七章　附　则

第一章　总　则

第一条　为了预防火灾和减少火灾危害,加强应急救援工作,保护人身、财产安全,维护公共安全,制定本法。

第二条　消防工作贯彻预防为主、防消结合的方针,按照政府统一领导、部门依法监管、单位全面负责、公民积极参与的原则,实行消防安全责任制,建立健全社会化的消防工作网络。

第三条　国务院领导全国的消防工作。地方各级人民政府负责本行政区域内的消防工作。

各级人民政府应当将消防工作纳入国民经济和社会发展计划,保障消防工作与经济社会发展相适应。

第四条　国务院公安部门对全国的消防工作实施监督管理。县级以上地方人民政府公安机关对本行政区域内的消防工作实施监督管理,并由本级人民政府公安机关消防机构负责实施。军事设施的消防工作,由其主管单位监督管理,公安机关消防机构协助;矿井地下部分、核电厂、海上石油天然气设施的消防工作,由其主管单位监督管理。

县级以上人民政府其他有关部门在各自的职责范围内，依照本法和其他相关法律、法规的规定做好消防工作。

法律、行政法规对森林、草原的消防工作另有规定的，从其规定。

第五条 任何单位和个人都有维护消防安全、保护消防设施、预防火灾、报告火警的义务。任何单位和成年人都有参加有组织的灭火工作的义务。

第六条 各级人民政府应当组织开展经常性的消防宣传教育，提高公民的消防安全意识。

机关、团体、企业、事业等单位，应当加强对本单位人员的消防宣传教育。

公安机关及其消防机构应当加强消防法律、法规的宣传，并督促、指导、协助有关单位做好消防宣传教育工作。

教育、人力资源行政主管部门和学校、有关职业培训机构应当将消防知识纳入教育、教学、培训的内容。

新闻、广播、电视等有关单位，应当有针对性地面向社会进行消防宣传教育。

工会、共产主义青年团、妇女联合会等团体应当结合各自工作对象的特点，组织开展消防宣传教育。

村民委员会、居民委员会应当协助人民政府以及公安机关等部门，加强消防宣传教育。

第七条 国家鼓励、支持消防科学研究和技术创新，推广使用先进的消防和应急救援技术、设备；鼓励、支持社会力量开展消防公益活动。

对在消防工作中有突出贡献的单位和个人，应当按照国家有关规定给予表彰和奖励。

第二章 火灾预防

第八条 地方各级人民政府应当将包括消防安全布局、消防站、消防供水、消防通信、消防车通道、消防装备等内容的消防规划纳入城乡规划，并负责组织实施。

城乡消防安全布局不符合消防安全要求的，应当调整、完善；公共消防设施、消防装备不足或者不适应实际需要的，应当增建、改建、配置或者进行技术改造。

第九条 建设工程的消防设计、施工必须符合国家工程建设消防技术标准。建设、设计、施工、工程监理等单位依法对建设工程的消防设计、施工质量负责。

第十条 按照国家工程建设消防技术标准需要进行消防设计的建设工程，除本法第十一条另有规定的外，建设单位应当自依法取得施工许可之日起七个工作日内，将消防设计文件报公安机关消防机构备案，公安机关消防机构应当进行抽查。

第十一条 国务院公安部门规定的大型的人员密集场所和其他特殊建设工程，建设单位应当将消防设计文件报送公安机关消防机构审核。公安机关消防机构依法对审核的结果负责。

第十二条 依法应当经公安机关消防机构进行消防设计审核的建设工程，未经依法审核或者审核不合格的，负责审批该工程施工许可的部门不得给予施工许可，建设单位、施工单位不得施工；其他建设工程取得施工许可后经依法抽查不合格的，应当停止施工。

第十三条 按照国家工程建设消防技术标准需要进行消防设计的建设工程竣工，依照下列规定进行消防验收、备案：

（一）本法第十一条规定的建设工程，建设单位应当向公安机关消防机构申请消防验收；

（二）其他建设工程，建设单位在验收后应当报公安机关消防机构备案，公安机关消防机构应当进行抽查。

依法应当进行消防验收的建设工程，未经消防验收或者消防验收不合格的，禁止投入使用；其他建设工程经依法抽查不合格的，应当停止使用。

第十四条　建设工程消防设计审核、消防验收、备案和抽查的具体办法，由国务院公安部门规定。

第十五条　公众聚集场所在投入使用、营业前，建设单位或者使用单位应当向场所所在地的县级以上地方人民政府公安机关消防机构申请消防安全检查。

公安机关消防机构应当自受理申请之日起十个工作日内，根据消防技术标准和管理规定，对该场所进行消防安全检查。未经消防安全检查或者经检查不符合消防安全要求的，不得投入使用、营业。

第十六条　机关、团体、企业、事业等单位应当履行下列消防安全职责：

（一）落实消防安全责任制，制定本单位的消防安全制度、消防安全操作规程，制订灭火和应急疏散预案；

（二）按照国家标准、行业标准配置消防设施、器材，设置消防安全标志，并定期组织检验、维修，确保完好有效；

（三）对建筑消防设施每年至少进行一次全面检测，确保完好有效，检测记录应当完整准确，存档备查；

（四）保障疏散通道、安全出口、消防车通道畅通，保证防火防烟分区、防火间距符合消防技术标准；

（五）组织防火检查，及时消除火灾隐患；

（六）组织进行有针对性的消防演练；

（七）法律、法规规定的其他消防安全职责。

单位的主要负责人是本单位的消防安全责任人。

第十七条　县级以上地方人民政府公安机关消防机构应当将发生火灾可能性较大以及发生火灾可能造成重大的人身伤亡或者财产损失的单位，确定为本行政区域内的消防安全重点单位，并由公安机关报本级人民政府备案。

消防安全重点单位除应当履行本法第十六条规定的职责外，还应当履行下列消防安全职责：

（一）确定消防安全管理人，组织实施本单位的消防安全管理工作；

（二）建立消防档案，确定消防安全重点部位，设置防火标志，实行严格管理；

（三）实行每日防火巡查，并建立巡查记录；

（四）对职工进行岗前消防安全培训，定期组织消防安全培训和消防演练。

第十八条　同一建筑物由两个以上单位管理或者使用的，应当明确各方的消防安全责任，并确定责任人对共用的疏散通道、安全出口、建筑消防设施和消防车通道进行统一管理。

住宅区的物业服务企业应当对管理区域内的共用消防设施进行维护管理，提供消防安全防范服务。

第十九条　生产、储存、经营易燃易爆危险品的场所不得与居住场所设置在同一建筑物内，并应当与居住场所保持安全距离。

生产、储存、经营其他物品的场所与居住场所设置在同一建筑物内的，应当符合国家工程建设消防技术标准。

第二十条　举办大型群众性活动，承办人应当依法向公安机关申请安全许可，制订灭火和应急疏散预案并组织演练，明确消防安全责任分工，确定消防安全管理人员，保持消防设施和消防器材配置齐全、完好有效，保证疏散通道、安全出口、疏散指示标志、应急照明和消防车通道符合消防技术标准和管理规定。

第二十一条　禁止在具有火灾、爆炸危险的场所吸烟、使用明火。因施工等特殊情况需要使用明火作业的，应当按照规定事先办理审批手续，采取相应的消防安全措施；作业人员应当遵守消防安全规定。

进行电焊、气焊等具有火灾危险作业的人员和自动消防系统的操作人员，必须持证上岗，并遵守消防安全操作规程。

第二十二条　生产、储存、装卸易燃易爆危险品的工厂、仓库和专用车站、码头的设置，应当符合消防技术标准。易燃易爆气体和液体的充装站、供应站、调压站，应当设置在符合消防安全要求的位置，并符合防火防爆要求。

已经设置的生产、储存、装卸易燃易爆危险品的工厂、仓库和专用车站、码头，易燃易爆气体和液体的充装站、供应站、调压站，不再符合前款规定的，地方人民政府应当组织、协调有关部门、单位限期解决，消除安全隐患。

第二十三条　生产、储存、运输、销售、使用、销毁易燃易爆危险品，必须执行消防技术标准和管理规定。

进入生产、储存易燃易爆危险品的场所，必须执行消防安全规定。禁止非法携带易燃易爆危险品进入公共场所或者乘坐公共交通工具。

储存可燃物资仓库的管理，必须执行消防技术标准和管理规定。

第二十四条　消防产品必须符合国家标准；没有国家标准的，必须符合行业标准。禁止生产、销售或者使用不合格的消防产品以及国家明令淘汰的消防产品。

依法实行强制性产品认证的消防产品，由具有法定资质的认证机构按照国家标准、行业标准的强制性要求认证合格后，方可生产、销售、使用。实行强制性产品认证的消防产品目录，由国务院产品质量监督部门会同国务院公安部门制订并公布。

新研制的尚未制定国家标准、行业标准的消防产品，应当按照国务院产品质量监督部门会同国务院公安部门规定的办法，经技术鉴定符合消防安全要求的，方可生产、销售、使用。

依照本条规定经强制性产品认证合格或者技术鉴定合格的消防产品，国务院公安部门消防机构应当予以公布。

第二十五条　产品质量监督部门、工商行政管理部门、公安机关消防机构应当按照各自职责加强对消防产品质量的监督检查。

第二十六条　建筑构件、建筑材料和室内装修、装饰材料的防火性能必须符合国家标准；没有国家标准的，必须符合行业标准。

人员密集场所室内装修、装饰，应当按照消防技术标准的要求，使用不燃、难燃材料。

第二十七条　电器产品、燃气用具的产品标准，应当符合消防安全的要求。

电器产品、燃气用具的安装、使用及其线路、管路的设计、敷设、维护保养、检测，必须符合消防技术标准和管理规定。

第二十八条　任何单位、个人不得损坏、挪用或者擅自拆除、停用消防设施、器材，不得埋压、圈占、遮挡消火栓或者占用防火间距，不得占用、堵塞、封闭疏散通道、安全出口、消防车通道。人员密集场所的门窗不得设置影响逃生和灭火救援的障碍物。

第二十九条　负责公共消防设施维护管理的单位，应当保持消防供水、消防通信、消防车通道等公共消防设施的完好有效。在修建道路以及停电、停水、截断通信线路时有可能影响消防队灭火救援的，有关单位必须事先通知当地公安机关消防机构。

第三十条　地方各级人民政府应当加强对农村消防工作的领导，采取措施加强公共消防设施建设，组织建立和督促落实消防安全责任制。

第三十一条　在农业收获季节、森林和草原防火期间、重大节假日期间以及火灾多发季节，地方各级人民政府应当组织开展有针对性的消防宣传教育，采取防火措施，进行消防安全检查。

第三十二条　乡镇人民政府、城市街道办事处应当指导、支持和帮助村民委员会、居民委员会开展群众性的消防工作。村民委员会、居民委员会应当确定消防安全管理人，组织制定防火安全公约，进行防火安全检查。

第三十三条　国家鼓励、引导公众聚集场所和生产、储存、运输、销售易燃易爆危险品的企业投保火灾公众责任保险；鼓励保险公司承保火灾公众责任保险。

第三十四条　消防产品质量认证、消防设施检测、消防安全监测等消防技术服务机构和执业人员，应当依法获得相应的资质、资格；依照法律、行政法规、国家标准、行业标准和执业准则，接受委托提供消防技术服务，并对服务质量负责。

第三章　消防组织

第三十五条　各级人民政府应当加强消防组织建设，根据经济社会发展的需要，建立多种形式的消防组织，加强消防技术人才培养，增强火灾预防、扑救和应急救援的能力。

第三十六条　县级以上地方人民政府应当按照国家规定建立公安消防队、专职消防队，并按照国家标准配备消防装备，承担火灾扑救工作。

乡镇人民政府应当根据当地经济发展和消防工作的需要，建立专职消防队、志愿消防队，承担火灾扑救工作。

第三十七条　公安消防队、专职消防队按照国家规定承担重大灾害事故和其他以抢救人员生命为主的应急救援工作。

第三十八条　公安消防队、专职消防队应当充分发挥火灾扑救和应急救援专业力量的骨干作用；按照国家规定，组织实施专业技能训练，配备并维护保养装备器材，提高火灾扑救和应急救援的能力。

第三十九条　下列单位应当建立单位专职消防队，承担本单位的火灾扑救工作：

（一）大型核设施单位、大型发电厂、民用机场、主要港口；

（二）生产、储存易燃易爆危险品的大型企业；

（三）储备可燃的重要物资的大型仓库、基地；

（四）第一项、第二项、第三项规定以外的火灾危险性较大、距离公安消防队较远的其他大型企业；

（五）距离公安消防队较远、被列为全国重点文物保护单位的古建筑群的管理单位。

第四十条　专职消防队的建立，应当符合国家有关规定，并报当地公安机关消防机构验收。

专职消防队的队员依法享受社会保险和福利待遇。

第四十一条　机关、团体、企业、事业等单位以及村民委员会、居民委员会根据需要，建立志愿消防队等多种形式的消防组织，开展群众性自防自救工作。

第四十二条　公安机关消防机构应当对专职消防队、志愿消防队等消防组织进行业务指导；根据扑救火灾的需要，可以调动指挥专职消防队参加火灾扑救工作。

第四章　灭火救援

第四十三条　县级以上地方人民政府应当组织有关部门针对本行政区域内的火灾特点制订应急预案，建立应急反应和处置机制，为火灾扑救和应急救援工作提供人员、装备等保障。

第四十四条　任何人发现火灾都应当立即报警。任何单位、个人都应当无偿为报警提供便利，不得阻拦报警。严禁谎报火警。

人员密集场所发生火灾，该场所的现场工作人员应当立即组织、引导在场人员疏散。

任何单位发生火灾，必须立即组织力量扑救。邻近单位应当给予支援。

消防队接到火警，必须立即赶赴火灾现场，救助遇险人员，排除险情，扑灭火灾。

第四十五条　公安机关消防机构统一组织和指挥火灾现场扑救，应当优先保障遇险人员的生命安全。

火灾现场总指挥根据扑救火灾的需要，有权决定下列事项：

（一）使用各种水源；

（二）截断电力、可燃气体和可燃液体的输送，限制用火用电；

（三）划定警戒区，实行局部交通管制；

（四）利用邻近建筑物和有关设施；

（五）为了抢救人员和重要物资，防止火势蔓延，拆除或者破损毗邻火灾现场的建筑物、构筑物或者设施等；

（六）调动供水、供电、供气、通信、医疗救护、交通运输、环境保护等有关单位协助灭火救援。

根据扑救火灾的紧急需要，有关地方人民政府应当组织人员、调集所需物资支援灭火。

第四十六条　公安消防队、专职消防队参加火灾以外的其他重大灾害事故的应急救援工作，由县级以上人民政府统一领导。

第四十七条　消防车、消防艇前往执行火灾扑救或者应急救援任务，在确保安全的前提下，不受行驶速度、行驶路线、行驶方向和指挥信号的限制，其他车辆、船舶以及行人应当让行，不得穿插超越；收费公路、桥梁免收车辆通行费。交通管理指挥人员应当保证消防车、消防艇迅速通行。

赶赴火灾现场或者应急救援现场的消防人员和调集的消防装备、物资，需要铁路、水路或者航空运输的，有关单位应当优先运输。

第四十八条　消防车、消防艇以及消防器材、装备和设施，不得用于与消防和应急救援工作无关的事项。

第四十九条　公安消防队、专职消防队扑救火灾、应急救援，不得收取任何费用。

单位专职消防队、志愿消防队参加扑救外单位火灾所损耗的燃料、灭火剂和器材、装备等，由火灾发生地的人民政府给予补偿。

第五十条　对因参加扑救火灾或者应急救援受伤、致残或者死亡的人员，按照国家有关规定给予医疗、抚恤。

第五十一条　公安机关消防机构有权根据需要封闭火灾现场，负责调查火灾原因，统计火灾损失。

火灾扑灭后，发生火灾的单位和相关人员应当按照公安机关消防机构的要求保护现场，接受事故调查，如实提供与火灾有关的情况。

公安机关消防机构根据火灾现场勘验、调查情况和有关的检验、鉴定意见，及时制作火灾事故认定书，作为处理火灾事故的证据。

第五章　监督检查

第五十二条　地方各级人民政府应当落实消防工作责任制，对本级人民政府有关部门履行消防安全职责的情况进行监督检查。

县级以上地方人民政府有关部门应当根据本系统的特点，有针对性地开展消防安全检查，及时督促整改火灾隐患。

第五十三条　公安机关消防机构应当对机关、团体、企业、事业等单位遵守消防法律、法规的情况依法进行监督检查。公安派出所可以负责日常消防监督检查、开展消防宣传教育，具体办法由国务院公安部门规定。

公安机关消防机构、公安派出所的工作人员进行消防监督检查，应当出示证件。

第五十四条　公安机关消防机构在消防监督检查中发现火灾隐患的，应当通知有关单位或者个人立即采取措施消除隐患；不及时消除隐患可能严重威胁公共安全的，公安机关消防机构应当依照规定对危险部位或者场所采取临时查封措施。

第五十五条　公安机关消防机构在消防监督检查中发现城乡消防安全布局、公共消防设施不符合消防安全要求，或者发现本地区存在影响公共安全的重大火灾隐患的，应当由公安机关书面报告本级人民政府。

接到报告的人民政府应当及时核实情况，组织或者责成有关部门、单位采取措施，予以整改。

第五十六条　公安机关消防机构及其工作人员应当按照法定的职权和程序进行消防设计审核、消防验收和消防安全检查，做到公正、严格、文明、高效。

公安机关消防机构及其工作人员进行消防设计审核、消防验收和消防安全检查等，不得收取费用，不得利用消防设计审核、消防验收和消防安全检查谋取利益。公安机关消防机构及其工作人员不得利用职务为用户、建设单位指定或者变相指定消防产品的品牌、销售单位或者消防技术服务机构、消防设施施工单位。

第五十七条　公安机关消防机构及其工作人员执行职务，应当自觉接受社会和公民的监督。

任何单位和个人都有权对公安机关消防机构及其工作人员在执法中的违法行为进行检举、控告。收到检举、控告的机关，应当按照职责及时查处。

第六章　法律责任

第五十八条　违反本法规定，有下列行为之一的，责令停止施工、停止使用或者停产停业，并处三万元以上三十万元以下罚款：

（一）依法应当经公安机关消防机构进行消防设计审核的建设工程，未经依法审核或者审核不合格，擅自施工的；

（二）消防设计经公安机关消防机构依法抽查不合格，不停止施工的；

（三）依法应当进行消防验收的建设工程，未经消防验收或者消防验收不合格，擅自投入使用的；

（四）建设工程投入使用后经公安机关消防机构依法抽查不合格，不停止使用的；

（五）公众聚集场所未经消防安全检查或者经检查不符合消防安全要求，擅自投入使用、营业的。

建设单位未依照本法规定将消防设计文件报公安机关消防机构备案，或者在竣工后未依照本法规定报公安机关消防机构备案的，责令限期改正，处五千元以下罚款。

第五十九条　违反本法规定，有下列行为之一的，责令改正或者停止施工，并处一万元以上十万元以下罚款：

（一）建设单位要求建筑设计单位或者建筑施工企业降低消防技术标准设计、施工的；

（二）建筑设计单位不按照消防技术标准强制性要求进行消防设计的；

（三）建筑施工企业不按照消防设计文件和消防技术标准施工，降低消防施工质量的；

（四）工程监理单位与建设单位或者建筑施工企业串通，弄虚作假，降低消防施工质量的。

第六十条　单位违反本法规定，有下列行为之一的，责令改正，处五千元以上五万元以下罚款：

（一）消防设施、器材或者消防安全标志的配置、设置不符合国家标准、行业标准，或者未保持完好有效的；

（二）损坏、挪用或者擅自拆除、停用消防设施、器材的；

（三）占用、堵塞、封闭疏散通道、安全出口或者有其他妨碍安全疏散行为的；

（四）埋压、圈占、遮挡消火栓或者占用防火间距的；

（五）占用、堵塞、封闭消防车通道，妨碍消防车通行的；

（六）人员密集场所在门窗上设置影响逃生和灭火救援的障碍物的；

（七）对火灾隐患经公安机关消防机构通知后不及时采取措施消除的。

个人有前款第二项、第三项、第四项、第五项行为之一的，处警告或者五百元以下罚款。

有本条第一款第三项、第四项、第五项、第六项行为，经责令改正拒不改正的，强制执行，所需费用由违法行为人承担。

第六十一条　生产、储存、经营易燃易爆危险品的场所与居住场所设置在同一建筑物内，或者未与居住场所保持安全距离的，责令停产停业，并处五千元以上五万元以下罚款。

生产、储存、经营其他物品的场所与居住场所设置在同一建筑物内，不符合消防技术标准的，依照前款规定处罚。

第六十二条　有下列行为之一的，依照《中华人民共和国治安管理处罚法》的规定处罚：

（一）违反有关消防技术标准和管理规定生产、储存、运输、销售、使用、销毁易燃易爆危险品的；

（二）非法携带易燃易爆危险品进入公共场所或者乘坐公共交通工具的；

（三）谎报火警的；

（四）阻碍消防车、消防艇执行任务的；

（五）阻碍公安机关消防机构的工作人员依法执行职务的。

第六十三条　违反本法规定，有下列行为之一的，处警告或者五百元以下罚款；情节严重的，处五日以下拘留：

（一）违反消防安全规定进入生产、储存易燃易爆危险品场所的；

（二）违反规定使用明火作业或者在具有火灾、爆炸危险的场所吸烟、使用明火的。

第六十四条　违反本法规定，有下列行为之一，尚不构成犯罪的，处十日以上十五日以下拘留，可以并处五百元以下罚款；情节较轻的，处警告或者五百元以下罚款：

（一）指使或者强令他人违反消防安全规定，冒险作业的；

（二）过失引起火灾的；

（三）在火灾发生后阻拦报警，或者负有报告职责的人员不及时报警的；

（四）扰乱火灾现场秩序，或者拒不执行火灾现场指挥员指挥，影响灭火救援的；

（五）故意破坏或者伪造火灾现场的；

（六）擅自拆封或者使用被公安机关消防机构查封的场所、部位的。

第六十五条　违反本法规定，生产、销售不合格的消防产品或者国家明令淘汰的消防产品的，由产品质量监督部门或者工商行政管理部门依照《中华人民共和国产品质量法》的规定从重处罚。

人员密集场所使用不合格的消防产品或者国家明令淘汰的消防产品的，责令限期改正；逾期不改正的，处五千元以上五万元以下罚款，并对其直接负责的主管人员和其他直接责任人员处五百元以上二千元以下罚款；情节严重的，责令停产停业。

公安机关消防机构对于本条第二款规定的情形，除依法对使用者予以处罚外，应当将发现不合格的消防产品和国家明令淘汰的消防产品的情况通报产品质量监督部门、工商行政管理部门。产品质量监督部门、工商行政管理部门应当对生产者、销售者依法及时查处。

第六十六条　电器产品、燃气用具的安装、使用及其线路、管路的设计、敷设、维护保养、检测不符合消防技术标准和管理规定的，责令限期改正；逾期不改正的，责令停止使用，可以并处一千元以上五千元以下罚款。

第六十七条　机关、团体、企业、事业等单位违反本法第十六条、第十七条、第十八条、第二十一条第二款规定的，责令限期改正；逾期不改正的，对其直接负责的主管人员和其他直接责任人员依法给予处分或者给予警告处罚。

第六十八条　人员密集场所发生火灾，该场所的现场工作人员不履行组织、引导在场人员疏散的义务，情节严重，尚不构成犯罪的，处五日以上十日以下拘留。

第六十九条　消防产品质量认证、消防设施检测等消防技术服务机构出具虚假文件的，责令改正，处五万元以上十万元以下罚款，并对直接负责的主管人员和其他直接责任人员处一万元以上五万元以下罚款；有违法所得的，并处没收违法所得；给他人造成损失的，依法承担赔偿责任；情节严重的，由原许可机关依法责令停止执业或者吊销相应资质、资格。

前款规定的机构出具失实文件，给他人造成损失的，依法承担赔偿责任；造成重大损失的，由原许可机关依法责令停止执业或者吊销相应资质、资格。

第七十条　本法规定的行政处罚，除本法另有规定的外，由公安机关消防机构决定；其中拘留处罚由县级以上公安机关依照《中华人民共和国治安管理处罚法》的有关规定决定。

公安机关消防机构需要传唤消防安全违法行为人的，依照《中华人民共和国治安管理处罚法》的有关规定执行。

被责令停止施工、停止使用、停产停业的，应当在整改后向公安机关消防机构报告，经公安机关消防机构检查合格，方可恢复施工、使用、生产、经营。

当事人逾期不执行停产停业、停止使用、停止施工决定的，由作出决定的公安机关消防机构强制执行。

责令停产停业，对经济和社会生活影响较大的，由公安机关消防机构提出意见，并由公安机关报请本级人民政府依法决定。本级人民政府组织公安机关等部门实施。

第七十一条　公安机关消防机构的工作人员滥用职权、玩忽职守、徇私舞弊，有下列行为之一，尚不构成犯罪的，依法给予处分：

（一）对不符合消防安全要求的消防设计文件、建设工程、场所准予审核合格、消防验收合格、消防安全检查合格的；

（二）无故拖延消防设计审核、消防验收、消防安全检查，不在法定期限内履行职责的；

（三）发现火灾隐患不及时通知有关单位或者个人整改的；

（四）利用职务为用户、建设单位指定或者变相指定消防产品的品牌、销售单位或者消防技术服务机构、消防设施施工单位的；

（五）将消防车、消防艇以及消防器材、装备和设施用于与消防和应急救援无关的事项的；

（六）其他滥用职权、玩忽职守、徇私舞弊的行为。

建设、产品质量监督、工商行政管理等其他有关行政主管部门的工作人员在消防工作中滥用职权、玩忽职守、徇私舞弊，尚不构成犯罪的，依法给予处分。

七十二条 违反本法规定，构成犯罪的，依法追究刑事责任。

第七章 附 则

第七十三条 本法下列用语的含义：

（一）消防设施，是指火灾自动报警系统、自动灭火系统、消火栓系统、防烟排烟系统以及应急广播和应急照明、安全疏散设施等。

（二）消防产品，是指专门用于火灾预防、灭火救援和火灾防护、避难、逃生的产品。

（三）公众聚集场所，是指宾馆、饭店、商场、集贸市场、客运车站候车室、客运码头候船厅、民用机场航站楼、体育场馆、会堂以及公共娱乐场所等。

（四）人员密集场所，是指公众聚集场所，医院的门诊楼、病房楼，学校的教学楼、图书馆、食堂和集体宿舍，养老院、福利院，托儿所、幼儿园，公共图书馆的阅览室，公共展览馆、博物馆的展示厅，劳动密集型企业的生产加工车间和员工集体宿舍，旅游、宗教活动场所等。

第七十四条 本法自 2009 年 5 月 1 日起施行。

附录6 《中华人民共和国治安管理处罚法》

（2005 年 8 月 28 日第十届全国人民代表大会常务委员会第十七次会议通过）

目 录

第五章　执法监督
第六章　附　则

第一章　总　则

第一条　为维护社会治安秩序，保障公共安全，保护公民、法人和其他组织的合法权益，规范和保障公安机关及其人民警察依法履行治安管理职责，制定本法。

第二条　扰乱公共秩序，妨害公共安全，侵犯人身权利、财产权利，妨害社会管理，具有社会危害性，依照《中华人民共和国刑法》的规定构成犯罪的，依法追究刑事责任；尚不够刑事处罚的，由公安机关依照本法给予治安管理处罚。

第三条　治安管理处罚的程序，适用本法的规定；本法没有规定的，适用《中华人民共和国行政处罚法》的有关规定。

第四条　在中华人民共和国领域内发生的违反治安管理行为，除法律有特别规定的外，适用本法。

在中华人民共和国船舶和航空器内发生的违反治安管理行为，除法律有特别规定的外，适用本法。

第五条　治安管理处罚必须以事实为依据，与违反治安管理行为的性质、情节以及社会危害程度相当。

实施治安管理处罚，应当公开、公正，尊重和保障人权，保护公民的人格尊严。

办理治安案件应当坚持教育与处罚相结合的原则。

第六条　各级人民政府应当加强社会治安综合治理，采取有效措施，化解社会矛盾，增进社会和谐，维护社会稳定。

第七条　国务院公安部门负责全国的治安管理工作。县级以上地方各级人民政府公安机关负责本行政区域内的治安管理工作。

治安案件的管辖由国务院公安部门规定。

第八条　违反治安管理的行为对他人造成损害的，行为人或者其监护人应当依法承担民事责任。

第九条　对于因民间纠纷引起的打架斗殴或者损毁他人财物等违反治安管理行为，情节较轻的，公安机关可以调解处理。经公安机关调解，当事人达成协议的，不予处罚。经调解未达成协议或者达成协议后不履行的，公安机关应当依照本法的规定对违反治安管理行为人给予处罚，并告知当事人可以就民事争议依法向人民法院提起民事诉讼。

第二章　处罚的种类和适用

第十条　治安管理处罚的种类分为：

（一）警告；

（二）罚款；

（三）行政拘留；

（四）吊销公安机关发放的许可证。

对违反治安管理的外国人，可以附加适用限期出境或者驱逐出境。

第十一条　办理治安案件所查获的毒品、淫秽物品等违禁品，赌具、赌资，吸食、注射毒品的用具以及直接用于实施违反治安管理行为的本人所有的工具，应当收缴，按照规定处理。

违反治安管理所得的财物，追缴退还被侵害人；没有被侵害人的，登记造册，公开拍卖或者按照国家有关规定处理，所得款项上缴国库。

第十二条　已满十四周岁不满十八周岁的人违反治安管理的，从轻或者减轻处罚；不满十四周岁的人违反治安管理的，不予处罚，但是应当责令其监护人严加管教。

第十三条　精神病人在不能辨认或者不能控制自己行为的时候违反治安管理的，不予处罚，但是应当责令其监护人严加看管和治疗。间歇性的精神病人在精神正常的时候违反治安管理的，应当给予处罚。

第十四条　盲人或者又聋又哑的人违反治安管理的，可以从轻、减轻或者不予处罚。

第十五条　醉酒的人违反治安管理的，应当给予处罚。

醉酒的人在醉酒状态中，对本人有危险或者对他人的人身、财产或者公共安全有威胁的，应当对其采取保护性措施约束至酒醒。

第十六条　有两种以上违反治安管理行为的，分别决定，合并执行。行政拘留处罚合并执行的，最长不超过二十日。

第十七条　共同违反治安管理的，根据违反治安管理行为人在违反治安管理行为中所起的作用，分别处罚。

教唆、胁迫、诱骗他人违反治安管理的，按照其教唆、胁迫、诱骗的行为处罚。

第十八条　单位违反治安管理的，对其直接负责的主管人员和其他直接责任人员依照本法的规定处罚。其他法律、行政法规对同一行为规定给予单位处罚的，依照其规定处罚。

第十九条　违反治安管理有下列情形之一的，减轻处罚或者不予处罚：

（一）情节特别轻微的；

（二）主动消除或者减轻违法后果，并取得被侵害人谅解的；

（三）出于他人胁迫或者诱骗的；

（四）主动投案，向公安机关如实陈述自己的违法行为的；

（五）有立功表现的。

第二十条　违反治安管理有下列情形之一的，从重处罚：

（一）有较严重后果的；

（二）教唆、胁迫、诱骗他人违反治安管理的；

（三）对报案人、控告人、举报人、证人打击报复的；

（四）六个月内曾受过治安管理处罚的。

第二十一条　违反治安管理行为人有下列情形之一，依照本法应当给予行政拘留处罚的，不执行行政拘留处罚：

（一）已满十四周岁不满十六周岁的；

（二）已满十六周岁不满十八周岁，初次违反治安管理的；

（三）七十周岁以上的；

（四）怀孕或者哺乳自己不满一周岁婴儿的。

第二十二条　违反治安管理行为在六个月内没有被公安机关发现的，不再处罚。

前款规定的期限，从违反治安管理行为发生之日起计算；违反治安管理行为有连续或者继续状态的，从行为终了之日起计算。

第三章　违反治安管理的行为和处罚

第一节　扰乱公共秩序的行为和处罚

第二十三条　有下列行为之一的，处警告或者二百元以下罚款；情节较重的，处五日以上十日以下拘留，可以并处五百元以下罚款：

（一）扰乱机关、团体、企业、事业单位秩序，致使工作、生产、营业、医疗、教学、科研不能正常进行，尚未造成严重损失的；

（二）扰乱车站、港口、码头、机场、商场、公园、展览馆或者其他公共场所秩序的；

（三）扰乱公共汽车、电车、火车、船舶、航空器或者其他公共交通工具上的秩序的；

（四）非法拦截或者强登、扒乘机动车、船舶、航空器以及其他交通工具，影响交通工具正常行驶的；

（五）破坏依法进行的选举秩序的。

聚众实施前款行为的，对首要分子处十日以上十五日以下拘留，可以并处一千元以下罚款。

第二十四条　有下列行为之一，扰乱文化、体育等大型群众性活动秩序的，处警告或者二百元以下罚款；情节严重的，处五日以上十日以下拘留，可以并处五百元以下罚款：

（一）强行进入场内的；

（二）违反规定，在场内燃放烟花爆竹或者其他物品的；

（三）展示侮辱性标语、条幅等物品的；

（四）围攻裁判员、运动员或者其他工作人员的；

（五）向场内投掷杂物，不听制止的；

（六）扰乱大型群众性活动秩序的其他行为。

因扰乱体育比赛秩序被处以拘留处罚的，可以同时责令其十二个月内不得进入体育场馆观看同类比赛；违反规定进入体育场馆的，强行带离现场。

第二十五条　有下列行为之一的，处五日以上十日以下拘留，可以并处五百元以下罚款；情节较轻的，处五日以下拘留或者五百元以下罚款：

（一）散布谣言，谎报险情、疫情、警情或者以其他方法故意扰乱公共秩序的；

（二）投放虚假的爆炸性、毒害性、放射性、腐蚀性物质或者传染病病原体等危险物质扰乱公共秩序的；

（三）扬言实施放火、爆炸、投放危险物质扰乱公共秩序的。

第二十六条　有下列行为之一的，处五日以上十日以下拘留，可以并处五百元以下罚款；情节较重的，处十日以上十五日以下拘留，可以并处一千元以下罚款：

（一）结伙斗殴的；

（二）追逐、拦截他人的；

（三）强拿硬要或者任意损毁、占用公私财物的；

（四）其他寻衅滋事行为。

第二十七条　有下列行为之一的，处十日以上十五日以下拘留，可以并处一千元以下罚款；情节较轻的，处五日以上十日以下拘留，可以并处五百元以下罚款：

（一）组织、教唆、胁迫、诱骗、煽动他人从事邪教、会道门活动或者利用邪教、会道门、迷信活动，扰乱社会秩序、损害他人身体健康的；

（二）冒用宗教、气功名义进行扰乱社会秩序、损害他人身体健康活动的。

第二十八条　违反国家规定，故意干扰无线电业务正常进行的，或者对正常运行的无线电台（站）产生有害干扰，经有关主管部门指出后，拒不采取有效措施消除的，处五日以上十日以下拘留；情节严重的，处十日以上十五日以下拘留。

第二十九条　有下列行为之一的，处五日以下拘留；情节较重的，处五日以上十日以下拘留：

（一）违反国家规定，侵入计算机信息系统，造成危害的；

（二）违反国家规定，对计算机信息系统功能进行删除、修改、增加、干扰，造成计算机信息系统不能正常运行的；

（三）违反国家规定，对计算机信息系统中存储、处理、传输的数据和应用程序进行删除、修改、增加的；

（四）故意制作、传播计算机病毒等破坏性程序，影响计算机信息系统正常运行的。

第二节　妨害公共安全的行为和处罚

第三十条　违反国家规定，制造、买卖、储存、运输、邮寄、携带、使用、提供、处置爆炸性、毒害性、放射性、腐蚀性物质或者传染病病原体等危险物质的，处十日以上十五日以下拘留；情节较轻的，处五日以上十日以下拘留。

第三十一条　爆炸性、毒害性、放射性、腐蚀性物质或者传染病病原体等危险物质被盗、被抢或者丢失，未按规定报告的，处五日以下拘留；故意隐瞒不报的，处五日以上十日以下拘留。

第三十二条　非法携带枪支、弹药或者弩、匕首等国家规定的管制器具的，处五日以下拘留，可以并处五百元以下罚款；情节较轻的，处警告或者二百元以下罚款。

非法携带枪支、弹药或者弩、匕首等国家规定的管制器具进入公共场所或者公共交通工具的，处五日以上十日以下拘留，可以并处五百元以下罚款。

第三十三条　有下列行为之一的，处十日以上十五日以下拘留：

（一）盗窃、损毁油气管道设施、电力电信设施、广播电视设施、水利防汛工程设施或者水文监测、测量、气象测报、环境监测、地质监测、地震监测等公共设施的；

（二）移动、损毁国家边境的界碑、界桩以及其他边境标志、边境设施或者领土、领海标志设施的；

（三）非法进行影响国（边）界线走向的活动或者修建有碍国（边）境管理的设施的。

第三十四条　盗窃、损坏、擅自移动使用中的航空设施，或者强行进入航空器驾驶舱的，处十日以上十五日以下拘留。

在使用中的航空器上使用可能影响导航系统正常功能的器具、工具，不听劝阻的，处五日以下拘留或者五百元以下罚款。

第三十五条　有下列行为之一的，处五日以上十日以下拘留，可以并处五百元以下罚款；情节较轻的，处五日以下拘留或者五百元以下罚款：

（一）盗窃、损毁或者擅自移动铁路设施、设备、机车车辆配件或者安全标志的；

（二）在铁路线路上放置障碍物，或者故意向列车投掷物品的；

（三）在铁路线路、桥梁、涵洞处挖掘坑穴、采石取沙的；

（四）在铁路线路上私设道口或者平交过道的。

第三十六条　擅自进入铁路防护网或者火车来临时在铁路线路上行走坐卧、抢越铁路，影响行车安全的，处警告或者二百元以下罚款。

第三十七条　有下列行为之一的，处五日以下拘留或者五百元以下罚款；情节严重的，处五日以上十日以下拘留，可以并处五百元以下罚款：

（一）未经批准，安装、使用电网的，或者安装、使用电网不符合安全规定的；

（二）在车辆、行人通行的地方施工，对沟井坎穴不设覆盖物、防围和警示标志的，或者故意损毁、移动覆盖物、防围和警示标志的；

（三）盗窃、损毁路面井盖、照明等公共设施的。

第三十八条　举办文化、体育等大型群众性活动，违反有关规定，有发生安全事故危险的，责令停止活动，立即疏散；对组织者处五日以上十日以下拘留，并处二百元以上五百元以下罚款；情节较轻的，处五日以下拘留或者五百元以下罚款。

第三十九条　旅馆、饭店、影剧院、娱乐场、运动场、展览馆或者其他供社会公众活动的场所的经营管理人员，违反安全规定，致使该场所有发生安全事故危险，经公安机关责令改正，拒不改正的，处五日以下拘留。

第三节　侵犯人身权利、财产权利的行为和处罚

第四十条　有下列行为之一的，处十日以上十五日以下拘留，并处五百元以上一千元以下罚款；情节较轻的，处五日以上十日以下拘留，并处二百元以上五百元以下罚款：

（一）组织、胁迫、诱骗不满十六周岁的人或者残疾人进行恐怖、残忍表演的；

（二）以暴力、威胁或者其他手段强迫他人劳动的；

（三）非法限制他人人身自由、非法侵入他人住宅或者非法搜查他人身体的。

第四十一条　胁迫、诱骗或者利用他人乞讨的，处十日以上十五日以下拘留，可以并处一千元以下罚款。

反复纠缠、强行讨要或者以其他滋扰他人的方式乞讨的，处五日以下拘留或者警告。

第四十二条　有下列行为之一的，处五日以下拘留或者五百元以下罚款；情节较重的，处五日以上十日以下拘留，可以并处五百元以下罚款：

（一）写恐吓信或者以其他方法威胁他人人身安全的；

（二）公然侮辱他人或者捏造事实诽谤他人的；

（三）捏造事实诬告陷害他人，企图使他人受到刑事追究或者受到治安管理处罚的；

（四）对证人及其近亲属进行威胁、侮辱、殴打或者打击报复的；

（五）多次发送淫秽、侮辱、恐吓或者其他信息，干扰他人正常生活的；

（六）偷窥、偷拍、窃听、散布他人隐私的。

第四十三条　殴打他人的，或者故意伤害他人身体的，处五日以上十日以下拘留，并处二百元以上五百元以下罚款；情节较轻的，处五日以下拘留或者五百元以下罚款。

有下列情形之一的，处十日以上十五日以下拘留，并处五百元以上一千元以下罚款：

（一）结伙殴打、伤害他人的；

（二）殴打、伤害残疾人、孕妇、不满十四周岁的人或者六十周岁以上的人的；

（三）多次殴打、伤害他人或者一次殴打、伤害多人的。

第四十四条　猥亵他人的，或者在公共场所故意裸露身体，情节恶劣的，处五日以上十日以下拘留；猥亵智力残疾人、精神病人、不满十四周岁的人或者有其他严重情节的，处十日以上十五日以下拘留。

第四十五条　有下列行为之一的，处五日以下拘留或者警告：

（一）虐待家庭成员，被虐待人要求处理的；

（二）遗弃没有独立生活能力的被扶养人的。

第四十六条　强买强卖商品，强迫他人提供服务或者强迫他人接受服务的，处五日以上十日以下拘留，并处二百元以上五百元以下罚款；情节较轻的，处五日以下拘留或者五百元以下罚款。

第四十七条　煽动民族仇恨、民族歧视，或者在出版物、计算机信息网络中刊载民族歧视、侮辱内容的，处十日以上十五日以下拘留，可以并处一千元以下罚款。

第四十八条　冒领、隐匿、毁弃、私自开拆或者非法检查他人邮件的，处五日以下拘留或者五百元以下罚款。

第四十九条　盗窃、诈骗、哄抢、抢夺、敲诈勒索或者故意损毁公私财物的，处五日以上十日以下拘留，可以并处五百元以下罚款；情节较重的，处十日以上十五日以下拘留，可以并处一千元以下罚款。

第四节　妨害社会管理的行为和处罚

第五十条　有下列行为之一的，处警告或者二百元以下罚款；情节严重的，处五日以上十日以下拘留，可以并处五百元以下罚款：

（一）拒不执行人民政府在紧急状态情况下依法发布的决定、命令的；

（二）阻碍国家机关工作人员依法执行职务的；

（三）阻碍执行紧急任务的消防车、救护车、工程抢险车、警车等车辆通行的；

（四）强行冲闯公安机关设置的警戒带、警戒区的。

阻碍人民警察依法执行职务的，从重处罚。

第五十一条　冒充国家机关工作人员或者以其他虚假身份招摇撞骗的，处五日以上十日以下拘留，可以并处五百元以下罚款；情节较轻的，处五日以下拘留或者五百元以下罚款。

冒充军警人员招摇撞骗的，从重处罚。

第五十二条　有下列行为之一的，处十日以上十五日以下拘留，可以并处一千元以下罚款；情节较轻的，处五日以上十日以下拘留，可以并处五百元以下罚款：

（一）伪造、变造或者买卖国家机关、人民团体、企业、事业单位或者其他组织的公文、证件、证明文件、印章的；

（二）买卖或者使用伪造、变造的国家机关、人民团体、企业、事业单位或者其他组织的公文、证件、证明文件的；

（三）伪造、变造、倒卖车票、船票、航空客票、文艺演出票、体育比赛入场券或者其他有价票证、凭证的；

（四）伪造、变造船舶户牌，买卖或者使用伪造、变造的船舶户牌，或者涂改船舶发动机号码的。

第五十三条　船舶擅自进入、停靠国家禁止、限制进入的水域或者岛屿的，对船舶负责人及有关责任人员处五百元以上一千元以下罚款；情节严重的，处五日以下拘留，并处五百元以上一千元以下罚款。

第五十四条　有下列行为之一的，处十日以上十五日以下拘留，并处五百元以上一千元以下罚款；情节较轻的，处五日以下拘留或者五百元以下罚款：

（一）违反国家规定，未经注册登记，以社会团体名义进行活动，被取缔后，仍进行活动的；

（二）被依法撤销登记的社会团体，仍以社会团体名义进行活动的；

（三）未经许可，擅自经营按照国家规定需要由公安机关许可的行业的。

有前款第三项行为的，予以取缔。

取得公安机关许可的经营者，违反国家有关管理规定，情节严重的，公安机关可以吊销许可证。

第五十五条　煽动、策划非法集会、游行、示威，不听劝阻的，处十日以上十五日以下拘留。

第五十六条　旅馆业的工作人员对住宿的旅客不按规定登记姓名、身份证件种类和号码的，或者明知住宿的旅客将危险物质带入旅馆，不予制止的，处二百元以上五百元以下罚款。

旅馆业的工作人员明知住宿的旅客是犯罪嫌疑人员或者被公安机关通缉的人员，不向公安机关报告的，处二百元以上五百元以下罚款；情节严重的，处五日以下拘留，可以并处五百元以下罚款。

第五十七条　房屋出租人将房屋出租给无身份证件的人居住的，或者不按规定登记承租人姓名、身份证件种类和号码的，处二百元以上五百元以下罚款。

房屋出租人明知承租人利用出租房屋进行犯罪活动，不向公安机关报告的，处二百元以上五百元以下罚款；情节严重的，处五日以下拘留，可以并处五百元以下罚款。

第五十八条　违反关于社会生活噪声污染防治的法律规定，制造噪声干扰他人正常生活的，处警告；警告后不改正的，处二百元以上五百元以下罚款。

第五十九条　有下列行为之一的，处五百元以上一千元以下罚款；情节严重的，处五日以上十日以下拘留，并处五百元以上一千元以下罚款：

（一）典当业工作人员承接典当的物品，不查验有关证明、不履行登记手续，或者明知是违法犯罪嫌疑人、赃物，不向公安机关报告的；

（二）违反国家规定，收购铁路、油田、供电、电信、矿山、水利、测量和城市公用设施等废旧专用器材的；

（三）收购公安机关通报寻查的赃物或者有赃物嫌疑的物品的；

（四）收购国家禁止收购的其他物品的。

第六十条　有下列行为之一的，处五日以上十日以下拘留，并处二百元以上五百元以下罚款：

（一）隐藏、转移、变卖或者损毁行政执法机关依法扣押、查封、冻结的财物的；

（二）伪造、隐匿、毁灭证据或者提供虚假证言、谎报案情，影响行政执法机关依法办案的；

（三）明知是赃物而窝藏、转移或者代为销售的；

（四）被依法执行管制、剥夺政治权利或者在缓刑、保外就医等监外执行中的罪犯或者被依法采取刑事强制措施的人，有违反法律、行政法规和国务院公安部门有关监督管理规定的行为。

第六十一条　协助组织或者运送他人偷越国（边）境的，处十日以上十五日以下拘留，并处一千元以上五千元以下罚款。

第六十二条　为偷越国（边）境人员提供条件的，处五日以上十日以下拘留，并处五百元以上二千元以下罚款。

偷越国（边）境的，处五日以下拘留或者五百元以下罚款。

第六十三条　有下列行为之一的，处警告或者二百元以下罚款；情节较重的，处五日以上十日以下拘留，并处二百元以上五百元以下罚款：

（一）刻画、涂污或者以其他方式故意损坏国家保护的文物、名胜古迹的；

（二）违反国家规定，在文物保护单位附近进行爆破、挖掘等活动，危及文物安全的。

第六十四条　有下列行为之一的，处五百元以上一千元以下罚款；情节严重的，处十日以上十五日以下拘留，并处五百元以上一千元以下罚款：

（一）偷开他人机动车的；

（二）未取得驾驶证驾驶或者偷开他人航空器、机动船舶的。

第六十五条　有下列行为之一的，处五日以上十日以下拘留；情节严重的，处十日以上十五日以下拘留，可以并处一千元以下罚款：

（一）故意破坏、污损他人坟墓或者毁坏、丢弃他人尸骨、骨灰的；

（二）在公共场所停放尸体或者因停放尸体影响他人正常生活、工作秩序，不听劝阻的。

第六十六条　卖淫、嫖娼的，处十日以上十五日以下拘留，可以并处五千元以下罚款；情节较轻的，处五日以下拘留或者五百元以下罚款。

在公共场所拉客招嫖的，处五日以下拘留或者五百元以下罚款。

第六十七条　引诱、容留、介绍他人卖淫的，处十日以上十五日以下拘留，可以并处五千元以下罚款；情节较轻的，处五日以下拘留或者五百元以下罚款。

第六十八条　制作、运输、复制、出售、出租淫秽的书刊、图片、影片、音像制品等淫秽物品或者利用计算机信息网络、电话以及其他通信工具传播淫秽信息的，处十日以上十五日以下拘留，可以并处三千元以下罚款；情节较轻的，处五日以下拘留或者五百元以下罚款。

第六十九条　有下列行为之一的，处十日以上十五日以下拘留，并处五百元以上一千元以下罚款：

（一）组织播放淫秽音像的；

（二）组织或者进行淫秽表演的；

（三）参与聚众淫乱活动的。

明知他人从事前款活动，为其提供条件的，依照前款的规定处罚。

第七十条　以营利为目的，为赌博提供条件的，或者参与赌博赌资较大的，处五日以下拘留或者五百元以下罚款；情节严重的，处十日以上十五日以下拘留，并处五百元以上三千元以下罚款。

第七十一条　有下列行为之一的，处十日以上十五日以下拘留，可以并处三千元以下罚款；情节较轻的，处五日以下拘留或者五百元以下罚款：

（一）非法种植罂粟不满五百株或者其他少量毒品原植物的；

（二）非法买卖、运输、携带、持有少量未经灭活的罂粟等毒品原植物种子或者幼苗的；

（三）非法运输、买卖、储存、使用少量罂粟壳的。

有前款第一项行为，在成熟前自行铲除的，不予处罚。

第七十二条　有下列行为之一的，处十日以上十五日以下拘留，可以并处二千元以下罚款；情节较轻的，处五日以下拘留或者五百元以下罚款：

（一）非法持有鸦片不满二百克、海洛因或者甲基苯丙胺不满十克或者其他少量毒品的；

（二）向他人提供毒品的；

（三）吸食、注射毒品的；

（四）胁迫、欺骗医务人员开具麻醉药品、精神药品的。

第七十三条　教唆、引诱、欺骗他人吸食、注射毒品的，处十日以上十五日以下拘留，并处五百元以上二千元以下罚款。

第七十四条　旅馆业、饮食服务业、文化娱乐业、出租汽车业等单位的人员，在公安机关查处吸毒、赌博、卖淫、嫖娼活动时，为违法犯罪行为人通风报信的，处十日以上十五日以下拘留。

第七十五条　饲养动物，干扰他人正常生活的，处警告；警告后不改正的，或者放任动物恐吓他人的，处二百元以上五百元以下罚款。

驱使动物伤害他人的，依照本法第四十三条第一款的规定处罚。

第七十六条　有本法第六十七条、第六十八条、第七十条的行为，屡教不改的，可以按照国家规定采取强制性教育措施。

第四章　处罚程序

第一节　调　查

第七十七条　公安机关对报案、控告、举报或者违反治安管理行为人主动投案，以及其他行政主管部门、司法机关移送的违反治安管理案件，应当及时受理，并进行登记。

第七十八条　公安机关受理报案、控告、举报、投案后，认为属于违反治安管理行为的，应当立即进行调查；认为不属于违反治安管理行为的，应当告知报案人、控告人、举报人、投案人，并说明理由。

第七十九条　公安机关及其人民警察对治安案件的调查，应当依法进行。严禁刑讯逼供或者采用威胁、引诱、欺骗等非法手段收集证据。

以非法手段收集的证据不得作为处罚的根据。

第八十条　公安机关及其人民警察在办理治安案件时，对涉及的国家秘密、商业秘密或者个人隐私，应当予以保密。

第八十一条　人民警察在办理治安案件过程中，遇有下列情形之一的，应当回避；违反治安管理行为人、被侵害人或者其法定代理人也有权要求他们回避：

（一）是本案当事人或者当事人的近亲属的；

（二）本人或者其近亲属与本案有利害关系的；

（三）与本案当事人有其他关系，可能影响案件公正处理的。

人民警察的回避，由其所属的公安机关决定；公安机关负责人的回避，由上一级公安机关决定。

第八十二条　需要传唤违反治安管理行为人接受调查的，经公安机关办案部门负责人批准，使用传唤证传唤。对现场发现的违反治安管理行为人，人民警察经出示工作证件，可以口头传唤，但应当在询问笔录中注明。

公安机关应当将传唤的原因和依据告知被传唤人。对无正当理由不接受传唤或者逃避传唤的人，可以强制传唤。

第八十三条　对违反治安管理行为人，公安机关传唤后应当及时询问查证，询问查证的时间不得超过八小时；情况复杂，依照本法规定可能适用行政拘留处罚的，询问查证的时间不得超过二十四小时。

公安机关应当及时将传唤的原因和处所通知被传唤人家属。

第八十四条　询问笔录应当交被询问人核对；对没有阅读能力的，应当向其宣读。记载有遗漏或者差错的，被询问人可以提出补充或者更正。被询问人确认笔录无误后，应当签名或者盖章，询问的人民警察也应当在笔录上签名。

被询问人要求就被询问事项自行提供书面材料的，应当准许；必要时，人民警察也可以要求被询问人自行书写。

询问不满十六周岁的违反治安管理行为人，应当通知其父母或者其他监护人到场。

第八十五条　人民警察询问被侵害人或者其他证人，可以到其所在单位或者住处进行；必要时，也可以通知其到公安机关提供证言。

人民警察在公安机关以外询问被侵害人或者其他证人，应当出示工作证件。

询问被侵害人或者其他证人，同时适用本法第八十四条的规定。

第八十六条　询问聋哑的违反治安管理行为人、被侵害人或者其他证人，应当有通晓手语的人提供帮助，并在笔录上注明。

询问不通晓当地通用的语言文字的违反治安管理行为人、被侵害人或者其他证人，应当配备翻译人员，并在笔录上注明。

第八十七条 公安机关对与违反治安管理行为有关的场所、物品、人身可以进行检查。检查时，人民警察不得少于二人，并应当出示工作证件和县级以上人民政府公安机关开具的检查证明文件。对确有必要立即进行检查的，人民警察经出示工作证件，可以当场检查，但检查公民住所应当出示县级以上人民政府公安机关开具的检查证明文件。

检查妇女的身体，应当由女性工作人员进行。

第八十八条 检查的情况应当制作检查笔录，由检查人、被检查人和见证人签名或者盖章；被检查人拒绝签名的，人民警察应当在笔录上注明。

第八十九条 公安机关办理治安案件，对与案件有关的需要作为证据的物品，可以扣押；对被侵害人或者善意第三人合法占有的财产，不得扣押，应当予以登记。对与案件无关的物品，不得扣押。

对扣押的物品，应当会同在场见证人和被扣押物品持有人查点清楚，当场开列清单一式二份，由调查人员、见证人和持有人签名或者盖章，一份交给持有人，另一份附卷备查。

对扣押的物品，应当妥善保管，不得挪作他用；对不宜长期保存的物品，按照有关规定处理。经查明与案件无关的，应当及时退还；经核实属于他人合法财产的，应当登记后立即退还；满六个月无人对该财产主张权利或者无法查清权利人的，应当公开拍卖或者按照国家有关规定处理，所得款项上缴国库。

第九十条 为了查明案情，需要解决案件中有争议的专门性问题的，应当指派或者聘请具有专门知识的人员进行鉴定；鉴定人鉴定后，应当写出鉴定意见，并且签名。

第二节 决 定

第九十一条 治安管理处罚由县级以上人民政府公安机关决定；其中警告、五百元以下的罚款可以由公安派出所决定。

第九十二条 对决定给予行政拘留处罚的人，在处罚前已经采取强制措施限制人身自由的时间，应当折抵。限制人身自由一日，折抵行政拘留一日。

第九十三条 公安机关查处治安案件，对没有本人陈述，但其他证据能够证明案件事实的，可以作出治安管理处罚决定。但是，只有本人陈述，没有其他证据证明的，不能作出治安管理处罚决定。

第九十四条 公安机关作出治安管理处罚决定前，应当告知违反治安管理行为人作出治安管理处罚的事实、理由及依据，并告知违反治安管理行为人依法享有的权利。

违反治安管理行为人有权陈述和申辩。公安机关必须充分听取违反治安管理行为人的意见，对违反治安管理行为人提出的事实、理由和证据，应当进行复核；违反治安管理行为人提出的事实、理由或者证据成立的，公安机关应当采纳。

公安机关不得因违反治安管理行为人的陈述、申辩而加重处罚。

第九十五条 治安案件调查结束后，公安机关应当根据不同情况，分别作出以下处理：

（一）确有依法应当给予治安管理处罚的违法行为的，根据情节轻重及具体情况，作出处罚决定；

（二）依法不予处罚的，或者违法事实不能成立的，作出不予处罚决定；

（三）违法行为已涉嫌犯罪的，移送主管机关依法追究刑事责任；

（四）发现违反治安管理行为人有其他违法行为的，在对违反治安管理行为作出处罚决定的同时，通知有关行政主管部门处理。

第九十六条　公安机关作出治安管理处罚决定的，应当制作治安管理处罚决定书。决定书应当载明下列内容：

（一）被处罚人的姓名、性别、年龄、身份证件的名称和号码、住址；

（二）违法事实和证据；

（三）处罚的种类和依据；

（四）处罚的执行方式和期限；

（五）对处罚决定不服，申请行政复议、提起行政诉讼的途径和期限；

（六）作出处罚决定的公安机关的名称和作出决定的日期。

决定书应当由作出处罚决定的公安机关加盖印章。

第九十七条　公安机关应当向被处罚人宣告治安管理处罚决定书，并当场交付被处罚人；无法当场向被处罚人宣告的，应当在二日内送达被处罚人。决定给予行政拘留处罚的，应当及时通知被处罚人的家属。

有被侵害人的，公安机关应当将决定书副本抄送被侵害人。

第九十八条　公安机关作出吊销许可证以及处二千元以上罚款的治安管理处罚决定前，应当告知违反治安管理行为人有权要求举行听证；违反治安管理行为人要求听证的，公安机关应当及时依法举行听证。

第九十九条　公安机关办理治安案件的期限，自受理之日起不得超过三十日；案情重大、复杂的，经上一级公安机关批准，可以延长三十日。

为了查明案情进行鉴定的期间，不计入办理治安案件的期限。

第一百条　违反治安管理行为事实清楚，证据确凿，处警告或者二百元以下罚款的，可以当场作出治安管理处罚决定。

第一百零一条　当场作出治安管理处罚决定的，人民警察应当向违反治安管理行为人出示工作证件，并填写处罚决定书。处罚决定书应当当场交付被处罚人；有被侵害人的，并将决定书副本抄送被侵害人。

前款规定的处罚决定书，应当载明被处罚人的姓名、违法行为、处罚依据、罚款数额、时间、地点以及公安机关名称，并由经办的人民警察签名或者盖章。

当场作出治安管理处罚决定的，经办的人民警察应当在二十四小时内报所属公安机关备案。

第一百零二条　被处罚人对治安管理处罚决定不服的，可以依法申请行政复议或者提起行政诉讼。

第三节　执　行

第一百零三条　对被决定给予行政拘留处罚的人，由作出决定的公安机关送达拘留所执行。

第一百零四条　受到罚款处罚的人应当自收到处罚决定书之日起十五日内，到指定的银行缴纳罚款。但是，有下列情形之一的，人民警察可以当场收缴罚款：

（一）被处五十元以下罚款，被处罚人对罚款无异议的；

（二）在边远、水上、交通不便地区，公安机关及其人民警察依照本法的规定作出罚款决定后，被处罚人向指定的银行缴纳罚款确有困难，经被处罚人提出的；

（三）被处罚人在当地没有固定住所，不当场收缴事后难以执行的。

第一百零五条　人民警察当场收缴的罚款，应当自收缴罚款之日起二日内，交至所属的公安机关；在水上、旅客列车上当场收缴的罚款，应当自抵岸或者到站之日起二日内，交至所属的公安机关；公安机关应当自收到罚款之日起二日内将罚款缴付指定的银行。

第一百零六条　人民警察当场收缴罚款的，应当向被处罚人出具省、自治区、直辖市人民政府财政部门统一制发的罚款收据；不出具统一制发的罚款收据的，被处罚人有权拒绝缴纳罚款。

第一百零七条　被处罚人不服行政拘留处罚决定，申请行政复议、提起行政诉讼的，可以向公安机关提出暂缓执行行政拘留的申请。公安机关认为暂缓执行行政拘留不致发生社会危险的，由被处罚人或者其近亲属提出符合本法第一百零八条规定条件的担保人，或者按每日行政拘留二百元的标准交纳保证金，行政拘留的处罚决定暂缓执行。

第一百零八条　担保人应当符合下列条件：

（一）与本案无牵连；

（二）享有政治权利，人身自由未受到限制；

（三）在当地有常住户口和固定住所；

（四）有能力履行担保义务。

第一百零九条　担保人应当保证被担保人不逃避行政拘留处罚的执行。

担保人不履行担保义务，致使被担保人逃避行政拘留处罚的执行的，由公安机关对其处三千元以下罚款。

第一百一十条　被决定给予行政拘留处罚的人交纳保证金，暂缓行政拘留后，逃避行政拘留处罚的执行的，保证金予以没收并上缴国库，已经作出的行政拘留决定仍应执行。

第一百一十一条　行政拘留的处罚决定被撤销，或者行政拘留处罚开始执行的，公安机关收取的保证金应当及吋退还交纳人。

第五章　执法监督

第一百一十二条　公安机关及其人民警察应当依法、公正、严格、高效办理治安案件，文明执法，不得徇私舞弊。

第一百一十三条　公安机关及其人民警察办理治安案件，禁止对违反治安管理行为人打骂、虐待或者侮辱。

第一百一十四条　公安机关及其人民警察办理治安案件，应当自觉接受社会和公民的监督。

公安机关及其人民警察办理治安案件，不严格执法或者有违法违纪行为的，任何单位和个人都有权向公安机关或者人民检察院、行政监察机关检举、控告；收到检举、控告的机关，应当依据职责及时处理。

第一百一十五条　公安机关依法实施罚款处罚，应当依照有关法律、行政法规的规定，实行罚款决定与罚款收缴分离；收缴的罚款应当全部上缴国库。

第一百一十六条　人民警察办理治安案件，有下列行为之一的，依法给予行政处分；构成犯罪的，依法追究刑事责任：

（一）刑讯逼供、体罚、虐待、侮辱他人的；

（二）超过询问查证的时间限制人身自由的；

（三）不执行罚款决定与罚款收缴分离制度或者不按规定将罚没的财物上缴国库或者依法处理的；

（四）私分、侵占、挪用、故意损毁收缴、扣押的财物的；

（五）违反规定使用或者不及时返还被侵害人财物的；

（六）违反规定不及时退还保证金的；

（七）利用职务上的便利收受他人财物或者谋取其他利益的；

（八）当场收缴罚款不出具罚款收据或者不如实填写罚款数额的；

（九）接到要求制止违反治安管理行为的报警后，不及时出警的；

（十）在查处违反治安管理活动时，为违法犯罪行为人通风报信的；

（十一）有徇私舞弊、滥用职权，不依法履行法定职责的其他情形的。

办理治安案件的公安机关有前款所列行为的，对直接负责的主管人员和其他直接责任人员给予相应的行政处分。

第一百一十七条　公安机关及其人民警察违法行使职权，侵犯公民、法人和其他组织合法权益的，应当赔礼道歉；造成损害的，应当依法承担赔偿责任。

第六章　附　则

第一百一十八条　本法所称以上、以下、以内，包括本数。

第一百一十九条　本法自 2006 年 3 月 1 日起施行。1986 年 9 月 5 日公布、1994 年 5 月 12 日修订公布的《中华人民共和国治安管理处罚条例》同时废止。

附录7　《住宿业卫生规范》

第一章　总　则

第一条　依　据

为加强住宿场所卫生管理，规范经营行为，防止传染病传播与流行，保障人体健康，依据《中华人民共和国传染病防治法》《公共场所卫生管理条例》《突发公共卫生事件应急条例》《艾滋病防治条例》《化妆品卫生监督条例》等法律、法规，制定本规范。

第二条　适用范围

本规范适用于中华人民共和国境内一切从事经营服务的住宿场所。

第三条　用语含义

（一）住宿场所，是指向消费者提供住宿及相关综合性服务的场所，如宾馆、饭店、旅馆、旅店、招待所、度假村等。

（二）集中空调通风系统，是指为使房间或封闭空间空气温度、湿度、洁净度和气流速度等参数达到设定要求而对空气进行集中处理、输送、分配的所有设备、管道及附件、仪器仪表的总和。

（三）储藏间，是指用于存放客用棉织品、一次性用品等物品的房间。

（四）工作车，是指用于转送及暂存客用棉织品、一次性用品及清洁工具等物品的车辆。

（五）公共用品用具，是指供给顾客使用的各种用品、用具、设备和设施总称，包括床上用品、盥洗物品、饮具、清洁工具、拖鞋等。

（六）健康危害事故，是指住宿场所内发生的因空气质量、水质不符合卫生标准、用品用具或设施受到污染导致的群体性健康损害事故。

第二章　场所卫生要求

第四条　选址、设计及竣工验收

（一）住宿场所建设宜选择在环境安静，具备给排水条件和电力供应，且不受粉尘、有害气体、放射性物质和其他扩散性污染源影响的区域，并应同时符合规划、环保和消防的有关要求。

（二）新建、改建、扩建住宿场所在可行性论证阶段或设计阶段和竣工验收前应当委托具有资质的卫生技术服务机构进行卫生学评价。

第五条　场所设置与布局

（一）住宿场所主楼与辅助建筑物应有一定间距，烟尘应高空排放，场所25米范围内不得有有毒有害气体排放或噪声等污染源。

（二）住宿场所应当设置与接待能力相适应的消毒间、储藏间，并设有员工工作间、更衣和清洁间等专间。客房不带卫生间的场所，应设置公共卫生间、公共浴室、公用盥洗室等。

（三）住宿场所的吸烟区（室）不得位于行人必经的通道上，室内空气应当符合国家卫生标准和卫生要求。

（四）住宿场所的公共卫生间应当远离食品加工间。

（五）住宿场所内应放置安全套或者设置安全套发售设施，应当提供性病、艾滋病等疾病防治宣传资料。

第六条　客房

（一）客房净高不低于2.4米，内部结构合理，日照、采光、通风、隔声良好。

（二）客房内部装饰材料应符合国家有关标准，不得对人体有潜在危害。

（三）客房床位占室内面积每床不低于 4 平方米。

（四）含有卫生间的住宿客房应设有浴盆或淋浴、抽水马桶、洗脸盆及排风装置；无卫生间的客房，每个床位应配备有明显标记的脸盆和脚盆。

（五）客房内环境应干净、整洁，摆放的物品无灰尘，无污渍；客房空调过滤网清洁、无积尘。

第七条　清洗消毒专间

（一）住宿场所宜设立一定数量的独立清洗消毒间，清洗消毒间面积应能满足饮具、用具等清洗消毒保洁的需要。

（二）清洗消毒间地面与墙面应使用防水、防霉、可洗刷的材料，墙裙高度不得低于 1.5 米，地面坡度不小于 2%，并设有机械通风装置。

（三）饮具宜用热力法消毒。采用化学法消毒饮具的住宿场所，消毒间内至少应设有 3 个饮具专用清洗消毒池，并有相应的消毒剂配比容器。应配备已消毒饮具（茶杯、口杯、酒杯等）专用存放保洁设施，其结构应密闭并易于清洁。

（四）配有拖鞋、脸盆、脚盆的住宿场所，消毒间内应有拖鞋、脸盆、脚盆专用清洗消毒池及已消毒用具（拖鞋、脸盆、脚盆等）存放专区。

（五）各类水池应使用不锈钢或陶瓷等防渗水、不易积垢、易于清洗的材料制成，并设置标志明示用途。

第八条　储藏间

住宿场所宜设立一定数量储藏间。储藏间内应设置数量足够的物品存放柜或货架，并应有良好的通风设施及防鼠、防潮、防虫、防蟑螂等预防控制病媒生物设施。

第九条　工作车

（一）住宿场所宜配备工作车，其数量应能满足工作需要。

（二）工作车应有足够空间分别存放客用棉织品、一次性用品及清洁工具并有明显的标志。

（三）工作车所带垃圾袋应与洁净棉织品、一次性用品及洁净工具分开，清洁浴盆、脸盆、抽水马桶的工具应分开存放，标志明显。

第十条　公共浴室

公共浴室应分设男、女区域，按照设计接待人数，盥洗室每 8~15 人设 1 只淋浴喷头，淋浴室每 10 ~ 25 人设 1 只喷头。

第十一条　公共卫生间

（一）公共卫生间应男、女分设，便池应采用水冲式，地面、墙壁、便池等应采用易冲洗、防渗水材料制成。卫生间地面应略低于客房，地面坡度不小于 2%，并设置防臭型地漏。卫生间排污管道应与经营场所排水管道分设，设有有效的防臭水封。

（二）公共卫生间应设有独立的机械排风装置，有适当照明，与外界相通的门窗安装严密，纱门及纱窗易于清洁，外门能自动关闭。卫生间内应设置洗手设施，位置宜在出入口附近。

（三）男卫生间应按每 15 ~ 35 人设大小便器各 1 个，女卫生间应按每 10~25 人设便器 1 个。便池宜为蹲式，配置坐式便器宜提供一次性卫生坐垫。

第十二条　洗衣房

（一）住宿场所宜设专用洗衣房或采用社会化洗涤服务。洗衣房应分设工作人员出入口、待洗棉织品入口及洁净棉织品出口，并避开主要客流通道。

（二）洗衣房应依次分设棉织品分拣区、清洗干燥区、整烫折叠区、存放区、发放区。棉织品分拣、清洗、干燥、修补、熨平、分类、暂存、发放等工序应做到洁污分开，防止交叉污染。

（三）公共用品如需外洗的，应选择清洗消毒条件合格的承洗单位，作好物品送洗与接收记录，并索要承洗单位物品清洗消毒记录。

第十三条　给排水设施

住宿场所应有完善的给排水设施，供水水质符合《生活饮用水卫生标准》要求。如场所内供水管网与市政供水管网直接相通，场所内供水管网压力应小于市政供水管网压力，并有防止供水向市政供水管网倒流的设施。排水设施应当有防止废水逆流、病媒生物侵入和臭味产生的装置。

第十四条　通风设施

（一）客房、卫生间、公共用房（接待室、餐厅、门厅等）及辅助用房（厨房、洗衣房、储藏间等）应设机械通风或排风装置。机械通风或排风装置的设计和安装应能防止异味交叉传导。

（二）住宿场所的集中空调通风系统应符合《公共场所集中空调通风系统卫生管理办法》的要求。

（三）住宿场所的机械通风装置（非集中空调通风系统），其进风口、排气口应安装易清洗、耐腐蚀并可防止病媒生物侵入的防护网罩。

第十五条　采光照明

（一）住宿场所室内应尽量利用自然采光。自然采光的客房，其采光窗口面积与地面面积之比不小于1:8。

（二）客房台面照度不低于100勒克斯。

（三）不宜将暗室作为客房。

第十六条　预防控制病媒生物设施

（一）住宿场所应设置防鼠、防蚊、防蝇、防蟑螂及防潮、防尘等设施。

（二）与外界直接相通并可开启的门窗应安装易于拆卸、清洗的防蝇门帘、纱网或设置空气风帘机。

（三）排水沟出口和排气口应设有网眼孔径小于6毫米的隔栅或网罩，防止鼠类进入。

（四）机械通风装置的送风口和回风口应当设置防鼠装置。

第十七条　废弃物存放设施

（一）住宿场所室内应设有废弃物收集容器，有条件的场所宜设置废弃物分类收集容器。

（二）废弃物收集容器应使用坚固、防水防火材料制成，内壁光滑易于清洗。废弃物收集容器应密闭加盖，防止不良气味溢散及病媒生物侵入。

（三）住宿场所宜在室外适当地点设置废弃物临时集中存放设施，其结构应密闭，防止病媒生物进入、孳生及废弃物污染环境。

第三章 卫生操作要求

第十八条 操作规程

（一）住宿场所经营者应制定公共用品用具采购、储藏、清洗消毒、设备设施维护等操作规程。操作规程应具体规定工作程序。

（二）经营者应当认真组织从业人员学习卫生操作规程，从业人员应当熟悉本岗位卫生操作规程并严格按规程操作。

第十九条 公共用品用具采购

（一）采购的物品应符合国家有关卫生标准和规定要求。采购物品应作好记录，便于溯源。

（二）采购的一次性卫生用品、消毒品、化妆品等物品中文标识应规范，并附有必要的证明文件。

（三）采购的物品入库前应进行验收，出入库时应登记。

第二十条 公共用品用具储藏

（一）公共用品用具储藏间应保持通风和清洁，无鼠害、苍蝇、蟑螂等病媒生物及霉斑，不得存放有毒有害物品及私人物品。

（二）不同物品应分类、分架存放，物品距墙壁、地面均应在10厘米以上。棉织品宜存放于储藏柜中。

（三）物品的储藏应遵循先进先出原则，并定期检查，及时清理过期物品。

（四）有毒有害物品应有专间或专柜存放，上锁、专人管理，并有物品使用登记。

第二十一条 公共用品用具清洗消毒

（一）清洗消毒间应有明显标志，环境整洁，通风换气良好，无积水积物，无杂物存放。

（二）供顾客使用的公共用品用具应严格做到一客一换一消毒。禁止重复使用一次性用品用具。

（三）清洗消毒应按规程操作，做到先清洗后消毒，使用的消毒剂应在有效期内，消毒设备（消毒柜）应运转正常。

（四）清洗饮具、盆桶、拖鞋的设施应分开，清洁工具应专用，防止交叉传染。

（五）清洗消毒后的各类用品用具应达到有关卫生标准的规定并保洁存放。清洗消毒后的茶具应当表面光洁，无油渍、无水渍、无异味，符合《食（饮）具消毒卫生标准》规定。

（六）洁净物品保洁柜应定期清洗消毒，不得存放杂物。

各类公共用品用具更换、清洗、消毒、保洁工作可参考《推荐的住宿场所用品用具清洗消毒方法》。

第二十二条 客房服务

（一）客房应做到通风换气，保证室内空气质量符合卫生标准。

（二）床上用品应做到一客一换，长住客一周至少更换一次。

（三）清洁客房、卫生间的工具应分开，面盆、浴缸、坐便器、地面、台面等清洁用抹布或清洗刷应分设。

（四）卫生间内面盆、浴缸、坐便器应每客一消毒，长住客人每日一消毒。

（五）补充杯具、食具应注意手部卫生，防止污染。

第二十三条　公共卫生间清洁

清洁坐便器（便池）的清洁工具应专用。每日应对卫生间进行一次消毒。

第二十四条　棉织品清洗消毒

（一）棉织品清洗消毒前后应分设存放容器。

（二）客用棉织品、客人送洗衣物、清洁用抹布应分类清洗。

（三）清洗程序应设有高温或化学消毒过程。

（四）棉织品经烘干后应在洁净处整烫折叠，使用专用运输工具及时运送至储藏间保存。

第二十五条　通风

（一）机械通风装置应运转正常，过滤网应定期清洗、消毒。

（二）集中空调通风系统应按照《公共场所集中空调通风系统卫生管理办法》要求进行清洗消毒。

（三）集中空调机房应整齐、清洁，无易燃易爆物品及杂物堆放。风机过滤网应清洁无积尘。

第四章　卫生管理

第二十六条　卫生管理组织

（一）住宿场所的法定代表人或负责人是其经营场所卫生安全的第一责任人，对其经营场所卫生安全负全面责任，应接受卫生行政部门组织的卫生知识培训。

（二）住宿场所应设置卫生管理部门或配备专（兼）职卫生管理员，负责其经营场所卫生管理具体工作。

（三）专（兼）职卫生管理员应有从事住宿场所卫生管理工作经验，经过公共卫生管理培训并考核合格。

第二十七条　卫生管理工作职责

住宿场所卫生管理部门的成员或卫生管理员承担本场所卫生管理职能，主要职责包括：

（一）制定从业人员卫生培训教育计划和考核办法，组织从业人员参加卫生法律、法规、规范、标准和卫生知识、岗位操作规程等的培训学习和考核。

（二）组织从业人员进行健康检查，负责提出将患有有碍公众健康的从业人员调离直接为顾客服务岗位的意见。

（三）制定卫生管理制度、卫生责任制度和卫生操作规程，并对执行情况进行督促检查。对检查中发现的不符合卫生要求的行为及时制止并提出处理意见。

（四）督促本场所经营者、从业人员严格执行《公共场所卫生管理条例》，按时办理有关卫生证件、证明，依法从事经营活动。

（五）配合卫生执法人员对本场所进行卫生监督检查，并如实提供有关情况。负责建立本场所卫生管理档案。

（六）参与保证卫生安全的其他管理工作。

第二十八条 卫生管理制度

住宿场所应建立健全卫生管理制度，并对制度落实情况进行经常性检查。主要制度有：

（一）证照管理制度。

（二）从业人员健康检查、卫生知识培训考核及个人卫生制度。

（三）公共用品用具购买、验收、储存及清洗消毒保洁制度。

（四）场所自身检查与检测制度。

（五）洗衣房卫生管理制度。

（六）集中空调通风系统卫生管理制度。

（七）健康危害事故与传染病报告制度。

（八）预防控制传染病传播应急预案与健康危害事故应急预案。

（九）卫生档案管理制度。

（十）设施设备维护保养制度。

第二十九条 证照管理

住宿场所、从业人员及健康相关产品应证照齐全。卫生许可证悬挂在场所醒目处，营业执照、从业人员健康合格证明及卫生知识培训合格证明有效，健康相关产品卫生许可批件或备案文件复印件真实完备。

第三十条 档案管理

住宿场所应建立卫生管理档案，档案应当包括以下方面：

（一）证照：卫生许可证、营业执照、从业人员健康合格证明和卫生知识培训合格证明、健康相关产品卫生许可批件或备案文件（复印件）等。

（二）卫生管理制度。

（三）卫生管理组织机构或卫生管理人员与从业人员岗位职责。

（四）发生传染病传播或健康危害事故后的处理情况。

（五）卫生操作规程。

（六）公共用品用具采购、验收、出入库、储存记录。

（七）公共用品用具清洗、消毒、检测记录。

（八）设备设施维护与卫生检查记录。

（九）空气质量、集中空调通风系统检测记录。

（十）投诉与投诉处理记录。

（十一）有关记录：包括场所自身检查与检测记录，培训考核记录，从业人员因患有有碍公众健康疾病调离直接为顾客服务岗位记录，集中空调通风系统清洗消毒记录等。

（十二）有关证明：包括预防性建筑设计审核文件，集中空调通风系统竣工图纸，消毒设施设置情况等。

各项档案中应有相关人员的工作记录并签名，档案应有专人管理，各类档案记录应进行分类并有目录。有关记录至少应保存三年。

第三十一条 传染病和健康危害事故报告

（一）住宿场所应建立传染病和健康危害事故报告制度，场所负责人和卫生管理员为责任报告人。

（二）当发生死亡或同时发生3名以上（含3名）受害病人时，责任报告人要在发生事故24小时内电话报告当地卫生行政部门。

（三）传染病和健康危害事故报告范围：

1. 室内空气不符合卫生标准所致的虚脱休克；

2. 饮用水遭受污染所致的介水传染性疾病流行；

3. 公共用品用具和卫生设施等遭受污染所致的传染性疾病、皮肤病；

4. 意外事故导致的一氧化碳、氨气、氯气、消毒剂、杀虫剂等中毒。

（四）发生传染病或健康危害事故时，场所经营者应立即停止相应经营活动，协助医务人员救治事故受害者，采取预防控制措施，防止事故的继发。

（五）任何单位和个人不得隐瞒、缓报、谎报传染病健康危害事故。

第三十二条 环境卫生管理

（一）室外公共区域应保持干净整洁。

（二）室内公共区域地面、墙面、门窗、桌椅、地毯、台面、镜面等应保持清洁、无异味。

（三）废弃物应每天清除一次，废弃物收集容器应及时清洗，必要时进行消毒。

（四）洗衣房的洁净区与污染区应分开，室内物品摆放整齐，设施设备日常保养及运行状态良好。

（五）定期进行病媒生物防治，蟑螂密度、鼠密度应符合卫生要求。

（六）委托具有相应资质的卫生技术服务机构对室内空气、用品用具等定期进行检测。

第三十三条 食品经营项目

住宿场所设有食品经营项目的，应符合《食品卫生法》的有关要求。

第五章 人员卫生要求

第三十四条 健康管理

（一）住宿场所从业人员上岗前应当取得"健康合格证明"。直接为顾客服务的从业人员应每年进行健康检查，取得"健康合格证明"后方可继续从事直接为顾客服务的工作。"健康合格证明"不得涂改、伪造、转让、倒卖。

（二）从业人员患有有碍公众健康疾病，治愈之前不得从事直接为顾客服务的工作。可疑传染病患者须立即停止工作并及时进行健康检查，明确诊断。

第三十五条 卫生知识培训

（一）从业人员应当完成规定学时的卫生知识培训，掌握有关卫生法律法规、基本卫生知识和卫生操作技能等。

（二）从业人员卫生知识培训每两年进行一次。

（三）从业人员取得卫生知识培训合格证明后方可上岗。

第三十六条　个人卫生

（一）从业人员应保持良好的个人卫生，进行卫生操作时应穿戴清洁的工作服，不得留长指甲、涂指甲油及佩戴饰物。

（二）从业人员应有两套以上工作服。工作服应定期清洗，保持清洁。

参考文献

［1］GEE C Y. 国际饭店管理［M］. 谷惠敏，译. 北京：中国旅游出版社，2002.

［2］JEFFERIES J P, BROWN B. 饭店法通论［M］. 刘敢生，译. 北京：中国旅游出版社，2003.

［3］COURNOYER N G, MARSHALL A G, MORRIS K L. 旅游业法律与案例——饭店、餐厅、旅行社法律实务［M］. 6版. 张凌云，译. 北京：旅游教育出版社，2006.

［4］刘敢生，胡夏冰. 饭店经营法律问题解析：守法与盈利［M］. 北京：旅游教育出版社，2006.

［5］黄恢月. 旅游饭店纠纷实务解析［M］. 北京：中国旅游出版社，2007.

［6］汤卫松，王旭东. 酒店法律与法规［M］. 杭州：浙江大学出版社，2010.

［7］杜亚敏，李安祥. 酒店法律事务理论与实务［M］. 北京：化学工业出版社，2010.

［8］王天星. 饭店法务［M］. 北京：知识产权出版社，2010.

［9］本书编写组. 旅游饭店星级的划分与评定释义［M］. 北京：中国旅游出版社，2010.

［10］董洪春. 星级酒店经理安全管理案头手册［M］. 北京：化学工业出版社，2010.

［11］王志雄. 旅游法规案例教程［M］. 北京：北京大学出版社，2012.

［12］司法部. 新编中华人民共和国常用法律法规用书：2021年版［M］. 北京：中国法制出版社，2020.

［13］张元奎. 旅游饭店法规实务［M］. 3版. 北京：旅游教育出版社，2015.

［14］袁义. 酒店法规与法律实务［M］. 2版. 南京：东南大学出版社，2016.

［15］杨朝晖. 旅游法规实务［M］. 3版. 大连：东北财经大学出版社，2019.